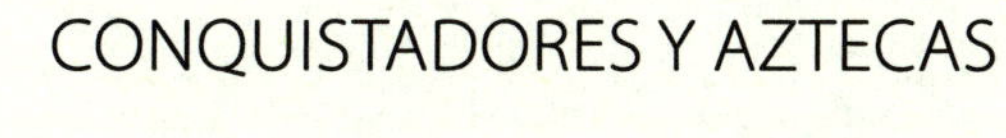

CONQUISTADORES Y AZTECAS

STEFAN RINKE

CONQUISTADORES Y AZTECAS

Cortés y la conquista de México

www.edaf.net

MADRID - MÉXICO - BUENOS AIRES - SANTIAGO

2021

Título original: Conquistadoren und Azteken, por Stefan Rinke

© Verlag C.H. Beck oHG, München, 2019
© 2021. De esta edición, Editorial EDAF, S.L.U., por acuerdo con Verlag C.H. Beck oHG, Wilhelmstr. 9, 80801 Múnich, Alemania
De la traducción: Jorge Rus Sánchez
Diseño de la cubierta: Gerardo Domínguez
Maquetación y diseño de interior: Diseño y Control Gráfico, S. L.
Todos los derechos reservados

Editorial Edaf, S.L.U.
Jorge Juan, 68,
28009 Madrid, España
Teléf.: (34) 91 435 82 60
www.edaf.net
edaf@edaf.net

Ediciones Algaba, S.A. de C.V.
Calle 21, Poniente 3323 - Entre la 33 sur y la 35 sur
Colonia Belisario Domínguez
Puebla 72180 México
Telf.: 52 22 22 11 13 87
jaime.breton@edaf.com.mx

Edaf del Plata, S.A.
Chile, 2222
1227 Buenos Aires (Argentina)
edaf4@speedy.com.ar

Edaf Chile, S.A.
Coyancura, 2270, oficina 914, Providencia
Santiago - Chile
comercialedafchile@edafchile.cl

Abril de 2021

ISBN: 978-84-414-4076-0
Depósito legal: M-2429-2021

PRINTED IN SPAIN   IMPRESO EN ESPAÑA

COFÁS

ÍNDICE

A mi querida señora Silke,
por los muchos años compartidos.

Prólogo

Apenas han transcurrido quinientos años desde la caída de Tenochtitlán, y la lucha por interpretar los sucesos todavía continúa en nuestros días. Los tratados acerca de este evento histórico mundial llenan bibliotecas enteras; sin embargo, si la historia nunca se cuenta, nunca habrá ni podrá haber una versión «definitiva». Ha pasado más de un cuarto de siglo desde que se publicara la última visión general sobre este tema en alemán. Desde entonces, muchas cosas han cambiado en el campo de la investigación y han surgido nuevas interpretaciones que contradicen el conocimiento académico tradicional.

Cuando la editorial C. H. Beck se puso en contacto conmigo y me propuso escribir una biografía de Cortés, al principio dudé, porque Cortés, como sabemos en la actualidad, no fue el héroe dominante como él mismo se describía en sus informes al emperador y como muchos cronistas posteriores le honraron. No obstante, tampoco fue el demonio que acabó casi por sí solo con una cultura floreciente. Este libro pretende aclarar estos mitos. No trata únicamente sobre el conquistador Cortés, sino sobre los conquistadores en plural. Esto incluye no solo a aquellos españoles que viajaron con él, sino también, y especialmente, a los numerosos grupos étnicos de Mesoamérica que estaban interesados en derrocar al poderoso Imperio azteca por diversas razones y a los que se unieron los europeos. No obstante, es imposible contar la historia sin Cortés y sus hombres, ya que fueron ellos quienes sentaron las bases de un imperio colonial que duraría alrededor de trescientos años.

Quiero darle las gracias a mi editor Stefan von der Lahr y a su asistente Andrea Morgan por su apoyo. Gracias también a mis colegas Daniela Celis, Nelson Chacón, Felipe Fernández, Lorena Jaureguí y Karina Kriegesmann, cuya ayuda ha sido muy valiosa, así como a los archivos y bibliotecas, especialmente al Instituto de Estudios Latinoamericanos de Berlín, que han puesto a mi disposición las fuentes a partir de las cuales he podido escribir gran parte de este libro. Recibí un apoyo significativo gracias al premio de investigación José Antonio Alzate, con el que la Academia Mexicana de Ciencias y el Consejo

Nacional de Ciencia y Tecnología me galardonaron en 2017, y que me ha permitido llevar a cabo mi investigación en México. Les estoy muy agradecido a ambas instituciones. Esto también es aplicable a los miembros del Colegio Internacional de Graduados Entre Espacios.

Este libro está basado en gran medida en las fuentes disponibles. He analizado de la manera más exhaustiva posible las extensas obras secundarias existentes, las cuales, sobre todo durante los últimos veinte años, han permitido arrojar mucha luz sobre los sucesos acaecidos. Entre estas se incluye el trabajo de Matthew Restall, cuya última obra, que promete ser la «verdadera historia del encuentro que cambió el mundo», ha sido publicada demasiado tarde para poder incluirla aquí. Como historiador, yo no tengo verdades que ofrecer, tan solo una nueva interpretación del pasado.

Berlín, verano de 2018
Stefan Rinke

I

INTRODUCCIÓN

En abril de 2017 el presidente de la televisión pública española (RTVE), José Antonio Sánchez, pronunció en la Casa de América de Madrid un discurso notable. Había sido invitado para decir algunas palabras con motivo de la conclusión de un acuerdo de cooperación entre la cadena de televisión y dicho instituto cultural, el cual ha sido responsable desde 1990 de expandir las relaciones con Latinoamérica. Sánchez aprovechó la oportunidad y afirmó que la conquista española del Imperio azteca no había sido un acto colonial, sino más bien un logro civilizador y evangelizador. Al fin y al cabo, los españoles habían llevado iglesias, escuelas y hospitales al Nuevo Mundo y derrotado a un estado bárbaro y sediento de sangre. Con esto, Sánchez inició una vez más un debate que afecta a la sensibilidad nacional. En México, los defensores de las culturas indígenas prehispánicas vertieron numerosos comentarios al respecto. En su opinión, los verdaderos bárbaros fueron los conquistadores españoles, quienes destruyeron un imperio avanzado y floreciente[1].

La controversia tiene siglos de antigüedad y sigue siendo un tema de actualidad, y no solo en el mundo de habla hispana. La conquista de Tenochtitlán, la capital del Imperio mexica o azteca, como se llamaría más tarde, sentó los cimientos del Imperio español en América continental en 1519[2]. Por primera vez los europeos sometieron a un estado ampliamente organizado más allá del mundo que habían conocido hasta entonces. De este modo, establecieron la base de los primeros imperios coloniales mundiales. Ya en el siglo XVI, los cronistas e historiadores españoles veían a su país como un legítimo sucesor del Imperio romano, al cual incluso superaron[3]. Esto dio como resultado la presunción básica de la superioridad de los cristianos europeos y la inferioridad de otros grupos étnicos, lo cual llevó a un orden natural de las cosas muy simplificado.

En la historiografía europea, estos aspectos siempre han estado en un primer plano, aunque la valoración originalmente triunfalista de los acontecimientos ha ido cambiando en sentido contrario a lo largo del siglo xx. Lo que sucedió en aquel momento ha sido contado cientos de veces en representaciones populares, novelas, poemas, canciones y óperas, y analizado en tratados científicos. Las publicaciones académicas por sí solas llenan bibliotecas enteras. De hecho, la conquista de Tenochtitlán entre 1519 y 1521 fue un acontecimiento sin precedentes, ya que probablemente se trataba de una de las ciudades más grandes del mundo y la capital de un gran imperio, el cual era totalmente desconocido para los europeos[4]. Para los perdedores, los mexicas, quienes habían expandido su dominio en Mesoamérica durante décadas; aquello supuso un golpe tremendo.

Desde 1492, las noticias sobre el Nuevo Mundo habían despertado un gran interés en los europeos del Renacimiento, quienes atribuían un notable valor a los testigos presenciales de aquellos hechos y a la experiencia personal, y no dependían ya solo de las fuentes tradicionales. Sin embargo, para 1519, la sensación que había causado el viaje de Colón, fallecido hacía más de una década, ya había pasado a la historia. En México siempre había algo nuevo que descubrir y sobre lo que informar; cosas sobre las que nunca se había oído hablar en Europa, ya que ni siquiera en la Biblia se mencionaba ninguna de estas tierras[5].

Al principio, la noticia se extendió principalmente a través de los informes por carta de Hernán Cortés, el líder de los conquistadores españoles, quien describió con asombro las cosas que eran extrañas y nuevas para él. Sus descripciones de los rituales, el arte, la cocina y las joyas de los mexicas causaron gran sensación. Más importante aún, situó la organización de la sociedad mexica al mismo nivel que la española al hablar de «señor», «vasallo» y «señorío». La traducción latina de sus informes incluye, incluso, el término con mayúscula «Don» para el gobernante de México, Moctezuma II Xocoyotzin[6]. El énfasis de Cortés en la disciplina y el impresionante orden de la sociedad mexica contrasta claramente con la experiencia previa de Colón. Su primer informe de 1519 daba la impresión de que las negociaciones con el gobernante extranjero se estaban llevando a cabo en pie de igualdad, tal como habían esperado los Reyes Católicos españoles cuando enviaron a Colón en su viaje en 1492[7]. Sin embargo, Colón no había descubierto ni estados ni reyes poderosos en el Caribe. El emperador Carlos V dio igualmente instrucciones a Cortés para que tratara a los nuevos súbditos tan bien como a los vasallos de Europa[8].

Para los habitantes de Mesoamérica la impresión no fue menos nueva y sorprendente. La visión de los españoles también les abrió un mundo nuevo. La piel clara, el cabello a veces rubio, el vello corporal, la ropa, los sombreros, así como el equipo, la comida y las bebidas…, todo era nuevo para ellos. Quedaron particularmente impresionados por la forma de los barcos y los animales de granja, ya que nunca se habían visto caballos ni perros en Mesoamérica. Las armas, las banderas y los símbolos cristianos como la cruz, siempre presente, también despertaron su interés. En sus anales representaron estas innovaciones mediante glifos, un lenguaje visual equivalente al lenguaje escrito de los españoles[9].

Ambos lados reaccionaron asombrados, si bien no estaban al tanto de esto. De hecho, el dominio global de los europeos no llegaría hasta finales del siglo XVIII. En el momento de la conquista alrededor del ochenta por ciento del producto interior bruto del mundo todavía seguía generándose en Asia. Los europeos tan solo tenían extensas posesiones coloniales en América, mientras que en otros lugares únicamente contaban con estaciones comerciales[10]. Además, la expansión imperial no fue algo infrecuente a principios de la Edad Moderna. Los imperios otomano, chino, ruso y songai, en África occidental, al igual que los incas y los mexicas hasta la llegada de los europeos, expandieron sus territorios de manera significativa durante este período[11]. Sin embargo, se trataba de imperios terrestres; los europeos extendieron sus territorios al otro lado del océano y abrieron horizontes completamente nuevos. Las nuevas experiencias que vivieron y los conocimientos que trajeron de allí contribuyeron de forma significativa a la aparición de la visión renacentista del mundo, la cual también proyectaba ideales humanistas[12].

El contacto cultural no se produjo de forma pacífica, sino a través de una conquista militar. Así, en sus relatos, los conquistadores dieron gran importancia a cómo habían derrotado a un gran imperio con una tropa poco numerosa, al igual que los héroes de las populares novelas de caballería. Este mito ha llegado hasta los libros de texto actuales[13]. Una y otra vez, los autores se han preguntado cómo es posible que unos cientos de hombres a las órdenes del aventurero Cortés pudieran conquistar Tenochtitlán. No obstante, esta pregunta es, al menos parcialmente, incorrecta porque se basa en suposiciones que son más que dudosas. ¿Fue realmente solo el pequeño grupo de valientes españoles el que triunfó en su heroica lucha frente a la superioridad de sus enemigos? ¿No hubo también otros factores decisivos?

Uno de los objetivos de este libro es el de plantear nuevas preguntas. ¿En qué contexto se movieron los actores implicados? ¿Qué mundos se originaron a raíz de los sangrientos encuentros con los extranjeros? Aquí, debe tenerse en cuenta la reciente exigencia por parte de los historiadores de dedicarles más atención a aquellos actores que crean espacios sociales[14], pues la destrucción violenta y la redefinición de estos espacios sociales y étnicos afectaron a todas las partes involucradas: vencedores y vencidos. Estos, con sus puntos de vista individuales, ocupan un lugar central, ya que reflejan las ideas del mundo en un determinado momento histórico. Se trata de explorar su margen de actuación[15]. Este estudio no apunta al tradicional interés biográfico sobre un individuo, sino más bien a la descentralización de los actores principales. Por un lado, como destaca la investigación biográfica, estos intentan dar la «impresión de coherencia» a través de sus testimonios escritos[16]; por otro lado, los testigos contemporáneos y la posteridad no solo describen una vida, sino que la construyen consciente e inconscientemente mediante el propio acto de escribir. El cuestionamiento de esta puesta en escena por parte de testigos contemporáneos e historiadores posteriores es uno de los puntos de partida del presente análisis.

Aquellos que participaron o informaron como testigos presenciales de la batalla de Tenochtitlán también crearon mundos. Al trasladar el caos de los sucesos a través de sus relatos y pinturas, consiguieron dotar de una cierta unidad ámbitos nuevos completamente diferentes. Según cada caso, estos mundos cambiaban constantemente debido al impacto de los acontecimientos. Las imágenes, los objetos y las personas que Cortés envió a Europa o que llegaron con él más tarde le dieron a esta producción mundial una base material incluso más allá del océano. Al igual que Cortés y sus hombres, los grupos indígenas también intentaron reconocer la relevancia y el valor de lo nuevo, y dividirlo en jerarquías. De esta forma, eliminaron ciertos factores de su percepción, pero agregaron otros, los rediseñaron y los corrigieron. Lo que les preocupaba era restaurar o, en su caso, establecer órdenes que pudieran presentarse en informes, teorías, mapas y dibujos[17]. Los creadores de estos mundos gozaron de distinto éxito. Este libro no trata únicamente sobre el mundo de Hernán Cortés, el cual se ha situado en el centro de la mayor parte de los estudios hasta la fecha, sino también sobre la variedad de versiones mundiales que compitieron entre sí acerca de los sucesos acaecidos durante la contienda.

Como ya se ha señalado anteriormente, resulta difícil pasar por alto la historiografía sobre el tema. Tradicionalmente, ha habido juicios extremos que se han centrado sobre todo en la figura de Cortés y de los españoles como héroes o monstruos. La primera línea de interpretación fue la de la gloriosa conquista. Los poetas del Siglo de Oro, tanto en las Indias como en la península ibérica, glorificaron a Cortés como el «nuevo Marte»[18]. Se mezclaron elementos míticos e históricos que contribuyeron a la creación de una versión coherente de la conquista a través de textos y pinturas. Los conquistadores fueron retratados como valientes soldados de un ejército imperial que se habían enfrentado a los salvajes bárbaros. Según esta interpretación, a la cabeza de este ejército iba el heroico Cortés, a quien hay que agradecerle que los aztecas fueran liberados de la superstición y perdonados así por sus pecados. De este modo pudo comenzar la construcción de un nuevo México cristiano. El historiador estadounidense William H. Prescott, con un trabajo comprometido con la historiografía romántica y publicado por primera vez en 1843, representa la variante más moderna de esta interpretación[19]. Esta también se ha planteado en el siglo xx en las dos biografías de Cortés escritas por el español Salvador de Madariaga y por el mexicano Carlos Pereyra (1942), que muestran, ambas, una clara tendencia hagiográfica. El influyente político e intelectual mexicano José Vasconcelos hizo lo mismo y presentó a Cortés como el fundador de la nacionalidad de su país, la cual, según él, se basaba en la mezcla de «sangre» europea e indígena[20].

De hecho, a la hora de valorar a las personas y los sucesos que rodearon la caída de Tenochtitlán, para los mexicanos, la cuestión del origen de la nación ha surgido en repetidas ocasiones[21]. La llamada «leyenda negra» enfocó los acontecimientos como un ejemplo de la supuestamente extraordinaria brutalidad del dominio colonial español[22]. A raíz de la independencia de España en el siglo xix, Cortés fue declarado *persona non grata* en la emergente historiografía mexicana durante mucho tiempo. Los descendientes de los primeros conquistadores y colonos españoles, los llamados criollos, que llevaban viviendo en México desde hacía muchas generaciones, se apropiaron del glorioso pasado azteca para establecer los orígenes de la nueva nación —los paralelismos con el romanticismo europeo no resultaron sorprendentes—. Los mexicas fueron reinterpretados como padres fundadores, por lo que la situación real de sus descendientes indígenas carecía de mucho interés. Según esta lectura, Cortés se convirtió en la imagen del antihéroe y en el destructor de una gran cultura[23]. Los intentos por levantar un monumento a Cortés en México fracasaron repetidamente debido al rechazo popular, y en 2010 su estatua ya no estaba a salvo del vandalismo ni siquiera en Medellín, su lugar de nacimiento en España. En el ámbito de la investigación, al menos, esto ha cambiado en la medida en que efemérides como el 500 aniversario del nacimiento del conquistador en 1985 y el 450 aniversario de su muerte en 1997 han dado lugar a nuevas obras que discuten su figura con más rigor. En general, la evaluación ahora es más sobria, aunque los juicios entre los autores europeos y mexicanos aún difieren ampliamente entre sí[24].

Si bien el papel de Cortés hace mucho tiempo que ha dejado de ser predominante, no se puede decir lo mismo respecto a la valoración negativa de su contraparte, Moctezuma. Las fuentes europeas, por lo general, decían que Dios hizo triunfar a Cortés y castigó el débil carácter del príncipe azteca. La condena moral ya no aparece en las interpretaciones modernas, pero a menudo presuponen que los españoles eran racionales y civilizados y, por lo tanto, superiores al supersticioso Moctezuma. Se pasa por alto que los españoles de finales de la Edad Media eran cualquier cosa menos actores racionales. Tan solo hay que pararse a pensar en la leyenda del apóstol Santiago, sobre la que hablaremos a continuación[25]. Aunque los historiadores han señalado en repetidas ocasiones el carácter mítico de las fuentes sobre Moctezuma, la literatura sobre la conquista tiende a considerar esto, al menos en parte, como cierto[26].

Lo que no ha cambiado desde hace mucho tiempo es la visión de los españoles como ganadores y de los indígenas como derrotados. Por lo tanto, la literatura ofrece distintas razones para el éxito de unos y el fracaso de otros. Primero están los que explican el dominio de los españoles: entre estos, ya los cronistas y testigos contemporáneos mencionaron la personalidad de Cortés y sus hombres, su mejor armamento, tecnología, tácticas y, en última instancia, también su superioridad cultural, religiosa y psicológica[27]. Por otro lado, los historiadores atribuyen la caída del Imperio mexica a su declive psicológico e ideológico, a la sangrienta manera de luchar, así como a una serie de errores en el sistema político. Se ha insistido mucho también en la idea de que los mexicas consideraban a los españoles como dioses que habían regresado y, por lo tanto, quedaron paralizados al verlos. Los historiadores generalmente hablan de una combinación de factores, con elementos biológicos, psicológicos, militares y estructurales que se unen[28]. También hay un componente que los estudios recientes han enfatizado: el impacto que las enfermedades epidémicas introducidas por los españoles tuvieron en los indígenas, sobre todo la epidemia de viruela[29].

Según una reciente tesis que el experto en estudios culturales Tzvetan Todorov ha dado a conocer también más allá de los círculos profesionales, el determinismo cultural fue el responsable de la situación de inferioridad de los pueblos indígenas. En consecuencia, la visión cíclica del mundo, así como las profecías malignas y el fatalismo indígena resultante, sobre las que se impuso la mayor habilidad de comunicación de la civilización occidental, habrían sellado la desaparición de Tenochtitlán[30]. Sin embargo, los críticos han dejado claro que los argumentos en los que esta tesis se basa no son sostenibles. Se trata, más bien, de reconocer las grandes diferencias que existían dentro de la sociedad mexica, así como del uso creativo del correspondiente contexto[31]. Uno de los problemas fundamentales de la tesis del determinismo es que autores como Todorov y otros se basan principal y unilateralmente en los informes de los españoles y, en consecuencia, asumen que Cortés fue capaz de comprender a la perfección a los mexicas desde el principio y, por tanto, pudo manipularlos. A la luz de las nuevas fuentes, sin embargo, el papel de los españoles es mucho menos impresionante[32]. Así, a la vista del comportamiento de los pueblos indígenas debemos examinar la cuestión de si, en muchos casos, no se trata de sucesos inventados que acabaron por ser aceptados como históricos y pasaron a formar parte de la tradición porque son muy útiles a la hora de hacer que lo aparentemente incomprensible resulte explicable.

El mito de los conquistadores, que reduce los acontecimientos al enfrentamiento entre los dos grandes hombres, Cortés y Moctezuma, está ya superado hoy[33]. Ahora sabemos que la realidad era mucho más complicada que eso. Los españoles no solo se sirvieron de la «ayuda» de algunos indígenas, sino que también tenían aliados que pertenecían a diferentes grupos étnicos que perseguían y trataban de lograr sus propios objetivos. La nueva sociedad europeizada no reemplazó por completo a la antigua. Por lo tanto, no hubo una conquista completa. Los pueblos indígenas, por ejemplo, se apropiaron del cristianismo y lo incorporaron a su propio mundo divino. Lo mismo hicieron con los guerreros españoles como tales, a los que también incorporaron a su universo; un universo en el que la guerra y la conquista tenían una importancia central. En la historiografía de los pueblos de habla náhuatl del siglo XVI, la supuesta conquista no supone siquiera un acontecimiento, dado que la palabra extranjera «conquista» no existía; sin embargo, el término «conquistador» sí, y este englobaba a españoles e indígenas por igual. Sus anales continuaron escribiéndose como si nada hubiera pasado. Desde este punto de vista, la conquista española no parece ya tan abrumadora y excepcional, y el período posterior a la caída de Tenochtitlán en Mesoamérica resulta más bien una fase de reorganización políticamente necesaria para llenar un vacío de poder[34].

Las obras que allanaron el camino para esta nueva línea de interpretación al resaltar los matices de la conquista y separarse del esquema en blanco y negro surgieron ya en la década de 1980[35]. La historia de los pueblos mayas de Yucatán, los cuales conservaron su independencia incluso después de una mera conquista superficial y, básicamente, se gobernaban a sí mismos, ofrece mucho material ilustrativo en este sentido. Los estudios etnohistóricos de las últimas dos décadas, que han incluido fuentes indígenas de manera constante, han demostrado que la expansión prehispánica de los mexicas se produjo conforme a patrones similares a los que seguirían los españoles más tarde. Las ciudades eran atacadas con la ayuda de tropas de las zonas que acababan de ser conquistadas; se aprovechaban las diferencias locales y se empleaban amenazas, o bien se utilizaba de manera oportunista a uno u otro bando. Dado que los españoles recurrieron a las mismas estrategias, los indígenas pudieron aceptarlas porque estaban familiarizados con tales procedimientos. Esto tuvo mucha importancia, ya que los españoles dependieron de esta aceptación durante los primeros años después de su llegada. Por último, las campañas españolas siguieron las estructuras de las expansiones imperiales prehispánicas en Mesoamérica. Las fuentes indígenas, en concreto, demuestran que lo que las crónicas españolas representaron como una conquista gloriosa fue un complejo proceso de alianzas y negociaciones. Esto evidencia un alto grado de continuidad en una región en la que las guerras eran tan comunes como el ascenso y la caída de las ciudades-estado y sus dioses. Cortés y los otros muchos historiadores que, después de él, determinaron la narrativa de la conquista durante siglos desdeñaron el papel de los pueblos indígenas o no los mencionaron en absoluto, ya que de haberlo hecho su propia fama habría sido menor[36].

Algunos historiadores afirman ahora que los acontecimientos tal y como los españoles los retrataron nunca sucedieron. En consecuencia, no se puede hablar de una conquista española, sino que se debería empezar hablando de «conquistadores indígenas» que habrían colaborado con unos pocos españoles[37]. No obstante, esta inversión no elimina la tradicional división entre ganadores y vencidos y, por tanto, no resulta convincente. Además, tal interpretación no es capaz de explicar por qué el antiguo Imperio mexica y gran parte de Mesoamérica pasaron a formar parte de un imperio colonial español que duraría trescientos años. En este punto, por lo tanto, soy de la opinión de que el concepto de conquista sigue estando justificado, incluso si uno se centra en el resultado a corto y medio plazo. Aun así, por otro lado, la independencia y la soberanía de los actores indígenas deben tenerse mucho más en cuenta de lo que se han tenido hasta ahora.

Para tratarse de un acontecimiento de inicios de la Edad Moderna, las fuentes sobre el tema son bastante ricas. Además, muchos de los informes en sí ya han sido objeto de una extensa literatura de investigación. No obstante, las fuentes se caracterizan por su inconsistencia, su inexactitud y su falta de verificabilidad. Además, se trata en su mayoría de fuentes que aparecieron con posterioridad a los hechos y que, a menudo, proporcionan pocas interpretaciones fiables de los acontecimientos[38].

Solo han sobrevivido unos pocos informes de testigos presenciales. En primer lugar, tenemos a Cortés. Su existencia está muy bien documentada, sobre todo debido a los numerosos procedimientos judiciales en los que se vio implicado; no obstante, su vida juvenil y familiar es menos conocida[39]. Las fuentes principales son sus cartas al emperador, las llamadas «cartas de relación», que escribió entre 1519 y 1526, y que constituyen los relatos de testigos presenciales más detallados que tenemos sobre los acontecimientos[40]. Sin embargo, resultan particularmente problemáticas porque el hidalgo se hallaba bajo una gran presión, como veremos más adelante. Cortés estaba familiarizado con las normas de correspondencia legal, ya que había estudiado los conceptos básicos de derecho y había trabajado como secretario de un gobernador. También escribió informes en los que basaba repetidamente su versión de lo sucedido en hazañas antiguas muy conocidas y en novelas de caballería, como *Amadís de Gaula* o *Tirant lo Blanc*, con vistas al efecto que estas podrían tener en la corte, pero también a su publicación en Europa y la fama que podrían reportarle. Los conquistadores españoles fueron, según él, herramientas elegidas de Dios, que llevaron la paz y la justicia del cristianismo a un mundo sin salvación[41].

Los informes detallados de los compañeros de Cortés también son escasos. El más famoso es, indudablemente, el de Bernal Díaz del Castillo, escrito alrededor de 1568, aunque es posible que, en realidad, lo que hiciera fuese dictarle sus recuerdos a un escritor anónimo[42]. Su testimonio como testigo presencial es limitado, ya que empezó a redactar sus memorias al cabo de varias décadas y se basó en gran medida en las cartas de Cortés y en las crónicas, sobre todo las de Francisco López de Gómara, de las cuales quería distanciarse. Su obra, que no apareció hasta 1632, años después de su muerte, está plagada de invenciones y descripciones erróneas[43]. No obstante, ofrece una idea del aspecto emocional, los prejuicios y la vida cotidiana de los conquistadores[44]. También resultan sorprendentes las reflexiones y la confianza en sí mismo del autor, quien termina su informe afirmando: «Parte me cabe [de los loores] pues yo le ayude en todas las conquistas y a ganar aquella prez y honra y estado...»[45].

Francisco de Aguilar, otro participante en la expedición, se hizo rico gracias a la conquista, pero luego se unió a la Orden de los dominicos en 1529. En 1565, cuando era un anciano, dictó su *Relación breve de la conquista de la Nueva España*, una breve crónica en ocho capítulos en la que describe la valentía y el heroísmo de los conquistadores[46]. Andrés de Tapia también sirvió como capitán en la expedición de Cortés, y era uno de sus seguidores más leales. Su *Relación*, escrita en torno a 1539 y por la cual fue ampliamente recompensado, enfatiza los logros magistrales de su líder. No se publicó hasta 1866, pero influyó en los trabajos de muchos cronistas posteriores, a pesar de que tan solo describe las primeras etapas de la conquista[47]. La crónica de otro de los subordinados, Bernardino Vázquez de Tapia, también menciona la conquista en su *Relación de méritos y servicios*, publicada por primera vez en 1939. Vázquez de Tapia, quien ocupó el cargo de alcalde de la recién fundada Ciudad de México en 1524 y 1526, y luego permaneció con el cargo de regidor, se centró en sus propios logros para evitar la pérdida de su propia encomienda como consecuencia de las Leyes Nuevas[48]. Por último, cabe mencionar el relato de un conquistador anónimo, que no participó en los acontecimientos, pero que habla en detalle sobre la naturaleza, la cultura, la religión y la vida en el antiguo México[49].

Entre las fuentes importantes se encuentran las crónicas de autores que no intervinieron propiamente en los sucesos, pero cuyas conversaciones con los conquistadores les servían como fuente. Algunos de estos trabajos contienen información que no aparece en los relatos de los testigos presenciales. En términos de género histórico, pertenecen a la categoría de colecciones de crónicas, donde se incluyen escritos del ámbito hispanohablante del siglo XVI que contienen términos como «historia» o «relación» en su título[50]. Estas fuentes no son menos parciales que los relatos de testigos presenciales. Aunque sus autores construyeron versiones triunfales de la conquista por diferentes motivos, todos comparten la misma intención primordial de glorificar a Dios y al rey, y también se caracterizan por sus exageraciones, falsificaciones e inconsistencias[51].

Hay que destacar al humanista italiano en la corte española Pedro Mártir de Anglería, quien únicamente recibió información de segunda mano, pero se basa en conversaciones, cartas y peticiones que los conquistadores y descendientes de los gobernantes indígenas, los tlatoque, enviaron a la Corona poco después de la conquista para hacer valer sus derechos sucesorios[52]. Fue el primero en mantener una crónica latina de los descubrimientos y conquistas desde 1493 hasta su muerte en 1526. Esta crónica fue publicada en su totalidad por primera vez en 1530 y se hicieron de ella muchas ediciones[53]. Un sucesor de Anglería como cronista de la corte fue Gonzalo Fernández de Oviedo y Valdés, quien había viajado anteriormente a América y había ostentado allí altos cargos administrativos. Su *Historia general y natural de las Indias* fue escrita en la década de 1530 y constituyó la obra más completa sobre la historia de América durante este período de tiempo[54]. Debido a la prohibición de imprimir, Fernández de Oviedo no pudo publicar la primera parte de su crónica, que data de 1520, hasta 1535. Ambos cronistas representaban fundamentalmente los intereses de la Corona, algo que se ve reflejado en sus obras[55].

No menos importante es la contribución de Francisco López de Gómara, quien, como Anglería y Oviedo, conoció de cerca a muchos de los testigos y del que se dice que fue el capellán de Cortés. La literatura más reciente parte de la base de que no solo fue su apologeta, tal y como, por ejemplo, sostiene Bernal Díaz del Castillo en su obra. Sin embargo, se esforzó por legitimar la conquista y por hacer hincapié en los actos heroicos de los españoles involucrados, sobre todo en lo referente a la difusión del cristianismo[56]. El humanista y, desde 1535, cronista de la corte y educador del príncipe Felipe, Juan Ginés de Sepúlveda, presenta los sucesos de una manera igualmente heroica en su «historia de los acontecimientos hasta 1521» escrita en latín. Se basó en gran medida en el trabajo de Fernández de Oviedo, pero también en conversaciones con el propio Cortés, entre otros. En su opinión, la violenta misión era necesaria para poner fin a la barbarie, especialmente la que representaban los sacrificios humanos de los aztecas[57].

Bartolomé de las Casas fue el gran adversario de Sepúlveda. En un principio, había participado en conquistas en la isla de Cuba, pero después, como sacerdote y monje dominico, pasó a convertirse en el crítico más influyente con la explotación de los pueblos indígenas por parte de los colonizadores españoles. En numerosos escritos, sobre todo en su *Crónica de las Indias* en varios volúmenes, que comenzó en 1527 y que abarca todo el período analizado hasta 1520, se posicionó y denunció la explotación de los indios basándose en sus propias experiencias, una gran colección de fuentes originales y el testimonio de muchos testigos presenciales. También conoció a Cortés y a Bernal personalmente. Fustigó severamente a los conquistadores y retrató a los pueblos indígenas como niños vulnerables. Debido a su gran influencia en la corte, Las Casas también consiguió prohibir la impresión de los trabajos de otros autores como, por ejemplo, Fernández de Oviedo[58].

Además del dominico Las Casas, la mayoría de las crónicas de la época sobre la conquista nos han llegado principalmente de la mano de los religiosos franciscanos, los cuales hicieron circular la interpretación de un triunfo cristiano deseado por Dios sobre lo que consideraban un Imperio azteca gobernado por el demonio. De especial importancia es el trabajo de Toribio de Benavente, quien se llamó a sí mismo Motolinía, que en náhuatl significa 'el pobre'. Fue uno de los primeros misioneros en Nueva España. Sus *Memoriales* y la *Historia de los indios*, que abarca el período hasta 1541, forman la crónica en habla española más antigua jamás elaborada en Nueva España. Motolinía había trabajado con muchos nobles aztecas e incluso con la intérprete de Cortés, Malinche[59]. Su hermano, Gerónimo de Mendieta, vivió en México desde 1554, donde trabajó junto a Motolinía y entre 1573 y 1596 escribió su *Historia eclesiástica indiana* en cinco volúmenes, el primero de los cuales fue publicado en 1870. Ambos todavía tenían acceso a testigos presenciales y a otras fuentes que se perderían más tarde[60].

Al igual que Mendieta, otros historiadores no llegaron a Nueva España hasta mediados del siglo XVI, décadas después de la caída de Tenochtitlán. No obstante, al menos parcialmente tuvieron acceso a testigos de la época. Este grupo incluye, por ejemplo, al abogado

Alonso de Zorita, quien escribió una *Relación de la Nueva España*, publicada por primera vez en 1935, y en la que denunciaba, entre otras cosas, los abusos del sistema tributario[61]. El humanista y rector de la recién fundada Universidad de México, Francisco Cervantes de Salazar, con su *Crónica de la Nueva España* (1903) fue otro de ellos. Desde la perspectiva de Cervantes, debido a la crueldad de los mexicas, la conquista fue una hazaña piadosa en la que, sobre todo, había destacado la figura de Cortés[62].

La situación en lo referente a las fuentes indígenas es igualmente heterogénea y la historia de la recepción la dificulta aún más. Durante siglos, los cronistas e historiadores simplemente han bloqueado el punto de vista de los diferentes grupos étnicos que vivían en Mesoamérica antes de la llegada de los españoles. Solo Cortés citó textualmente a Moctezuma, pero el diálogo que presenta está estilizado[63]. A pesar de que los pueblos indígenas habían elaborado ya en el siglo XVI numerosos relatos escritos o con ilustraciones que reflejaban los acontecimientos desde su punto de vista, al quedar bajo el dominio español estos fueron con frecuencia quemados o guardados bajo llave. Los historiadores no comenzaron a explorarlos científicamente hasta el siglo XX. Sin embargo, la publicación de estas fuentes desde la «perspectiva de los vencidos», como reza el título de la colección más conocida, presenta unilateralmente a los grupos indígenas como víctimas pasivas[64].

Durante mucho tiempo, la gente creyó que había relatos indígenas de testigos presenciales. Se presumía que algunos de los noventa y un poemas conocidos como «cantares mexicanos» habían sido escritos a mediados de la década de 1520 y, por lo tanto, podían considerarse los documentos más antiguos sobre lo sucedido. En algunos de estos cantares la derrota de los mexicas se narraba como el mayor sacrificio jamás hecho a los dioses[65]. También se estudiaron los *Anales de Tlatelolco*, fechados en 1528. Tlatelolco era una ciudad vecina estrechamente vinculada a Tenochtitlán. Ambas compartían la isla situada en el lago de Texcoco. Esta crónica, que consta de cinco manuscritos independientes, se centra en el coraje de los residentes de Tlatelolco, quienes, a diferencia de sus vecinos de Tenochtitlán, no se rindieron[66]. En ninguna de las fuentes queda claro quiénes fueron los autores y cómo es posible que ya dominaran el alfabeto latino tan poco tiempo después de la guerra. Por otro lado, muchos historiadores opinan que los primeros registros indígenas no se escribieron antes de la década de 1540, lo cual supone un retraso considerable respecto a los acontecimientos[67].

La datación de las fuentes indígenas en la segunda mitad del siglo XVI tiene como resultado un problema fundamental. En ese momento, ya habían surgido diversas superposiciones culturales, sobre todo debido a la transcripción de las lenguas nahuas a la escritura basada en el alfabeto latino. Sin duda, estas transcripciones «presas del alfabeto» (Garibay) dieron lugar a cambios de significado y omisiones, que se vieron exacerbados por la distancia temporal respecto de los hechos y la autocensura de los autores indígenas[68]. Durante mucho tiempo las fuentes indígenas del período colonial fueron poco valoradas porque, supuestamente, estaban por completo «occidentalizadas»[69].

Además, los autores de los documentos solían ser mestizos, es decir, tenían padre español. Estos autores mestizos se movían en la brecha cultural, actuando como mediadores, pero también como actores sociales con intereses específicos en un contexto muy cambiante. Sus textos enfatizan la pertenencia a determinados grupos étnicos con los que los autores se sentían identificados por diversas razones. Algunas investigaciones recientes han redescubierto estas crónicas y han destacado su importancia para comprender los inicios de la sociedad colonial[70].

Diego Muñoz Camargo (1529-1599), hijo ilegítimo de una noble indígena y de un conquistador, es uno de los autores mestizos más importantes de este período. Recibió una educación española, pero también hablaba náhuatl. Fue un exitoso ganadero; también actuó como traductor y ocupó diversos cargos públicos en la ciudad de Tlaxcala, gran rival de Tenochtitlán y aliada de los españoles. Su *Historia de Tlaxcala* de 1592 refleja principalmente los intereses del cabildo de su ciudad natal. No obstante, también condena lo que considera cultos paganos del pasado[71].

Don Hernando de Alvarado Tezozómoc (aprox. 1525-1610), nieto de Moctezuma, cuyo padre fue tlatoani y gobernador de Ecatepec, también pertenecía a la primera generación de mestizos. Su *Crónica mexicana*, que apareció alrededor de 1598 y fue publicada en español, así como la parte atribuida a él de la *Crónica Mexicáyotl*, en náhuatl, se cuentan entre las fuentes más importantes de la historia azteca prehispánica. Poco se sabe sobre Tezozómoc. Al haber crecido con las tradiciones orales de los antiguos, en las cuales están basados sus textos, se le considera el cronista más importante de los tenochcas, los habitantes de Tenochtitlán[72].

Si Tezozómoc es la voz de Tenochtitlán, el mestizo Fernando de Alva Ixtlilxóchitl (aprox. 1578-1650) es la voz más importante de la ciudad vecina de Texcoco y miembro de la Triple Alianza azteca. Mientras que su madre era una mestiza descendiente de los príncipes de Texcoco, su padre era español. Alva Ixtlilxóchitl trabajó como juez, funcionario administrativo y traductor. Para su *Sumaria relación* y su *Historia de los señores chichimecas*, se sirvió de muchas fuentes indígenas, que también documentó. Empleaba el título honorífico de «Don» para identificarse como miembro de la nobleza indígena[73]. Las investigaciones estadounidenses que lo han redescubierto en los últimos años consideran a Alva Ixtlilxóchitl como uno de los autores indígenas más influyentes del nuevo período colonial español[74].

Domingo Francisco de San Antón Muñón Chimalpahin Cuauhtlehuanitzin (1579-1660) fue contemporáneo de Alva Ixtlilxóchitl. Nacido en Chalco Amaquemecan en el seno de la nobleza provincial indígena, se mudó a Ciudad de México siendo muy joven y después trabajó como capellán en la iglesia de San Antonio Abad, en Xoloco. A diferencia de Alva y Tezozómoc, no ocupó ningún cargo público, sino que produjo una extensa obra literaria[75]. Al igual que los otros autores, Chimalpahin también quería escribir una historia desde una perspectiva indígena y para los pueblos indígenas de su tierra natal. Sin embargo, a diferencia de ellos, escribió sus crónicas en náhuatl y se ocupó de todo el antiguo imperio de Tenochtitlán. Su trabajo demuestra la supervivencia de las tradiciones culturales indígenas y comprende mucho más allá de la caída de Tenochtitlán. También es el único ejemplo de un texto colonial elaborado por una persona indígena a partir de uno español, a saber, el de López de Gómara, mientras que a la inversa hubo muchos casos[76].

Los misioneros han transmitido mucho de lo que sabemos hoy en día sobre las sociedades mesoamericanas del período anterior a la colonización, así como de los primeros años de esta. Principalmente los franciscanos, que fueron los primeros en difundir la fe cristiana en Mesoamérica. Ellos trataron de cambiar el pensamiento y la forma de vida de los nuevos cristianos. En este sentido, hay que agradecerles su labor durante la primera mitad del siglo XVI a la hora de transcribir el náhuatl a caracteres en forma de letras de tipo occidental. Estos primeros cronistas de Nueva España preferían las tradiciones orales indígenas antes que las escasas fuentes escritas que, de todos modos, no podían entender. Por supuesto, no se trataba de preservar las culturas indígenas, sino de conocerlas con el objetivo de destruir radicalmente las creencias religiosas y convertir a la población conforme a los preceptos de la doctrina católica. El valor etnográfico de estas fuentes es, por lo tanto, limitado. Por ello no resulta sorprendente que la influencia de los traductores, escritores y editores franciscanos se vea reflejada en ellas[77].

Además de la obra de Motolinía, la *Historia general de las cosas de Nueva España*, de Bernardino de Sahagún, es, sin duda, la recopilación más famosa de voces mesoamericanas de este período; refleja en náhuatl los acontecimientos desde el punto de vista indígena, aunque a través de una mirada europea[78]. Este mamotreto elaborado a lo largo de muchos años desde la década de 1550 fue el resultado de la colaboración de Sahagún con innumerables estudiantes, escritores e interlocutores indígenas no revelados, y cuyo conocimiento oral y escrito fue recopilado y transcrito por los franciscanos. Probablemente lo completó con sus propias valoraciones, ya que la descripción contiene muchas reminiscencias de las ideas franciscanas del apocalipsis. La traducción al español del texto difiere de la versión en náhuatl en puntos cruciales, por ejemplo, cuando se trata la matanza de Tóxcatl y la muerte de Moctezuma[79]. Conocida en su versión ilustrada como *Códice Florentino*, esta obra ofrece, sobre todo en el Libro XII, una descripción detallada de la caída de Tenochtitlán. A pesar de la larga experiencia de Sahagún, contiene muchos malentendidos y distorsiones[80].

El mismo tipo de texto es el *Códice Ramírez* o *Códice Tovar*, por el jesuita Juan de Tovar, que tenía antepasados indígenas por parte de madre y hablaba varios idiomas mesoamericanos. Se dice que elaboró el manuscrito a mediados del siglo xvi basándose en tradiciones orales de testigos presenciales aztecas[81]. Códices como estos podían tener un efecto en la formación de la identidad en los pueblos indígenas. Los gobernantes también se dieron cuenta de esto y, temiendo un posible retorno a las viejas creencias, la Corona prohibió los informes etnográficos de los misioneros desde 1577 y confiscó sus obras. La prohibición permaneció vigente hasta el final del período colonial, de manera que los investigadores no pudieron redescubrir y editar estas importantes fuentes hasta el siglo xix[82].

Las fuentes gráficas son muy importantes para entender la visión indígena sobre la caída de Tenochtitlán. Los indígenas escribían mediante pictogramas y glifos, y su uso seguía estando muy extendido en el siglo xvi[83]. No hay duda de que la interpretación de estas fuentes resulta especialmente complicada, ya que la intención detrás de ciertos gestos, poses y otros detalles a menudo solo se puede adivinar; en particular, en aquellas fuentes gráficas indígenas cuya datación, con frecuencia, no está clara. Estas deben entenderse como productos dinámicos que han sido leídos de manera muy diferente por distintos grupos de la sociedad colonial, así como a lo largo de distintos momentos históricos[84]. En particular, las grandes representaciones de la conquista pintadas en hojas de lino, como el *Lienzo de Tlaxcala*, el *Lienzo de Quauhquechollan* o el *Lienzo de Analco*, son muy importantes para el análisis de los acontecimientos. Las fuentes gráficas también son interesantes para ocultar ciertos eventos históricos. Así, por ejemplo, los tlaxcaltecas en su lienzo no mencionaron su resistencia inicial a los españoles ni la contribución de otros aliados a la victoria sobre Tenochtitlán. Mediante este documento oficial y fidedigno, que se enviaría al emperador en España, querían plasmar su propia contribución a la conquista y a la cristianización, y justificar así su reclamación de ciertos privilegios[85].

Este libro está basado en estas y en muchas otras fuentes, y trata de seguir una estructura orientada a factores cronológicos y estructurales por igual. El primer capítulo se centra en la juventud de Cortés y describe la situación inicial de las posesiones españolas en el Caribe hasta los viajes exploratorios de Francisco Hernández de Córdoba y Juan de Grijalva en 1517 y 1518. A continuación, se ocupa de los inicios de la conquista, la confección de la hueste de Cortés y de los acontecimientos en la tierra de los mayas, así como del origen y la composición social de los conquistadores. El Imperio azteca es el foco del siguiente apartado, en el cual se analizan los orígenes de este grupo étnico y su entorno político, económico, social y cultural hasta el reinado de Moctezuma II. A este capítulo le siguen el análisis de la llegada de los españoles a Totonacapan y su marcha hacia el interior, así como el mito de Quetzalcóatl. Aquí también se presentan los primeros informes de Cortés al emperador. El siguiente capítulo se centra en los sucesos acaecidos en Tlaxcala y su papel como aliado más importante de los españoles. Los dos apartados siguientes describen los acontecimientos desde la llegada de los españoles y sus aliados a Tenochtitlán y la posterior captura de Moctezuma y la Noche Triste, hasta el asedio y la desaparición de la ciudad. La continuación de la guerra y la expansión a las áreas periféricas, así como la consolidación en el poder de Cortés son tratadas en otro capítulo. Finalmente, hay un último apartado sobre el legado de la conquista, la construcción de una nueva capital, la introducción de nuevos sistemas legales, la cristianización y la vida cotidiana bajo las nuevas circunstancias coloniales.

<h1 style="text-align:center">II</h1>

Partida hacia el Nuevo Mundo

Para cuando Cristóbal Colón murió en la ciudad española de Valladolid, el 20 de mayo de 1506, la euforia levantada por su viaje hacia el oeste y los nuevos territorios descubiertos en las Indias ya había tornado en desencanto. Desde el desembarco en Guanahaní en 1492, las esperanzas de descubrir la ruta marítima hacia los legendarios países del oro en Oriente todavía no se habían hecho realidad. Las islas del Caribe, cuya riqueza Colón describió, no habían generado el rendimiento esperado. Mientras los rivales portugueses abrían la ruta marítima a India en 1498, sus propios colonizadores, sobre todo la familia Colón, causaban tantos problemas a la Corona española que esta se vio obligada a intervenir en repetidas ocasiones, a pesar de que la política en Europa era mucho más importante para ella. El trato decente a la población indígena y la búsqueda de ganancias económicas también fueron elementos difíciles de conciliar. Desde el punto de vista de los colonizadores españoles, esas personas a las que de forma generalizada y despectivamente llamaban «indios» apenas valían nada. Tampoco servían como esclavos porque morían rápidamente a causa del exceso de trabajo y las enfermedades introducidas por los europeos. Debido a esto, la población en las islas del Caribe se redujo de forma dramática. La atracción hacia el Nuevo Mundo había disminuido claramente. Hacía falta un nuevo incentivo que reavivara la fiebre del descubrimiento.

Una juventud en Extremadura

Por aquel entonces, Cortés era un hombre joven. Había nacido en torno al año 1485 en Medellín, provincia de Extremadura, lejos de los centros de poder. En ese momento, el mundo medieval tardío estaba empezando un profundo proceso de cambio. La mayor parte de España estaba gobernada por Fernando de Aragón e Isabel de Castilla, quienes se habían casado en Valladolid en 1469. De la mano de ambos, el país, desangrado por la peste y las guerras internas, experimentó un proceso de consolidación y expansión. La guerra contra el reino musulmán de Granada terminó con la conquista de la ciudad en 1492, la cual supuso también el punto de partida para la empresa de Colón. En ese momento, España era cualquier cosa menos un estado unitario, y estaba formada por numerosos subreinos, algunos de los cuales estaban unidos. No obstante, bajo el reinado de Fernando e Isabel se dieron pasos hacia la centralización. Las tensiones religiosas fueron eliminadas por la Inquisición, instaurada en 1478, y con el fin de la Reconquista se pudo disponer de unos fondos que debían satisfacer las perseguidas minorías judía y musulmana[1].

Poco se sabe sobre la vida de Cortés en aquellos días, lo cual dio lugar a leyendas desde el primer momento. El humanista siciliano de la corte española Lucio Marineo Sículo, quien escribió la primera biografía del conquistador en 1530, afirmó que procedía de Roma, la ciudad eterna[2]. Otros cronistas españoles, más tarde, afirmaron que Cortés había nacido el mismo año, esto es, 1483, que Martín Lutero, el «monstruo contra la Iglesia, horrible y fiero»; una especie de figura contrapuesta, por así decirlo, si bien esto tampoco se corresponde con los hechos[3].

La extensa investigación biográfica ha demostrado que el padre de Cortés, Martín, nació a mediados del siglo xv y vivió en Medellín como miembro de la baja nobleza. Sus méritos militares en los numerosos conflictos sangrientos que sacudieron la región en esa época y durante la Reconquista le otorgaron un cierto reconocimiento, además de una serie de privilegios. Sus posesiones personales seguían siendo modestas, pero, según algunos cronistas, tampoco se puede decir que la familia fuera pobre. Se casó con Catalina Pizarro, quien también provenía de una familia hidalga del vecino pueblo de Trujillo[4]. La zona de Extremadura en la que vivía la familia era bastante fértil, pero la tierra era propiedad de unos pocos; por ejemplo, la casa de Portocarrero gobernaba en Medellín. Para la baja nobleza había pocas opciones una vez acabada la guerra, lo cual puede explicar la gran cantidad de emigrantes al Nuevo Mundo desde esta región. Entre estos se cuentan grandes nombres como los hermanos Pizarro, que conquistaron el Imperio inca; Nicolás de Ovando, el gobernador de La Española, y también Cortés[5].

Según López de Gómara, Cortés fue un niño enfermizo que a duras penas consiguió escapar de la muerte[6]. Como único heredero, desarrolló una relación particularmente estrecha con su padre, el cual sería más tarde una figura importante en su vida. Probablemente, fue él quien le enseñó a Hernán sus conocimientos militares, así como a montar a caballo, algo esencial para un joven noble[7]. También aprendió a leer y a escribir en un momento en el que la cultura española estaba en auge. En 1492, el erudito Antonio de Nebrija publicó por primera vez una gramática de la lengua castellana, y afirmó que la lengua siempre había sido la compañera del imperio[8]. Al igual que muchos de sus contemporáneos, el joven Cortés probablemente se deleitaba con novelas populares de caballería como la colección de *Amadís de Gaula*, de Garci Rodríguez de Montalvo (1508), publicada por la editorial de Jacob Cromberger, quien había llegado a Sevilla procedente de Núremberg[9]. También los relatos de viajes parcialmente ficticios, como los de Jean de Mandeville o Marco Polo, que circulaban en forma de libros populares, pudieron haber despertado el interés de Cortés por tierras lejanas[10].

El padre envió a su hijo de catorce o quince años para que continuara con su formación a Salamanca, donde su hermanastra, Inés Gómez de Paz, vivía junto a su esposo, el escritor Francisco Núñez de Valera. En última instancia, sigue siendo incierto si Cortés realmente estudió allí en la universidad sin obtener un título académico, lo cual no era algo infrecuente en ese momento, o si solo aprendió los conceptos básicos de la gramática y el derecho latinos como preparación para seguir formándose académicamente. Las habilidades que adquirió en esos dos o tres años resultarían muy importantes. Sabía emplear bien la palabra escrita, incluso en latín, así como argumentar legalmente a su favor. En sus cartas, le gustaba sustentar el significado de sus palabras con citas de los clásicos que tomaba de las recopilaciones de sentencias de la época. Estas habilidades le serían muy útiles posteriormente en el Nuevo Mundo[11].

Tras este aprendizaje, Cortés fue madurando un plan para participar en aventuras bélicas y demostrar así su fuerza y su valor. A pesar de la erudición de la que le gustaba jactarse, pero cuya profundidad solo se puede adivinar, Cortés era más propenso al oficio militar y los juegos de azar[12]. Contó con diversas oportunidades de llevar a la práctica esas inclinaciones. Al principio, se interesó por las campañas españolas en Italia, pero luego decidió unirse a la flota de Ovando, con la que Bartolomé de las Casas, entre otros, viajaría a las Indias. Según López de Gómara, Cortés regresó a Medellín antes de su partida para obtener la bendición y el dinero de sus padres para el viaje[13].

Las fuentes también dicen que se mudó a Sevilla, donde sufrió un accidente como consecuencia de una aventura amorosa y no pudo partir[14]. Las contradicciones y lagunas existentes sobre los primeros años de su vida, por un lado, apuntan a un origen que en ningún caso parecía augurar grandes perspectivas para el futuro. Sin embargo, por otro, Cortés, como joven hidalgo, disponía de suficiente capital social y relaciones de parentesco como para aprovechar las oportunidades que se le ofrecían, y si estas no se encontraban en la península ibérica, entonces, sería en las Indias, donde la empresa colonizadora de Ovando parecía prometer un nuevo comienzo.

La tentación de las Indias

En cualquier caso, en 1504, a la edad de diecinueve años —los cronistas en esto están relativamente de acuerdo—, Hernán Cortés emprendió su largo viaje. Según López de Gómara, navegó en una nao de Alonso Quintero desde Palos de Moguer, pasando por la isla canaria de La Gomera, hasta la ciudad de Santo Domingo, en la isla de La Española, el centro del dominio español en el Caribe[15]. Fue aquí donde Colón estableció el primer asentamiento, Fuerte de Navidad, y donde se encontraba la sede del gobernador. En 1492 vivían en las Antillas Mayores y Menores aproximadamente un millón de personas, pero desde la llegada de los españoles el número empezó a disminuir rápidamente. El sueño de la convivencia pacífica, si es que alguna vez existió, enseguida se desvaneció. A partir de la destrucción de Navidad por los taínos en 1493, se produjo una serie interminable de actos sangrientos, de explotación y opresión. La masacre de los primeros colonos, probablemente, fue provocada por los ataques de los españoles, quienes trataron brutalmente de someter a la población autóctona[16].

Los pueblos que vivían en el Caribe en ese momento tenían una larga historia. Ya en el año 4000 a. C. había cazadores y recolectores en las islas de las Antillas llegados desde la península de Yucatán. Dos mil años después, se establecieron grupos de la región de Saladero, en lo que ahora es Venezuela, que dominaban la cerámica y trabajaban el campo. Estos saladoides se sumaron a la «población autóctona» y se mezclaron con ella. En el primer milenio de nuestra era, el número de asentamientos aumentó bruscamente y se ocuparon islas que hasta entonces habían permanecido deshabitadas. Durante este período, se desarrollaron complejas jerarquías sociales, como la de los taínos, quienes se dividían en subgrupos y que habitaban las islas de las Antillas Mayores, entre otras, Haití (La Española), Cuba (Fernandina) y Boriquén (Puerto Rico)[17].

Los taínos vivían de la agricultura, sobre todo de la yuca, y de la pesca. Productos desconocidos como la piña y el tabaco impresionarían más tarde a los europeos. La ropa casi no era necesaria debido al clima; no obstante, los taínos fabricaban hamacas y otros objetos. Las grandes chozas de madera y paja, en las cuales cabían muchas personas, les ofrecían protección. Como armas utilizaban macanas en forma de garrote, así como lanzas, arcos y flechas. Los taínos eran excelentes navegantes y empleaban sus canoas, que podían parecer sencillas a simple vista, para comerciar entre las islas. Había incluso dominios que abarcaban varias islas y cuyo núcleo estaba formado por aldeas, en algunas de las cuales vivían más de mil personas. La religión impregnaba la vida de los taínos y tanto sus obras de arte como sus rituales estaban relacionados con ella. Entre estos últimos estaba el juego de pelota, que probablemente había sido tomado de Mesoamérica. Debido a los frecuentes desastres naturales (huracanes e inundaciones), los actos religiosos servían al interés general, pero también suponían una conexión con el reino de los muertos, el cual era venerado a través de un culto ancestral sólidamente implantado[18].

Los taínos, salvo algunas excepciones, se comportaron inicialmente ante los españoles de forma amistosa o expectante, pero la paz no duró mucho. El segundo intento de los españoles de fundar un asentamiento, La Isabela, en la costa norte de la isla, tampoco tuvo éxito a partir de 1494. La relación al comienzo pacífica con las aldeas circundantes se deterioró rápidamente después de que su cacique descubriera que los europeos tenían intención de quedarse a largo plazo y no disponían de recursos. Además, las incursiones españolas en el interior en busca de oro y la construcción del fuerte Santo Tomás provocaron conflictos. Cuando los españoles pidieron que se les entregara comida e hicieron saber que, en caso de resistencia, serían sometidos a crueles castigos, se produjo un conflicto armado. El asentamiento fue reubicado nuevamente, esta vez al sur de la isla, y en 1502, después de un nuevo traslado a la otra orilla del río, nació Santo Domingo[19].

Después de que los españoles fracasaran en su búsqueda de la riqueza esperada, a partir de 1495 comenzaron a esclavizar a parte de la población local y a enviarla a Europa. Detrás de esto había

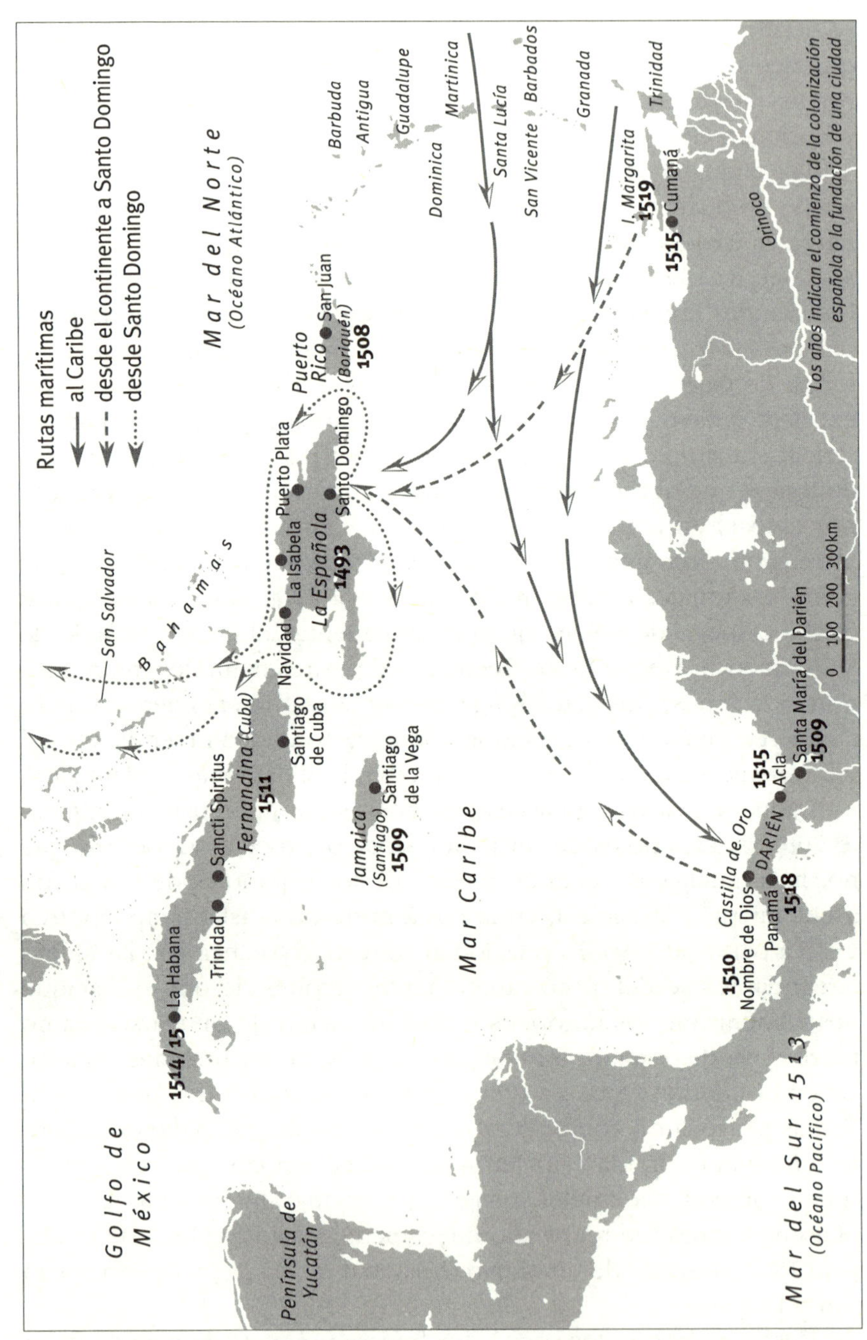

Mapa 1: El Caribe, 1492-1519

motivos puramente económicos, pero sirvió para legitimar el interés misionero. Sin embargo, el rey español prohibió esta práctica en 1500, principalmente porque los enviados a Europa, por lo general, morían enseguida. Únicamente se dejó esclavizar a la supuesta población caníbal del Caribe, un grupo vecino a los taínos, lo cual, a menudo, condujo a que se cometieran abusos. En general, la acusación de canibalismo sirvió para que la guerra pudiera ser reinterpretada como una «guerra justa». La crueldad de los españoles y las enfermedades que llevaron consigo provocaron un fuerte descenso demográfico en La Española, con la consiguiente falta de mano de obra. Por tanto, a partir de 1505 se tomó la decisión de esclavizar a los residentes de las islas vecinas e introducir esclavos de África[20].

Sin embargo, la importación de esclavos no consiguió detener la dramática pérdida de población. Hubo repetidas revueltas que fueron sofocadas por los españoles sangrientamente. El gobernador Ovando, quien llevaba en el cargo desde 1502 y cuya flota Cortés había dejado en ese momento, era conocido por sus, eufemísticamente llamadas, medidas de «pacificación»[21]. No obstante, la expansión de los asentamientos se impulsó y se crearon nuevas ciudades. Cuando se produjo una epidemia de viruela en 1518-1519, la esperanza de levantar un asentamiento prolongado en la isla basado en el trabajo forzado indígena se esfumó. En general, el gran número de muertes entre la población se debió fundamentalmente al trabajo forzado y los actos de violencia de los españoles. Además, hubo enfermedades contagiosas como el sarampión, las paperas, la viruela, la fiebre tifoidea o la gripe, frente a las cuales los habitantes locales no tenían defensa. Ya en 1530 Pedro Mártir de Anglería escribió: «Desgraciadamente, el número de habitantes ha disminuido considerablemente»[22]. En 1570, el cronista Juan López de Velasco declaró que, de la población taína, en otro tiempo amplia, solo habían sobrevivido dos aldeas de menos de cien habitantes[23].

Sabemos poco sobre los primeros años de Cortés en el Caribe. En las fuentes hay indicios de que primero se presentó ante el gobernador Ovando, quien, como él, procedía de Extremadura. Probablemente trajera consigo cartas de recomendación de familiares de la región[24]. Sin embargo, no debió de resultar sencillo para el joven establecerse en la sociedad colonial, aun cuando la extracción de oro bajo el gobierno de Ovando y la importación de esclavos de África florecieron nuevamente entre 1502 y 1508 debido a la brutal explotación de la mano de obra, ya que las ganancias se las repartían entre los primeros conquistadores[25].

Cortés, probablemente, empezara buscando oro y luego probó suerte como agricultor. Al igual que Bartolomé de las Casas, también participó en las batallas que Diego Velázquez de Cuéllar dirigió contra los taínos por orden de Ovando. Concretamente, Cortés se destacó en las campañas de Baoruco, Aniguayagua e Higüey. En agradecimiento por sus servicios, los combatientes recibían algunos trabajadores indígenas[26]. Ovando introdujo este sistema de repartimiento de población indígena o, más eufemísticamente, de encomienda, para encubrir una forma de esclavitud manifiesta. Esto significaba que a los conquistadores, y después a los colonos, se les asignaba un cierto número de indígenas con la obligación de trabajar. A cambio, los encomenderos eran responsables de la educación y cristianización de los indígenas que les habían sido confiados. En la práctica, sin embargo, la situación era muy diferente porque los españoles, que querían hacerse ricos rápidamente, veían a los indígenas como esclavos baratos a quienes podían explotar arbitrariamente y cuya aniquilación aceptaban dado que eran considerados paganos y bárbaros[27].

Además de la encomienda, Cortés fue recompensado con el cargo de escribano en el ayuntamiento del pequeño pueblo de Azua. Según Cervantes de Salazar, realizó este trabajo con plena satisfacción de los escasos residentes. Está por ver si realmente pasó dificultades debido a algunas relaciones amorosas, como sugirió el humanista. Dadas las frecuentes referencias que aparecen en las fuentes, se puede presuponer que Cortés era aficionado a las mujeres. Las esperanzas de fama y fortuna que lo habían llevado a tomar el arriesgado camino hacia las Indias no se habían satisfecho hasta entonces y vivía en malas condiciones. Así pues, se esforzó por seguir ampliando las relaciones personales que le permitieran seguir progresando, por ejemplo, con Velázquez[28].

La oportunidad de hacer fortuna parecía finalmente al alcance cuando Diego de Nicuesa planeó su campaña hacia el continente en el golfo de Darién a finales de 1509. Sin embargo, a pesar de que las tropas estuvieron esperándole durante mucho tiempo, Cortés no pudo tomar parte en la expedición debido a una enfermedad. Según Cervantes de Salazar, es posible que sufriera de sífilis[29]. Por ello tuvo que esperar hasta que se organizó una expedición en 1511 para conquistar la vecina isla de Cuba. Para entonces, el equilibrio de poder en

La Española había cambiado. Después de una larga batalla legal, la Corona confirmó a Diego Colón, hijo del descubridor, los privilegios del padre. En 1509 llegó a Santo Domingo y reemplazó a Ovando. Acompañado por su familia, el nuevo almirante y virrey comenzó a extender su dominio por el Caribe. Se benefició de las acciones de Ovando, quien había enviado a Sebastián de Ocampo y Juan Ponce de León en 1508 a explorar las islas de Cuba y Boriquén, el actual Puerto Rico[30].

En 1511, Diego Velázquez, que provenía de una distinguida familia nobiliaria, recibió la orden de Diego Colón de conquistar Cuba. No fue coincidencia que Velázquez recibiera el mando, ya que había acompañado a Colón en su segundo viaje y llevaba en las Indias desde 1493. Ovando lo había convertido en su segundo al mando y, después de más de quince años en el terreno, poseía un gran conocimiento del mismo, excelentes relaciones y una gran riqueza. Pero, sobre todo, tenía una amplia experiencia y era considerado como alguien sin escrúpulos cuando se trataba de luchar contra los pueblos indígenas, como había demostrado en la masacre de Xaragua en 1503[31]. Cortés no dejó escapar la oportunidad y participó en la expedición. Su relación con Velázquez en ese momento era buena porque sabía cómo sacar partido de ella. Muchos españoles empobrecidos y endeudados hicieron lo mismo que Cortés, ya que Cuba prometía un nuevo comienzo colonial a una población que había quedado decepcionada. En agosto de 1511 fueron enviados cuatro barcos y unos trescientos hombres, entre ellos algunos que más tarde se harían famosos, como Cortés, Las Casas, Bernal Díaz del Castillo, Juan de Grijalva, Pedro de Alvarado y Diego de Ordás[32].

La llegada al sureste de Cuba se produjo sin incidentes. A diferencia de La Española, la isla, en la que también vivían los taínos, apenas estaba poblada. Nuestra Señora de la Asunción de Baracoa fue fundada a mediados de agosto, y Velázquez la convirtió en su primera capital. A esta siguieron más ciudades. Los indígenas, que veían cómo estaban siendo esclavizados o asesinados, trataron de resistirse, pero los españoles los aplastaron con violencia. Las Casas, quien fue ordenado sacerdote en 1507 durante un viaje a Roma y participó en las batallas como capellán de campo, relataría posteriormente en detalle la especial brutalidad de los españoles en esta guerra que convirtió una isla en otro tiempo fértil y rica en «un desierto»[33]. Resulta notoria la historia del cacique Hatuey de La Española, quien huyó a Cuba tratando de escapar de los españoles y se convirtió en un líder de la resistencia. Cuando fue capturado y ya estaba en la hoguera, se negó a ser bautizado para no tener que acabar en el cielo de los cristianos[34].

A diferencia de Las Casas, Cortés no tenía remordimientos. Por el contrario, fue capaz de destacar nuevamente en la lucha, donde disfrutaba, y también se hizo indispensable como un eficiente secretario para Velázquez. Sin embargo, tal como Las Casas relata en su *Historia de las Indias*, no fue Cortés, sino el capitán Pánfilo de Narváez, quien se convertiría en el segundo hombre del nuevo gobierno y en el confidente más cercano de Velázquez. Narváez había llegado a Cuba con algunos soldados procedente de Jamaica, donde había servido a las órdenes del conquistador Juan de Esquivel, para unirse a Velázquez, a quien había conocido en España[35]. Una vez acabó todo, Cortés recibió una generosa encomienda y fue nombrado escribano de la nueva capital, Santiago. Posteriormente, empleó con éxito a los taínos que le habían encomendado para buscar oro y criar ganado, lo cual le proporcionó cierta prosperidad y le permitió ascender hasta la clase alta de los colonizadores, donde podía manejarse mejor[36].

Según López de Gómara, el ascenso moderado de Cortés provocó la envidia de un grupo de seguidores de Velázquez, quienes, al parecer, intrigaron con éxito contra él, pues al cabo de unos años perdió el favor del gobernador. Según Las Casas, Cortés se unió a una conspiración, en 1514, que pretendía acusar al gobernador ante los jueces recién llegados. López de Gómara, por el contrario, relata que Cortés atrajo hacía sí las iras porque no quiso casarse con Catalina Suárez, a quien había cortejado anteriormente. El encomendero Juan Suárez de Ávila acababa de traer a Cuba a su hermana Catalina junto a otros hermanos y su madre, María de Marcayda, siendo estas de las primeras mujeres españolas en la isla. Velázquez, supuestamente, hizo del asunto algo personal, ya que él mismo tenía una relación con una de las hermanas. En resumen, Velázquez hizo arrestar a Cortés e incluso quería verlo colgado. Sin embargo, este logró escapar y después, en un arriesgado acto de sumisión, le rogó clemencia al gobernador. Al final, se casaría con Catalina Suárez, pero fue un mal negocio, ya que su esposa no era muy rica. Antes del casamiento, ella había servido como doncella a María de Cuéllar, con quien Velázquez contrajo matrimonio. Finalmente, el gobernador designó a Cortés como alcalde de Santiago de Baracoa y más adelante se hizo cargo del apadrinamiento de su primer hijo[37].

El salto a Yucatán

El continente de «Tierra Firme» ya no era un lienzo en blanco para los españoles en ese momento, pero poco se sabía de él. Colón había descubierto el continente sudamericano en su tercer viaje (1498-1500) cerca de la desembocadura del Orinoco, y en su cuarto y último viaje (1502-1504) navegó a lo largo de la costa centroamericana hasta Panamá, donde fundó la ciudad de Portobelo. Sin embargo, el carácter continental de estas regiones permaneció oculto para él. Desde 1499, otros marineros también habían explorado las costas de América del Sur hasta Florida, en el norte, donde habían llevado a cabo incursiones. El golfo de Darién y el puente terrestre entre América Central y del Sur, hoy Panamá, eran los destinos preferidos. En 1513, Vasco Núñez de Balboa, fundador de la ciudad de Santa María la Antigua del Darién en 1510, cruzó el istmo de Panamá y descubrió el Pacífico[38].

Aun así, los españoles tardarían todavía un tiempo hasta ver la península de Yucatán, más al norte. A pesar de que el estrecho de Yucatán, que conecta el golfo de México con el mar Caribe, tiene tan solo alrededor de doscientos kilómetros de ancho en su punto más estrecho, el salto desde el oeste de Cuba no fue fácil, sobre todo debido a las corrientes oceánicas que dominan la zona[39]. La parte este de la isla se pobló primero, y la ciudad de La Habana, como núcleo del oeste, no fue trasladada a su ubicación actual hasta 1519. Por otro lado, Cuba al principio ofrecía a los conquistadores suficiente botín y beneficios. Sin embargo, esto volvería a cambiar al acabo de unos años.

El interés en las tierras desconocidas en el oeste aumentó cuando Colón se topó con una gran canoa comercial frente a la costa hondureña durante su cuarto viaje en 1502. Mucho después de la caída de Tenochtitlán, su hijo Fernando informó de que el bote era impulsado por numerosos remeros y que, entre la tripulación, había algunos hombres vestidos con ropas opulentas. Los comerciantes transportaban muchos productos interesantes que los europeos desconocían y que estaban cuidadosamente protegidos con hojas de palma contra los rigores del clima. Los españoles quedaron asombrados con las ropas preciosas y finamente elaboradas, las armas con «cuchillas de piedra» (probablemente hechas de obsidiana), así como las hachas de diversos metales para trabajar los materiales. Los extranjeros llevaban raíces y granos como provisiones, y un «vino hecho de maíz», el pulque.

Los españoles creyeron reconocer algún tipo de almendra que allí empleaban como dinero. Se trataba de granos de cacao[40]. Obviamente, estas gentes procedían de una cultura distinta a la de los taínos del Caribe. Vestían con refinamiento, mostraban un pronunciado sentido de la vergüenza y sus mercancías indicaban un alto nivel de conocimiento técnico. Colón y sus hombres estaban muy interesados e intercambiaron algunos bienes. Sin embargo, al parecer, no lograron obtener más información del líder de la expedición, porque al final el almirante decidió continuar su viaje hacia el sur[41].

Durante algunos años, este siguió siendo el único contacto directo entre españoles y los representantes de aquellas culturas desconocidas. No fue hasta 1508 cuando Vicente Yáñez Pinzón, quien comandaba la Niña en 1492 y había sido el primer europeo en ver la costa brasileña en 1500, hizo un viaje a aguas desconocidas con el experimentado marino Juan Díaz de Solís. Tratando de encontrar una ruta marítima hasta las islas de las Especias, navegaron hacia el oeste desde el golfo de Paria y luego hacia el norte por el golfo de Darién hasta Honduras y Guatemala, desde donde alcanzaron la península de Yucatán, que también rodearon. No está claro hasta dónde llegaron allí. Se cree que quizá a la zona del río Tabasco y tal vez incluso hasta los dominios de los mexicas. Sin embargo, en 1509 los dos pusieron fin a su viaje porque no habían logrado su objetivo de encontrar el pasaje hacia Asia, y regresaron a España sin informar de ningún contacto con la población local[42].

Dos años después, un grupo de españoles naufragados sí que acabaría en Yucatán. Iban desde Darién a Santo Domingo, donde se suponía que debían informar sobre los enfrentamientos entre Diego de Nicuesa y Núñez de Balboa, pero se encontraron con una fuerte tormenta y no pudieron salvarse[43]. En tierra fueron atacados por los mayas, quienes esclavizaron a los supervivientes. Según Cervantes de Salazar, uno de los testigos del suceso, el sacerdote Gerónimo de Aguilar, relató más tarde que la mayoría de sus compañeros habían sido sacrificados o habían muerto debido al trabajo esclavo. Solo Aguilar y algunos compañeros, incluido Gonzalo Guerrero, lograron escapar. Sin embargo, el pequeño grupo fue capturado por otro cacique y esclavizado nuevamente. Al final, según este informe, solo sobrevivieron Aguilar y Guerrero, quienes posteriormente desempeñarían un importante papel. Es probable que más adelante se produjeran contactos ocasionales, de manera que poco a poco los primeros indicios fueron consolidándose[44].

El viaje de Hernández de Córdoba en 1517

A principios de 1517, los españoles hicieron su primera expedición a Yucatán. No se sabe exactamente si en realidad se trataba de un viaje de descubrimiento específico para hallar nuevas tierras o simplemente de una de las habituales campañas para capturar esclavos en las islas vecinas. Ambos elementos probablemente jugaron un papel relevante. Uno de los participantes fue Bernal Díaz del Castillo, quien así lo relató en su *Historia verdadera*. Después de una breve estancia en Darién, a donde había llegado con la flota del nuevo gobernador de Tierra Firme, Pedro Arias de Ávila, navegó con algunos compañeros hasta Cuba, dado que sus servicios en el continente ya no eran necesarios. Allí, Velázquez les prometió «que nos daría indios de los primeros que vacasen»; sin embargo, en Cuba los beneficios se repartían igual que en La Española, y la mano de obra indígena era escasa en las islas vecinas a pesar de las constantes cazas de esclavos[45].

Después de tres años de espera, Díaz se unió a más de cien compatriotas insatisfechos y formaron una hueste. Escogieron al rico hidalgo Francisco Hernández de Córdoba como capitán y con sus últimos ahorros compraron dos barcos y provisiones. El gobernador Velázquez, que había dado su permiso para la empresa, les proporcionó un tercer barco. Además de Hernández de Córdoba, también participaron en la financiación y gestión Lope Ochoa de Caicedo y Cristóbal Morante. Como era costumbre, había asimismo un sacerdote y un inspector real. Antón de Alaminos, procedente de Palos, Andalucía, fue elegido como timonel y capitán, ya que conocía las aguas del Caribe como ningún otro y había descubierto la corriente del Golfo en uno de los viajes de Ponce de León. El 8 de febrero de 1517, el escuadrón zarpó de La Habana[46].

Alaminos condujo el barco en un turbulento viaje a lo largo de la hasta entonces desconocida costa de Yucatán. Diego de Landa, quien más tarde se convertiría en obispo de la península, escribió en su crónica, publicada en 1566, que los viajeros alcanzaron tierra frente a Isla Mujeres. Hernández bautizó la isla con este nombre porque los españoles descubrieron estatuas de diosas medio vestidas, algo que les llamó la atención tanto como el hecho de que las casas estuvieran construidas en piedra. Esto no se había visto nunca antes en las islas del Caribe[47]. Por supuesto, Hernández tomó posesión oficial de la isla en nombre de la Corona española y un notario así lo confirmó[48].

De hecho, las culturas que los españoles encontraron por primera vez aquí eran muy diferentes a las de los taínos y otros grupos étnicos del Caribe. Se trataba de culturas mayas heterogéneas que se extendían desde el suroeste del actual México hasta el norte de lo que hoy es América Central, El Salvador y Honduras. Un núcleo importante era la península de Yucatán, cuya costa corre a lo largo del golfo de México y el mar Caribe. El norte, que los españoles circunnavegaron, es una región de tierras bajas con suelos de piedra caliza en la que hay profundos hoyos con agua, los llamados cenotes[49]. Esta región estaba dividida en numerosas unidades políticas diferentes, algunas de las cuales luchaban entre sí. Hernández de Córdoba y sus hombres llegaron primero a la región de Ekab, luego pasaron por las regiones de Ah Kin Chel, Chikinchel y Ah Canul, así como por las de otros grupos cuyos asentamientos principales estaban cerca de los puntos de agua[50].

Los mayas tenían a sus espaldas miles de años de historia. Alcanzaron su fase clásica entre el 250 y el 900 d. C. En el siglo III, la población creció rápidamente y se construyeron centros urbanos con edificios monumentales. Muchas de las características pirámides mayas datan de este período. Los reinos, como el de Tikal y Calakmul, eran gobernados por reyes-dioses que residían en ostentosas cortes. El rey ejercía de mediador entre la esfera divina y la humana, y había una casta sacerdotal con un conocimiento astronómico preciso. Además, en el período clásico los mayas desarrollaron una escritura jeroglífica que plasmaron en estelas y libros hechos con papel de corteza. Estos nos han permitido reconstruir una historia llena de acontecimientos. El declive de las grandes ciudades-estado comenzó alrededor del año 900, presumiblemente debido a una interacción de crisis ecológicas, superpoblación, guerras, hambrunas, conflictos sociales, enfermedades epidémicas y desastres naturales[51]. Más tarde, con Chichén Itzá y su sucesor Mayapan, surgirían nuevos centros, pero en el siglo XV su época dorada ya había pasado. Cuando llegaron los españoles, Sotuta y Tutul Xiue, con la capital de Maní, eran las más importantes de entre las numerosas pequeñas ciudades-estado, y mantenían entre sí muchos lazos comerciales y culturales[52].

El conocimiento astronómico maya poseía una importancia crucial, ya que era necesario para la elaboración del calendario ritual, según el cual se predecían los acontecimientos fatídicos. Cada fecha tenía ciertas cualidades inevitables que determinaban, por ejemplo, el carácter del recién nacido o el momento idóneo para la siembra. Los sacerdotes del calendario que poseían este conocimiento asumían la importante tarea de influir positivamente en el futuro a través de actos rituales.

Para ello, tenían que realizar frecuentes observaciones astronómicas sobre el curso de las estrellas[53]. La predicción futura también era responsabilidad suya. Así, en las profecías de Chilam Balam puede leerse el anuncio de una invasión de extraños barbudos que podrían ser emisarios del héroe Kukulkaan, la serpiente emplumada[54].

Los primeros intentos de comunicarse con los mayas fueron insatisfactorios. Según Pedro Mártir, estos gritaron en su idioma: «Ma c'ubab tan» ('No os entendemos'). Los invasores españoles entendieron Yucatán y bautizaron la nueva región con este nombre[55]. Enseguida prosiguieron su viaje a lo largo de la costa hasta el cabo Catoche, en el noreste de la península, donde se encontraron con mayas que viajaban en grandes canoas. Hernández los acogió a bordo e intercambiaron regalos pacíficamente. La vestimenta «civilizada» de los mayas llamó la atención de los europeos. Se organizó una visita por tierra para el día siguiente y el cacique quería recoger a sus invitados en canoas. Sin embargo, los españoles desconfiaban y desembarcaron de sus propios barcos fuertemente armados. De hecho, fueron emboscados. Quince hombres quedaron heridos por las flechas de los atacantes. Sin embargo, las armas españolas resultaron ser superiores en el combate cuerpo a cuerpo[56].

Como todos los pueblos mayas, los ekab demostraron ser combatientes disciplinados y experimentados, ya que las guerras eran comunes en Yucatán incluso antes de la llegada de los españoles. No disponían de ejércitos permanentes, pero en caso de guerra llamaban a las armas a todos los hombres capaces. El objetivo principal no era destruir al adversario, sino, fundamentalmente, capturar enemigos que luego podían ser esclavizados o sacrificados. Los mayas luchaban con arcos y flechas, con espadas de obsidiana, así como con lanzas y piedras, y se protegían con corazas de algodón. Entraban en batalla con pinturas de guerra y sonidos aterradores, así como con escudos y estandartes decorados[57]. El conflicto armado con Hernández de Córdoba demuestra que el engaño de la emboscada, popular entre los mayas, era ciertamente efectivo y que la guerra psicológica también dio resultados. Asimismo, es una prueba de que no toda la población indígena estaba impresionada por los españoles. Sin duda, la noticia del comportamiento sin escrúpulos de los europeos se había extendido y los mayas habían sacado sus propias conclusiones de ello. Dada la superioridad de las armas de sus enemigos, respondieron con una táctica flexible mezcla de cortesía, gestos amenazadores y ataques militares cada vez que surgía la oportunidad.

Durante sus exploraciones posteriores, los españoles descubrieron templos de piedra con joyas de oro. Bernal Díaz describió la alegría que causó esta visión, aun cuando los «rostros del diablo» y las representaciones aparentemente sodomitas de los mayas le disgustaran. Estos testimonios de creatividad cultural aumentaron la esperanza de hallar un rico botín, y cuando fueron invitados a una ciudad a la que llamaron El Gran Cairo en alusión a su tamaño y sus pirámides, esta impresión pareció confirmarse. Allí vieron grandes casas y templos, calles empedradas y mercados, así como campos de maíz limpios y bien cuidados. Al llegar a Ekab los españoles fueron agasajados y de nuevo se intercambiaron regalos, aunque los anfitriones no se mostraron tan impresionados por las bolas y campanas de cristal como los taínos. Los participantes de la expedición informaron después a Pedro Mártir de que las mujeres de allí iban vestidas «modestamente» y que todos los habitantes adoraban a sus «ídolos». Incluso habían visto cruces, lo cual, indudablemente, dio lugar a ciertas especulaciones[58].

Aun cuando los europeos, como el misionero franciscano De Landa, trataban continuamente de encontrar paralelismos con el cristianismo, las ideas religiosas de los mayas eran completamente diferentes. Adoraban a un panteón de dioses, sobre todo al dios del maíz, en el cual los miembros fallecidos de las dinastías gobernantes podían mutar en divinidades, algo que servía para estabilizar su gobierno. Debían hacerse sacrificios de sangre a estos dioses para permitirles renacer, ya que atravesaban la misma secuencia de nacimiento, vida y muerte que los humanos. Sin embargo, las personas no tenían que ser sacrificadas necesariamente, ya que también se usaban gotas de sangre de los sacerdotes y nobles o sangre de animal mezclada con resina[59].

Los mercados y las tierras cultivables, que los cronistas españoles describieron con asombro, fueron testigos de la intensa actividad económica de los mayas. Como en Europa, la atención se centraba en la agricultura, donde predominaba la producción de maíz. Además, se cultivaban frijoles, batatas, calabaza, chiles, aguacates y algodón. Las plantaciones de cacao y las salinas cerca del mar eran especialmente valiosas para ellos. La caza de jaguares, ciervos, tortugas, serpientes, monos, así como la pesca completaban la oferta de alimentos. El comercio se realizaba por tierra y mar, por ejemplo, con cacao, sal, cestas, cerámica o textiles, y los comerciantes intercambiaban sus productos con otras comunidades mayas, pero también con otros grupos étnicos como los mexicas. Las principales importaciones eran de obsidiana, cobre, oro y plumas para la fabricación de armas y artículos de lujo[60].

Cuando los españoles prosiguieron su avance hacia el oeste a lo largo de la costa, todavía pensaban que era una isla, pero cuanto más se prolongaba el viaje, más dudas surgían sobre esta idea. Se asombraron ante los enormes templos, mientras que los mayas, que se reunieron en la playa, quedaron impresionados por los grandes barcos de los españoles. Al cabo de quince días llegaron al pueblo de Campeche, que bautizaron en honor de San Lázaro. Debido al mal estado de los barriles, tuvieron que regresar a tierra para conseguir agua. Desde los barcos, lanzaron una descarga con sus cañones tratando de ganarse el respeto por anticipado. El líder de los mayas los recibió con aves de corral y piezas de caza desconocidas, que, en palabras de Pedro Mártir, pasaron a ser perdices, ciervos, leones y tigres. Sin embargo, los lugareños también les mostraron a los europeos sus templos, que estaban manchados con sangre fresca. Sus sacerdotes rociaron con incienso a los visitantes, lo cual puede haber servido no solo para fines rituales, sino también para disimular el desagradable olor de los europeos, quienes, a diferencia de sus anfitriones, tenían ideas particulares sobre la higiene personal. Los relieves y esculturas, que mostraban deidades desconocidas y masacres sangrientas, también dejaron una profunda impresión en los españoles. Cuando comenzó la música amenazadora de los cuernos y tambores, Hernández comprendió el mensaje y sus hombres regresaron a los barcos lo más rápido posible a paso militar. Los españoles hicieron dos prisioneros, a los que apodaron Melchorejo y Julianillo, acapararon todo tipo de objetos de oro y reemprendieron su viaje[61].

Los dos prisioneros pertenecían a una sociedad que estaba organizada jerárquicamente y que conocía a la perfección la división del trabajo. Estaba dirigida por una pequeña aristocracia hereditaria, que ocupaba los principales cargos políticos y religiosos. Los sectores económicos más importantes, como las plantaciones y las salinas, también pertenecían a los nobles. Por debajo de estos se encontraba el grupo de ciudadanos libres, el cual comprendía a la mayoría de la población. Estaba estructurado internamente e incluía a ricos comerciantes y agricultores. En el nivel más bajo de la jerarquía se encontraban los esclavos, que eran prisioneros o criminales[62].

Debido a los vientos adversos, los barcos avanzaron muy lentamente y los hombres tuvieron que volver a tierra cerca de la actual ciudad de Champotón para reponer sus suministros de agua. Allí, sin embargo,

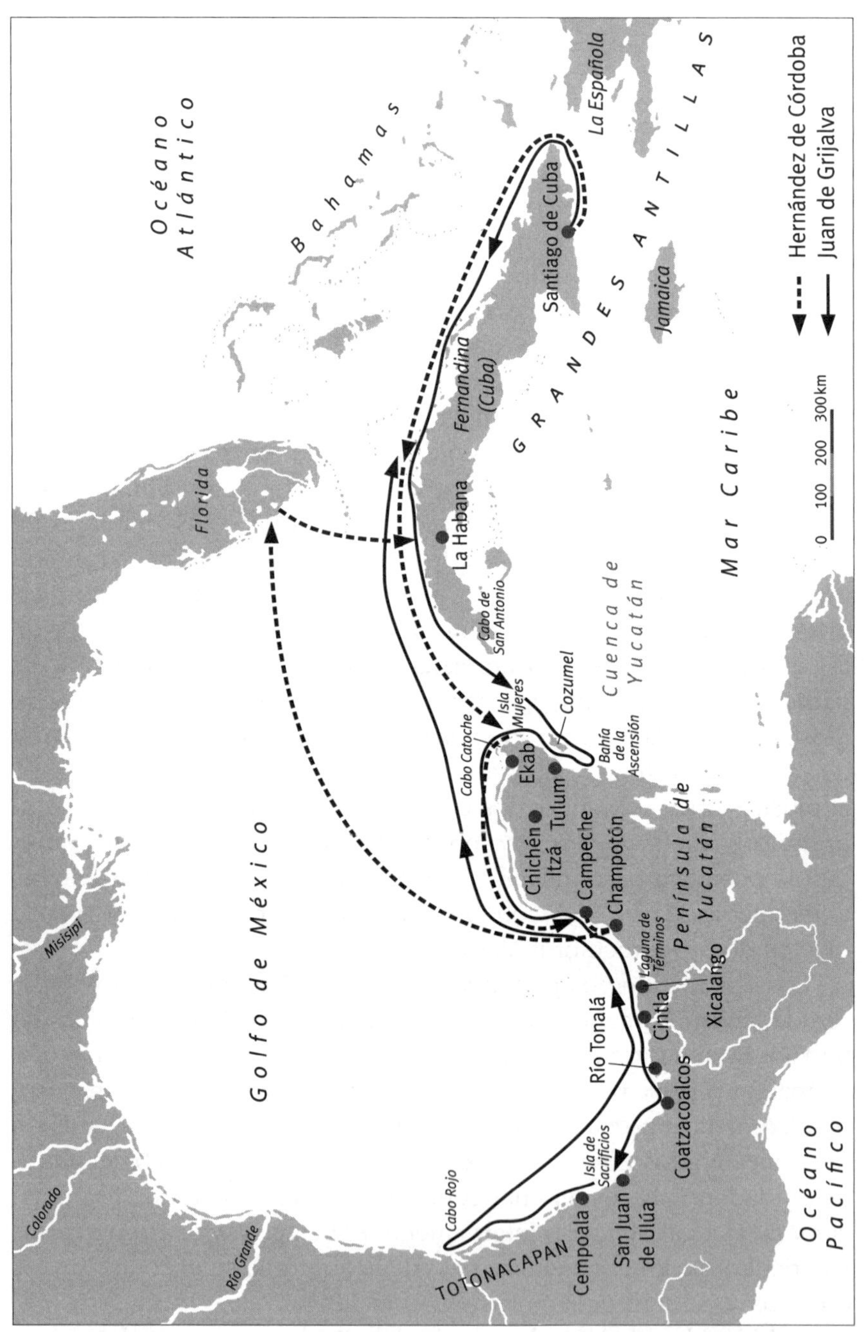

Mapa 2: Los viajes de Hernández de Córdoba y Juan de Grijalva (1517 y 1518)

los mayas los recibieron inmediatamente en pie de guerra. Fuertemente armados, con pinturas de guerra, música militar amenazadora y gritos de combate, rodearon a los españoles, que solo consiguieron salvarse regresando de nuevo a sus barcos y a costa de sufrir numerosas bajas. Al final, más de la mitad de los hombres estaban muertos y otros cinco murieron en el camino de regreso a causa de las graves heridas. El capitán Hernández de Córdoba también sufrió múltiples daños[63].

La derrota frente a una fuerza indígena supuso una nueva experiencia para los españoles, quienes hasta entonces habían contado sus enfrentamientos por victorias. Tuvieron que sacrificar la más pequeña de las tres naves y no querían ni pensar en la posibilidad de proseguir el viaje. Según la descripción de Bernal, el regreso fue un tormento, ya que no disponían de agua a bordo. Debido a las condiciones climáticas desfavorables, Alaminos dirigió primero los barcos restantes hasta Florida, puesto que conocía el camino. Sin embargo, cuando intentaron aprovisionarse de agua en tierra, los lugareños les atacaron, causándoles más bajas. Al cabo de dos meses, los pocos supervivientes llegaron felizmente hasta el puerto de La Habana[64].

Hernández de Córdoba informó posteriormente al gobernador de Santiago. La noticia del descubrimiento de nuevos territorios maravillosos con grandes poblaciones y riqueza desconocida se extendió rápidamente. Francisco de los Cobos, el influyente secretario de Estado del rey, recibió las prometedoras noticias a través de una carta del colono Bernardino de Santa Clara en octubre de 1517[65]. Velázquez, por su parte, supo reinterpretar el viaje e hizo suya la empresa. Hernández de Córdoba no pudo resistir más y murió diez días después de regresar a sus propiedades. Los restantes hombres de su tropa se separaron y siguieron siendo tan pobres como antes[66].

El viaje de Grijalva en 1518

Aunque el oro era un bien importado en Yucatán, los prisioneros que habían sido secuestrados por Hernández de Córdoba y que ahora fueron interrogados por Velázquez respondieron que sí a la pregunta de si había oro en su tierra. Animado por esta noticia, el gobernador inmediatamente comenzó a montar otra flota. Con este fin, compró dos barcos más y los equipó, junto a los otros dos que habían regresado de Yucatán, con todo lo que necesitaban. Velázquez le dio el alto mando a su joven sobrino, Juan de Grijalva, y nombró comandantes de los otros barcos —aunque tuvieron que costear las provisiones de su propio bolsillo— a los hidalgos Francisco de Montejo, Alonso de Ávila y Pedro de Alvarado, quien, al igual que Cortés, había llegado procedente de Extremadura y tenía aproximadamente la misma edad que él. Los dos ya se habían hecho amigos con anterioridad[67]. Contratar a las tropas no fue un problema. Enseguida hubo más que suficientes aventureros listos para correr riesgos y escapar así de la pobreza en Cuba. Una vez más, Antonio de Alaminos como timonel, Julianillo como intérprete y Bernal Díaz se unieron a la expedición. El cargo de veedor real fue asumido por Francisco de Peñalosa, mientras que Juan Díaz, procedente de Sevilla, acompañó a la expedición como clérigo. Fue él quien legó un informe para la posteridad, publicado por primera vez en 1520 y del que se hicieron numerosas ediciones, además de ser traducido enseguida al español, italiano y alemán[68]. En contraste con su tocayo el soldado, el sacerdote escribió su informe inmediatamente después del viaje, por lo que esta debe ser considerada como la más importante de las fuentes en las que se basaron cronistas posteriores como Pedro Mártir y Gonzalo Fernández de Oviedo.

La flota llegó primero a la isla de Cozumel, que fue avistada el día de la Santa Cruz, el 3 de mayo de 1518, y que de ahora en adelante se llamaría Santa Cruz. Los ekab recibieron a los españoles con mucha cautela, ya que la historia de lo sucedido con Hernández de Córdoba se había extendido rápidamente entre los mayas. Una vez más, los españoles observaron una arquitectura sofisticada y grandes explotaciones agrícolas. Cuando desembarcaron por primera vez el 6 de mayo, los ekab ya habían huido. A continuación, Grijalva ofreció un servicio religioso y tomó oficialmente posesión de la isla para la Corona. Según el capellán de campo Díaz, algunos sacerdotes ekab se acercaron entonces a ellos con víveres e incienso, pero luego se marcharon. Juan Díaz se maravilló ante las casas y calles, que parecían haber sido «hechas por españoles»[69]. Encontraron algunos objetos de oro, pero no los yacimientos esperados. Por eso se marcharon rápidamente de Cozumel y se dirigieron hacia Yucatán[70].

Al principio, los barcos siguieron hacia el sur a lo largo de la costa de Yucatán pensando que pronto encontrarían el continente. Los magníficos edificios que los hombres divisaron desde a bordo, probablemente pertenecían a la ciudad de Tulum, que, según Juan Díaz, parecía tan grande como Sevilla[71]. Según Pedro Mártir, al llegar a la bahía de la Ascensión tuvieron que regresar debido a los acantilados y a los bancos de arena que hacían imposible proseguir la navegación. Continuaron hacia el norte siguiendo la ruta conocida y desembarcaron nuevamente en Cozumel para aprovisionarse de agua[72]. En un cabo, los hombres descubrieron una pirámide que, como señaló Díaz, parecía estar habitada únicamente por mujeres que «serán de la estirpe de las amazonas»[73]. Sin embargo, el capitán no permitió que se interrumpiera el viaje. Pocos días después, la flota llegó a Champotón, ciudad de la que los participantes en la expedición anterior todavía guardaban malos recuerdos. La falta de agua a bordo (la tripulación estuvo bebiendo exclusivamente vino durante tres días) hizo que fuera indispensable bajar a tierra[74].

Con gran precaución, y fuertemente armado y equipado, Grijalva se dirigió junto a la mayoría de sus hombres hasta los mayas, cuyas señales de humo y tambores ya habían visto y escuchado desde la nave. Los españoles no sabían que se trataba de los putún, de la región de Chakán Putum, o Champotón. Al principio, los contactos fueron cautelosos y pacíficos, y después de hacerse entender con ayuda del intérprete, algunos putún, incluso, llevaron algo de comer a los extraños. Sin embargo, cuando Grijalva pidió oro a cambio de los bienes que había traído consigo, los mayas mostraron su rechazo. Finalmente, estos enviaron a un hermano y a un hijo de su líder para solicitar que los españoles se retiraran. Tras la negativa de Grijalva, al día siguiente se produjo un enfrentamiento. Las pistolas y las ballestas españolas causaron gran impresión, pero las flechas y lanzas de los mayas no dejaron de tener efecto. Hubo muertos y heridos en ambos bandos, incluido el propio Grijalva. El soldado Díaz del Castillo informó de una plaga de langostas que dificultaba la lucha de los españoles, y el sacerdote Díaz estaba convencido de que los europeos lo habrían pasado mal de no haber sido por la artillería[75].

Grijalva, que se había dado cuenta del peligro, permitió que sus hombres regresaran a los barcos sedientos de venganza y continuó el viaje. Finalmente, en la laguna de Términos encontraron un buen puerto donde la tripulación pudo descansar en tierra durante casi dos semanas y revisar las naves. En este lugar había mucha agua potable y peces, y Grijalva aprovechó el tráfico de canoas para tomar prisioneros. Tras este descanso, el 8 de junio los españoles descubrieron un gran río, el Tabasco, al que llamaron río Grijalva. Aquí, enseguida se vieron inmersos en batallas navales contra los maya-chontales, de la importante ciudad de Potonchán. Impresionados por el impacto de los cañones del barco, los nativos accedieron a negociar al día siguiente.

Después, se intercambiaron regalos, un acto que Juan Díaz describió de la siguiente manera:

> Otro día de mañana vino el cacique o señor en una canoa, y dijo al capitán que entrase en el batel; hízolo así y dijo el cacique a uno de aquellos Indios que consigo traía, que vistiese al capitán: [y el dicho indio] le vistió un coselete de oro y ciertos brazaletes de oro, borceguíes hasta media pierna con adornos de oro, y en la cabeza le puso una corona de oro, salvo que la dicha corona era de hojas de oro muy sutilmente labrada. El capitán mandó a los suyos que asimismo vistiesen al cacique, y le vistieron [con un jubón] de terciopelo verde, calzas rosadas, un sayo, unos alpargates y una gorra de terciopelo[76].

Este acto de intercambio de regalos, iniciado por el gobernante de Potonchán, tenía una gran importancia simbólica. No obstante, es dudoso que se tratase de un gesto de pleitesía[77]. Es muy probable que el regalo por parte de los españoles no estuviera a la misma altura, lo cual provocó una falta de simetría en la relación entre los dos líderes. Esto se ve respaldado por el hecho de que el gobernante le exigiera a Grijalva que le entregase a uno de los mayas capturados. Incluso puede haber sido un intento deliberado de comprar al rehén, a lo que el español se negó. Aunque a sus hombres les hubiera gustado encontrar la fuente del oro, Grijalva ordenó continuar el viaje[78]. Quizás esta decisión también se debió a un episodio que Bernal Díaz recordaría décadas después. Así, los mayas respondieron a los deseos de los españoles de obtener más oro con la exclamación «Culúa, Culúa, México, México» y señalaron hacia el oeste[79]. Indudablemente, querían deshacerse lo antes posible de los poderosos extranjeros, cuya codicia por el precioso metal no tenía límite.

Mientras proseguían su viaje a lo largo de la costa, los españoles creyeron ver oro brillando al sol sobre los escudos, brazaletes y túnicas de los mayas, entre los cuales Juan Díaz también identificó a algunas mujeres. En este tramo del viaje, hubo tensión por primera vez entre Grijalva y uno de sus oficiales. Pedro de Alvarado se había alejado sin permiso de la flota para explorar el curso de un río, por lo que fue reprendido duramente por su comandante en jefe[80]. Alrededor de 75 millas náuticas más al oeste, cerca de la actual ciudad de Coatzacoalcos, la costa del golfo de México está cada vez más orientada hacia el norte. Después de recorrer otras 120 millas náuticas, los españoles llegaron hasta una isla donde les aguardaba una terrible experiencia. Según Juan Díaz, vieron enormes edificios sobre altas plataformas de piedra decoradas con extrañas esculturas que parecían hechas de mármol, y frente a las cuales había una piscina de piedra llena de sangre. Allí los hombres descubrieron un altar para hacer sacrificios y los cuerpos de algunas personas que acababan de ser sacrificadas, además de una estructura con calaveras y huesos: se trataba de un tzompantli. Nunca antes habían visto algo así. Grijalva hizo sacar a uno de los prisioneros de los barcos para que les explicara el ritual. Así es como los europeos descubrieron el sangriento rito del sacrificio: cómo los sacerdotes arrancaban los corazones de los prisioneros de guerra y los entregaban como ofrenda, luego les cortaban la cabeza y se comían sus brazos y sus piernas. Muy oportunamente, los españoles bautizaron la isla con el nombre de Isla de los Sacrificios[81].

La población que practicaba estos ritos de sacrificio se diferenciaba de los mayas que los españoles habían encontrado hasta entonces. A sus intérpretes les costaba mucho hacerse entender porque hablaban un idioma distinto. Se trataba de los totonacas, quienes llevaban viviendo en el este de México desde alrededor del año 1100, principalmente en lo que ahora es el estado de Veracruz. Los mexicas llamaban a la región Totonacapan. Al igual que los mayas, los totonacas no tenían un estado centralizado, sino numerosos centros urbanos. Los más importantes eran Papantla en el norte y Cempoala en el sur, así como Xalapa. Los arqueólogos creen que los totonacas también habitaron la ciudad de El Tajín, ya abandonada en aquella época, con su famosa pirámide de nicho. Además de los productos agrícolas típicos de Mesoamérica, la tierra de los totonacas era conocida por el cultivo de algodón y vainilla. Sus tejidos, en concreto, eran muy utilizados en los trueques[82].

Cuando Grijalva fondeó frente a la Isla de los Sacrificios, las ciudades totonacas ya estaban bajo el dominio de los mexicas, puesto que Moctezuma I las había sometido en el siglo xv. Los mexicas mantenían numerosas guarniciones en la región, y fueron sus emisarios quienes le pidieron a Grijalva que desembarcara. Después de que Francisco de Montejo fuera recibido al frente de la vanguardia, a la que pertenecía Bernal Díaz, el propio Grijalva y el resto de la tripulación fueron conducidos hasta Chalchicueyecan, cerca de la isla de Kulúa, que los españoles bautizaron como San Juan de Ulúa. Tendile, el gobernador de Moctezuma, los saludó respetuosamente con un ritual de incienso. Los españoles, una vez más, tomaron posesión de la tierra en nombre de la Corona y dejaron claro mediante su lenguaje de señas que no querían nada más que intercambiar oro. A lo largo de los diez días que se prolongó su estancia en la costa, los emisarios mexicas trajeron varios objetos de oro y Juan Díaz relató que los indígenas hasta les explicaron cómo lo habían derretido. En general, fueron tratados y atendidos con una cortesía exquisita, y les agasajaron con multitud de regalos, incluida una mujer muy bien vestida para el comandante en jefe. La tierra parecía tan rica y los habitantes tan amables que el sacerdote lamentaba tener que proseguir el viaje. Grijalva había ordenado continuar avanzando sin atender los deseos de muchos de sus hombres y oficiales, que querían quedarse y levantar un asentamiento[83]. Sin embargo, hacía mucho que tenían claro que no se trataba de una isla más, sino del continente, y para su colonización iban a hacer falta muchos más hombres[84].

Numerosos miembros de la tripulación compartían la decepción y la ira de Juan Díaz. Grijalva basó su decisión en las órdenes que el gobernador Velázquez le había dado al respecto, pero estas, no obstante, dejaban cierto margen de maniobra. Aun así, Grijalva decidió enviar a Alvarado, quien comandaba el barco más rápido, a Cuba con los tesoros y los heridos a bordo. El resto de la flota no llegó mucho más al norte. Desde lejos, la ciudad de Nautla les recordó a los españoles a la ciudad de Almería, por eso la llamaron así. Alrededor de 100 millas náuticas más adelante, se encontraron nuevamente con nativos hostiles, con quienes se enfrentaron en una batalla naval. En Cabo Rojo, cerca de la actual ciudad de Tuxpan, los vientos adversos y las corrientes oceánicas les impidieron proseguir. Debido al mal estado de las naves, la falta de provisiones y el agotamiento de los hombres, el consejo del barco tomó la decisión de regresar. El viaje de vuelta no estuvo exento de dificultades, por lo que tuvieron que hacer un alto en la desembocadura del río Tonalá para que uno de los barcos pudiera ser reparado. Tras esto, necesitarían otros cuarenta y cinco días antes de desembarcar en Santiago de Cuba[85].

Mientras tanto, en Cuba, Velázquez había comenzado a preocuparse por la expedición y había enviado a Cristóbal de Olid en su búsqueda, pero este regresó sin cumplir con su misión. Cuando Alvarado llegó a puerto un poco más tarde e informó sobre las ricas tierras y mostró el oro y las lujosas túnicas de plumas, hubo un gran júbilo que se prolongó durante varios días. A mediados de noviembre, Grijalva llegó finalmente a Santiago después de pasar un tiempo convaleciente en el oeste de Cuba[86]. Velázquez no le dio las gracias por seguir fielmente sus instrucciones, sino que le reprendió por no haber establecido un asentamiento a pesar de las demandas de sus hombres. Las Casas, ante quien Grijalva se lamentó más tarde, informó de cómo este cayó en desgracia y luego probó suerte en América Central, donde murió en Nicaragua[87].

El sacerdote Juan Díaz, quien expresó su asombro y admiración por las tierras y pueblos recién descubiertos, no fue capaz de concluir su informe sin antes tratar de recuperar, al menos en parte, la hermética visión bíblica del mundo. Así, escribió que los nativos con los que se habían encontrado los españoles a lo largo de su camino estaban todos circuncidados y no se diferenciaban mucho de los árabes y judíos. También señaló que la gente adoraba una gran cruz de mármol blanco en la cual había muerto alguien con una corona de oro que era más brillante que el sol[88]. Empezando por Colón, los europeos no se fiaban de su percepción de un mundo que era nuevo para ellos, sino que, ante lo desconocido, preferían que este se ajustara a las interpretaciones tradicionales.

III

Comienza la expedición

A principios de 1519, a la edad de treinta y cuatro años, Hernán Cortés ya tenía a sus espaldas una vida intensa. Era el típico representante de la clase social de los hidalgos, que se habían mudado al Nuevo Mundo tratando de hacer fortuna ante la falta de oportunidades para ascender socialmente que ofrecía España y que, a pesar de las circunstancias adversas, habían logrado establecerse en las Indias. Estos conquistadores del Nuevo Mundo, por lo general, nacieron demasiado tarde para participar en la Reconquista. La toma de Canarias también se había completado y las incursiones en África estaban reservadas para los portugueses. Al igual que muchos miembros de esta generación, Cortés se mostraba sumiso y astuto al tratar con los superiores, sin escrúpulos al tratar con sus compañeros y brutal y despiadado al tratar con la población indígena. Su apetito por el riesgo, surgido de la codicia por la fama y la fortuna, no era algo excepcional. Se dice que el mismo Cortés profetizó una vez que algún día «había de comer con trompetas o morir ahorcado»[1]. Ahora, había llegado su momento.

Preparativos para la tercera expedición

Incluso antes de que Grijalva regresara, Velázquez ya había estado trabajando intensamente, pues tenía razones para temer que otros gobernantes del Caribe español, así como de América Central o La Española, se le pudieran anticipar. Rápidamente se corrió la voz sobre las fabulosas perspectivas que el continente ofrecía. Velázquez ya había enviado a su tesorero, Gonzalo Guzmán, a España con la misión de obtener el título de adelantado de Yucatán para él. De esta forma tendría el mando supremo militar y político y ya no estaría subordinado al gobernador de Santo Domingo. Con el fin de lograr permiso para establecerse en Yucatán, el gobernador también envió a Santo Domingo a su emisario, Juan de Saucedo, a ver a los tres hermanos jerónimos que habían reemplazado a Diego Colón en el gobierno de La Española por orden del cardenal Cisneros, gobernador del rey. Asimismo, mandó a España a su capellán y hombre de confianza, Benito Martín, para asegurar su autoridad sobre todas las regiones recién descubiertas que, tal y como al final resultó, debían de ser enormes. El presidente del Consejo de Indias, Juan Rodríguez de Fonseca, obispo de Burgos y confidente del gobernador, también desempeñaría un papel clave en todo este proceso. Velázquez no se olvidó de dar a sus emisarios valiosas piezas mayas y totonacas como regalos para el rey, así como para su influyente consejero[2].

Antes de que llegaran los permisos, Velázquez comenzó a preparar otra expedición mucho más grande. Esta vez quería enviar diez barcos. Sin embargo, había dudas sobre quién debía ostentar el mando. Según Díaz del Castillo, se discutieron varios nombres, incluidos numerosos familiares del gobernador e incluso Grijalva, a quien preferían los soldados. Finalmente, se impondría otro: Hernán Cortés. Este había hecho fortuna y prestigio en Cuba. Como él mismo dijo más tarde, tenía en la provincia de Baracoa la mejor hacienda de toda la isla[3]. Había forjado una alianza con dos de los asesores más influyentes de Velázquez: su secretario privado, Andrés de Duero, y el supervisor financiero de la Corona, Amador de Lares. Los dos lograron convencer al gobernador de que no había nadie más adecuado, debido a su coraje y lealtad, que Cortés, el alcalde de Santiago[4].

El 23 de octubre de 1518, Andrés de Duero, con mucha benevolencia para Cortés, como señaló Díaz del Castillo, dejó anotadas las instrucciones del gobernador por escrito. Estas eran muy específicas, ya que las personas involucradas conocían bien el alcance de la empresa. Se prohibió estrictamente a los soldados la blasfemia, el concubinato, así como jugar a los dados y a las cartas. Además, Cortés debía evitar que sus hombres atacaran a los indígenas, para lo cual recibió plena autoridad judicial. La cristianización, al igual que sucedía en otras empresas similares, debía ser el principal cometido. En concreto, se le pidió a Cortés que investigara los informes acerca de las cruces mayas y que averiguara si los cristianos habían estado allí antes. Se hizo un meticuloso inventario de las provisiones y el equipo. Las tareas de Cortés también incluían la elaboración de mapas de las áreas recientemente descubiertas, así como la documentación de todas las plantas, animales y, por supuesto, de los monstruos y las amazonas. Otra de las tareas era la búsqueda de los españoles naufragados. Por supuesto, había que localizar yacimientos de oro y

Imagen 1: Hernán Cortés según Christoph Weiditz, 1529
Una de las pocas representaciones pictóricas de Cortés hechas durante su vida. Proviene del Códice de los trajes, *del artista alemán Christoph Weiditz, quien estuvo en España desde 1528 a 1529, donde coincidió con el conquistador. La inscripción dice: «Don Ferdinando Cordesyus, 1529, a la edad de cuarenta y dos años; él conquistó después todas las Indias para Su Majestad Imperial Carlos Quinto».*

tomar posesión de las tierras en nombre del rey. También se le ordenó proporcionar al gobernador noticias lo antes posible. No obstante, la colonización de las nuevas tierras no estaba incluida en las instrucciones, pero tampoco se prohibió explícitamente, algo que a la postre habría de convertirse en un punto de discordia importante[5].

A pesar del retórico reclamo evangelizador, el viaje era, ante todo, una empresa económica en la cual la búsqueda de oro y esclavos constituía el principal objetivo. Para financiar la expedición, que de nuevo había sido asumida principalmente por particulares, Duero,

Lares y Cortés recurrieron a sus propios recursos y se dirigieron, entre otros lugares, a los círculos comerciales locales, que otorgaron préstamos en previsión de futuros rendimientos. Según su propio testimonio, Cortés en ese momento se endeudó considerablemente. El gobernador también contribuyó de manera significativa al alto coste del equipo y a los preparativos de la gran expedición. La cuestión de quién pagó exactamente cuánto también sería relevante después[6].

Todos los involucrados, y especialmente Velázquez, tenían prisa, porque era evidente que existía un elevado riesgo de que sus competidores se les adelantaran. Según Las Casas, Velázquez cabalgaba hasta el puerto con un gran séquito todos los días para ver los progresos[7]. Sin embargo, pasarían más de tres meses desde que se redactaron las instrucciones hasta que la flota pudo finalmente partir. Cortés demostró ser muy resolutivo en estas actividades y consiguió reunir la mayor flota expedicionaria de las Indias hasta aquel momento para su empresa de conquista. Disponía de artillería, municiones, herramientas, caballos y suministros a gran escala. Se cargaron toneladas de pan de yuca, maíz, cerdo, tocino, pollos, azúcar, verduras, vino y vinagre. Incluso hizo su propio estandarte con el lema: «Amigos, sigamos la Cruz, que si en Nos hubiere fe, con esta señal venceremos»[8].

Además de los aproximadamente doscientos veteranos del viaje de Grijalva, tuvieron que ser reclutados otros soldados y marinos. Sin embargo, el reclutamiento de tropas no fue difícil, ya que la perspectiva de riquezas atrajo a los hombres, quienes una vez más vendieron sus pertenencias para poder comprar armas y pertrechos. Todas las fuentes son unánimes al señalar que Cortés no tardó en contar con un ejército que enseguida lo reconoció como caudillo gracias a que lograba impregnar sus discursos con el tono adecuado[9]. Sin embargo, su energía y sus éxitos empezaron poco a poco a hacer que Velázquez se inquietara. Era evidente que Cortés estaba muy endeudado e invertía todos sus bienes en la empresa. Según Las Casas, también parecía cada vez más engreído y vestía deliberadamente de forma llamativa. Los rumores sobre la falta de lealtad de Cortés, agravados por el celoso entorno del gobernador, evocaron recuerdos de la última vez que el extremeño había faltado a su confianza. De este modo, Velázquez fue convenciéndose poco a poco de que lo mejor era destituir a Cortés del mando. Este último, por supuesto, estaba perfectamente al tanto de estas intrigas, ya que su confidente Andrés de Duero le había advertido. Cuando el gobernador finalmente decidió transferir el mando a Luis de Medina, el mensajero que debía informar a Medina resultó muerto.

Su asesino, Juan Suárez, actuaba como informador para Cortés y tenía el cometido de proteger a su esposa (su hermana). Suárez comunicó lo sucedido inmediatamente a su cuñado, quien decidió abandonar Santiago lo más rápido posible para escapar del gobernador[10].

Con alrededor de trescientos hombres, la flota zarpó el 18 de noviembre de 1518 y se dirigió a Trinidad, en la costa sur de la isla. Allí, Cortés se aprovisionó con más suministros, contrató herreros, compró más caballos y todas las ballestas y arcabuces que pudo conseguir. Según Las Casas, este aprovisionamiento no fue para nada pacífico[11]. Además, a la empresa se unieron más de cien veteranos de la expedición de Grijalva. Entre estos se encontraban los hermanos Pedro, Gonzalo y Jorge de Alvarado. Para Pedro de Alvarado, un confidente cercano a Cortés, la empresa suponía una segunda oportunidad de satisfacer su entusiasmo por la acción, algo que no había podido hacer bajo las órdenes de Grijalva. El comandante en jefe también logró sumar a su expedición a otros hidalgos de renombre como Alonso de Ávila, Alonso Hernández Portocarrero y Gonzalo de Sandoval. Finalmente, Juan Sedeño de La Habana se unió a la flota más o menos voluntariamente con su barco cargado de alimentos que estaban destinados a Santiago[12].

No obstante, Velázquez no se dio por vencido y envió a dos emisarios a Trinidad con órdenes por escrito en las que le pedía al alcalde de la ciudad, Francisco Verdugo, cuñado de Velázquez, y a algunos de los oficiales especialmente afines al gobernador, como Diego de Ordás y Francisco de Morla, la detención de Cortés. Sin embargo, gracias a un gran poder de persuasión, Cortés logró frustrar el plan de su señor. Lo primero que hizo fue asegurarse la lealtad absoluta de sus hombres y convencer a los oficiales para que se mantuvieran a su lado a toda costa. Estos últimos, a su vez, persuadieron al alcalde para que no hiciera nada. A pesar de ello, dado que Cortés consideraba que la situación era peligrosa, zarpó inmediatamente con toda la flota hacia San Cristóbal de La Habana, que aún se encontraba en su antigua ubicación, en la costa sur de la isla. Bajo las órdenes de Pedro de Alvarado, hizo que algunos de sus hombres, incluido Bernal Díaz, tomaran la ruta terrestre para reclutar más soldados a lo largo del camino[13].

En La Habana, Velázquez intentó por última vez detener la expedición. Su confidente Gaspar de Garnica envió cartas a sus seguidores Diego de Ordás, a su primo Velázquez de León y al sacerdote mercedario Bartolomé de Olmedo, pidiéndoles que impidieran a la flota zarpar. El propio Cortés también recibió una carta del gobernador que le solicitaba esperar. Sin embargo, cuando Ordás invitó a Cortés a su barco con la excusa de celebrar un banquete y así poder secuestrarle y llevarle de vuelta a Santiago, este no cayó en la trampa. Dado que los hombres se mantuvieron leales a él e incluso otros más se le habían unido, entre ellos Juan de Cuéllar y Andrés de Tapia, los seguidores de Velázquez no se atrevieron a derrocarlo. Hasta Ordás, que ya había invertido mucho dinero y equipado su propio barco, tuvo que ceder[14].

Lo que aún no se sabía en Cuba en ese momento era que el obispo Fonseca había accedido a los deseos del gobernador el 13 de noviembre de 1518 y le había otorgado oficialmente la autoridad para conquistar y colonizar los territorios desconocidos. Había que seguir las indicaciones del Tratado de Tordesillas de 1494, que establecía la división del mundo mediante una línea imaginaria, trazada unos 1770 kilómetros al oeste de las islas de Cabo Verde, en una esfera española y otra portuguesa, al igual que las disposiciones para el buen trato hacia los «indios». Para evitar la despoblación del Caribe, no podían marcharse más de doscientos españoles. Velázquez no solo obtuvo el codiciado título de adelantado, sino que también se le prometió una generosa gratificación. Además de un salario anual garantizado, recibió el derecho hereditario a una parte de los impuestos en las zonas conquistadas en su nombre. Además, los acuerdos otorgaban exenciones impositivas a los nuevos asentamientos durante los primeros años[15]. Si estos amplios poderes del gobernador de Cuba se hubieran conocido a su debido tiempo, sin duda, muchos hombres se habrían alejado de Cortés. Sin embargo, la flota, con un total de once barcos, pudo partir hacia Cozumel el 10 de febrero de 1519[16].

Conquistadores

Cortés ya había demostrado su talento organizativo y sus habilidades persuasivas en varias ocasiones. Había insinuado en repetidas oportunidades el carisma con el que lograra su poder y del que dependía la lealtad de sus hombres. Esta lealtad iba a resultar absolutamente necesaria dada la magnitud de los desafíos a los que habría de enfrentarse. Antes de que la flota cruzara el estrecho de Yucatán, Cortés realizó una parada en el cabo Corrientes. Probablemente, contaba con alrededor de quinientos hombres, incluidos treinta y dos ballesteros, trece mosqueteros y cincuenta marineros, a quienes dividió en once compañías de acuerdo con el número de barcos disponibles para él y bajo el mando de los capitanes Alonso de Ávila, Alonso Hernández Portocarrero, Diego de Ordás, Francisco de Montejo, Francisco de Morla, Francisco de Salcedo, Juan de Escalante, Juan Velázquez de León, Cristóbal de Olid y Alonso de Escobar. Cortés se hizo cargo personalmente de una unidad. También viajaban doscientos taínos cubanos y algunos esclavos africanos. Como intérprete, además de Francisquillo, que hablaba náhuatl y había sido secuestrado por Grijalva, se encontraba Melchorejo; Alaminos, otro participante en las dos expediciones anteriores, asumió el cargo de piloto mayor. La tropa disponía igualmente de dieciséis caballos, numerosos sabuesos de raza mastín, que se había usado para la guerra desde la Edad Media, y diez cañones, cuatro de los cuales eran falconetes ligeros[17].

Se ha investigado mucho sobre el origen y la composición social de la tripulación, pese a que más de la mitad de los conquistadores murieron sin un testamento u otro registro escrito. La procedencia de los hombres iba desde el centro de España hasta Andalucía. Ciudades como Sevilla, Huelva, Badajoz, Cáceres, Valladolid, Salamanca, Toledo, Zamora, Burgos y Segovia estaban particularmente bien representadas. La gente de mar, a menudo, procedía de Andalucía, sobre todo de Sevilla y Huelva. A pesar de la prohibición real, algunos extranjeros también formaban parte de la hueste. La proporción de hidalgos fue significativamente menor de lo que sugieren las autodesignaciones[18]. Con algunas excepciones, la edad de los hombres de Cortés estaba entre los veinte y los cuarenta años. Aunque todos procedían de una sociedad experimentada en la guerra, había muy pocos soldados profesionales entre ellos. Sin embargo, gran parte de los hombres habían participado en las conquistas de Santo Domingo, Cuba y Puerto Rico y, más tarde, en las cacerías de esclavos taínos, donde habían adquirido experiencia militar[19].

Al igual que con Hernández de Córdoba y Grijalva, la operación constituía una hueste, es decir, una empresa de guerra financiada de forma privada, aprobada o apoyada directa o indirectamente por el rey o su gobernador, que les daba una parte de las ganancias y la soberanía sobre los territorios conquistados. Nominalmente, las huestes actuaban en nombre del rey, quien no asumía ningún riesgo en caso de fracaso, por lo que los conquistadores tenían que organizar toda la empresa por sí mismos. Todos los involucrados contribuían con sus recursos para el material, los pertrechos, la mano de obra y la fuerza de combate destinada a lograr el objetivo común. Como inversores, en teoría, todos tenían voz en la toma de decisiones. Mientras que los marineros recibían una paga, los soldados tenían derecho a una parte del botín que dependía de su inversión en la empresa. Incluso si se habían unido voluntariamente a esta, alejarse de las tropas se consideraba deserción y se castigaba con la muerte. Desde 1503, la Corona exigía que las huestes contaran con un capellán de campo. En este caso, Juan Díaz, que ya había participado en la expedición de Grijalva, y el mercedario Bartolomé de Olmedo fueron los responsables de la tarea pastoral. Cortés era el líder elegido o reconocido por todos, había invertido más que nadie en la empresa y, por lo tanto, le correspondía la mayor parte del botín[20].

El término «conquistador» se hizo frecuente para los participantes en estas huestes; provenía originalmente de la Edad Media española y se había utilizado en el siglo XIII como título honorífico para el rey Jaime I de Aragón[21]. Es evidente que los españoles se sentían muy unidos a la tradición de la Reconquista. Así lo revela el hecho de que cronistas como López de Gómara continuamente enfaticen cómo la larga historia de la lucha contra los infieles continuaba ahora en el Nuevo Mundo. Hasta un soldado como Bernal Díaz creyó más tarde haber escuchado un «Alala» como grito de guerra de los mexicas, y Cortés y otros testigos presenciales hablan en sus informes de mezquitas cuando se refieren a los templos de los pueblos indígenas[22]. A fin de poner de relieve sus propios logros ante los lectores europeos, Cortés los compara en sus escritos con la gloriosa lucha de la Reconquista. Sin embargo, esto tan solo le reportó un éxito relativo, ya que en Europa la guerra contra el islam, sin duda, recibía un reconocimiento mucho mayor que el combate contra los supuestos «salvajes desnudos» de las Indias[23].

No obstante, el término conquistador no solo designaba al vencedor exitoso, sino, sobre todo, al vencedor legítimo que luchaba por la causa correcta, a saber, por España y la Iglesia cristiana[24]. De hecho, para los españoles siempre fue importante el hecho de estar llevando a cabo una *Bellum iustum*, o 'guerra justa'. En las Indias, este derecho se basaba en la labor que hacían los misioneros, que había sido otorgado mediante las bulas del papa Alejandro VI y del cual los conquistadores podían beneficiarse. Dada la rápida disminución de la población en las áreas conquistadas, los misioneros y abogados en España discutieron la legalidad de la adquisición del territorio y, sobre todo, el trato a los pueblos indígenas. Las llamadas Leyes de Burgos de 1512-1513 fueron las primeras en implementar disposiciones para protegerlos. El abogado de la Corona Juan López de Palacios Rubios, que participó en los debates, redactó el Requerimiento en nombre de la Corona. Era un texto en el que se les pedía a los «indios» que se convirtieran al cristianismo y se sometieran a la Corona española. Este texto debía leerse en voz alta, independientemente de si los destinatarios podían entender o no el idioma o el contenido. Solo si no cumplían con el Requerimiento, es decir, si en opinión de los españoles se comportaban de forma «irracional», se permitían los actos de guerra contra ellos[25].

El Requerimiento constituía indudablemente una farsa, pero sirvió para aliviar la conciencia de los conquistadores. Para ellos, la fe cristiana, tal y como se manifiesta en el uso de la cruz como signo de guerra y en la veneración de Santiago Matamoros, era de gran importancia. Al final, llegaron incluso a justificar las matanzas de pueblos indígenas pacíficos que se produjeron repetidamente a lo largo de la conquista. El hecho de que las ideas cristianas se mezclaran con dudosas creencias supersticiosas no suponía en absoluto una contradicción para los conquistadores[26]. Así, con la ayuda de los discursos de Cortés, pudieron cultivar la imagen del misionero de espada, que, en realidad, solo servía de tapadera para el verdadero motivo de sus acciones[27].

De hecho, las motivaciones de los conquistadores fueron mucho más profanas que la retórica de las crónicas, como sugiere Bartolomé de las Casas. Para los soldados, la hueste era una oportunidad para escapar de la subordinación social y de sus miserables condiciones de vida. Gran parte de los hombres que se unieron a Cortés eran fracasados que luchaban por recuperar el honor y el reconocimiento social. Al igual que los antiguos héroes de Troya o de las guerras púnicas, que Bernal Díaz citó, querían distinguirse militarmente. A pesar de que tan solo alrededor del seis por ciento de ellos eran hidalgos, la cultura hidalga impregnaba a toda la tropa[28]. Por tanto, la guerra era una actividad atractiva para ellos, ya que les prometía la fama que buscaban. El deseo de prosperidad material, oro y riqueza que cada región recién descubierta parecía prometer difícilmente podía dejarse de lado. En pos de este deseo, estos caballeros en busca de fortuna y sus compañeros de armas estaban dispuestos a arriesgarlo todo física y económicamente. Sin embargo, tal y como ha demostrado la revisión histórica, la gran mayoría de los conquistadores, en el mejor de los casos, obtuvieron una participación extremadamente pequeña en la promesa del Nuevo Mundo y, muy a menudo, perdieron su sustento o, incluso, su vida[29].

En la tierra de los mayas

La flota de Cortés también se dirigió inicialmente hacia Cozumel. Ahí se produjo el primer incidente: contrariamente a lo acordado, el barco de Pedro de Alvarado, en el que viajaba Bernal Díaz, se había adelantado y había llegado a la isla dos días antes que Cortés. La mayoría de los ekab habían huido o estaban escondidos. Algunos de ellos fueron llevados a rastras por Alvarado y sus hombres, quienes habían emprendido una campaña de saqueo. Cuando el capitán general llegó con el resto de la flota, estaba molesto por las acciones de su subordinado y le acusó gravemente. Incluso hizo que el timonel, quien no había seguido las instrucciones dadas, fuera encadenado temporalmente. Liberó a los ekab cautivos y les devolvió sus propiedades[30]. Cortés, que supo valorar acertadamente la importancia de la comunicación en la tierra de los mayas, quería demostrar que sus intenciones eran pacíficas y no deseaba entrar en combate contra ellos prematuramente, sino llegar hasta el imperio desconocido en el oeste, el cual parecía mucho más atractivo que las inhóspitas costas de Yucatán.

En un principio, la escala en Cozumel solo estaba destinada a recoger agua potable. Para Cortés y muchos de sus hombres, que no habían participado en las expediciones de Hernández de Córdoba o Grijalva, también fue su primera experiencia con la cultura maya, la cual resultó ser mucho más extraña y diferente a la de los taínos que conocían. Al igual que sus predecesores, las casas, la ropa, el comercio, la agricultura y, sobre todo, la religión llamaron su atención. Pedro Mártir de Anglería, quien dirigió esta parte de su crónica directamente al papa León X, escribió con asombro: «[Los españoles] incluso descubrieron numerosos libros —¡Qué sorpresa, Santo Padre!»[31]. Más tarde, añadió: «También se cuentan historias maravillosas sobre el esplendor, el tamaño y el mobiliario de buen gusto de las granjas, que se presentan como lugares de recreo; los edificios tienen terrazas, patios interiores y varios pisos, como los conocemos en España»[32]. Cortés quería ponerse en contacto con la población, por lo que pidió a una de las mujeres ekab, a quienes había liberado generosamente con anterioridad, que trajeran a su gente de regreso. Los ekab respondieron a la oferta de paz de Cortés y celebraron una reunión y un intercambio de regalos[33]. Dado que Cozumel en aquella época era un lugar de peregrinación para los mayas, los residentes estaban acostumbrados a la presencia de extranjeros y, al final, aceptaron a los españoles sin que hubiera conflictos, e incluso les proporcionaron comida durante toda su estancia[34].

Conforme a las instrucciones recibidas, Cortés investigó el paradero de los españoles naufragados que habían desaparecido en Yucatán hacía años. Con la ayuda del intérprete Melchorejo, consiguió hacer entender su solicitud y, de hecho, los habitantes de Cozumel estaban al tanto de lo sucedido. El comandante en jefe se enteró de que dos españoles vivían como esclavos cerca del cabo Catoche. Cortés envió de inmediato una expedición al mando de Diego de Ordás para encontrarlos y tratar de comprar su libertad. A su vez, mandó mensajeros indígenas con una carta para los prisioneros. El interés del capitán no era altruista. No solo se trataba del destino de los cristianos, como escribió más tarde, sino también de su conocimiento del terreno, de la gente y, sobre todo, del idioma local, algo que podría ser de gran valor para su empresa. Si bien el grupo de búsqueda regresó sin éxito al cabo de una semana, uno de los náufragos conseguiría unirse a la flota un poco más tarde, en Cozumel, gracias a que había recibido la carta. Se trataba de Gerónimo de Aguilar[35].

Aguilar tuvo mucha suerte de poder reunirse con sus compatriotas, ya que Cortés ya había zarpado hacia Isla Mujeres y solo regresó nuevamente debido a una vía de agua en el barco de Juan de Escalante. Aguilar tenía mucho que contar, pues había vivido como esclavo junto los mayas durante ocho años y conocía muy bien sus usos y costumbres. A través de él, los hombres obtuvieron detalles sobre los crueles ritos de sacrificio y canibalismo de los mayas, de los cuales la mayoría de sus camaradas habían sido víctimas. El único español aparte de él que aún estaba vivo, Gonzalo Guerrero, no quería regresar; se había casado con la hija de Na Chan Can, un líder de los ekab, fundado una familia e incluso se había convertido en jefe de guerra. También llevaba los tatuajes típicos de los mayas, así como sus decoraciones faciales, lo cual era particularmente repulsivo para los españoles. Se dice que Guerrero incluso dirigió a los mayas en la lucha contra sus propios compatriotas[36].

En Cozumel, Cortés también cumplió otra parte de su misión al tratar de cristianizar a los mayas. En sus propios informes por carta, enfatizaba este aspecto de sus actividades para justificar la empresa. Sin embargo, otros testigos presenciales como Díaz del Castillo también informan de que Cortés interrumpió una celebración religiosa de los mayas, a la que muchos peregrinos se habían unido, y celebró una misa. Con la ayuda de Melchorejo, que hacía de intérprete, el propio capitán general predicó sobre el Dios de los cristianos y les pidió a los ekab que renunciaran a sus dioses. En concreto, los exhortó a que abandonaran los sacrificios humanos. Después, los españoles destruyeron los ídolos mayas y en su lugar colocaron un altar con la estatua de María y una gran cruz de madera sobre una de las plataformas, mientras el clero les hablaba a los indígenas sobre el evangelio. López de Gómara, quien se centró fundamentalmente en la figura de

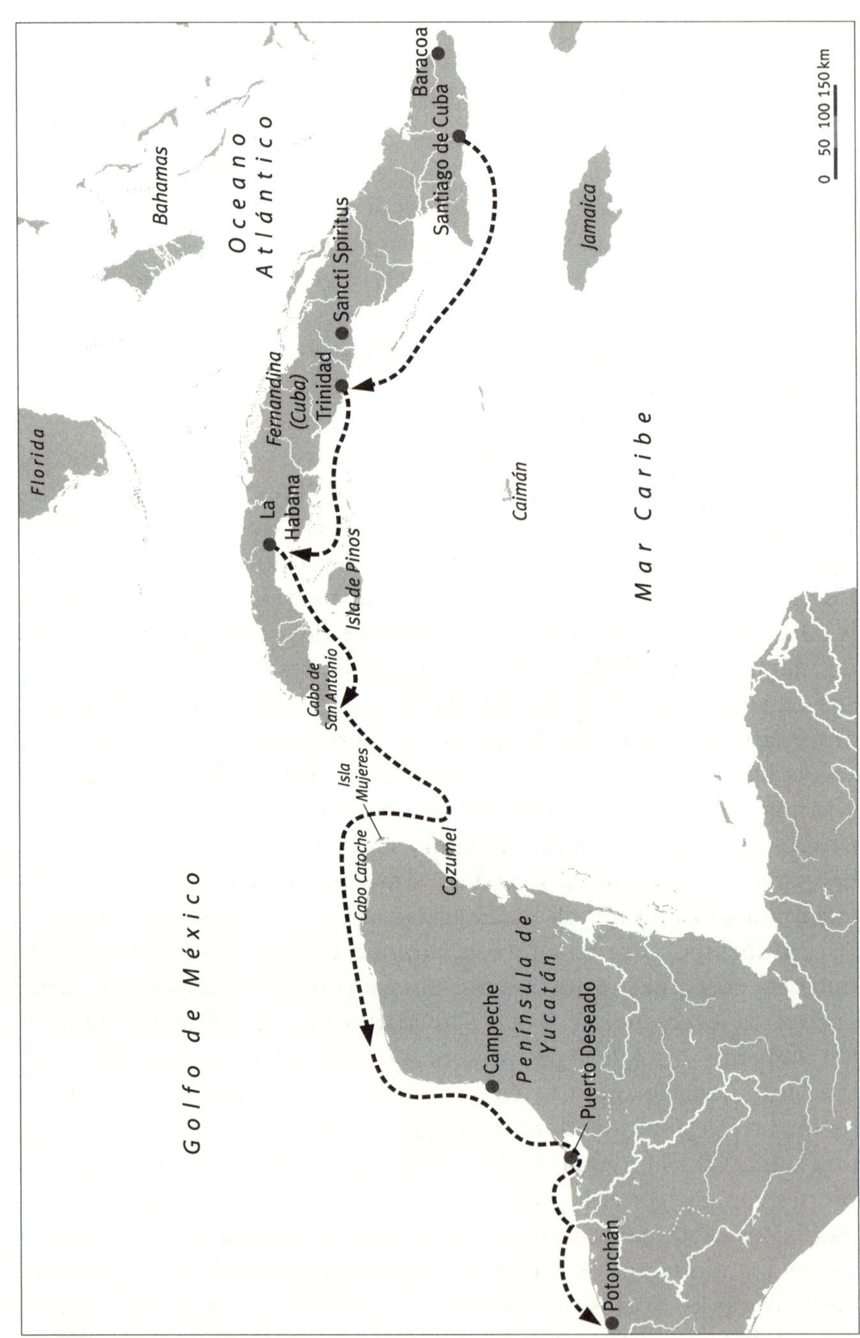

Mapa 3: El viaje de Cortés hasta Potonchán

Cortés, escribió que los habitantes de Cozumel llegaron a participar alegremente en la destrucción de sus propios ídolos. Bernal, por otro lado, señaló que los mayas de ninguna manera habían aceptado el procedimiento sin oponerse y, en cambio, profetizaron que sus dioses se vengarían de los españoles[37]. Sin embargo, dada la superioridad española, no ofrecieron una resistencia activa.

El viaje se reanudó a principios de marzo. La flota se dirigió a lo largo de la costa de Yucatán sin hacer grandes paradas, siguiendo los pasos de las dos expediciones anteriores. Cuando llegaron a aguas de Champotón, los hombres instaron a su líder a ir a tierra para vengar a los camaradas muertos en la expedición de Grijalva. Sin embargo, aconsejado urgentemente por Alaminos, que había identificado bancos de arena, Cortés se abstuvo de hacerlo. Dado que el barco de Escobar llevaba mucho tiempo alejado del resto de la flota, se realizó una búsqueda y hallaron a la tripulación en un lugar seguro al que Cortés llamó Puerto Escondido. Unos diez días después de salir de Cozumel, alcanzaron la desembocadura del río Grijalva, al que los mayas llamaban Tabasco. Allí, Grijalva había sido tratado muy bien después de que los mayas chontales fueran derrotados. Cortés hizo que parte de su tropa subiera a los bergantines y botes más ligeros y se dirigiera a lo largo de la costa hacia el pueblo de Potonchán. La fascinación por el oro le movía[38].

Desde los botes, los hombres pudieron ver a numerosos mayas armados en tierra. Las canoas de guerra también se acercaron hacia ellos. Cortés intentó negociar y aprovechó las habilidades interpretativas de Aguilar. Les aseguró que venía con intenciones pacíficas; tan solo para aprovisionarse de agua y suministros, y que pagaría por todo. A continuación, los mayas llevaron pan, fruta y pavos a los barcos, pero solo en pequeñas cantidades, y les hicieron entender que debían irse nuevamente. Cuando Cortés pidió más, los chontales acordaron regresar al día siguiente. Sin embargo, aprovecharon la noche para conducir a sus esposas e hijos a un lugar seguro y prepararse para la batalla. Los españoles también hicieron preparativos por su parte. Un destacamento con noventa hombres al mando de Alonso de Ávila y Pedro de Alvarado fue enviado con la orden de rodearles. Como era de esperar, las negociaciones al día siguiente fracasaron. El conquistador Bernardino Vázquez de Tapia describió cómo Cortés advirtió varias veces a los chontales, leyó el Requerimiento y notificó los actos ante notario para cumplir con su deber con el rey. Los mayas se rieron de él e incluso lo ridiculizaron: «[Le] dijeron al marqués [Cortés] que tenía muchas palabras como mujer, que dejase las palabras y obrase con las manos, como hombre»[39].

Por la noche, los españoles atacaron la ciudad portuaria de Potonchán, la cual había sido fuertemente fortificada por los chontales[40]. Potonchán era entonces un centro de poder al que las ciudades vecinas tenían que pagar tributo. En 1512, su líder, Tabscoob, había derrotado al pueblo vecino rival de Xicalango, obligándole a rendir tributo. Cortés leyó el Requerimiento una vez más, pero los mayas respondieron con una lluvia de flechas, piedras y otros proyectiles, y usaron también sus propulsores de lanzas, los átlatl. También atacaron desde el agua con sus canoas. La lucha fue feroz por parte de ambos bandos. Vázquez de Tapia, quien ya había peleado en muchas batallas, informó vívidamente sobre el peligro al que los españoles tenían que enfrentarse debido a la superioridad del enemigo. Veinte hombres resultaron heridos. Sin embargo, en última instancia, gracias al uso de la artillería, lograron superar las barricadas y entrar victoriosamente en Potonchán. Acto seguido, Cortés tomó posesión oficialmente de las tierras en nombre del rey de España, lo cual reflejó de modo simbólico con tres muescas en un árbol de ceiba y quedó certificado por el notario. Después permanecieron en el centro de la ciudad, tal y como anteriormente había amenazado con hacer a los mayas. Sin embargo, el intérprete, Melchorejo, aprovechó la oportunidad para desertar. Según Díaz del Castillo, posteriormente asesoraría a los chontales en su lucha contra los españoles[41].

Las pérdidas por parte de los españoles no fueron elevadas. No tenían mucho de qué quejarse, pero tuvieron que lamentar la muerte de algunos de los heridos. El número de guerreros caídos fue mayor en el bando chontal. En última instancia, los españoles se habían impuesto principalmente por el efecto de choque de sus armas y la superioridad de sus espadas de hierro. Es evidente que la cifra de cuarenta mil enemigos de la que habló Cortés fue una exageración para enfatizar el carácter épico de su propia gesta, al estilo de las antiguas epopeyas heroicas y las novelas de caballería. No obstante, no cabe duda de que se encontraban en clara inferioridad numérica, y eso reforzó la moral de los hombres[42].

Sin embargo, la batalla todavía no había finalizado ni mucho menos. A la mañana siguiente, los capitanes Pedro de Alvarado y Francisco de Lugo fueron enviados cada uno con una patrulla de reconocimiento formada por cien hombres. Lugo fue emboscado y solo logró salvarse a duras penas y con gran esfuerzo. Dos españoles murieron en la lucha. Al final, consiguieron hacer tres prisioneros que fueron interrogados con la ayuda de Aguilar. Como descubrieron los españoles, los refuerzos de los chontales provenían de pueblos cercanos, y se estaban preparando para nuevos ataques. Después de este interrogatorio, Cortés envió a dos de los prisioneros a Tabscoob, que ya había negociado con Grijalva, con otra oferta de paz. Si accedía a venir a hablar con él, lo perdonaría por sus actividades bélicas[43].

Al mismo tiempo, Cortés había recibido refuerzos y caballos de los barcos. Quería lograr otro efecto sorpresa. Asignó a la mayoría de los oficiales y los mejores jinetes a la caballería, que él mismo dirigió. Diego de Ordás, que no era uno de ellos, recibió el mando de las tropas a pie. Por la mañana temprano, los españoles celebraron una misa y se prepararon para la batalla. Los chontales, a su vez, se habían rearmado y no dejaron de impresionar a los españoles. Díaz del Castillo describió el comienzo de la batalla que tuvo lugar cerca de Centla de la siguiente manera:

> [...] e traían todos grandes penachos, e atambores e trompetillas, e las caras enalmagradas e blancas e prietas, e con grandes arcos y flechas, e lanzas e rodelas, y espadas como montantes de a dos manos, e mucha honda e piedra, e varas tostadas, e cada uno sus armas colchadas de algodón; e así como llegaron a nosotros, como eran grandes escuadrones, que todas las sabanas cubrían, se vienen como perros rabiosos e nos cercan por todas partes [...][44].

Los españoles registraron setenta heridos después de la primera oleada de ataques. Las ballestas y especialmente la artillería también causaron grandes pérdidas en el bando maya. El pánico se extendió entre ellos cuando de repente Cortés apareció junto a sus jinetes. La visión de los caballos al galope les sorprendió porque no conocían la caballería. Bernal posteriormente escribió que los mayas, al principio, creyeron que las personas montadas eran centauros. De este modo, se logró el efecto deseado y los enemigos huyeron presas del pánico. Los españoles contaron más de ochocientos mayas muertos y malheridos en el campo de batalla, mientras que entre ellos no hubo víctimas, aunque unos sesenta resultaron heridos. Para cuidar sus propias heridas y las de sus caballos, abrieron los cadáveres y se frotaron con su grasa. Para agradecer el triunfo, bautizaron el pueblo con el nombre de Santa María de la Victoria[45].

Al parecer, la irrupción de un guerrero desconocido a lomos de un caballo blanco fue lo que provocó el punto de inflexión. Según muchos españoles, podría haberse tratado del mismísimo apóstol Santiago, que los apoyó decisivamente en la lucha contra los infieles, al igual que había hecho en numerosas ocasiones durante la Reconquista. La creencia en su propia elección divina y en lo justo de su causa se vio reforzada por esta anécdota, la cual fue transmitida a través de relatos y crónicas de testigos presenciales. Bernal Díaz, por otro lado, describe el asunto con más seriedad. No había visto a un santo, escribió no sin ironía, pero eso también podía deberse a que no disfrutaba de este privilegio debido a sus muchos pecados. Más tarde, los conquistadores informaron de que habían derrotado a una abrumadora mayoría de cuarenta mil guerreros con tan solo cuatrocientos hombres. Este número también ha sido cuestionado con razón, ya que sirvió para la mitificación de la propia gesta, que fue elevada al nivel de las de héroes antiguos como César o Temístocles. No obstante, no cabe duda de que el despliegue de la caballería y, sobre todo, la potencia de fuego de la artillería resultaron decisivos para la victoria de los españoles[46].

La voluntad de resistencia de los chontales se había doblegado. A sugerencia del intérprete Aguilar, Cortés envió a algunos líderes cautivos, a quienes incluso había regalado algunas perlas de vidrio, con un mensaje para los suyos. Sus comandantes debían acudir a él desarmados para negociar la paz. Con el fin de engañar a los españoles, primero se enviaron esclavos disfrazados, a quienes Aguilar identificó inmediatamente. Hasta el día siguiente los chontales no mandaron un destacamento con alimentos pidiendo permiso para quemar y enterrar a sus muertos «porque no oliesen mal o los comiesen tigres o leones», señaló Bernal. Los líderes querían presentarse en persona para las negociaciones de paz al día siguiente[47].

En este contexto, Cortés demostró de nuevo que conocía a la perfección los trucos de la guerra psicológica. Alrededor del mediodía, Tabscoob y unos cuarenta de sus cabecillas llegaron portando regalos y víveres. El ritual de fumar se repitió. A su vez, Cortés había atado a un semental a poca distancia de una yegua a la que podía oler, por lo que se puso inquieto, coceó y comenzó a bramar frente a los nobles chontales, dando salvajes resoplidos y relinchos. Cortés le hizo muchos reproches a Tabscoob, y le dijo que las armas con las que contaba también eran peligrosas, y a continuación ordenó a sus hombres que dispararan uno de los cañones. Con estas medidas, los españoles asustaron a los mayas para aumentar su disposición a negociar. De hecho, los líderes parecían responder a las peticiones de Cortés. Eran sumisos y, cuando regresaron al día siguiente, trajeron más y más regalos. Tal y como Cortés deseaba, los habitantes de Potonchán regresaron a sus hogares. El español los instruyó en la fe cristiana y les pidió que destruyeran las estatuas de sus dioses, que dejaran de sacrificar personas y que reconocieran a Jesucristo. También les ordenó que se sometieran ante el rey español como vasallos[48].

Al parecer, los chontales accedieron a las demandas con entusiasmo, de modo que el notario real pudo enumerar de nuevo los asuntos por escrito. Incluso permitieron que los españoles destruyeran algunas de las estatuas y en su lugar levantaron un altar para María, y una cruz. Sin embargo, es dudoso que los mayas estuvieran al tanto del alcance de los acontecimientos previstos por Cortés, así como que se convirtieran conscientemente al cristianismo y se consideraran vasallos del rey español. Más bien fue una cuestión de concesiones tácticas por su parte, ya que se habían dado cuenta de que la victoria contra los españoles era improbable y solo sería posible a costa de sufrir importantes bajas. Incluso en el caso de lograr el triunfo, habrían sufrido tantas pérdidas que quedarían en una situación de vulnerabilidad ante sus muchos enemigos. Además, los chontales estaban empleando ahora una artimaña que ya habían intentado antes. Dada la sed de oro de los españoles, le hablaron a Cortés acerca de la riqueza de las tierras vecinas y, en particular, sobre el gran imperio de los mexicas, «Colhúa y México», el cual poseía todos los tesoros de los que su tierra no disponía[49].

Malinche

Entre los regalos que los nobles mayas llevaron a los españoles había veinte esclavas. Cortés las repartió entre sus oficiales. Antes de eso, sin embargo, tenían que ser bautizadas, una condición previa para la asignación a los capitanes, a quienes oficialmente solo se les permitía tener relaciones con mujeres cristianas. Los bautismos dieron lugar a los primeros cristianos nuevos en estas tierras, y las veinte mujeres recibieron nombres cristianos. Entre ellas estaba Marina, quien, como señalan los testigos presenciales, era muy hermosa y destacaba entre el grupo de veinte esclavas. Probablemente por eso Cortés se la dio a Portocarrero, a quien otorgaba una gran importancia, dado que era primo del conde de Medellín, su lugar de nacimiento. Marina habría de desempeñar un papel clave en el curso posterior de la conquista[50].

Marina, o también Malinche o Malintzin, como se la llama sobre todo en las fuentes indígenas, tenía sin duda una personalidad especial, como reconoció Bernal Díaz, que le dedicó todo un capítulo a su origen. Su papel protagonista constituyó una clara excepción, dada la enorme prevalencia de acciones llevadas a cabo por hombres en las fuentes de la época: las mujeres fueron utilizadas en la conquista como vivanderas, esclavas y, sobre todo, como concubinas, pero apenas se las menciona en las crónicas y, cuando se hace, aparecen sin nombre, a excepción de doña Marina, como Bernal la llama respetuosamente[51]. Probablemente, nació en el seno de una familia nahua alrededor del año 1500, en Painala, cerca de Coatzacoalcos, en la región del istmo de Tehuantepec, el área fronteriza entre los nahuas y los mayas. Como hija de un noble, un pilli, al principio disfrutó de una gran reputación, pero su destino cambió después de la muerte de su padre y el nuevo matrimonio de su madre. Según Bernal, Marina fue vendida como esclava alrededor del año 1510, primero a los comerciantes de Xicalango y de allí pasó a Potonchán. No obstante, según Sepúlveda, con el que coincide Alva Ixtlilxóchitl, la niña fue robada durante la guerra[52].

La joven creció con el náhuatl, el idioma del centro de México, como lengua materna, y aprendió después el maya chontal, así como el maya yucateco. Después de que Tabscoob se la entregara a Cortés, sus habilidades lingüísticas se convirtieron en la clave de su futura vida. Cuanto más se alejaban los españoles de las regiones mayas, más evidente se hacía el hecho de que las destrezas interpretativas de Aguilar ya no eran suficientes. Sin embargo, se enteraron de que Malinche sabía aquel idioma desconocido. Al principio, interpretaba del náhuatl al maya y Aguilar después lo traducía al español. Sin embargo, era obvio que Malinche tenía talento para los idiomas, además, era joven y aprendía rápido. Debido a su triste infancia, no tenía lazos especialmente estrechos con los indígenas, de modo que se implicó con los españoles, lo cual la convirtió en una intérprete particularmente idónea. Bajo la tutela de Aguilar, aprendió con rapidez el idioma de los europeos y pronto fue capaz de entender no solo palabras sueltas, sino también contextos difíciles. Con el tiempo, la aportación de Aguilar como intérprete se volvió innecesaria[53].

El idioma y la labor de interpretación fueron sin duda de gran importancia para la conquista[54]. Los conquistadores, como Bernal Díaz, sabían apreciar debidamente el valor de los servicios de Malinche. El viejo combatiente Gonzalo Rodríguez de Ocaña, más tarde, incluso testificaría en la corte que «Doña Marina, después de Dios, había sido la causa de la conquista de Nueva España»[55]. En contraste, en sus informes por carta Cortés rara vez menciona a Malinche y, cuando lo hace, la nombra solo como la «lengua», es decir, la intérprete. Sin embargo, es un hecho que el capitán fue poco a poco confiando cada vez más en ella desde su llegada a la tierra de los mexicas, e incluso la llevó consigo como concubina solo un mes después de dejar Potonchán, y asignó otra mujer a Portocarrero. Después de la conquista de Tenochtitlán en 1522, Malinche dio a luz al hijo de Cortés, Martín. Pero en octubre de 1524, a instancias de él, tuvo que casarse con el capitán Juan Jaramillo de Salvatierra, con quien engendró a su hija María. Después de eso su rastro se vuelve menos claro. Probablemente, murió en la década de 1530[56].

Las fuentes indígenas hablan con respeto de Malinche, a quien atribuyen, sin excepción, un origen aristocrático. A menudo aparece representada en los manuscritos ilustrados junto a Cortés[57]. Para la población indígena, Malinche era el medio de Cortés, quien pronunciaba las palabras por él, como solía decir el tlatoani Moctezuma. Por lo tanto, la intérprete no solo tenía una gran relevancia práctica, sino también simbólica[58]. Desde el punto de vista de los enviados de los mexicas, los españoles, prácticamente, solo existían gracias a su relación con y a través de la Malinche. Para ellos, ella era la portavoz, la lengua, a quien con todo respeto llamaban Malintzin[59]. En la recopilación de voces aztecas del franciscano Sahagún y en el *Lienzo de Tlaxcala*, Malinche, incluso, aparece retratada como un ser sobrenatural a través del cual Dios habla. Según las creencias de los mexicas, ella también podía ser considerada como una «mujer de la discordia», alguien que, a menudo, aparecía en momentos de cambio y que desempeñaba un papel activo[60].

Después del bautismo de Malinche y de sus compañeras, Cortés celebró un gran servicio de Domingo de Ramos el 17 de abril de 1519. Con mucha pompa y las mejores túnicas, los españoles, con ramas de palma, formaron la procesión tratando de impresionar a los chontales todo lo posible. En la víspera, una enorme cruz de madera había sido levantada. La misa era importante como prueba simbólica del giro de los mayas hacia la nueva fe, aun cuando todavía no hubieran sido bautizados. En sus informes por carta, Cortés también enfatizó el entusiasmo con el que los chontales habían seguido la celebración y se habían despedido de los españoles[61].

Desde su propio punto de vista, Cortés había actuado con gran éxito y, de manera más o menos pacífica, por fin había logrado los primeros vasallos para su rey después de la gran batalla. Esto era importante, ya que la Corona exigía que se diera un trato bueno y justo a los nuevos súbditos de las Indias. Sin embargo, también es posible que los chontales participaran en las celebraciones de despedida con genuina alegría, aunque no fuera por el mensaje cristiano de salvación. Sus líderes se habían percatado del gran peligro que representaban los extranjeros. Así que enviaron a los españoles a las tierras de donde procedía el oro que buscaban. Por lo tanto, prevaleció la sensación de alivio al saber que, a partir de ese momento, serían otros los que tendrían que lidiar con esa amenaza. No obstante, los mayas más avispados, sin duda, sabían que este no iba a ser el último encuentro con los intrusos.

IV

EL MUNDO DE LOS AZTECAS

La tierra emplazada al oeste, a la que los mayas enviaron a los españoles, era el hogar de los mexicas o aztecas. Esta entidad política aún muy joven contenía elementos de diferentes orígenes que durante siglos habían ido conformando un mundo propio de combinaciones heterogéneas, las cuales eran considerablemente más antiguas que los reinos cristianos y musulmanes de la Edad Media española, e incluso más antiguas que el reino visigodo de la península ibérica. Al igual que España en la época de la Reconquista, el imperio de los aztecas también había pasado por una larga fase bélica de construcción. ¿Cómo había surgido el Imperio azteca, el que habría de convertirse en un desafío completamente nuevo para los invasores españoles? ¿En qué entorno se creó y cuáles eran sus características definitorias?

Prehistoria y orígenes

El mundo de los aztecas, en su mayor parte, se concentraba geográficamente en el llamado valle de México. Esta meseta, ubicada a unos dos mil doscientos metros de altitud, limita al este, oeste y sur con montañas, algunas de las cuales tienen cinco mil metros de altura. En aquel momento, en el centro sur, el paisaje estaba dominado por unos lagos de sal, a menudo llamado lago de Texcoco, que en la actualidad está seco en su mayor parte. El territorio que abarcaba el Imperio azteca en su apogeo se encontraba en su totalidad en los trópicos. No obstante, debido a las considerables diferencias en altitud y precipitaciones, estaba estructurado en tres zonas: la montañosa Tierra fría, la moderada Tierra templada y la calurosa Tierra caliente. Además de las altas montañas volcánicas cubiertas de nieve, había llanuras fértiles, lagos, selvas tropicales, pantanos y paisajes costeros[1]. El valle de México tendría —aunque mucho más tarde— una importancia similar para Mesoamérica como cuna de la civilización a la que había tenido Mesopotamia para Europa y Asia. La región de la costa sur del golfo en lo que hoy en día es Tabasco y Veracruz ya había vivido desde 1500 hasta aproximadamente 400 a. C. el florecimiento de la cultura olmeca. No obstante, también se han encontrado restos de asentamientos de culturas en el valle de México que datan de 1500 a. C. Esta fase llegó a su fin alrededor del año 100 d. C., y con la aparición de Teotihuacán, el primer centro urbano en la parte noreste del alto valle, se inició el llamado período clásico. Durante más de medio milenio, la ciudad, donde probablemente vivían entre cien y doscientas mil personas, dominó la región. Su arquitectura monumental sirvió de modelo para el abastecimiento a grandes urbes densamente pobladas, así como para la integración de grupos étnicos heterogéneos. Había distintos grupos organizados según su ocupación que satisfacían las necesidades de los habitantes, así como las demandas de los poderosos, quienes desarrollaron una política simbólica peculiar bajo su gobierno y también se expandieron militarmente. La ciudad-estado contaba con una sociedad estructurada jerárquicamente y una agricultura intensiva. Además, Teotihuacán se caracterizaba por la centralización del poder, en cuya preservación la religión politeísta desempeñaba un papel importante. No obstante, no había legado ni los juegos de pelota tan típicos de tiempos anteriores ni las esculturas monumentales que glorificaban los actos de los gobernantes[2].

Teotihuacán también influyó en el desarrollo del mundo de los mexicas, al igual que Tula (Tollan), la capital de los toltecas, fundada alrededor del año 950. Esta ciudad mucho más pequeña, con unos cincuenta mil habitantes, y cuyo apogeo terminó alrededor de 1175, está tan solo sesenta y cinco kilómetros al noroeste de Teotihuacán. Mientras que Teotihuacán llevaba deshabitada desde alrededor del año 750, Tula permaneció poblada hasta la llegada de los españoles. Ambas ciudades constituyeron importantes referentes para la construcción de identidades aztecas, ya que eran consideradas por las élites gobernantes de los mexicas como lugares de culto. En concreto, el mito de Quetzalcóatl, el último sacerdote-rey de los toltecas, que tuvo que huir de Tula alrededor de 1168, tuvo una influencia que perduraría en las creencias de los mexicas. Hablaremos de eso más tarde. Tras el declive de Tula, emergieron en la región numerosos centros de poder a pequeña escala, a menudo separados tan solo por unos pocos kilómetros de distancia, todos los cuales reclamaban para sí la herencia tolteca[3].

El grupo étnico de los mexicas también pertenecía a estos «herederos» de la mítica Tollan. Según los estudios lingüísticos, sus orígenes se remontan a los pueblos nómadas que emigraron hacia el sur desde las zonas del norte de México y el suroeste de los Estados Unidos hace unos dos milenios en busca de mejores condiciones de vida, debido fundamentalmente a factores climáticos. Hay numerosas fuentes disponibles sobre la historia de estos movimientos migratorios, algunas anteriores a la llegada de los españoles y otras posteriores a la caída del Imperio azteca, en forma de manuscritos, llamados códices, y crónicas escritas por los conquistadores, los conquistados o los descendientes. Según las ideas aztecas que se pueden reconstruir a partir de estas fuentes, el origen se sitúa o bien en las míticas siete cuevas (Chicomóztoc), de cada una de las cuales se originó una tribu de los mexicas, o bien en la isla de Aztlán, de donde deriva el nombre de «aztecas». El dios tribal Huitzilopochtli, de quien se dice que le hablaba a su pueblo durante las largas caminatas y les daba instrucciones, ya fue en su día interpretado por algunos cronistas del siglo XVI como un antiguo líder humano que luego adquirió el estatus de dios. Cuando los aztecas finalmente llegaron al valle de México, se encontraron con un mundo heterogéneo formado por numerosas ciudades-estado que hasta principios del siglo XV se movió entre la centralización y una fuerte fragmentación[4].

Alrededor de 1200, según numerosas fuentes, los aztecas llegaron a la colina de Chapultepec, con sus manantiales de agua dulce, y expulsaron a los chichimecas que allí vivían. Alrededor de cuarenta años después, sin embargo, fueron derrotados y sometidos por los colhuacanos. Posteriormente, se mezclaron con sus amos y les sirvieron militarmente. Indudablemente, estos primeros mexicas habían heredado elementos culturales de los chichimecas y los toltecas con los que se habían encontrado a lo largo de siglos de migraciones. Así, los mexicas llegaron a conocer y apreciar el amor por la ropa lujosa, el cacao y las piedras preciosas como el jade, además de por los edificios majestuosos. También hablaban el mismo idioma, el náhuatl. Al igual que sus vecinos y rivales, adoraban a una multitud de dioses, tenían sacerdotes y practicaban el ritual del juego de pelota. No se limitaron a adoptar las prácticas e ideas de los otros grupos étnicos, sino que también las modificaron, desarrollando su propio perfil azteca. Esto los distinguía de su entorno étnico al tiempo que mostraba visiblemente la cercanía cultural y el parentesco. En esta primera fase, estaban en una posición muy buena para asentarse de forma permanente en el valle de México[5].

Imagen 2: *La fundación de Tenochtitlán según el* Códice Mendoza
Según las fuentes aztecas, Tenochtitlán se fundó en el lugar donde vieron un águila sobre un tunal —aquí sin la serpiente en el pico—, en la intersección de dos masas de agua en una zona pantanosa. Las figuras que aparecen en las cuatro áreas, que simbolizan los cuatro barrios, representan a los diez padres fundadores de la ciudad. El Códice Mendoza fue realizado alrededor de 1541, en nombre del virrey español, y contenía una representación azteca de su propia historia, así como información importante sobre la administración y la organización del imperio de los mexicas. También reflejaba la imagen que tenían de sí mismos los aztecas, que se consideraban superiores a otros pueblos y se veían como el centro del mundo.

La convivencia con los vecinos no estuvo en modo alguno libre de conflictos. En 1299, los aztecas tuvieron que huir de la venganza de los colhuacanos después de que mataran a la hija del gobernante y la mutilaran en un ritual durante las festividades del dios Xipe Totec. Posteriormente, se trasladaron al sur. La mayoría de las fuentes coinciden en que en 1325 los aztecas seleccionaron una isla inhóspita en el lago de Texcoco, que formaba parte del territorio de la ciudad-estado de Azcapotzalco, para establecer su nueva ciudad. Según la mitología, vieron un águila sentada sobre un tunal luchando contra una serpiente, tal y como había profetizado su dios tribal Huitzilopochtli. Esta ciudad se llamó Mexica Tenochtitlán, que significa algo así como 'el tunal sobre las piedras'. Es casi seguro que allí se encontraron con habitantes anteriores a quienes desplazaron. Sin embargo, compartieron la isla con los tlatelolcas, con quienes tenían una relación cercana, aunque no libre de tensiones[6].

Aunque las fuentes aztecas a menudo intentan dar esta impresión, la fundación de la ciudad no supuso de ninguna manera el comienzo de una historia de éxito, más bien al contrario, los mexicas pronto quedaron bajo el dominio de los tepanecas, estrechamente relacionados con la cercana Azcapotzalco. En la época en la que se fundó la ciudad, también comenzó la dinastía azteca con el primer tlatoani, Acamapichtli, cuya reputación se basaba en su relación con Colhuacán y su herencia tolteca. Sin embargo, la dominación tepaneca continuaría hasta 1428[7].

Ese año, varias ciudades-estado más pequeñas lideradas por Tenochtitlán se alzaron contra Azcapotzalco después de la muerte del tlatoani tepaneca Tezozómoc en 1426, hecho que desencadenó un conflicto por su sucesión. Para poner fin a la resistencia de sus súbditos, el polémico pretendiente al trono de Azcapotzalco, Maxtla, hizo matar al líder de Tenochtitlán, Chimalpopoca, y al de Tlatelolco, Tlacatéotl. El levantamiento, entonces creciente, fue secundado por las ciudades-estado de Tlacopan (Tacuba) y Texcoco. En Texcoco, sin embargo, la situación no era clara, y el pretendiente al trono, Nezahualcóyotl, tuvo que luchar contra el bando de los simpatizantes de los tepanecas. Juntas, Tenochtitlán (con Tlatelolco), Tlacopan y Texcoco formaron una alianza que ganó la batalla decisiva en 1430. Hay fuentes aztecas que afirman que el nuevo gobernante de Tenochtitlán, Itzcóatl, tuvo una actuación particularmente sobresaliente. Posteriormente, la Triple Alianza se hizo con los tributos que hasta entonces habían fluido hacia Azcapotzalco, que sufrió la venganza de los vencedores y, como castigo, fue degradada a mercado central de esclavos. Con la participación de los gobernantes locales, el valle de México se reorganizó. De esta manera, los impuestos se dividieron y las líneas fronterizas se dibujaron con precisión y se registraron en lienzos, mapas de lino, para evitar conflictos. Durante unos noventa años, hasta la llegada de los españoles, la Triple Alianza gobernó el valle de México[8].

La ciudad

Tenochtitlán se levantó para convertirse en la fuerza líder dentro de la Triple Alianza. En el siglo xv, varios cientos de miles de habitantes vivían en un área de alrededor de 13,5km^2, que se dividían en los cuatro distritos principales de Moyotlán en el suroeste, Teopan en el sureste, Atzacoalco en el noreste y Cuepopan en el noroeste, más el distrito especial de Tlatelolco en el norte. Tenochtitlán era una de las diez ciudades más grandes del mundo en ese momento. En Europa, solo París tenía una población similar, y únicamente Constantinopla la superaba. Se calcula que en todo el alto valle de México había una población de entre uno y dos millones y medio de habitantes. Sin embargo, la exactitud de estas estimaciones no puede verificarse con certeza. En última instancia, están basadas en el cálculo de la posible densidad demográfica en relación con el área disponible de la isla que, sin embargo, estaba seriamente limitada por las numerosas zonas deshabitadas y escasamente pobladas destinadas a rituales[9].

Alrededor del año 1500 el valle de México gozó de una fase prolongada de lluvia. Como consecuencia de esto, la población aumentó mucho, tal y como demuestran los últimos estudios arqueológicos. A finales del siglo xv, la densidad demográfica era, probablemente, más alta de lo que nunca había sido en la historia mesoamericana e indudablemente mucho mayor que en la península ibérica, un hecho que, sin embargo, generó conflictos y guerras. Los períodos de paz se basaban en un equilibrio precario que era propenso al fracaso y que, en última instancia, fue destruido por los españoles[10].

Las estructuras como albarradas, acueductos y sistemas de riego atestiguan las habilidades de planificación urbana de los mexicas. Una canalización de ocho kilómetros de largo traía el agua potable indispensable que se necesitaba en la ciudad de Tenochtitlán, que se encontraba en una isla de agua salobre. Para conseguir el área urbana mencionada anteriormente, los residentes tuvieron que ganarle terreno al lago, crear islas artificiales y conectarlas mediante puentes y canales. Bajo la dirección del tlatoani de Texcoco, Nezahualcóyotl, los aztecas levantaron el albarradón entre Iztapalapa y Atzacoalco a mediados del siglo xv para proteger la ciudad de las inundaciones. Además, se construyeron canales que podían cerrarse con fines defensivos. En el sur del sistema de lagos, los lagos Chalco y Xochimilco aportaban agua dulce. Aquí, también,

Mapa 4: El valle de México alrededor de 1519

existía el riesgo de inundaciones, algo que debía contrarrestar la calzada desde Iztapalapa a Coyoacán[11].

Sin embargo, como señaló Michael E. Smith, Tenochtitlán era una excepción en el paisaje urbano azteca. Las ciudades pequeñas, las cuales ya habían empezado a surgir al poco tiempo de su llegada a la región, eran mucho más comunes. Los aztecas adoptaron ciertas normas para el espacio público de las culturas anteriores, como las pirámides de piedra, los juegos de pelota, las plataformas para altares y los centros ceremoniales. Las pirámides albergaban uno o más templos dedicados a diferentes deidades que contenían esculturas e imágenes. Las plataformas de los altares también servían a distintos propósitos, desde la celebración de ritos relacionados con la fertilidad hasta la exhibición de los cráneos de las víctimas y la adoración de ciertos dioses. Además, cada ciudad tenía su propio palacio para el gobernante, en el que el tlatoani vivía junto a su familia. Arquitectónicamente, a pesar de todas las diferencias, estos edificios seguían un mismo patrón; tenían un gran patio con un altar y habitaciones contiguas para la familia del tlatoani y los miembros del gobierno. Otros edificios públicos eran las escuelas, el calmecac para los hijos de los nobles y el telpochcalli para los del pueblo llano. Los principales guerreros se reunían en la llamada Casa de las Águilas[12].

Imagen 3: El Templo Mayor de Tenochtitlán
Maqueta del Templo Mayor de Tenochtitlán en el Museo Nacional de Antropología, en Ciudad de México.

En la isla ovalada en la que se encontraba Tenochtitlán, el Templo Mayor con su distrito demarcado formaba el centro de la ciudad. El templo había sido ampliado en repetidas ocasiones bajo los diversos tlatoque. Cuando Cortés lo vio por primera vez quedó asombrado:

> [...] y entre estas mezquitas [templos] hay una que es la principal, que no hay lengua humana que sepa explicar la grandeza y particularidades de ella, porque es tan grande que dentro del circuito de ella, que es todo cercado de muro muy alto, se podía muy bien hacer una villa de quinientos vecinos; tiene dentro de este circuito; todo a la redonda, muy gentiles aposentos en que hay muy grandes salas y corredores donde se aposentan los religiosos que allí están. Hay bien cuarenta torres muy altas y bien obradas, que la mayor tiene cincuenta escalones para subir al cuerpo de la torre; la más principal es más alta que la torre de la iglesia mayor de Sevilla. Son tan bien labradas, así de cantería como de madera, que no pueden ser mejor hechas ni labradas en ninguna parte [...][13].

En el lado occidental, una escalera doble conducía a los dos santuarios de la parte superior de la pirámide, que estaban dedicados al dios de la lluvia Tlaloc en el oeste y a Huitzilopochtli en el sur. Frente a él había un altar en el que se realizaban los sacrificios. En el distrito del templo había más de setenta edificios rituales, entre ellos un altar de cráneos (tzompantli), un patio de juego de pelota y un templo circular dedicado a Quetzalcóatl. También, un lugar para las estatuas de los dioses de los pueblos conquistados[14].

El esplendor de los palacios, con sus jardines, bibliotecas e incluso un zoológico, impresionó tanto a los conquistadores españoles como la pulcritud general de las calles, las cuales, según Cervantes de Salazar, eran limpiadas todos los días por mil hombres. El hedor típico de las ciudades europeas era menos pronunciado en Tenochtitlán, con la excepción del distrito del templo, donde los olores de los sacrificios humanos casi quitaban el aliento a los europeos. Para cubrir este hedor, a los nobles aztecas les gustaba adornarse con flores de aroma agradable. En general, las condiciones higiénicas destacaban por encima de las de las ciudades europeas que conocían, sobre todo porque los mexicas daban gran importancia a la higiene personal. Si hubieran entendido el lenguaje simbólico, los europeos se habrían dado cuenta de que Tenochtitlán era una referencia a su idealizada Tula, tal y como ellos mismos habían hecho con Roma o Jerusalén[15].

La riqueza de los mexicas había aumentado enormemente desde la segunda mitad del siglo xv, como podía apreciarse en los edificios públicos y en los impresionantes jardines tipo parque, que se volvieron cada vez más monumentales. El complejo de Chapultepec, también diseñado por Nezahualcóyotl, fue precursor de los modernos jardines botánicos. El centro de poder externo y visible de cada ciudad-estado era el palacio, el tecpan. Y como Tenochtitlán era la capital del imperio, el tecpan de Moctezuma, que fue construido después de una inundación, eclipsaba a todos los demás por su tamaño y sus relieves. Según López de Gómara, tenía tres patios, uno de ellos con fuente elegante, y más de cien habitaciones, todas ellas equipadas con baño privado. Las paredes, pintadas artísticamente o engalanadas, estaban hechas de alabastro, jaspe y pórfido, y los pisos se cubrían con pieles, alfombras de algodón y plumas. Oficiales y artesanos de todo tipo ocupaban la planta baja mientras el gobernante residía arriba. Por la noche, el fuego de los grandes braseros iluminaba el palacio, ya que las velas aún no se conocían[16].

No obstante, la gran mayoría de los habitantes de la ciudad no vivía en palacios, sino en simples casas hechas de ladrillos de adobe. En Tenochtitlán y en el alto valle de México solían contar con varias habitaciones, mientras que, en las provincias más remotas, generalmente, solo tenían una habitación. En la capital, las casas de un piso con sus techos planos se situaban alrededor de un patio donde los residentes compartían una cocina comunitaria, contenedores de agua y maíz, y un baño de vapor. Dentro de las ciudades, la gente corriente vivía en asociaciones o barrios de asentamientos claramente definidos, los calpultin (en singular, calpulli). En Tenochtitlán, más de cien calpultin se extendían por los cuatro distritos. Juntos, los residentes trabajaban la tierra que era propiedad de un noble. Un calpulli generalmente tenía una escuela y un mercado. La imagen de la correspondiente deidad protectora se albergaba en su propio templo. Los habitantes de los diferentes calpultin se reunían en los mercados, para las fiestas religiosas o para el trabajo comunitario. Por ejemplo, todos tenían que turnarse para proporcionar ciertos servicios a los tlatoque y asignar trabajadores para los principales proyectos de infraestructuras[17].

Las ciudades desempeñaban funciones políticas, económicas y religiosas. Primero y principal, eran el centro de un altépetl, una unidad política basada en el origen étnico, o una ciudad-estado cuyo centro de poder era la residencia del tlatoani. Las ciudades que formaban el altépetl se diferenciaban de otras por la existencia de una dinastía legítima, el gobierno sobre la tierra y su gente, una leyenda fundadora y su propia deidad protectora. Los gobernantes legitimaban su autoridad a través de poderes sobrenaturales. Los rituales religiosos que se llevaban a cabo en la ciudad como centro sagrado estaban dirigidos a todo el altépetl y los participantes procedían de todas las regiones del imperio. El equilibrio de poderes de las ciudades-estado en el valle de México fue todo menos estable, y se vio constantemente sacudido por disputas y guerras. Cuando una de ellas era conquistada por otra, había una redistribución de los tributos y de la propiedad de la tierra. Además, las ciudades eran los centros de la vida económica. Los mercados se instalaban semanalmente, salvo en Tenochtitlán y Tlatelolco, donde lo hacían a diario. La producción artesanal difería de una ciudad a otra; mientras que algunas estaban especializadas en el tratamiento de la obsidiana o la cerámica, otras se dedicaban a la fabricación de textiles a partir de fibras de agave[18].

Base económica

La base económica de la sociedad azteca, como en Europa, era la agricultura, lo cual significa que la gran mayoría de la población vivía de trabajar la tierra. Se utilizaban diferentes estrategias para alimentar a cientos de miles de personas que habitaban en las ciudades bajo las condiciones naturales específicas de Mesoamérica: una gran altitud y mucha humedad. Los campesinos aztecas tenían un conocimiento preciso de la observación del clima, el uso de la tierra y la gestión del agua, que se transmitía de generación en generación de forma oral, pero también por escrito a través de sus libros. Sin embargo, no era posible evitar por completo los desastres naturales ocasionales, tales como terremotos, plagas de langostas, erupciones volcánicas, heladas, granizo, períodos de sequía y, sobre todo, inundaciones. La tierra cultivable era un bien muy disputado y los productos se consideraban la moneda de pago de los tributos que los productores tenían que satisfacer a los terratenientes locales y a los gobernantes del imperio[19].

Debido a las condiciones, el terreno disponible se usaba de manera muy diferente. El cultivo en terrazas estaba muy extendido. Además, había métodos de riego sofisticados para usar y distribuir con sensatez la valiosa agua, que a veces escaseaba o bien no estaba disponible durante mucho tiempo, y luego nuevamente caía en abundancia. El agua de los ríos y lagos era conducida hasta las superficies útiles a través de canales y albarradas. Este sistema se utilizaba a pequeña escala para regar los campos cercanos, o bien se recurría a infraestructuras más importantes que permitían incluso desviar por completo el lecho de un río. Otra de las habilidades de los ingenieros aztecas y de sus innumerables trabajadores fue el drenaje de pantanos y suelos con altos niveles de agua subterránea para obtener nuevas áreas de cultivo. Los llamados «jardines flotantes», las chinampas o islas artificiales, que fueron creados en aguas poco profundas, sobre todo en el lago de Texcoco, eran impresionantes; para ello se arrojaba tierra y barro desde el fondo del lago y luego la estructura se aseguraba con estacas y cañas. Las chinampas, probablemente, fueron una infraestructura establecida y regulada por el estado para poder abastecer a la población urbana en constante crecimiento en el siglo xv. En las chinampas era posible recoger entre cuatro y siete cosechas al año. Para lograrlo, los agricultores plantaban semilleros, utilizaban un sofisticado sistema de rotación de cultivos y empleaban fertilizantes naturales[20].

Dada la gran población y la ubicación de la isla de Tenochtitlán, las chinampas solo podían alimentar a una pequeña parte de sus habitantes. La capital necesitaba los tributos de los súbditos y las ciudades-estado dependientes, que debían entregarse en especie. En aquel entonces, la población azteca que no pertenecía a la nobleza también se beneficiaba del tributo de los pueblos sometidos. Todos los alimentos importantes, incluida el agua potable, tenían que ser adquiridos del continente. Sin embargo, en el apogeo de poder del siglo xv no hubo escasez, como lo demuestran las largas listas de tributos recibidos que figuran en las fuentes, principalmente en el *Códice Mendoza*. El tributo se calculaba de forma individual para las distintas provincias del imperio. Así, las regiones cercanas a la capital tenían que entregar fundamentalmente alimentos, y las más alejadas bienes de lujo y valiosas materias primas. Los oficiales del gobierno verificaban el recibo puntual de los impuestos en las provincias. Además de las retribuciones para la capital, había impuestos que también se pagaban a los respectivos propietarios, y estos, generalmente, tenían que abonarse con más frecuencia[21].

El granero del imperio estaba en el alto valle de México, donde el maíz rico en carbohidratos producía abundantes cosechas. Los frijoles proporcionaban proteínas, mientras que la calabaza y los chiles aportaban vitaminas y minerales. El amaranto y la chía, las frutas y los aguacates, los higos de tunal y los tomates completaban la variada dieta. La vainilla, el jarabe, la miel, la sal, las flores y el chile estaban disponibles como especias. La carne, por otro lado, se consumía relativamente poco, aun cuando las mascotas como pavos y perros, así como ciervos, conejos, peces, salamandras, patos e insectos enriquecían el suministro de alimentos. El pulque, la bebida popular, estaba hecho de cactus de maguey, mientras que el cacao y el chocolate se reservaban para la aristocracia[22].

Para los mexicas, la agricultura estaba estrechamente relacionada con su visión del mundo. Las plantas tenían propósitos espirituales para el propio hogar, el calpulli o el estado. Había ideas precisas sobre la naturaleza sagrada de ciertos paisajes y, sobre todo, sobre las ceremonias religiosas y los rituales asociados con las estaciones del año y la agricultura. El origen del trabajo, según la creencia de los mexicas, se remontaba a la creación de los primeros trabajadores por parte de los dioses: al hombre se le dio el manejo del suelo y la mujer debía dedicarse a hilar y tejer. Lo importante era la idea de la reciprocidad, la cual constituía la base de toda acción, incluida la existente entre personas y dioses. Al igual que los dioses, los humanos tenían un papel específico que desempeñar en el ciclo cósmico para garantizar la fertilidad del suelo y, por lo tanto, la supervivencia. Para esto, los sacrificios humanos eran necesarios, como una especie de pago anticipado a la montaña sagrada, la fuente de vida, porque de allí provenía el agua que llenaba los ríos, los lagos y los mares, y la fertilidad hacía que las semillas brotaran y crecieran. Por esta razón, algunos rituales, como los sacrificios de niños para pedir lluvia, eran organizados y controlados por el estado. Estos rituales no eran vistos como un acto de agradecimiento por los beneficios recibidos, sino que estaban orientados hacia el futuro[23].

Los productos agrícolas y otros bienes se comercializaban en los mercados, y el transporte era muy limitado, ya que los mexicas no poseían ganado ni conocían la rueda. Los transportistas tenían que cargar con los bienes durante largas distancias. Mientras que los pequeños productores estaban obligados a llevar ellos mismos sus productos al mercado, los nobles y los mayoristas disponían de profesionales y esclavos, que posteriormente también utilizarían los invasores españoles. En aquella época, había una animada actividad comercial a larga distancia, ya que ningún hogar era completamente autosuficiente. Entre los mercados de los centros urbanos donde se ofrecían bienes todos los días destacaba el de Tlatelolco, el más grande de América en ese momento, ante el cual los españoles quedaron muy impresionados. También había mercados más pequeños que se organizaban con distinta frecuencia. El hecho de que el intercambio de bienes tuviera que realizarse en estos lugares estaba regulado por ley, y los guardias controlaban el mercado[24].

Los más numerosos eran aquellos agricultores que llevaban parte de su excedente de producción de alimentos o textiles al mercado. Además, estaban los artesanos, que en su mayoría realizaban su oficio como actividad secundaria. Los productores de artículos de lujo para la nobleza formaban una categoría especial. Había artesanos que no iban al mercado ellos mismos, sino que vendían sus productos a comerciantes, algunos de los cuales tenían puestos de venta fijos en los grandes mercados. No obstante, otros también viajaban por todo el territorio con puestos de comestibles. Los ricos comerciantes a larga distancia, los denominados pochtecas, constituían un grupo pequeño, privilegiado y bien organizado, provisto de su propio calpulli[25].

El intercambio de bienes permitió que surgiera una sociedad basada en la división del trabajo. La artesanía en el Imperio azteca alcanzó un alto nivel de perfección y especialización, y se caracterizaba por su amplia variedad. Al principio, se trataba principalmente de artículos de lujo para la nobleza y los sacerdotes hechos con hermosas plumas, metales y piedras preciosas, conchas y valiosas telas. Estos bienes de lujo y obras de arte, generalmente, se mantenían fuera del alcance del pueblo llano. Sin embargo, a lo largo del siglo xv, los artesanos aztecas produjeron cada vez más para amplios sectores de la población, lo cual refleja la creciente prosperidad de los habitantes, sobre todo en Tenochtitlán. La metalurgia, así como el trabajo de la piedra y la cerámica eran frecuentes. Las mujeres y niñas aztecas fabricaban textiles artesanales, algunos de los cuales eran después vendidos en el mercado para cubrir sus necesidades[26].

Dada su proximidad a los yacimientos de materias primas, Otumba, por ejemplo, se convirtió en un centro de procesamiento de obsidiana, mientras que la producción de pulque floreció, sobre todo, en las tierras altas, donde el maguey crecía en grandes cantidades. Algunas ciudades-estado o grupos étnicos eran famosos por ciertos productos y habilidades, como Xochimilco por las piedras preciosas, Texcoco por su cerámica policromada o Coyoacán por sus albañiles. En contraste, debido a la proximidad a los yacimientos, los mixtecas de Oaxaca, al sur del alto valle de México, demostraron ser expertos en el procesamiento del oro, el material más buscado por los españoles. Los productos se elaboraban directamente en el mercado o en talleres de expertos especializados que transmitían sus conocimientos durante generaciones. A menudo, un calpulli se especializaba en un producto específico, como los famosos artesanos de plumas de Amantlán, en Tlatelolco, o bien los artesanos más cualificados se establecían en su propio calpulli, como los cortadores de gemas de Xochimilco, en Tenochtitlán. Los nobles y los gobernantes también tenían sus artesanos particulares, los cuales eran muy respetados, que elaboraban artículos de lujo con materiales poco comunes y especialmente valiosos directamente en los palacios donde residían. La división del trabajo también era necesaria para la fabricación de algunos de estos productos de lujo y el procesamiento del algodón[27].

En general, los textiles formaban el elemento principal de la vida económica azteca porque, entre otras cosas, servían como medio de pago. Las lujosas prendas hechas de algodón tenían un valor más alto que las elaboradas simplemente con fibras de agave, ya que la materia prima tenía que importarse desde la región más cálida, Tierra caliente, en el alto valle. Allí, esta era procesada en las casas particulares. Se elaboraban taparrabos y capas de hombro para hombres, así como faldas y blusas largas con cinturón para mujeres. Aunque esta indumentaria básica podía verse en todos los mexicas, los estrictos códigos de vestimenta regulaban los detalles. Era posible distinguir el estado social por la longitud de la prenda o el uso de la capa al hombro. Además, había túnicas particularmente hermosas para guerreros de alto rango y, por supuesto, para el gobernante y su corte. Tejer e hilar era, como ya se mencionó, el trabajo de las mujeres y, según los valores aztecas, eran consideradas sus «armas», equivalentes a las de los guerreros[28].

La sociedad

La posición de un mexica en la sociedad venía determinada de nacimiento. El origen social, el género y los signos astrológicos condicionaban la forma de vida. Se nacía entre el pueblo llano o entre la nobleza. Esta diferencia fundamental caracterizó tanto a la sociedad azteca como a las primeras sociedades de la Europa moderna. Sin embargo, había diferencias importantes dentro de estos dos estratos sociales, que podían verse en la distribución diferente de la riqueza, la libertad, el poder y el estilo de vida. Las distinciones de clase estaban vinculadas a ideas religiosas y realidades políticas. Así, la religión servía para legitimar las desigualdades sociales, que habían sido establecidas por los dioses y se entendían como necesarias para el mantenimiento del orden del mundo, orden que el poder político debía preservar[29].

La desigualdad social en el Imperio azteca se basaba en el control de la tierra, el trabajo y el gobierno, que estaba en manos de la nobleza. El número de nobles alcanzaba decenas de miles y, probablemente, constituía alrededor del dos por ciento de la población. Legitimaban su posición privilegiada por su descendencia de los reyes de los toltecas de Tula y de la deidad creadora Quetzalcóatl. No se consideraban mortales ordinarios, por lo que aquellos que habían nacido fuera de la nobleza no podían ascender a esta clase. Durante un tiempo existió una nobleza de mérito, pero no era igual a la de nacimiento y fue abolida por Moctezuma II. La nobleza disfrutaba de privilegios que también la hacían destacar sobre el pueblo llano. Ciertos alimentos como la carne, las joyas y la ropa, especialmente la de algodón, se reservaban para esta clase. Por supuesto, su poder se manifestaba en el tamaño de los palacios[30].

Sin embargo, también había grados entre los nobles. La mayoría de los pipiltin (en singular, pilli) no tenían riqueza ni influencia particular. Ocupaban los cargos inferiores como maestros, escribas, oficiales o sacerdotes. Por otro lado, estaban los tetecuhtin (en singular, tecuhtli), que ocupaban puestos más importantes, como jueces, embajadores o gobernadores, poseían grandes propiedades y encabezaban las grandes casas a las que pertenecían los pipiltin. Cuanto más importantes fueran los cargos y más cerca estuvieran del tlatoani, mayor era la reputación. El tlatoani (en plural, tlatoque) era el gobernante de una ciudad-estado. Se situaba en la cima de la pirámide jerárquica y solo era superado por los huey tlatoque, los gobernantes de la Triple Alianza. Los nobles eran privilegiados en todos los aspectos, pero tenían que seguir un estricto código de honor y actuar siempre de manera ejemplar, de lo contrario sufrían castigos severos. La artesanía no era digna para ellos, pero eran responsables de celebrar los ritos religiosos, mantener la seguridad y la paz social y dirigir la guerra[31].

La vida privilegiada de la nobleza era posible gracias al pueblo llano, los macehualtin (en singular, macehualli), que en náhuatl no solo significa 'gente del pueblo', sino también 'súbdito'. Representaban a la abrumadora mayoría de la población. Muchos de los granjeros aztecas vivían en las ciudades y trabajaban sus campos tanto dentro como fuera de ellas. En el alto valle de México, vivían en el calpulli y entregaban los tributos en especie o las piezas de trabajo según su profesión. Además, tenían que colaborar en las tareas públicas siguiendo el método de rotación. Entre estas se incluían, por ejemplo, el cultivo de las tierras del tlatoani, las actividades del templo, la construcción de canales y albarradas, y el servicio militar. Además, había comunidades directamente subordinadas a otras casas nobles que no estaban sujetas a las tareas públicas, pero que tampoco pertenecían a ningún calpulli. Se pueden ver similitudes en comparación con los vasallos europeos, pero una diferencia crucial era que un granjero azteca podía cambiar de señor y calpulli si lo acogían[32].

La prosperidad y el grado de libertad personal dentro del pueblo llano variaban y dependían de la calidad y el tamaño de tierra urbanizado. A las personas corrientes no se les permitía poseer tierras, pero pertenecer al calpulli traía ventajas. Este último determinaba la distribución y el uso de la tierra que le había sido entregada por un noble que, la mayoría de las veces, no residía allí. La vida de los artesanos y comerciantes, que tampoco eran nobles, difería considerablemente de la de los campesinos comunes. Los pochtecas y los artesanos altamente especializados acumulaban tanta riqueza que rodeaban sus casas con altos muros para no despertar la envidia de los nobles menos ricos. El sacerdocio y la guerra, así como los cargos públicos inferiores, como los recaudadores de tributos de las ciudades provinciales, también ofrecían oportunidades limitadas de progreso a las personas comunes[33].

En la parte inferior de la escala social de Mesoamérica estaban los esclavos. A diferencia de las formas europeas de esclavitud, el estatus no era heredable, conservaban el derecho a casarse y sus hijos nacían libres. Te convertías en esclavo cuando te veías obligado recurrir a la esclavitud debido a una situación de necesidad, y recibías protección por ello. Las deudas o las malas acciones, como el robo, también podían conducir a la esclavitud. Algunas ciudades tributarias tenían que entregar cierto número de esclavos. Las esclavas y los esclavos, a menudo, eran empleados como sirvientes domésticos para una variedad de trabajos. Los propietarios podían regalarlos o entregarlos como sacrificios humanos. Además, se encontraban entre las mercancías que los pochtecas llevaban a los mercados a larga distancia[34].

Otra categoría de desigualdad social determinada por el nacimiento era el género. Desde fuera, el Imperio azteca parecía una sociedad guerrera dominada por hombres. En su organización interna, sin embargo, las relaciones de género eran más equilibradas de lo que podía parecer a primera vista. Esto se debía al principio sagrado de complementariedad, el cual desempeñaba un papel esencial en las ideas religiosas de los mexicas. En consecuencia, hombres y mujeres cumplían diferentes tareas y roles en esferas separadas que, sin embargo, eran fundamentalmente equivalentes y esenciales para el funcionamiento de la sociedad en su conjunto. Una mujer que moría dando a luz a un niño era considerada una guerrera que había perdido la vida en el campo de batalla. La contribución de las mujeres al éxito militar a través del nacimiento de guerreros, el abastecimiento de suministros a las tropas y por medio de sus oraciones se consideraba tan importante como la de los hombres, para quienes estaba reservado el campo de batalla. Al varón recién nacido se le daban armas de juguete, a la mujer una escoba y herramientas para tejer en la cuna. Mientras que los hombres ocupaban los puestos más altos del poder político, económico y militar, las mujeres tenían influencia en las áreas médica, social y administrativa. Ambos sexos podían heredar. Las mujeres tenían los mismos derechos que los hombres, poseían propiedades individuales y podían divorciarse[35].

También había una gran cantidad de grupos étnicos en el alto valle de México y en el Imperio azteca. Solo alrededor de la mitad de la población pertenecía a los pueblos de habla nahua, la otra mitad formaba parte de la familia lingüística otomí, que a su vez se dividía en numerosos subgrupos. Vivían principalmente en las montañas y en las zonas más secas del país, y se les consideraba una población campesina simple. Sus asentamientos eran considerablemente más pequeños y sus viviendas más sencillas que las de los aztecas. La sociedad otomí estaba menos estratificada. Los mexicas, que hablaban náhuatl y en su mayoría vivían en ciudades, los despreciaban, «otomí» era una mala palabra para ellos. Sin embargo, respetaban a sus vecinos por sus habilidades militares[36].

En la educación de los niños, la separación estricta de las esferas sexuales se veía reforzada por el hecho de que los padres se centraban principalmente en los niños, y las madres en las niñas. Cuanto mayor eran los niños, más tareas y responsabilidades tenían que asumir dentro de la familia. La sociedad azteca tenía un sistema educativo altamente desarrollado para los niños, que se dividía en entrenamiento de guerreros y sacerdotes. Las niñas, por otro lado, continuaban aprendiendo sus tareas en casa. Solo durante la pubertad los jóvenes se reunían en las llamadas casas de canciones, donde también aprendían a asumir ciertas obligaciones durante las ceremonias públicas. Con la excepción de los sacerdotes célibes, los mexicas concertaban matrimonios que las familias negociaban, después las mujeres pasaban a la casa del esposo.

A continuación, la joven pareja se incorporaba al calpulli y realizaba sus tareas específicas de género, que se superponían en el mercado y en el comercio. La monogamia era la norma, solo los miembros de la nobleza más alta podían permitirse relaciones polígamas y, a menudo, tenían numerosas concubinas, además de varias esposas legítimas[37].

Lo habitual era que varias generaciones vivieran y trabajasen juntas en los hogares aztecas, aunque también había núcleos familiares y hogares particulares. De media, en una misma casa común vivían entre cinco y quince personas que podían ser muy diferentes dependiendo de su grupo étnico, posición social y ubicación geográfica. El hogar contribuía a la vida cotidiana de los mexicas. Los valores éticos que mantenían unida a la sociedad azteca también se transmitían allí. Sin embargo, no todos los mexicas se adherían a ella. El comportamiento antisocial, como los delitos y la deshonestidad eran sancionados con castigos draconianos, que a menudo se llevaban a cabo en el mercado debido a su efecto disuasorio. La pena de muerte con frecuencia se aplicaba, por ejemplo, por el pecado mortal de emborracharse.

Los estándares morales de los mexicas eran estrictos y el control de sentimientos fuertes, como la ira, se consideraba importante para mantener la salud física, con la excepción del llanto y los grandes lamentos como expresión de pena y tristeza. Había reglas rígidas que se aplicaban a la sexualidad. El código de vestimenta azteca, a diferencia del de otros grupos étnicos en Mesoamérica, preveía que tanto hombres como mujeres cubrieran sus vergüenzas. La desnudez y la sexualidad no aparecen apenas en las representaciones artísticas. La conducta sexual desviada solo se permitía a grupos socialmente prohibidos aunque tolerados en la práctica, como las prostitutas o los travestis, los cuales servían a la mayoría como un mal ejemplo. Por el contrario, la infidelidad matrimonial o la promiscuidad eran castigadas severamente. También se esperaba que los nobles llevaran un estilo de vida particularmente ejemplar en términos sexuales. La moral sexual de los mexicas era similar en algunos aspectos a la de los inicios de la Europa moderna, pero en otras cuestiones era más restrictiva[38].

La vida cotidiana de los habitantes de la ciudad estaba claramente estructurada en torno al sonido penetrante de los grandes tambores del templo principal. La ciudad estaba llena de actividad por la mañana. La gente se reunía en las plazas públicas, los mercados y, sobre todo, en el edificio comunitario del calpulli. Allí no solo trabajaban y rezaban juntos, sino que también reían, tocaban música, celebraban y bailaban. Cuidaban de las viudas y los huérfanos o de las familias empobrecidas, resolvían disputas y se alejaban de los desconocidos. La mala conducta individual se encubría para no dejar que el calpulli cayera en desgracia. Había una ideología de igualdad que rechazaba cualquier clase de ambición. Cuando sonaba el tambor por la noche, se detenían todas las actividades comerciales, las personas se retiraban a dormir y, a más tardar, con el sonido de las flautas y los instrumentos de percusión que tocaban los sacerdotes novatos, había un toque de queda, que era vigilado de cerca por razones de seguridad. Solo las grandes celebraciones públicas interrumpían el silencio de la noche. No obstante, la vigilancia tenía límites; además, en la ciudad también había grupos marginados como personas sin hogar, alcohólicos o delincuentes[39].

Religión y cultura

La vida cotidiana de los mexicas, como las esferas de la política y los negocios, estaba inseparablemente vinculada a ideas y prácticas religiosas que no se limitaban a las élites espirituales, sino que afectaban a todos los ciudadanos. No había separación entre el ámbito espiritual y el secular. El gran desarrollo de la dimensión religiosa en la cultura azteca produjo templos monumentales, un sacerdocio diferenciado y una fe que tenía raíces centenarias y se extendió por toda el área mesoamericana. No era ortodoxa, sino que había símbolos y ritos que se habían diferenciado con el tiempo en distintos lugares y de diferentes maneras. Las creencias se caracterizaban por principios como la dualidad de los opuestos complementarios, la lucha infinita de los dioses o los ciclos cósmicos[40].

Los mexicas imaginaban su propio mundo natural como un espacio que descansaba al igual que un disco plano entre el inframundo sobrenatural y el cielo. Así, el disco era un cocodrilo o caimán, el monstruo de la tierra rodeado de agua. En la visión de los aztecas, el cielo se apoyaba sobre dioses transformados en árboles, de manera que la tierra permanecía en contacto con él. Estaba formado por trece capas, frente a las nueve que integraban el inframundo. El inframundo también permanecía conectado a la tierra, fundamentalmente a través de cuevas. No había distinción moral entre el mundo superior e inferior como en las ideas cristianas del cielo y el infierno. Los puntos cardinales tenían un significado simbólico. La capital, Tenochtitlán, con su templo principal, se consideraba un centro cósmico, un lugar sagrado y el eje del mundo, donde se concentraba la energía del cielo y de la tierra[41].

La concepción azteca del tiempo también seguía la idea de los ciclos cósmicos. Según los mexicas, su edad, su «sol», había surgido con un autosacrificio de los dioses que había hecho que este se pusiera en movimiento por primera vez. A esta era la habían precedido cuatro eras más, que los dioses habían destruido repetidamente a través de varios desastres naturales. Su propio sol era el sol del terremoto, que también estaba condenado si la gente no aseguraba su existencia continua mediante sacrificios de sangre[42].

Los calendarios mexicas eran comunes en toda Mesoamérica. El calendario anual con sus trescientos sesenta y cinco días para el año solar seguía un ciclo de cincuenta y dos años. La vida cotidiana se estructuraba en torno a él. Así, por ejemplo, determinaba el día de mercado dentro de la semana de cinco días y el día de las ferias comerciales más grandes dentro del mes de veinte días. El ciclo de doscientos sesenta días del año de adivinación era paralelo y adicional. Cada día y año poseía su propio nombre y significado, el cual era interpretado por los adivinos, quienes tenían una función extremadamente importante para la vida cotidiana de los mexicas. Se les consultaba a la hora de decidir el momento adecuado para sembrar o cosechar, viajar o casarse, construir una casa o aprobar una ley. Existía la idea de que el cumpleaños influía en la personalidad y el destino de las personas, así como que se podían evitar los peligros mediante ciertos comportamientos, como el autocastigo, algo que también era conocido en Europa. En última instancia, se trataba de influir y satisfacer a los dioses para salvaguardar una vida en constante riesgo[43].

Los numerosos festivales y rituales públicos también servían a este propósito, y el número y el gasto en las celebraciones bien podían superar a los de la España católica. Se organizaban procesiones, luchas de exhibición, bailes, cantos, banquetes y ceremonias de sacrificio. El calendario fijaba los días festivos, así como las actividades dependiendo de la estación. En cada uno de los dieciocho meses del año, se celebraba un festival bajo un determinado lema, como un fenómeno natural («germinación de maíz») o un ritual («limpiar el camino»). También se conmemoraba la secuencia natural de los ciclos de vegetación, el tiempo de cosecha o el comienzo de la temporada de lluvias. Además de los festivales mensuales, había otros que no tenían lugar todos los años. El más importante era el de la Ceremonia del Fuego Nuevo, tras un ciclo de cincuenta y dos años, que tuvo lugar por última vez en 1507. Después de apagar todos los fuegos en el país y otros actos rituales, el sumo sacerdote, en una montaña cerca de

Iztapalapa, prendía el fuego nuevo en una persona que era sacrificada. Desde allí pasaba a los templos y luego a los hogares. Los festivales en las proximidades del calendario adivinatorio, por otro lado, eran más sencillos y, por ejemplo, solo eran celebrados por ciertos grupos profesionales. Los rituales del festival no solo tenían lugar en el espacio público, sino que se preparaban y continuaban, por ejemplo, a través de sacrificios y cantos en los hogares particulares[44].

Ciertas deidades gobernaban durante períodos de trece días del calendario adivinatorio, durante los cuales eran especialmente adoradas. En general, había una multitud de dioses en el panteón de los mexicas que dominaban las tres dimensiones espaciales del cosmos. Según las ideas aztecas, las deidades individuales podían tomar diferentes formas y cumplir diferentes roles y funciones. Los mexicas imaginaban a sus dioses con forma antropomórfica y les atribuían características humanas como la razón, la pasión o la voluntad. Se les rendía tributo con paquetes sagrados llenos de reliquias, figuras decoradas e imágenes de divinidades. Los dioses «no eran ni infalibles, ni omnipotentes y, además, no eran modelos morales»[45]. Personas y dioses eran mutuamente dependientes. La idea de la dualidad complementaria también se aplicaba a las deidades, en las que las características femeninas y masculinas se complementaban entre sí. Las cosas o las personas podían considerarse temporalmente divinas o divinamente inspiradas[46].

Los estudios sobre la América precolombina han clasificado a las deidades aztecas según sus funciones principales: creación y protección, lluvia y fertilidad agrícola, y guerra y sacrificio. La primera categoría incluía al dios Tezcatlipoca, el espejo humeante, que se creía que tenía una gran influencia en la vida cotidiana. Dada la vulnerabilidad de la agricultura, los mexicas dedicaban la mayoría de sus festivales a sus innumerables dioses de la fertilidad. Tlaloc, en particular, destacaba como el dios de la lluvia. Al igual que con Tezcatlipoca, los efectos de Tlaloc podían ser positivos o negativos. Los dioses de la guerra, a su vez, exigían mucho a la gente, así como sacrificios para renovar el sol y la luna, el día y la noche. Las deidades del sol, Tonatiuh y Huitzilopochtli, eran de gran importancia para los aztecas. El dios Quetzalcóatl tenía su propia categoría debido a sus numerosas referencias a las tres dimensiones. Era considerado una deidad benevolente frente a las personas. El centro de su culto era la ciudad de Cholula. Ciertos dioses eran particularmente venerados por los diferentes grupos étnicos o profesionales. Además, el mundo azteca de las divinidades no era en absoluto estático. Con cada conquista, se incorporaban a él nuevos elementos[47].

Además de los dioses, había algunos poderes sobrenaturales en el imaginario de los mexicas que no tomaban forma humana. El cosmos refleja el intercambio entre el mundo natural y el de los dioses y sus poderes sobrenaturales. Estos últimos tenían la tarea de garantizar la repetición cíclica del curso del año, el día y la noche, así como el cielo y la tierra y, por lo tanto, de proporcionar a las personas los medios que necesitaban para sobrevivir. Sin embargo, a través de sus sacrificios y celebraciones, los aztecas tenían que contribuir a ese proceso y, por lo tanto, compartían la responsabilidad del funcionamiento de todo el cosmos. La gente podía esperar cierta consideración divina a cambio de sus logros. Sin embargo, no existía la idea de una recompensa o castigo en el más allá por el estilo de vida. La existencia tenía que ser vivida bien para preservar el mundo. Para la interpretación de lo que era religiosamente bueno y correcto la sociedad azteca empleaba una casta sacerdotal estructurada jerárquicamente que incluía a hombres y mujeres que se preparaban para su ministerio en escuelas especiales desde una edad temprana y que vivían de los tributos estatales. Estaban obligados a realizar una amplia gama de tareas, desde limpiar los templos hasta las oraciones y los sacrificios diarios, y asumían la organización de grandes ceremonias[48].

Los sumos sacerdotes, así como aquellos con experiencia también realizaban el ritual del sacrificio humano abriendo el pecho de los elegidos con una afilada cuchilla de obsidiana y arrancándoles el corazón. Los conquistadores españoles se sorprendieron con esta práctica, que, entre otras cosas, los reafirmó en su convicción de que estaban librando una guerra justa. Los sacrificios humanos se habían extendido en Mesoamérica durante milenios. Desde el punto de vista de los mexicas, tenían una importancia esencial para la preservación del cosmos. Estaban estrechamente ligados al mito de que el sol y la luna habían sido creados por el sacrificio de dos dioses. De acuerdo con las creencias de los aztecas, el sol se movía únicamente por esto y solo así el día y la noche podían alternarse. Por lo tanto, se encomendaba a la gente la tarea de repetir este sacrificio con sus cuerpos y su sangre sagrada para preservar el orden cósmico. Los dioses individuales también exigían sacrificios humanos por sus servicios en sus festivales. El dios del sol, Huitzilopochtli, por ejemplo, necesitaba la sangre de los sacrificados como alimento para llevar a cabo con éxito su lucha diaria contra la noche[49].

Las víctimas también podían ofrecerse con relación a juramentos grupales, individuales o con fines políticos. El sacrificio formaba parte de complejos rituales que diferían según la ocasión. Algunos dioses pedían hijos o vírgenes. Cuanto más se expandió el imperio, mayor fue el número de sacrificios humanos. La guerra de los mexicas fue diseñada para hacer prisioneros destinados al sacrificio. Según Durán, se realizaron más de ochenta mil cuatrocientos sacrificios humanos en la inauguración del Templo Mayor, cifra que parece poco probable[50]. En cualquier caso, el sacrificio en masa de prisioneros de guerra representaba una demostración política de poder en la que tuvieron que estar presentes los gobernantes de las ciudades-estado tributarias, lo quisieran o no. Comer partes del cuerpo de las víctimas, incluida la carne de los brazos y las piernas, constituía un componente esencial de los rituales sacrificiales, que eran a su vez parte imprescindible de las innumerables ceremonias públicas[51].

Un elemento central de las creencias que los aztecas reafirmaban con sus rituales era la historia, la cual había sido construida para legitimar el propio presente social. Los mexicas combinaban ideas circulares y lineales del tiempo y eventos históricos fechados de tal manera que ello les daba una legitimación cósmica. No estaban interesados en fechas históricamente precisas, aunque habrían podido datar acontecimientos fácilmente conforme a su calendario. En la historia que transmitían, su visión del mundo se manifestaba de forma narrativa. Al igual que las celebraciones, servía para explicar el origen y el funcionamiento continuo del cosmos[52]. Esta historia se transmitía de manera constante a través de canciones, discursos, himnos y oraciones. Además, los mexicas también escribieron libros cuya belleza ya inspiró al humanista Pedro Mártir. Esto sorprendió a los españoles, que no habrían sospechado tal logro cultural de los habitantes de las Indias, a los que hasta entonces habían percibido básicamente como bárbaros[53].

La importancia de estos libros para los mexicas se puede ver en el hecho de que después de la consolidación del poder azteca entre 1428 y 1440, el tlatoani Itzcóatl fundió las tradiciones pictóricas de los pueblos conquistados y las suyas propias para crear una historia que satisficiera las crecientes demandas de poder de los aztecas. Al igual que los europeos del Renacimiento con sus referencias al mundo antiguo, los aztecas también construyeron un pasado imperial, que parecía ser más importante a medida que retrocedía. El hecho de que integraran elementos de la tradición histórica de los pueblos conquistados en los suyos se correspondía con la forma general de abordar los logros de otros grupos étnicos. Al hacerlo, legitimaban sus pretensiones políticas de poder. La referencia al prestigio y la fama de

Teotihuacán y Tula sirvió para establecer la continuidad histórica con estas ciudades-estado pasadas, veneradas en Mesoamérica. Sin embargo, los mexicas no se olvidaron de su origen nómada y chichimeca[54].

Guerra y expansión del imperio

En sus libros, los escritores mexicas pudieron registrar muchas gestas militares, ya que el imperio se expandió casi constantemente desde la década de 1430. En el apogeo de su poder, el territorio llegó a la frontera actual entre México y Guatemala. El ascenso político se vio acompañado por el establecimiento del idioma local, el náhuatl, como *lingua franca*. El objetivo de las conquistas era hacer que la pretensión de poder fuera válida en toda Mesoamérica. Los mexicas siguieron los pasos de los imperios anteriores. La guerra y la expansión habían sido durante mucho tiempo una parte integral del mundo mesoamericano, y los aztecas se definieron como un pueblo particularmente beligerante durante el gobierno tepaneca. Esto les permitía acogerse a la tradición consagrada y se veían a sí mismos como sucesores legítimos de los antepasados gloriosos. Así, las conquistas constituían una tarea encomendada por los dioses. Esto era particularmente cierto debido a la necesidad religiosa de preservar el cosmos sacrificando personas y objetos que eran obtenidos como tributos de los pueblos sometidos militarmente[55].

La fuerte dinámica militar del Imperio azteca también obedecía a razones más profanas, ya que los gobernantes y los nobles dependían de los éxitos militares para asegurarse y demostrar su reputación, así como la legitimidad de su gobierno. Cuanto más se expandía el imperio, más crecía el peligro de que se produjeran levantamientos, sobre todo en las provincias alejadas de Tenochtitlán. Las constantes campañas militares también funcionaban como elemento disuasorio para evitar la rebelión. Para los mexicas, las guerras de conquista tenían asimismo importancia económica, ya que eran una forma de obtener botín y tributos. Por último, ganar guerras era una estrategia para apaciguar los ánimos y las tensiones políticas internas causadas por los nobles insatisfechos[56].

Cuando se acercaba una campaña militar, el gobernante tenía que movilizar a sus tropas, ya que no disponía de un ejército permanente. El Consejo de Guerra, el estado mayor del ejército azteca, que incluía a muchos otros altos dignatarios además de los tlatoque, era donde se planificaba el aprovisionamiento y se preparaba el despliegue de las tropas. Se estima que Tenochtitlán podía movilizar hasta veinte mil guerreros y la Triple Alianza en su conjunto hasta sesenta mil. Las ciudades aliadas y tributarias proporcionaban tropas auxiliares, sobre todo porteadores. Por lo general, el ejército estaba dirigido por el propio gobernante y, en su ausencia, por uno de los generales del Consejo de Guerra, el tlacateccatl. En las unidades de combate, los macehualtin de un calpulli servían juntos. Eran reconocidos por sus brillantes estandartes, que servían para guiar a los guerreros en medio del combate. Si este caía, la confusión en la unidad era grande, un hecho que los españoles luego aprovecharían[57].

La batalla, generalmente, comenzaba al amanecer. Si no había terminado al cabo del día, las partes se retiraban al atardecer para continuar luchando a la mañana siguiente. Sin embargo, eran bastante comunes las pequeñas incursiones nocturnas. Las señales de humo servían para comunicar grandes movimientos de tropas, y el sonido de tambores y trompetas marcaba el comienzo de los ataques frontales, mientras que los oficiales animaban a sus unidades con discursos alentadores. Las tropas se atacaban entre sí con arcos, flechas y tirachinas, que se utilizaban principalmente al comienzo de la batalla, además de con palos, espadas de madera y lanzas con cuchillas de obsidiana. Los guerreros con un estatus social más alto manejaban las espadas, ya que los arcos y las ondas, que también se usaban para cazar, se consideraban más comunes, pues, a diferencia de lo que ocurría en la lucha con espadas, no hacía falta entrenamiento previo para su uso. Para proteger sus propios cuerpos, los soldados aztecas llevaban una armadura de algodón que los españoles adoptarían más adelante. Cuanto más alto era el rango del guerrero, más fácil era reconocerlo por su magnífica vestimenta y sus valiosos adornos. Esto era evidente en las unidades de élite de guerreros águila y jaguar, que tenían el honor de ser los primeros en luchar hombre a hombre[58].

Dado que las campañas militares de los aztecas servían, sobre todo, para tomar prisioneros que luego pudieran ser sacrificados, la guerra estaba diseñada en torno a esta finalidad. Un guerrero podía alcanzar muchísima fama si capturaba muchos enemigos. Sin embargo, en las batallas también había innumerables combatientes que caían asesinados, ya que el objetivo militar de las guerras de conquista era tomar la plaza del mercado de la ciudad-estado atacada, destruir sus templos y secuestrar a sus deidades. En concreto, la guerra de entronización, con la que un candidato al trono buscaba ganar fama y prestigio y demostrar así su habilidad para gobernar, combinaba ambos aspectos. La guerra era un asunto altamente ritualizado que se preparaba y seguía a través de danzas sacras, sacrificios y prácticas de ayuno, y que se declaraba oficialmente con regalos simbólicos al enemigo. Era un acto sagrado entre pares, y servía para descubrir qué dios tribal era el más fuerte. Por tanto, los oponentes debían tener más o menos la misma fuerza, ya que no era un honor derrotar a un enemigo claramente inferior[59].

En contraste, las llamadas guerras floridas tenían una función especial. Este tipo de guerra, que los mexicas habían inventado, consistía en capturar guerreros enemigos para su sacrificio, aunque muchos de los combatientes eran asesinados. Conquistar la ciudad del oponente derrotado no era el objetivo de una guerra florida. El campo de batalla y la cantidad de soldados involucrados se negociaban por adelantado. El bando que había capturado a más rivales se declaraba ganador. Las guerras floridas también se llevaban a cabo para entrenar a las unidades militares. Algunas veces podían tornar en guerras de conquista, como en el caso de los chalcas. A principios del siglo XVI, los pueblos del alto valle de Tlaxcala, aunque socios en las guerras floridas, se vieron cada vez más presionados por sus grandes vecinos. Probablemente, solo era cuestión de tiempo que la Triple Alianza cambiara las reglas del juego antes de que la situación de las ciudades-estado de Tlaxcala, Huexotzinco y Cholula se viera alterada drásticamente con la llegada de los españoles[60].

Como norma general, los mexicas iban a la guerra para defenderse de ataques. Sin embargo, estos se hicieron cada vez menos comunes durante el transcurso del siglo XV. La batalla contra la vecina Tlatelolco en 1473 fue presentada como un acto de venganza porque su gobernante, Moquihuix, había maltratado a su esposa, una hija del tlatoani de Tenochtitlán, Axayácatl. La guerra terminó con la victoria de Axayácatl, quien mató a su adversario personalmente. Desde entonces, Tenochtitlán designaba a los dos gobernantes de la ciudad vecina. Los abusos contra los emisarios aztecas o comerciantes a larga distancia, que a menudo realizaban espionaje militar, también se consideraban motivo de guerra. Ayudar a los aliados o reprimir alguna insurrección conducía con frecuencia a la intervención militar. Además, el rechazo a maniobras de chantaje más o menos disfrazadas también se utilizaba como motivo para declarar la guerra. Esto incluía, por ejemplo, rechazar una invitación a un festival azteca, algo que era considerado como un insulto. Al final, el simple aburrimiento de los guerreros o el puro placer de la lucha podía derivar en una verdadera guerra[61].

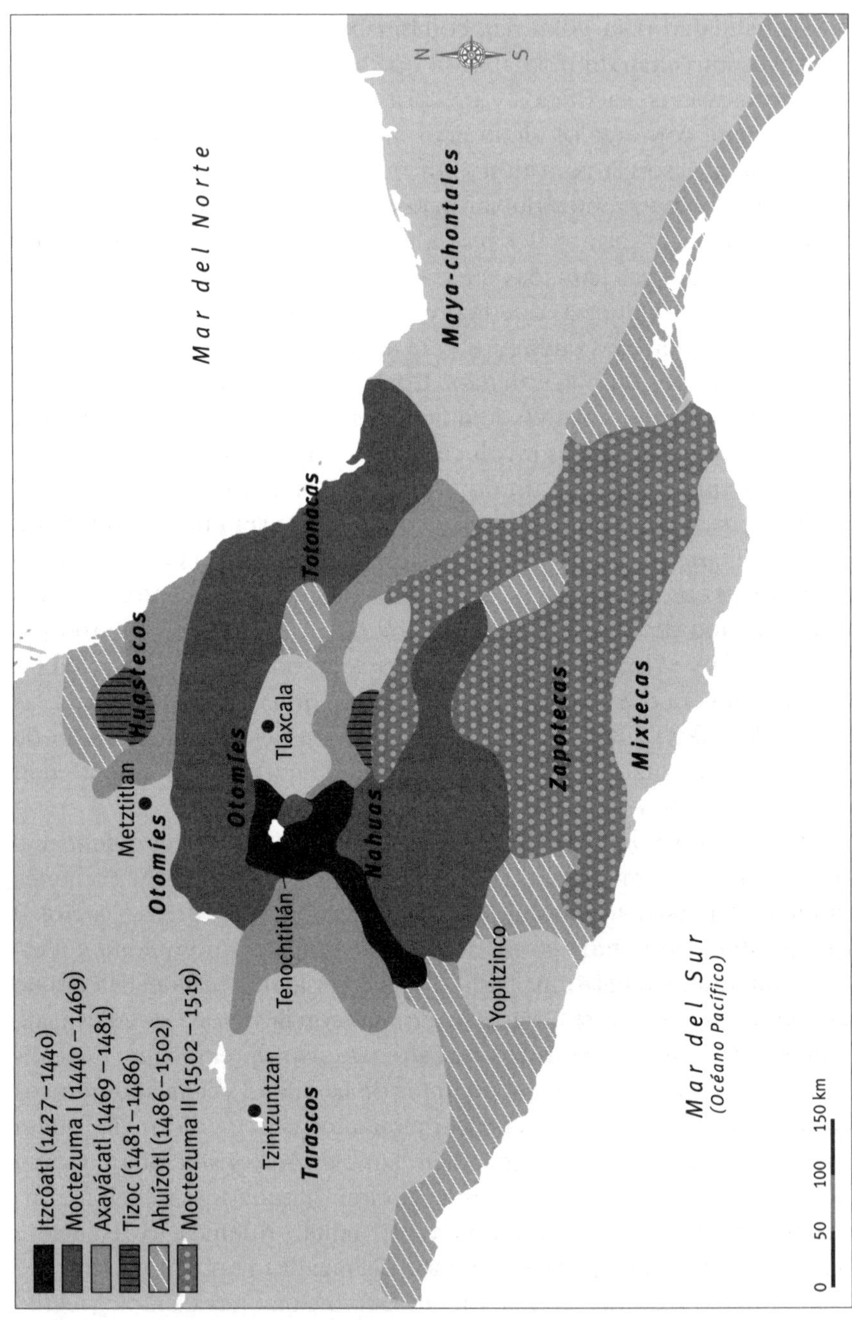

Mapa 5: Expansión del Imperio azteca (1427-1515)

En la sociedad azteca, el éxito militar de un individuo era de vital importancia para su consideración social. Además, los logros militares también podían ayudarle a ascender socialmente hasta cierto punto, aunque las posiciones más importantes en el ejército estuvieran reservadas a los nobles. La gran mayoría de los guerreros trabajaban como campesinos en tiempos de paz, y la guerra les brindaba la oportunidad de lograr sus ambiciones. Los jóvenes estaban preparados para el servicio militar según lo previsto y empezaban en el campo de batalla como porteadores y observadores. La guerra era considerada una prueba y una recompensa para aquellos que traían muchos prisioneros a casa. Cuanto más alto fuera el rango militar o el estatus nobiliario, más alto sería el nivel que los individuos debían mantener en la guerra para preservar sus privilegios. La lucha en sí era básicamente individual porque todos los guerreros competían entre sí por hacer prisioneros. Tan pronto como sonaba el tambor de guerra, todos luchaban por su propia cuenta, aunque sin renunciar al orden de batalla. Cada cual buscaba oponentes de igual o mayor rango para demostrar su valía. En ocasiones, la violencia armada se trasladaba a la vida cotidiana durante el tiempo de paz, cuando jóvenes guerreros arrogantes acosaban y maltrataban a los comerciantes o campesinos, lo que, no obstante, tenía como consecuencia castigos severos[62].

Después de la victoria en el conflicto con Azcapotzalco, la Triple Alianza libró numerosas guerras mayores y menores, la mayoría de ellas victoriosas, con la excepción de la campaña contra los tarascos, en el actual Michoacán, alrededor de 1471. El enfoque de los aztecas seguía una táctica de trampolín. Utilizaban los recursos y las tropas de las ciudades conquistadas y se dirigían a la siguiente batalla fortalecidos. De esta manera, conseguían extender poco a poco el área que estaba sometida a tributo. Los conquistadores españoles copiarían posteriormente con éxito este procedimiento. En las regiones recién sometidas, el poder se aseguraba estableciendo guarniciones, aunque no de forma permanente, y nombrando gobernadores afines, ya que las sublevaciones de los vencidos no eran algo infrecuente, dados los opresivos tributos y la obligación de abastecer a los ocupantes[63].

Los mexicas organizaban las áreas conquistadas en provincias que agrupaban varias ciudades-estado y que, a su vez, estaban subordinadas a una ciudad principal. A veces, se hacían con un centro de poder que ya existía antes de la conquista y se colocaban al frente de él. La división provincial se utilizaba para recaudar los tributos de manera más eficaz. Cada socio de la Triple Alianza tenía un área de influencia preferida.

Esta no era una forma de gobierno directa, sino hegemónica, en la que las élites locales, toleradas por los gobernantes mexicas, controlaban el destino de sus ciudades. Allá donde era necesario, los invasores imponían a gobernantes con los que se sentían cómodos. En la mayoría de los casos, no era necesaria una presencia militar permanente; por lo general, la amenaza de violencia era suficiente para lograr la obediencia. Sin embargo, el poder tenía que demostrarse una y otra vez, por lo que la guerra seguía siendo necesaria. Este sistema demostró ser eficaz siempre que no hubo competidores serios. La situación no cambió hasta la llegada de los españoles en 1519[64].

La Triple Alianza siguió siendo una entidad heterogénea cuya existencia demostraba que los mexicas de Tenochtitlán, a pesar de su superioridad, no gobernaban absolutamente todo el valle de México[65]. Era una alianza de tres ciudades-estado, cada una con sus propias esferas de influencia y localmente autónomas. A pesar de que se mantenían unidas gracias a una red compleja de relaciones matrimoniales, acuerdos diplomáticos, intercambios de regalos y celebraciones, en los territorios derrotados por los mexicas a principios del siglo XVI no existía una unidad imperial al estilo europeo, con una conciencia comunitaria. La estructura étnicamente heterogénea, que desde el punto de vista histórico todavía era joven y no dejaba de conquistar nuevas regiones, carecía de capacidad integradora. En particular, los pueblos alejados fuera del valle de México, que habían sido sometidos recientemente, tendían a buscar oportunidades y aliados para liberarse del yugo azteca. A este respecto, la expresión Imperio azteca es engañosa, principalmente porque los propios mexicas la desconocían[66].

El tlatoani Moctezuma II

La guerra era declarada por los tlatoque, quienes encabezaban el grupo gobernante y garantizaban el estatus de su altépetl con su reputación y la de su dinastía. Hay nueve tlatoque de los mexicas que pueden documentarse históricamente y que gobernaron entre 1372 y 1520 como máximos responsables del estado. Esto era así tanto en la guerra como en las relaciones diplomáticas y en el ámbito religioso, donde a menudo tenían que sacrificar víctimas humanas durante la celebración de importantes ceremonias. Lo idóneo era que se ganasen el respeto de sus súbditos a diario a través de actitudes y modales ejemplares, así como con el éxito militar y el liderazgo, aunque no todos los titulares del trono cumplieron con este ideal[67].

El Imperio azteca era una monarquía electiva. El tlatoani podía designarse —salvo algunas excepciones— entre los parientes varones cercanos del gobernante anterior. La madre del futuro titular del trono debía ser la esposa más distinguida del predecesor, ya que la continuidad de la dinastía desempeñaba un papel fundamental en las ideas de los mexicas y debía asegurarse. Solo aquel altépetl que perdió su independencia en el transcurso de una guerra tuvo que hacer frente a rupturas genealógicas. Sin embargo, no había derecho de primogenitura. La demostración de las capacidades militares tenía una importancia capital, y el candidato debía haberlas evidenciado repetidamente en campañas y como miembro del Consejo de Guerra. El tlatoani, a menudo, recomendaba un sucesor antes de su muerte, pero esto no era vinculante. Como norma, por lo tanto, varios hombres entraban en liza. Los altos nobles y sacerdotes de Tenochtitlán y los gobernantes de las otras ciudades de la Triple Alianza tenían derecho a votar[68].

Moctezuma, el segundo tlatoani con este nombre —de ahí el apellido Xocoyotzin, 'el más joven'—, cumplía los requisitos para ser candidato al trono de forma sobresaliente. Había nacido en 1467, hijo del príncipe y luego gobernante Axayácatl y de una princesa de Texcoco. Su bisabuelo, Moctezuma I, había consolidado y ampliado considerablemente el Imperio azteca durante su reinado, que se extendió de 1440 a 1469. En 1469, su nieto Axayácatl lo sucedió en el gobierno, seguido en 1481 por su hermano Tizoc y luego, en 1486, por otro hermano, Ahuízotl. Antes de ser elegido en 1502, Moctezuma II pasó por las etapas propias de la vida de un príncipe de sangre real, se graduó en el calmecac y se convirtió en el sumo sacerdote del templo de Huitzilopochtli. Bajo el gobierno de Ahuízotl, obtuvo un puesto en el Consejo de Guerra y pronto pudo mostrar sus logros, es decir, sus prisioneros hechos en el campo de batalla[69].

Así que no es sorprendente que en el momento de su elección Moctezuma se encontrara en mitad de una campaña militar contra Tolocan para sofocar una rebelión en el oeste del territorio. La investidura de un nuevo gobernante era un proceso laborioso que duraba varios días y en el que se celebraban numerosos rituales religiosos, ya que pasaba de ser un simple príncipe entre muchos a un gobernante y semidiós único, cuya persona estaba dotada de poderes especiales que requerían un tratamiento especial. Cuando era coronado, recibía una capa de color turquesa, pendientes de oreja, nariz y labios y una tiara hecha de turquesa que hacía las veces de corona. La turquesa representaba la proximidad al dios del fuego Xiuhtecuhtli y aseguraba la transferencia de las propiedades divinas al gobernante. El tlatoani también llevaba preciosas pulseras en brazos y pantorrillas, así como magníficas plumas. El trono estaba formado por una estera de cañas tejidas que se encontraba en un palacio enorme destinado a albergar a muchísima gente, y que se construía especialmente para él. Con el nuevo edificio, el tlatoani seguía la tradición de sus predecesores, quienes también habían levantado nuevos palacios cuyo esplendor eclipsaba al de las mansiones existentes. Además de las habitaciones del gobernante, había numerosas salas para la corte y los visitantes, comerciantes y artesanos, así como para celebrar reuniones. El tlatoani también disponía de jardines a modo de parque y de un zoológico con animales salvajes, así como de un ala donde vivían personas con deformidades físicas[70].

***Imagen 4: Moctezuma* en el Códice Ramírez**

El Códice Tovar *(o* Códice Ramírez*) fue escrito en México en la segunda mitad del siglo XVI; el manuscrito llevaba por título:* Relación del origen de los indios que habitan esta Nueva España según sus historias. *La obra se atribuye al jesuita Juan de Tovar y se basa en la crónica del dominico Diego Durán, quien a su vez se inspiró en una fuente indígena anterior. Las más de cincuenta imágenes a página completa se basan en el estilo de presentación precolonial.*

La etiqueta en el palacio estaba regulada hasta el más mínimo detalle. El contacto físico con el tlatoani se reducía al mínimo; no se le podía mirar a los ojos y cuando se le hablaba había que hacerlo de forma comedida. Moctezuma era inabordable y estricto con el público y los visitantes. Cambió su dieta porque tenía que cuidar su fuerza y conservar su físico. El tlatoani consumía las suntuosas comidas que le servían los jóvenes nobles en innumerables y exquisitos platos en un ritual en el que solo él comía y bebía. El resto de alimentos se distribuía entre los residentes del palacio[71].

El tlatoani ostentaba el máximo poder y decidía sobre la vida y la muerte, la guerra y la paz. No obstante, este poder le había sido otorgado en beneficio de su pueblo, por lo que debía ejercerlo concienzudamente para ganarse la obediencia de sus súbditos. El tlatoani tenía la responsabilidad general del bienestar del estado y sus deberes también incluían la supervisión de la esfera religiosa. Se ocupaba de los sacerdotes y los lugares sagrados, construía nuevos templos y ampliaba el Templo Mayor. Ocupaba la silla principal en innumerables celebraciones religiosas públicas, en las que a veces tenía que bailar disfrazado de dios. En caso de desastres naturales, dependía de él apaciguar a los dioses a través de peregrinaciones o sacrificios humanos. Era el mediador entre la tierra y el cielo, y el portavoz de los dioses. Sus deberes también incluían visitas de estado a gobernantes extranjeros y, por supuesto, el mando militar. Un gobernante exitoso tenía que exhibir su riqueza, que servía como ejemplo de la de su pueblo, en celebraciones y banquetes que podían prolongarse durante días y a través de regalos para evidenciar su poder. Esto también era esencial para garantizar el orden y la legitimidad[72].

Desde el punto de vista militar, Moctezuma siguió los pasos de su predecesor y libró numerosas guerras de conquista que extendieron el imperio hacia el sureste hasta los actuales estados de Chiapas y Soconusco, en la frontera con Guatemala. Sin embargo, las tropas aztecas no siempre lograron quebrar la resistencia de los nativos. Cada vez que desplegaron sus guarniciones lejos de la capital, el espíritu de resistencia siguió vivo bajo la superficie o, como en las ásperas regiones montañosas, la guerra no pudo concluir con éxito[73].

A partir de 1508, Moctezuma volvió a organizar guerras floridas contra Huexotzinco y Atlixco, en las que los mexicas tuvieron que lamentar grandes pérdidas. Por ejemplo, cayeron varios hermanos del tlatoani, incluido Macuilmalinaltzin, que había sido el favorito en 1502 como heredero al trono. Finalmente, Nezahualpilli, el gobernante de

Texcoco, votó a favor de Moctezuma. El hermano ignorado había sido desde entonces una amenaza para el nuevo gobernante. Según Alva Ixtlilxóchitl, Moctezuma hizo asesinar a su hermano y su séquito en el contexto de la campaña de 1508 contra Atlixco. A su vez, depuró a los seguidores de su predecesor de los cargos estatales más altos y los ocupó con oficiales leales a él. Además, excluyó del poder a los nobles que habían ascendido por méritos entre sus predecesores en favor de la nobleza hereditaria[74].

Los conflictos que causó Moctezuma a diferentes niveles a través de su arduo trabajo tuvieron efectos particularmente fatales en el seno de la Triple Alianza. Nezahualpilli estaba molesto por la muerte de su yerno, Macuilmalinaltzin, y no estaba dispuesto a aceptar sin más la pretensión de supremacía del tlatoani de Tenochtitlán. Durante una guerra florida hizo que se retiraran las tropas de Texcoco, tras lo cual Moctezuma prohibió a las ciudades tributarias de Texcoco en el valle de México continuar cumpliendo con sus obligaciones de pago. Cuando Nezahualpilli murió en 1515, Moctezuma colocó como sucesor a su sobrino Cacamatzin en contra de la voluntad de Texcoco. El joven príncipe Ixtlilxóchitl, uno de los hijos legítimos de Nezahualpilli, se rebeló abiertamente contra el nuevo tlatoani y logró capturar varias ciudades y ponerlas, por así decirlo, de su lado[75].

La imagen de Moctezuma II que nos trasladan las fuentes, todas las cuales datan de la época posterior a la caída de Tenochtitlán, sin duda está distorsionada, ya que el tlatoani fue culpado por el declive, pues no había sido capaz de apaciguar la ira de los dioses y restaurar el orden del mundo. No importa la dureza con que se juzgue el papel de Moctezuma, el mundo azteca ya llevaba desorganizado un tiempo. Las brechas se habían abierto a nivel nacional y el imperio había alcanzado una nueva dimensión en términos de política exterior, pero también se había expandido militarmente, y el odio a los mexicas seguía siendo fuerte en muchos lugares. Con la llegada de los españoles en 1519, los súbditos cada vez más insatisfechos del Imperio azteca vieron la oportunidad que estaban esperando.

V

TOTONACAPAN

L os españoles ya habían oído hablar del Imperio mexica, en el oeste, cuando abandonaron la tierra de los mayas en abril de 1519. Sin embargo, todavía no se habían hecho una idea de cómo sería y pensaban que iban a explorar una isla. Cuanto más avanzaban, más evidente era la diversidad de los grupos étnicos con los que entraban en contacto. La siguiente etapa fue otra sorpresa para ellos, con la llegada a la tierra de los totonacas. La heterogeneidad cultural de esta región, que incluso los simples soldados eran capaces de apreciar, era mucho mayor que todo lo que habían visto hasta entonces en las Indias. Sin embargo, este proceso de reconocimiento no se limitó a los europeos. Los totonacas y los emisarios del Imperio azteca vinieron a su encuentro e idearon diferentes incentivos y actividades para tratar de integrar a los extranjeros, a su manera, en su mundo.

Las delegaciones de Moctezuma

Después de que los españoles se despidieran de Potonchán el Domingo de Ramos, el jueves 21 de abril la flota llegó al puerto natural de la isla de San Juan de Ulúa, donde Grijalva había estado un año antes. Algunos indígenas se acercaron en dos grandes canoas hasta el barco del capitán para darles la bienvenida, se identificaron como emisarios de Moctezuma y quisieron saber la razón de la presencia de los extranjeros. Cortés los invitó a subir a bordo, los trató amablemente y les dijo que quería ir a tierra al día siguiente. Probaron cuidadosamente los platos que les dieron y pidieron algunas muestras para su gobernador, Tendile. Este se encontraba en Cuetlaxtlán y había recibido el encargo de Moctezuma de recaudar los tributos en la provincia de Totonacapan. Sin embargo, la comunicación fue difícil porque Aguilar, el intérprete, no entendía bien el idioma[1].

El viernes por la mañana, los españoles desembarcaron cerca de la aldea de Chalchicueyecan, habitada por los totonacas. Allí montaron un campamento y Cortés trajo consigo a todos sus hombres, artillería y caballos, mientras que los esclavos taínos de Cuba tenían que construir chozas. El sábado de Pascua, aparecieron residentes curiosos llegados de la cercana ciudad totonaca para ayudar a los mexicas a levantar el campamento de los españoles. Como resultado, se produjo un animado intercambio, ya que los totonacas mostraron gran interés por objetos extraños como cuentas de vidrio, espejos, tijeras y cuchillos, mientras que los europeos estaban agradecidos por la comida ofrecida. Cuando los totonacas trajeron incluso artículos de oro, los españoles se entusiasmaron. Cortés trató de controlar la avaricia de sus hombres y les ordenó que no cambiaran el metal por baratijas de inferior valor y, sobre todo, que no mostraran su avidez[2].

El Domingo de Pascua, Tendile vino a visitarle, desarmado, con un gran séquito vestido con túnicas preciosas y con numerosos regalos. Como era tradición según las costumbres de los mexicas, le mostró a Cortés su respeto con incienso y palitos de madera, que le entregó después de haber sido sumergidos en su propia sangre. Este fue el gran momento para Malinche, quien por primera vez pudo demostrar sus habilidades como intérprete en colaboración con Aguilar. Cortés, que quedó encantado con su intervención, se enteró de su historia y le prometió algo «más que la libertad» si hacía su trabajo de forma satisfactoria[3].

Después de una misa conjunta y un banquete, los dos comandantes se retiraron para celebrar una reunión en un pequeño grupo junto a los intérpretes y algunos confidentes. Hay diferentes versiones del contenido de esta primera conversación entre Cortés y un mexica de alto rango. Según una fuente inspirada por Cortés, el capitán general le anunció a Tendile que, a partir de ese momento, él y su familia serían vasallos del rey de España, el poderoso gobernante de «la mayor parte del mundo», y que, al igual que todos sus súbditos de su tierra, lo servirían en todo. Se dice que Tendile estaba muy complacido y prometió servir a tan alta majestad. Entonces, Cortés, para su deleite, lo vistió con ropas nobles. Al día siguiente, Tendile le obsequió con abundantes regalos, entre ellos algunas joyas de oro[4]. La versión de López de Gómara difiere bastante. Según esta última, Tendile respondió amablemente, pero con firmeza, que se alegraba de saber de la grandeza y la amabilidad del monarca extranjero, pero que su propio señor, Moctezuma, no era menos grande y amable. Tendile quería informar a su señor y esperar a ver cómo respondía ante la noticia de que había otro príncipe tan grande como él[5].

A cambio, Cortés le dio a Tendile numerosos regalos para Moctezuma. Entre ellos había piezas de joyería, un sillón elaborado a mano y un gorro rojo adornado con una medalla de San Jorge. El comandante en jefe español expresó su deseo de que Moctezuma se sentara en ese sillón y se pusiera alguna de las joyas cuando lo conociera, una solicitud ante la que Tendile se mostró muy reacio. Cortés quiso también alardear de su poder militar nuevamente. Se dispararon cañones y los jinetes llevaron a cabo una lucha de exhibición en la que los caballos se persiguieron al galope por el suelo arenoso. Todo esto impresionó a los emisarios mexicas que debían informar a su gobernante. Tendile había traído con él a dibujantes que ilustraron los acontecimientos. En particular, reprodujeron la ropa y la barba de los españoles, sus barcos, caballos, perros, armaduras y armas. Un casco parcialmente dorado de uno de los españoles era muy del gusto de Tendile porque le recordaba al casco de su dios de la guerra, Huitzilopochtli. Cortés se lo entregó con la petición de que Tendile lo trajera de vuelta lleno de polvo de oro. Según López de Gómara, Cortés apoyó su solicitud argumentando que él y sus compañeros sufrían de un «mal de corazón, enfermedad que sana con ello»[6].

Finalmente, Tendile se despidió, pero dejó un representante y una gran cantidad de sirvientes con los españoles para cuidarlos. Las noticias de la reunión de Tendile con Cortés llegaron rápidamente hasta Moctezuma gracias al buen funcionamiento del sistema de mensajería. El gobernante también envió los regalos a Tenochtitlán lo más rápido posible. Una fuente de las tierras altas de Tlaxcala informó sobre estas impresiones:

> Cuando los españoles fueron vistos [...] (los exploradores aztecas) le dijeron a Moctezuma: «¡Oh, señor! Fuimos a verlo a la orilla del mar. Causan temor el fuego que arrojan, es espantoso [...] Sus venados aparecen o van en la delantera y los grandes guerreros vienen todos cubiertos de hierro, encima de sus cabezas traen cascos [...] Cuando empiezan a arrojar fuego [...] ¡es horrible!, gritarás si lo escuchas»[7].

Las noticias que llegaron desde la costa fueron una sorpresa y causaron preocupación en el palacio del tlatoani, en Tenochtitlán. Sin embargo, Moctezuma ya había oído hablar de la expedición de Grijalva el año anterior, la cual, al parecer, se había realizado solo con fines comerciales. Solo el gobernante se vestía con las preciosas mantas que le habían traído. Además, en sus conversaciones con Cortés, Tendile afirmó que Moctezuma hacía tiempo que sabía de las actividades de la nueva flota, lo que sugiere que las noticias de Yucatán habían llegado hasta Tenochtitlán. Por tanto, los mexicas no estaban del todo desprevenidos[8]. La reacción inmediata de Moctezuma fue enviar otra delegación con regalos. El tlatoani designó como portador al noble Teoctlamacazqui[9].

A finales de abril, aproximadamente una semana después de la visita de Tendile, la delegación de los mexicas se acercó al líder de los europeos, que estaba a bordo de su buque insignia y sentado con su ropa de gala en una suerte de trono, como en una ceremonia de bienvenida muy distinguida. Le entregaron los preciosos regalos que eran todavía más importantes esta vez: un disco de oro del tamaño de una rueda de carreta que representaba al sol, un disco de plata aún más grande como símbolo de la luna y el casco que, en realidad, estaba lleno de pepitas de oro. También le pusieron túnicas preciosas que tenían un significado simbólico. Entonces le colocaron una cabeza de jaguar, le pusieron una valiosa capa de plumas y lo adornaron con joyas de oro y plata. Según el *Códice Mexicano*, realizado alrededor de 1590, Cortés recibió una capa, dos tocados de plumas, dos abrigos de plumas, cinco discos con mosaicos turquesa, una túnica y dos escudos. Finalmente, le entregaron platos elaboradamente preparados. Cuando también quisieron ofrecerle sangre, Cortés se negó. En la versión del cronista indígena de los *Anales de Tlatelolco* se dice lo siguiente:

Año 1 Caña. Fue cuando los españoles surgieron en Tecpan Tlayácac. Enseguida, entonces, vino el capitán. Cuando vino a surgir en Tecpantlayácac, enseguida, entonces, el Cuetlaxteca fue a su encuentro. Por esta razón, allá le ofrecieron soles de oro, uno amarillo, otro blanco, y un espejo dorsal, y un cuenco de oro, una toca de oro en forma de cántaro y una armadura ritual de plumas de quetzal, escudos de concha. Ante el capitán se ofreció un sacrificio. Entonces, montó en cólera. Cuando se ofreció al capitán la sangre en una Calabaza-del-Aguila, entonces, por eso, mató a quien le ofrecía la sangre, lo golpeó con la espada. Entonces, por esa razón, se dispersaron todos los que habían ido así a su encuentro. Habían ido a ofrecer eso al capitán por órdenes de Motecuhzoma, sólo para que él, el capitán, se regresara. Ese fue su encargo, lo que hizo, el Cuetlaxteca[10].

Imagen 5: El tlillancalqui, Cortés y Malinche (Códice Durán)

El Códice Durán *del dominico Diego Durán fue escrito en la segunda mitad del siglo XVI. La escena muestra a Cortés, conocido como «Marqués», junto con el tlillancalqui, el Señor del Templo de la Oscuridad, y la intérprete Marina/Malinche, vestida con ropa española. La escena de la izquierda muestra los barcos, las «casas móviles» de los españoles, que impresionaron particularmente a los mexicas. De: Fray Diego Durán,* Crónica de las Indias de Nueva España e islas de Tierra Firme, *2 vol., México, 1867-1880 [1581].*

No se puede aclarar definitivamente si esta versión es la verdadera o lo es la de muchos testigos presenciales españoles que dijeron que Cortés devolvió los obsequios y las cortesías. Está claro que expresó su firme voluntad de visitar a Moctezuma en su palacio. Los emisarios mexicas se negaron. El camino era demasiado peligroso y los enemigos de los mexicas podían emboscar a los españoles para matar a los amigos de su gobernante. Cortés no se dejó intimidar por estas advertencias. Al contrario, una vez más ordenó a su artillería disparar y mostrar las afiladas armas de hierro para asustar a los emisarios, a los que previamente había encadenado[11].

La complicada comunicación a través de largas distancias mediante el intercambio de regalos no terminó allí. Cuando Tendile apareció nuevamente en el campamento de los españoles al cabo de unos diez días, los regalos que trajo fueron menos espléndidos, pero sus demandas ahora eran más evidentes. Moctezuma dijo que los extranjeros debían tomar sus barcos y partir, porque visitar Tenochtitlán era imposible. El soberano quería ver si los españoles finalmente se doblegaban ante su voluntad. Cuando Cortés continuó insistiendo en su solicitud, evidenciando así su pretensión de dominio, Tendile interrumpió la conversación. Al mismo tiempo, también se fueron los sirvientes que hasta entonces habían hecho la vida más fácil para los españoles. Cortés, ahora, incluso esperaba un ataque, y ordenó a sus tropas armarse; sin embargo, no pasó nada. Cuando las provisiones de los españoles se agotaron al cabo de unos días, quedó claro que tendrían que ponerse en marcha de nuevo[12].

¿El regreso de Quetzalcóatl?

Pero ¿cómo reaccionó el gobernante mexica ante las noticias? Según el *Códice Florentino*, antes de la llegada de los españoles se habían producido algunas señales en el imperio de Moctezuma que habían causado preocupación. Por ejemplo, diez años atrás, se decía que el amanecer había pintado imágenes amenazantes en el cielo en el este, lo que parecía anunciar una nueva era. Entonces, el templo del dios Huitzilopochtli se incendió y las llamas no pudieron extinguirse con agua. La tercera señal fue un rayo que golpeó el templo del dios del fuego Xiuhtecuhtli sin que hubiera truenos. Además, apareció un cometa en el cielo, lo que provocó una lluvia de chispas. Luego se desencadenó un tsunami en la laguna mexicana, a pesar de que no hubo tormenta. Se dice que el sexto presagio fue una mujer que por las noches lloraba por la caída de la ciudad. Además, los pescadores atraparon un extraño pájaro con un espejo entre las plumas de la cabeza, en el que podía verse a Moctezuma en un campo de batalla y guerreros cabalgando sobre ciervos. El octavo presagio eran dos criaturas deformadas que desaparecían cuando el gobernante quería encerrarlas en prisión. Según Muñoz Camargo, quien citó los mismos augurios, los mexicas entendieron todo esto como una señal del fin del mundo y la llegada de nuevos pueblos a la tierra[13].

Según los informes, Moctezuma llevaba preparándose para el regreso del dios Quetzalcóatl desde la noticia de la llegada de Grijalva[14]. Díaz del Castillo informó de que el gobernante, cuando vio el casco dorado enviado por Tendile, estaba convencido de que era igual que el de Huitzilopochtli y que los españoles se encontraban entre los que, según las profecías de los antepasados de los mexicas, algún día llegarían a gobernar su país[15]. Se dice que Moctezuma estaba muy molesto e incluso sin palabras al principio, escribió el dominico Diego Durán, quien se basó en un códice mexicano desconocido del período inmediatamente posterior a la conquista. Moctezuma tenía valiosos regalos hechos por sus artesanos y obligó a todos al más estricto secreto[16].

Se dice asimismo que los regalos que Moctezuma le dio a Teoctlamacazqui tenían un alto valor simbólico y, por así decirlo, representaban la ropa y los platos de varios dioses. Por lo tanto, la elección del mensajero se consideró cuidadosamente, porque ocupaba el cargo de tlillancalqui, el maestro del tlillancalco (Templo de la Oscuridad), que estaba especialmente dedicado al culto de los dioses Cihuacóatl y Quetzalcóatl. También se dice que Moctezuma le dijo que saludara a los españoles como dioses que habían regresado a una tierra que era de su propiedad. Además, Teoctlamacazqui debía prestar mucha atención a si el líder de los extranjeros tomaba la comida y bebida que le ofrecían porque, entonces, seguro que se trataba de Quetzalcóatl[17]. El testigo presencial Juan Álvarez, que en 1521 testificó en el marco de una exhaustiva investigación llevada a cabo por Velázquez y había asistido a la entrega de regalos, confirmó que los mexicas llamaron a los oficiales españoles «teule», o «téotl» en náhuatl, es decir, 'dioses'. Los mexicas también incluían a Malinche entre ellos[18].

Mientras sus enviados estaban ausentes, según afirman el *Códice Florentino* y Alvarado Tezozómoc, Moctezuma se mostró inquieto e impaciente. Cuando regresó el tlillancalqui, recibió una bienvenida especial. Entonces, el gobernante sacrificó prisioneros y roció a los enviados con su sangre. Después de escuchar el informe sobre las terroríficas armas, los caballos y los perros, la extraña apariencia de los españoles y sus esclavos negros, se dice que Moctezuma estaba aterrorizado. Según Sahagún, envió a sus magos disfrazados de artesanos a los españoles, pero tampoco pudieron hacer nada contra los supuestos dioses. Según otras fuentes, como la crónica de Chimalpahin, las malas noticias llegaron hasta la población, por lo que al parecer se extendió un gran temor y pesar. En particular, se dice que las barbas, la piel clara y el cabello largo de los españoles y los jinetes a caballo convencieron a los súbditos de que se trataba de magos[19]. Se dice que Moctezuma intentó una especie de *fuga mundi* en la cueva de Cincalco, cerca de Chapultepec. Dada la importancia que los aztecas atribuían a la obra de sus dioses en la vida cotidiana y el extraordinario desafío planteado por la llegada de extranjeros, esto no es algo sorprendente en el contexto en ese momento. Finalmente, Moctezuma regresó a sus funciones de gobierno, pero permaneció en contacto constante con sus adivinos y magos[20].

Que los españoles fueron percibidos como dioses por los mexicas es algo que se puede encontrar en la mayoría de las crónicas coloniales, tanto en español como en autores indígenas y mestizos. Según este relato, esto les otorgó una ventaja psicológica decisiva y, finalmente, condujo a la desaparición de Tenochtitlán. Los cronistas, en su mayoría eclesiásticos de origen europeo, tomaron la historia al pie de la letra porque de esta manera podían ver en ella una dimensión redentora en el acto de la conquista. Por consiguiente, la obra del diablo de la religión azteca se vino abajo casi por sí misma, algo que solo puede atribuirse a la providencia del dios cristiano. La idea de los «dioses blancos», cuyo regreso sumió a los indígenas en la desesperación, también se puede encontrar en las tradiciones locales que, no obstante, han pasado en su mayoría por las manos de traductores o escritores coloniales. Para los testigos contemporáneos de la población autóctona que dictaron sus recuerdos de lo sucedido a los misioneros cristianos, como es el caso de Sahagún o Motolinía, la narración sirvió para explicar en retrospectiva el fracaso aparentemente inexplicable del poderoso Imperio mexica, pues estaba predestinado a ello. Los acontecimientos explican la falta de voluntad para resistir e, incluso, el fatalismo de los mexicas. Esto también podía encajar perfectamente con las doctrinas de los nuevos cristianos indígenas, aunque el trasfondo de esta interpretación todavía se deriva de las ideas religiosas prehispánicas. Además, la negligencia del tlatoani Moctezuma identificó a un culpable que podía ser visto como un chivo expiatorio de la derrota y las catástrofes posteriores porque había interrumpido el orden del cosmos mediante su mala conducta[21].

Las investigaciones históricas y etnohistóricas han cuestionado durante mucho tiempo la autenticidad de esta interpretación. Los estudios tradicionales suponen que la confusión azteca de los españoles con dioses fue la razón principal del rápido colapso de su imperio[22]. La literatura etnohistórica de finales del siglo xx, por otro lado, a menudo rechaza las profecías y el regreso de los dioses como mitos que surgieron del impulso colonialista y sostiene que fueron inventados en gran medida por los cronistas cristianos o interpretados *ex post* en las narraciones propias e indígenas para legitimar la conquista y el dominio resultante de los españoles, así como la cristianización[23]. Los franciscanos, en particular, tendrían mucho que ver en esto, ya que esta historia encaja perfectamente en el pensamiento milenarista de los religiosos en ese momento. Para un historiador como Motolinía, las profecías eran muy atractivas porque podían explicarse como presagios del cristianismo. Según esta tesis, la historia del retorno de los dioses, a su vez, podría interpretarse en el sentido de que mucho tiempo antes había habido un santo cristiano en Mesoamérica que

Imagen 6: Regalos para el «téotl» (según Sahagún)
El Códice Florentino *proporciona una representación gráfica de la entrega de regalos en el barco del capitán. Se pueden ver las preciosas prendas de vestir y las joyas que los mexicas le presentan a Cortés, sentado en un sillón, con Malinche a su izquierda.*

posteriormente regresó y luchó contra el demonio Huitzilopochtli. La obra de Sahagún, en particular, que por primera vez reunió todos los elementos de la narración, no fue más que una forma de mitificación de la conquista. Mediante la ornamentación del pasado se dio forma a la conquista a través de una descripción de acuerdo con el calendario nahua. Para los pueblos indígenas que «escribieron» esto, no significó ni una tarea identitaria ni una revisión nostálgica, sino más bien una forma de mirar hacia el futuro[24].

Si bien hay importantes hallazgos que están contenidos en estas interpretaciones, la idea de los mexicas supersticiosos, sus tradiciones y su cuadro histórico cíclico está superada. La cuestión de si realmente pensaban que los españoles eran dioses encarnados no puede responderse con absoluta certeza. Las fuentes indígenas demuestran que las experiencias con los extranjeros destruyeron rápidamente esta creencia, si es que alguna vez hubo una. Además, la historia antigua de los mexicas ya había conocido en repetidas ocasiones la aparición de conquistadores que trajeron consigo a sus nuevos dioses. La llegada de los españoles, por lo tanto, no era nada radicalmente nuevo[25].

Sin embargo, las profecías e historias, a menudo pasadas, sobre el regreso de los dioses no pueden descartarse sin más como invenciones históricas de los europeos coloniales, sobre todo porque también aparecen una y otra vez en representaciones pictóricas de artistas indígenas. El argumento de los críticos de que la narración surgió mucho después de la conquista, por ejemplo, ignora el significado de las declaraciones de Álvarez, que ya se mencionaron en 1521[26]. Esta y otras pruebas sugieren que los mexicas y otros mesoamericanos con los que se encontraron los españoles tenían problemas para catalogar a los europeos. No estaban seguros de si eran dioses, razón por la cual repitieron los rituales de fumar varias veces y les ofrecieron diferentes platos de dioses. Por lo tanto, el regreso del gobernante y del dios Quetzalcóatl debe verse como la auténtica tradición de Mesoamérica[27].

No obstante, hay que tener en cuenta que la visión del mundo de los mexicas difería significativamente de la mentalidad de los europeos. Así, para los aztecas no había separación entre la esfera terrenal y la divina. Sin tener por qué tratarse necesariamente de dioses encarnados, los españoles sí podían aparecer en ciertos momentos y en ciertos lugares como la encarnación de dioses, en náhuatl, teixiptlahuan. A este respecto, la interpretación correcta de los acontecimientos es un problema de traducción que implica no solo la traslación literal correcta del término «téotl» al español, sino también una comprensión del significado del concepto que hay detrás de él[28]. Los presentes que Moctezuma había llevado a los españoles no eran un obsequio de bienvenida habitual, sino cosas con las que el tlatoani cumplía sus deberes religiosos como sumo sacerdote de su pueblo hacia el «téotl». En el momento de este primer contacto, a los ojos de los mexicas, Cortés era, o podría haber sido, la encarnación de un dios, sobre todo en el momento en que se puso las prendas simbólicas[29].

Cempoala, capital de los totonacas

Ya durante el primer contacto con los mexicas en Tabasco había quedado demostrado que otros grupos étnicos vivían en la región. Después de que los súbditos de Moctezuma se marcharan, los españoles recibieron la visita de una delegación de Chicomácatl, el gobernante de Cempoala, a quien luego llamarían el «cacique gordo». Como descubrieron los testigos españoles, estos hombres eran más altos que los mexicas y llevaban lo que consideraban joyas faciales particularmente desfigurantes, un *piercing* que estiraba el labio inferior hasta la barbilla[30].

Cempoala, ubicada en las cadenas montañosas de la Sierra Madre Oriental y las zonas costeras del estado de Veracruz, en lo que hoy es el este de México, era entonces una de las capitales de la provincia totonaca, del Imperio mexica, con alrededor de treinta mil habitantes. Sin embargo, Totonacapan, como los aztecas llamaban a esta región, no había formado parte del gran imperio. No fue hasta que el padre de Moctezuma, Axayácatl, sometió la región a mediados del siglo xv cuando tuvo que rendir tributo a Tenochtitlán. Como había estado tradicionalmente expuesta a fuertes influencias externas, se pueden observar elementos toltecas y chichimecas. La sociedad estaba claramente estructurada desde un punto de vista jerárquico y se definía por su carácter pluralista. Las numerosas influencias culturales distintas pueden verse en la iconografía. Por tanto, había una gran movilidad de personas, ideas y técnicas en esta región. Totonacapan era, por así decirlo, el laboratorio para la creciente integración de Mesoamérica en el posclásico tardío[31].

Desde el punto de vista de los mexicas, los totonacas eran unos bárbaros, sin embargo, de hecho, no eran para nada inferiores a sus señores. Además de las aztecas, también merece la pena mencionar las influencias de la cultura maya. Los españoles ya se percataron de la calidad del tejido de las mujeres totonacas. En la fase posclásica tardía, desde alrededor de 1200, se había dado un desarrollo similar al de otras partes de Mesoamérica. El ritual del juego de pelota era tan común como los sacrificios humanos, así como el calendario mesoamericano con sus significados astrológicos para el individuo, la comunidad y el cosmos. Desde entonces, también se habían establecido nuevos estilos arquitectónicos e innovaciones técnicas como el tratamiento de la obsidiana. Los totonacas manejaban el riego y construyeron canales. Entre otras cosas, cultivaban algodón. Se aprovechaban de la gran diversidad de ecosistemas, el suelo fértil de su región y el abundante suministro de agua. También había un dinámico comercio entre Cempoala y sus vecinos[32].

La ciudad de Cempoala tenía un centro administrativo en el que vivían tanto autoridades seculares como espirituales, y sobre el cual se situaban el gobernante y el sumo sacerdote. Una serie de edificios monumentales daban forma a esta idea. Las pirámides y las plataformas del templo con sus imágenes simbólicas ejemplificaban el poder de los dioses y sus representantes seculares. La casta sacerdotal, altamente estructurada, que atrajo la atención de los españoles por su cabello largo y manchado de sangre y sus ropas oscuras, gozaba de una reputación especial. Los dignatarios, que eran los responsables de recolectar y contabilizar correctamente los tributos, vivían en los distritos asignados a ellos en edificios destacados, aunque no comparables con los del centro. Se habían erigido numerosos muros y patios, quizás como protección frente a las tormentas tropicales y las inundaciones, pero quizás también para delimitar ciertas áreas sagradas. Cuando los españoles llegaron, la ciudad ya estaba bajo la fuerte influencia de los mexicas. El náhuatl era la *lingua franca* en Totonacapan, incluso el nombre de Cempoala proviene de este idioma. La influencia también era evidente en la arquitectura, ya que los aztecas la usaron deliberadamente para subrayar sus pretensiones de gobernar en las regiones sometidas[33].

Sin embargo, la gran mayoría de las personas de esta ciudad, que también era grande para los estándares europeos de ese momento, vivía en cabañas sencillas que se construían principalmente sobre plataformas elevadas para protegerse de las inundaciones estacionales y que contaban con una amplia estancia para toda la familia. Como señalaron las fuentes coloniales, los españoles se fijaron en los numerosos jardines con sus estanques. El suministro a través de canalizaciones de agua, que también servía para drenar en caso de inundaciones, era muy efectivo. Entre otras cosas, esto proporcionaba suficiente agua a los artesanos, cuyo trabajo era esencial para cumplir con las exigencias tributarias de los mexicas[34].

La fundación de Villa Rica de la Vera Cruz

Los enviados de Chicomácatl manifestaron que su gobernante quería ponerse en contacto con Cortés. Este último les enseñó las armas y los caballos para demostrar su fuerza. Cempoala no estaba de ningún modo contenta con su papel de vasalla de Tenochtitlán, algo que solo les traía preocupaciones. Además de los considerables beneficios en especie, los totonacas tenían que entregar a sus hijos e hijas a los aztecas para su sacrificio. Las quejas o incluso los levantamientos por parte de los súbditos eran reprimidos severamente por los mexicas.

Esto supuso una buena noticia para Cortés, que se dio cuenta de que los poderosos mexicas tenían oponentes que no se atrevían a mostrar su hostilidad por temor a las represalias. Los totonacas podían ser unos aliados potenciales[35].

Sin embargo, los españoles también intentaron mejorar su posición por sí mismos. Cortés envió dos de sus barcos bajo el mando de Montejo y Rodrigo Álvarez y con Alaminos como timonel para explorar la costa más al norte. Al igual que la expedición de Grijalva antes que ellos, navegaron hacia Pánuco, donde casi naufragaron. Incluso antes de que regresaran los barcos, el comandante en jefe envió un equipo de reconocimiento bajo el mando de Pedro de Alvarado hacia el interior, allí los hombres se encontraron con una aldea supuestamente abandonada y robaron comida. Además, hallaron rastros evidentes de sacrificios humanos[36].

No todos los miembros de la expedición española estaban satisfechos con estas actividades. Desde el principio hubo tensión entre los fieles a Velázquez y los seguidores de Cortés. Esta se intensificó debido a la escasez de alimentos, y algunos hombres exigieron retornar a Cuba. Como señaló Díaz del Castillo, los descontentos eran principalmente los ricos, que querían regresar a sus propiedades y quienes, ante la presencia de los grupos indígenas amenazadores y su culto al sacrificio, probablemente consideraban que el riesgo era demasiado alto. Los confidentes de Velázquez, incluidos su pariente Velázquez de León, Diego de Ordás, Montejo, Juan Escudero y el sacerdote Juan Díaz, se hicieron portavoces de este malestar. Creían que las instrucciones escritas del gobernador no preveían una larga estancia y que la expedición ya había obtenido suficientes tesoros e información como para regresar a Cuba. También se quejaron del trueque descontrolado, que había provocado que los soldados acabaran con grandes cantidades de oro en sus manos, que pasaban de ahí a los marineros que les suministraban el pescado fresco, sin haber deducido antes el quinto real. Le pidieron a Cortés que nombrara un tesorero del ejército, a pesar de que Alonso de Ávila ya era el tesorero real. Cortés respondió a las exigencias y se aseguró de que uno de sus seguidores, Gonzalo de Mejía, obtuviera el puesto[37].

Sus propios partidarios, incluidos los hermanos Alvarado, Portocarrero, Escalante, Olid, Lugo, Ávila y Sandoval, se opusieron al regreso junto a los muchos que, como Bernal Díaz del Castillo, no tenían nada que perder. Después de que los españoles se hubieran convencido de la riqueza del país, no solo por los regalos de los mexicas, la avaricia se apoderó de ellos aún más que antes. La tropa le pidió a Cortés que estableciera un asentamiento confiando en que se habrían unido a la expedición en primer lugar. Como los mexicas no iban a permitir que los españoles volvieran a tierra pacíficamente, este asentamiento, por lo menos, podía servir a los intereses del rey. Grijalva se había enfrentado a las mismas exigencias de su tripulación, pero las ignoró. Le recordaron a Cortés que el gobernador había reprendido severamente a Grijalva por esta omisión unos meses antes. Los que quisieran hacerlo debían volver a Cuba[38].

No se puede decir con certeza si fue un engaño o si Cortés realmente había considerado regresar a Cuba antes de que los hombres le pidieran que se quedara. El hecho de que Montejo, uno de los partidarios más importantes de Velázquez, todavía se encontrara en un viaje de exploración apunta a lo primero. Según la carta del cabildo al rey en julio de 1519, toda la hueste se reunió a mediados de mayo y unánimemente le pidió al caudillo que estableciera un asentamiento[39]. Un día después, Cortés tomó su decisión. Accedió a la demanda y dijo que, para garantizar un gobierno en funcionamiento, es decir, un cabildo, era necesario que los alcaldes, los regidores y los oficiales fueran nombrados. Todos los miembros de la hueste serían vecinos, es decir, ciudadanos de la nueva ciudad que, de acuerdo con la riqueza del país y puesto que habían desembarcado el Viernes Santo, se llamaría Villa Rica de la Vera Cruz. Según los testimonios de los partidarios de Cortés, se eligió a los oficiales, que en su mayoría procedían de su región de origen, Extremadura: Portocarrero como uno de los dos alcaldes (alcalde mayor), Alvarado como miembro del consejo y Sandoval como alguacil. Es obvio que este proceso electoral fue una farsa, o «maliciosa y absurda», como dijo Las Casas[40].

La ciudad fue prácticamente inventada por acto notarial sin que previamente existiera, dado que la ubicación de San Juan de Ulúa en una playa arenosa, infestada de mosquitos y propensa a la malaria, no era adecuada para establecer un asentamiento. Sin embargo, el acto de fundar la ciudad en sí no fue una invención de Cortés. Él mismo había presenciado acciones similares varias veces durante la conquista de Cuba bajo el mando de Velázquez y estaba familiarizado con las formalidades que debían observarse, gracias a su formación jurídica. La base de la legitimación era que no se había tratado únicamente de la decisión del comandante en jefe, sino de la tropa en su conjunto. Como el tribunal estaba muy lejos y no había un representante legal en el lugar, el poder gubernamental recayó en la comunidad de gobernados.

Por eso el acto de la asamblea y su decisión unánime, que Cortés y sus simpatizantes enfatizaron en sus informes, fueron tan importantes[41].

Las ventajas para el caudillo eran obvias: el cabildo tenía el derecho de contactar con el rey directamente por escrito y nombrar provisionalmente un juez principal y un comandante militar. De esta manera, Cortés pudo liberarse de su condición de comisionado de Velázquez y someterse directamente a las órdenes de su majestad. Esto significaba que tenía un derecho superior, por así decirlo, y las instrucciones habían perdido su validez. De hecho, uno de los primeros actos del nuevo cabildo fue declarar las instrucciones de Velázquez satisfechas porque Cortés había cumplido ya con todas las estipulaciones. Este último renunció a su cargo *pro forma*, por lo que sus hombres lo eligieron inmediatamente como comandante en jefe militar (capitán general) y juez superior (justicia mayor). De esta forma logró asegurarse el apoyo de sus hombres. Cualquiera que quisiera protestar contra él ahora prácticamente estaba cometiendo traición contra el rey de acuerdo con esta lógica. La expedición, originalmente diseñada solo para el comercio, se había convertido en una empresa política[42].

Sin embargo, la «maniobra» de Cortés, como señaló el propio Sepúlveda, que simpatizaba con él, no se llevaría a cabo sin resistencia[43]. Algunos de los partidarios de Velázquez estaban molestos porque en las instrucciones no se decía nada de establecer un asentamiento. Probablemente, acusaron al comandante de traición argumentando que Velázquez era el gobernador designado por el rey. No obstante, Cortés logró silenciar estas voces con buenas palabras, amenazas y sobornos. El mejor ejemplo fue Montejo, quien al regresar de su exploración se enteró de que había sido nombrado alcalde mayor, como Portocarrero. Cortés hizo encadenar a los adversarios más duros, entre ellos Velázquez de León y Diego de Ordás, por un breve tiempo, solo para ganárselos más tarde con generosos regalos de oro. Finalmente, argumentó de manera convincente que la participación de todos en el botín había aumentado de manera significativa porque ya no había que tener en cuenta a Velázquez. Al mismo tiempo, hizo que el cabildo le asegurara la quinta parte de todas las ganancias, la misma proporción que se le debía al rey, en una medida que de ninguna manera era habitual[44].

La arbitrariedad con la que Cortés actuó en este contexto no fue en modo alguno una excepción. Los oficiales españoles tenían que tomar decisiones que el monarca aún no había confirmado. Cortés ya había aprendido esto mientras trabajaba como alcalde de Santiago de Cuba. Dada la distancia con España, la aprobación de la corte habría tomado demasiado tiempo. El viaje por mar desde México a la península duraba alrededor de cuatro meses y medio con buenos vientos, partiendo entre mayo y junio. Una solicitud al rey junto con la respuesta requería al menos de un año en el mejor de los casos. Ello daba como resultado una relativa autonomía para los oficiales locales. Tanto Cortés como Velázquez estaban al tanto de esto; por eso este último había dudado tanto a la hora de elegir al capitán de su flota, dado que sabía por propia experiencia que existía un gran riesgo de que su subordinado se independizara[45].

Tras solucionar los conflictos, el recién nombrado capitán general ordenó trasladar su ubicación unos setenta kilómetros por tierra a un lugar que Alaminos había identificado como propicio. Estaba cerca del asentamiento de Quiahuiztlán, habitado por los totonacas, en una colina próxima al mar. Se cargaron provisiones y armas pesadas en los barcos, mientras que Cortés partió a pie con cuatrocientos hombres. En su marcha, los totonacas abastecieron de alimentos a los hombres y les prepararon una noche de acogida en un pueblo. Al cabo de unos cincuenta kilómetros, el grupo llegó a Cempoala, donde Chicomácatl recibió a los españoles de manera amistosa y les proporcionó comida y alojamiento. Según fuentes españolas, los totonacas se mostraron sumisos y le dieron la bienvenida a Cortés como su nuevo señor. Se dice que el pueblo recibió a los españoles con flores y el sonido de trompetas. Cambiaron el nombre de la ciudad de los totonacas, la más grande que habían visto en las Indias y de la que quedaron muy impresionados, por el de Nueva Sevilla, porque las casas les recordaban a los palacios de la capital andaluza. Las viviendas recién encaladas brillaban con tanta fuerza al sol que la vanguardia a caballo al principio pensó que estaban recubiertas de plata[46].

Para Cortés, esta situación resultó ser un golpe de suerte. Las tensiones con los mexicas no sugerían nada bueno y solicitar suministros de Cuba era imposible debido a los problemas con Velázquez. Para escapar del aislamiento, no tenía otra alternativa que buscar alianzas con otros grupos indígenas. El capitán general entró con confianza en negociaciones con Chicomácatl. Trató de acercar la religión cristiana a la totonaca, pero aún no veía el momento para intervenir contra los sacrificios humanos que a menudo se realizaban en Cempoala[47].

Cortés estaba en guardia y tenía las viviendas que les habían ofrecido vigiladas día y noche. De hecho, la amable bienvenida no estuvo exenta de motivos ocultos. Sin embargo, no había necesidad de preocuparse, ya que Chicomácatl esperaba formar una alianza con los poderosos extranjeros. En sus conversaciones, se quejó de la opresión y la crueldad de los mexicas y también le dio a Cortés información importante sobre la estructura del imperio de Moctezuma, la Triple Alianza y las ciudades de Tlaxcala y Cholula. El capitán general se mostró dispuesto a ir contra los mexicas porque la tarea de su rey era lograr la paz y la justicia. Por esto se dice que los totonacas se sometieron al rey español. Chicomácatl, al parecer, estaba dispuesto a cualquier cosa e incluso proporcionó sirvientes y porteadores a los españoles. También le dio a Cortés veinte mujeres jóvenes de la nobleza totonaca, la cuales iban a su vez acompañadas por sus sirvientes[48].

A principios de junio, tras una estancia de alrededor de dos semanas en Cempoala, Cortés y sus hombres se trasladaron a la pequeña aldea totonaca de Quiahuiztlán, cerca del lugar que los exploradores habían recomendado para el asentamiento. La ruta era corta, pero Chicomácatl le proporcionó cuatrocientos porteadores, los cuales también habrían de acompañar a los españoles en las siguientes campañas y brindarían un apoyo significativo a los soldados. También en Quiahuiztlán recibieron una cálida bienvenida después de las dudas iniciales y se realizó de nuevo un ritual de incienso. En las conversaciones que Cortés mantuvo con el gobernante local, este último también se quejó de los mexicas y supuestamente le pidió ayuda. Sin embargo, es cuestionable si esta información, que fue difundida por las crónicas españolas, está en línea con lo que realmente sucedió, porque aquí vuelve a hacerse demasiado evidente el intento de Cortés de conectar la campaña con la guerra de las Galias, ya que César también ayuda a los pueblos sometidos[49].

La «rebelión» de los totonacas

Por una coincidencia favorable, los emisarios mexicas llegaron en este momento para recaudar el tributo. Esto le dio al capitán general la oportunidad de demostrar su determinación. Según los informes, los nobles dignatarios actuaron con gran arrogancia, ignoraron a los españoles presentes y les explicaron a los totonacas que su gobernante Moctezuma no toleraría el comportamiento amistoso hacia los extranjeros. Como castigo, veinte hombres y mujeres deberían estar disponibles para el sacrificio a fin de reconciliar a los dioses nuevamente. Cortés aprovechó esto como una oportunidad para intervenir. Según el relato español, primero tuvo que persuadir a los totonacas, al principio vacilantes y temerosos de su amistad con Moctezuma, para arrestar a los recaudadores de tributos y llevarlos a los barcos. Según Bernal Díaz, este acto despertó una gran admiración entre los anfitriones, lo cual reforzó la idea de que los españoles eran dioses. No obstante, dada la situación en Totonacapan en ese momento, no haría falta mucha persuasión, ya que los totonacas no eran de ninguna manera tan temerosos como los españoles quisieron hacer ver. Más bien, intuyeron la oportunidad de liberarse del yugo todavía relativamente reciente de los mexicas con la ayuda de los extranjeros y sus poderosas armas. Esto también se evidencia en el hecho de que Chicomácatl buscara posteriormente el apoyo de las ciudades vecinas[50].

El hecho de que los españoles no estuvieran en absoluto seguros de su papel de liderazgo en las relaciones con los totonacas muestra otro aspecto que las fuentes europeas han transmitido unánimemente. Esa misma noche, Cortés liberó en secreto a dos de los recaudadores mexicas sin que los totonacas se dieran cuenta y los envió a Moctezuma con el mensaje de que era su amigo; por eso había liberado a los nobles de las manos de los infieles totonacas y quería hacer todo lo posible para conservar la amistad en el futuro. Con esta argucia, el capitán general quería, por un lado, mantener abierto un puente hacia los mexicas y, por otro, intensificar la discordia entre estos y los totonacas, quienes ahora apenas podían dar marcha atrás. Cortés también dio la bienvenida formal a los totonacas como vasallos de su rey, aunque se puede suponer que no estaban al tanto del alcance de este acto previsto por el español[51].

Por fin, los hombres de Cortés pudieron comenzar a diseñar su ciudad en una llanura a unos cientos de metros de Quiahuiztlán. La fecha formal de la fundación fue el 28 de junio de 1519. Los hombres construyeron la plaza central con la iglesia, la plaza del mercado, los edificios públicos, incluida la prisión, y algunas otras casas con ayuda de los esclavos totonacas y taínos. También levantaron un fuerte cerca del puerto con empalizadas, aspilleras, parapetos, torres de vigilancia y un gran portón. Cortés no permitió que los barcos fueran descargados por completo hasta que se completaron los edificios. La ciudad, que recibió el nombre de Villa Rica de la Vera Cruz, se convirtió en un valioso campamento base para los españoles. También tenía una función importante: gracias a su fundación, los conquistadores podían informar directamente al rey y eludir al gobernador de Cuba y la Audiencia de Santo Domingo[52].

Según las crónicas españolas, Moctezuma reaccionó a continuación enviando otra delegación que estaba formada esta vez por dos sobrinos del gobernante, cuatro consejeros ancianos y un gran séquito, y que a su vez traía regalos. Dijo que estaba molesto por la captura de sus recaudadores de tributos, pero le daba las gracias por haberlos liberado. También se quejó de sus súbditos renegados, los totonacas. En su respuesta, Cortés, que recibió la delegación con cortesía y la acogió durante unos días, les aseguró a los mexicas su amistad, les entregó regalos e incluso dejó en libertad a los otros tres prisioneros. Finalmente, Cortés le dijo a Moctezuma que ahora los totonacas eran súbditos de su rey, pero también seguirían las órdenes de los mexicas si el capitán español así lo ordenaba[53]. Después de la captura de sus oficiales, no cabe duda de que al tlatoani este otro acto de los extranjeros tuvo que parecerle hostil, ya que cuestionaba su soberanía en una zona fronteriza especialmente insegura.

Mientras la delegación de los mexicas estaba con los españoles, Cortés también se mantuvo en contacto con los totonacas, quienes a su vez informaban a las ciudades vecinas de las asombrosas acciones de los poderosos extranjeros y habían conseguido más aliados para su causa. La primera prueba de la alianza llegó un poco más tarde, cuando Cempoala pidió apoyo a los españoles para enfrentarse a la guarnición de una ciudad de los mexicas, a unos treinta kilómetros de distancia, Tizapantzinco, cuyas tropas habían destruido las cosechas de las aldeas totonacas en represalia por haberse rebelado. Ahora Cortés estaba en un dilema porque, por un lado, no quería librar una guerra abierta contra los mexicas, pero por otro tenía que demostrar su lealtad a la alianza. En ese momento, cuatro mil totonacas y unos cuatrocientos conquistadores se dispusieron a entrar en batalla juntos por primera vez. Sin embargo, como informa Bernal Díaz, no hubo enfrentamiento porque los mexicas se habían retirado de la ciudad. Otros cronistas, como Cervantes de Salazar, mencionan una breve escaramuza que terminó con la huida de los mexicas. Después de eso, los españoles vieron por primera vez con sus propios ojos cómo los totonacas asaban y se comían a los enemigos que habían caído. Según Bernal, Cortés aceptó a los habitantes restantes de la ciudad como nuevos súbditos del rey y ordenó a sus aliados que pusieran fin a las hostilidades tradicionales contra Tizapantzinco. Aparentemente, los españoles fueron utilizados por los habitantes de Cempoala en su lucha contra un pueblo vecino, sin que se dieran cuenta[54].

El éxito de esta primera acción militar conjunta aumentó la disposición de los totonacas a rebelarse abiertamente. La costumbre mesoamericana de la época era afianzar las relaciones a través de matrimonios. Chicomácatl les dio a Cortés y sus oficiales ocho mujeres de clase alta, incluida su sobrina. Cortés aceptó el regalo, pero insistió en el bautismo de las mujeres. En el camino de regreso a Cempoala, aprovechó el momento para destruir las estatuas de los dioses totonacas. Casi se produce un levantamiento cuando algunos españoles derribaron las imágenes de los escalones de la pirámide más alta del templo. Los conquistadores tuvieron incluso que tomar al «cacique gordo» y a sus nobles como rehenes para evitar una pelea y terminar con éxito la acción. Sin embargo, este episodio también muestra cómo la posición de los españoles no era tan incuestionable como las fuentes españolas pretendieron hacer ver. Cortés, a continuación, dio un discurso sobre la fe cristiana y en contra de los sacrificios humanos y los ídolos totonacas. Supuestamente, hizo que el interior del templo se encalara de nuevo y colocó la estatua de María. Según las fuentes, los españoles también erigieron una gran cruz de madera. Dejaron a uno de los conquistadores, un viejo inválido, de guardia. Las mujeres fueron bautizadas y recibieron nombres cristianos durante una misa solemne a la que asistió la élite de la ciudad. Los totonacas que participaron en estos actos rituales no debían ser conscientes de que los españoles, al menos a medio plazo, esperaban que los nuevos súbditos del rey renunciaran a su propia religión[55].

Una vez más, esto demuestra que el entusiasmo de Cortés por la conversión solo se despertaba cuando estaba seguro de su causa en términos militares y podía actuar desde una posición de fuerza. No cabe duda de que este proceso de cristianización fue meramente superficial y de escasa importancia en este momento, ya que los círculos de la iglesia asumieron que la profundidad religiosa necesaria surgiría entre los nuevos cristianos con el tiempo[56]. Para Cortés, en cualquier caso, esta era importante y necesaria para poder informar al rey sobre su éxito en esta área. Para los líderes totonacas, sin embargo, la destrucción de las estatuas de sus dioses vino acompañada de una pérdida de reputación ante su propio pueblo y de la pérdida del apoyo de sus sacerdotes. Ahora dependían todavía más de los españoles. Sin embargo, la dependencia no era de ninguna manera unilateral: la importancia del conocimiento local indígena, la provisión de alimentos y el apoyo militar de los totonacas ya había quedado demostrada en Cempoala.

Los primeros informes al emperador

Al regresar a Veracruz, los españoles se alegraron de recibir otro barco de Cuba bajo el mando del capitán Francisco de Salcedo, al que llamaban «el Pulido», un amigo de Cortés. Entre la dotación se encontraba Luis Marín, quien luego se destacaría como capitán durante la conquista. El barco también traía a otros diez combatientes y dos caballos[57]. Sin embargo, Salcedo no aportaba solo buenas noticias. Al contrario, debía informar a Cortés de que había llegado a Cuba una capitulación real, un contrato, por el cual Velázquez obtenía el privilegio para descubrir, conquistar y establecerse en nuevas tierras en Mesoamérica, que en ese momento todavía llevaba el nombre de Santa María de los Remedios, elegido por Hernández de Córdoba. Para ello, tenía derecho al beneficio de la expedición menos el quinto real, que debía deducirse en los primeros años, así como otros privilegios económicos, algunos de los cuales eran incluso heredables. Velázquez también recibía el título de adelantado de las tierras descubiertas. Esta noticia debió de causarle un gran pesar a Cortés[58].

De repente, la labor llevada a cabo por el capitán general de forma tan hábil y afortunada entre los conquistadores quedó nula y sin efecto. La capitulación significaba que ahora podía ser acusado de traicionar a un gobernador leal. Para Cortés solo había una forma de solucionar este problema: tenía que buscar el reconocimiento directo del propio rey, algo que solo podía esperar si lograba demostrar que el éxito de la empresa se debía únicamente a él y a su iniciativa. Para ello, tenía que presentar su visión de las cosas al monarca por escrito, lo cual solo era posible enviando su propia delegación a Europa. Además, Cortés era lo suficientemente inteligente como para saber que, sin abundantes regalos para la corte, no había mucho que hacer[59].

Según Bernal Díaz del Castillo, no fue Cortés, sino la tripulación, quien tomó la iniciativa. Se dice que los hombres le pidieron que no renunciara a adentrarse en el continente a pesar de la nueva situación. Supuestamente, también propusieron informar y enviarle al rey todo el oro que habían intercambiado hasta entonces. Ordás y Montejo fueron hombre por hombre y obtuvieron su consentimiento. López de Gómara, por otro lado, escribió que Cortés dirigió el procedimiento y que los conquistadores se mostraron encantados de seguirle. Queda por ver si hubo alguna posibilidad de negarse. Cualquiera que sea la versión históricamente correcta, el capitán general había preparado y controlado las actividades en segundo plano, ya que la apariencia de operar en nombre del cabildo y sus hombres le daba a sus acciones un cierto grado de legitimidad. Por último, pero no menos importante, estos acontecimientos también sirvieron para depurar la hueste. Los partidarios de Velázquez, que cuestionaron la autoridad de Cortés después de que se conociera la capitulación, se pusieron nuevamente a la defensiva. Podrían haber protestado y presentado cargos, pero los jueces estaban muy lejos[60].

El cabildo encargó a Cortés que escribiera las instrucciones para que los emisarios emprendieran el largo viaje rumbo a España. Los hombres a los que se encomendó esta tarea fueron elegidos cuidadosamente por Cortés. Los dos alcaldes mayores Portocarrero y Montejo parecían ideales porque, por un lado, eran nobles distinguidos y, por otro, cada uno representaba a una de las dos facciones de la hueste. Entonces el cabildo informó oficialmente al procurador real Francisco Álvarez Chico, un confidente de Cortés de Extremadura, sobre la elección de los dos, con lo cual se informaba a los habitantes de la villa. La comunidad dio su consentimiento, pidió participar en la redacción de las instrucciones y solicitó la confirmación del mando supremo de Cortés, quien, debido a su gran mérito, también tenía garantizada una buena parte de las ganancias. Como resultado, tanto Cortés como los oficiales y los hombres escribieron una primera carta, mientras los oficiales de la ciudad preparaban los regalos para el rey. Otro tercer informe fue redactado por el cabildo. Este enfoque aparentemente casuístico que la historiadora María del Carmen Martínez ha reconstruido meticulosamente solo puede entenderse en el contexto de la falta de legitimidad de Cortés, quien quería evitar por todos los medios cualquier error de forma[61].

Un documento recientemente descubierto fechado el 20 de junio de 1519, una petición del cabildo, contiene los puntos más importantes del detallado informe del 10 de julio. En él, los representantes del gobierno de la ciudad pedían a sus majestades que no le concedieran autoridad a Diego Velázquez en las nuevas regiones, ya que de lo contrario este perseguiría a los miembros de la hueste que se habían alejado de él. Justifican su deserción del gobernador en el hecho de que, bajo el liderazgo de Cortés, podrían servir mejor a los intereses de la Corona. Además, piden la confirmación del nombramiento de Cortés como capitán general y juez superior, dado que este había hecho su trabajo con altos riesgos y compromiso económico. Además, también debería convertirse en gobernador después de la conquista[62].

La información detallada del cabildo, que resume la historia de los acontecimientos de la empresa desde los viajes de Hernández de Córdoba, se conoce desde hace mucho tiempo. Cuestionaba la base legal de las reclamaciones que Velázquez presentó, ya que desde un principio Cortés había contribuido más a ella que él, con siete de los diez barcos. Además, la tierra recién descubierta no era Yucatán en absoluto, sino una región completamente desconocida antes. El informe por carta retrataba a Velázquez como un hombre codicioso y despiadado al que solo le interesaba su propio beneficio, y que no pensaba en los intereses de la Corona o sus súbditos. Cortés, por otro lado, era descrito como un líder prudente y desinteresado que solo buscaba el beneficio del rey, que respetaba el bienestar de los pueblos indígenas con quienes entraba en contacto, pero que también actuaba con toda severidad contra su «idolatría» y, sobre todo, contra los sacrificios humanos. Para abolir esta práctica, decía el informe, la conquista y cristianización de estos pueblos era imprescindible. Sobre todo, se enfatizaba la enorme riqueza y cultura de esta nueva tierra, que estaba altamente desarrollada, a pesar de las prácticas sangrientas descritas, que no se podían comparar con nada que los españoles hubieran encontrado hasta entonces en las Indias. Había tesoros como del que, se decía, Salomón obtuvo el oro para el Templo. El informe también contenía la versión según la cual los mexicas se habían sometido voluntariamente al dominio español. Todo esto sugiere que Cortés influyó significativamente en la redacción de la carta, si es que no la escribió él mismo[63].

Los tesoros se reunieron en el mercado de la Villa Rica para que todos los vieran. El valor de los objetos de oro y las piedras preciosas era enorme, no podía estimarse el de la ropa de algodón, el trabajo con plumas y otras obras de arte. Algunos de los misteriosos libros ilustrados también fueron enviados; estos se cuentan entre los pocos códices que han sobrevivido a la conquista. En general, el rey recibiría un enorme tesoro que, probablemente, causaría sensación en Europa. Sin embargo, Cortés guardó en secreto algunas de las ganancias para sí mismo, como el historiador Henry Wagner ya sostuvo en 1942[64].

El 26 de julio, Portocarrero y Montejo partieron hacia España en el barco Santa María de la Concepción, pilotado por Alaminos, con los documentos importantes, los tesoros y seis indígenas. Cortés le dio al timonel algunas cartas personales para sus padres en las que le pedía a su padre que representara sus intereses y que apoyara a los intermediarios. El barco se detuvo en La Habana, en contra de las instrucciones de Cortés y el cabildo, supuestamente porque Montejo quería aprovisionarse en una de sus propiedades cercanas. En realidad, quería advertir a Velázquez, de quien todavía era confidente. El gobernador inmediatamente trató de evitar que el barco prosiguiera su viaje, pero ya había pasado las Bahamas y no pudo ser atrapado. Alaminos había reconocido el engaño y lo había evitado a tiempo[65].

A principios de noviembre de 1519, los procuradores de Cortés llegaron a Sevilla, donde no fueron de ninguna manera bien recibidos. El contable de la Casa de Contratación, la máxima autoridad para el comercio con las Indias, confiscó el tesoro de oro de los mexicas. Rodríguez de Fonseca acusó a los enviados y a su señor, Cortés, de eludir al gobernador real y violar así la ley y el orden. Esta acusación se debió principalmente al trabajo del capellán de Velázquez, Benito Martín, quien se había ganado la confianza de Fonseca. Sin embargo, los procuradores de Cortés, su padre Martín y Portocarrero, sabían cómo usar los fondos para construir un *lobby* a favor de aquel, sobre todo entre los círculos comerciales. Una exposición de los tesoros aztecas en Sevilla a fines de 1519 contribuyó a despertar la emoción en España por la promesa del Nuevo Mundo. Fonseca no ahorró al emperador los cargos contra Cortés, pero sus partidarios replicaron. Su primo Francisco Núñez, un influyente cortesano, resultó especialmente útil para ellos. El emperador incluso escribió una carta para reunirse con los seguidores de Cortés y los llamó a su corte, donde llegaron a principios de marzo de 1520. El tesoro y los totonacas causaron una gran impresión allí. Hasta finales de abril los procuradores, así como los detractores de Cortés, no pudieron ser escuchados ante el Consejo Real, que ahora estaba en Santiago de Compostela, donde también aprovecharon la ocasión para entregar las diversas cartas. Sin embargo, aún no se había tomado una decisión sobre Cortés, y el procedimiento se aplazó. Cuando el emperador inició su travesía hacia el Imperio alemán, llevó consigo parte del tesoro de oro azteca para alivio de sus problemas financieros[66].

Mientras tanto, en Totonacapan, poco después de la partida del barco a finales de julio de 1519, se produjeron nuevas disputas entre los españoles. Algunos de los partidarios de Velázquez vieron la última oportunidad de huir a Cuba antes de dirigirse hacia el interior y conspiraron para robar un barco. El plan fue traicionado y los castigos impuestos por Cortés resultaron draconianos. Los dos líderes, Pedro Escudero y Juan Cermeño, fueron ahorcados y al timonel, Gonzalo de Umbría, le cortaron los dedos. Condenó a algunos marineros a recibir doscientos latigazos cada uno. Sin embargo, no persiguió a otros sospechosos como Ordás y el sacerdote Díaz con la misma severidad, dada la crítica situación de sus tropas. Por otra parte, emitió una prohibición de regresar a Cuba bajo pena de muerte[67].

Además, el preámbulo de la carta del cabildo al rey del 10 de julio ya informaba de que Cortés había llevado algunas de sus naves a tierra para evitar motines o deserciones. Por tanto, ya se había percatado «o sospechaba» de las actividades de los descontentos. Después del intento de fuga, también inutilizó los otros barcos. Los valiosos instrumentos y utensilios de las naves se mantuvieron seguros en la ciudad bajo la vigilancia de Juan de Escalante y los dos nuevos alcaldes, Alonso de Ávila y Alonso de Grado, todos partidarios de Cortés. El capitán general asignó a los marineros como soldados de infantería a la tropa. Aunque esta medida aumentó de nuevo el resentimiento entre los miembros de la tripulación, los hombres ahora no tenían otra opción. La marcha a Tenochtitlán era imparable[68].

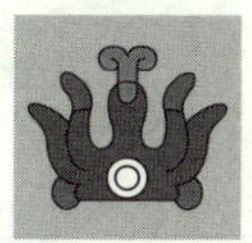

VI

Tlaxcala

El tiempo en Totonacapan había evidenciado que entre los europeos y la población local podían establecerse relaciones que luego ambas partes querían utilizar para su propio beneficio. Desde el principio, las alianzas tuvieron una importancia capital para los españoles, ya que estos no tenían suficientes tropas ni tripulación para emprender grandes campañas por su cuenta. Para los totonacas, a su vez, supusieron la oportunidad de cuestionar la dominación de los mexicas. Gracias al éxito conseguido con los mayas, mexicas y totonacas, Cortés tendía a sobreestimar su propia fuerza. Probablemente no tuviera claro que el ejército de los totonacas era mucho menos poderoso que el de los mexicas. Sin embargo, no le quedaba otra opción, ya que había quemado todos los puentes tras él. Cortés confió en las optimistas promesas de sus nuevos aliados, quienes le aseguraron cien mil guerreros[1]. Las expectativas de los totonacas también eran indudablemente altas. Los extranjeros representaban para ellos una especie de arma sorpresa que, al menos a veces, también contenía elementos sobrenaturales. Con todo, el elevado riesgo que implicaba marchar contra Tenochtitlán solo podía asumirse si conseguían ampliar las alianzas y sumar nuevos socios. Tlaxcala iba a jugar un papel esencial en esto.

El comienzo de la Entrada

Antes de marchar hacia el interior, la llamada Entrada, Cortés reunió a sus tropas y dio un discurso para elevar la moral de sus hombres. Se refirió a los antiguos romanos y les recordó su responsabilidad ante Dios y el rey. Finalmente, el capitán general dejó claro que no había vuelta atrás. Su petición, adornada con hermosas palabras, fue breve: ganar o morir. Según Bernal Díaz, su ejército «[...] todos a una le respondimos que haríamos lo que ordenase; que echada estaba la suerte de la buena o mala ventura, como dijo César sobre el Rubicón [...]»[2].

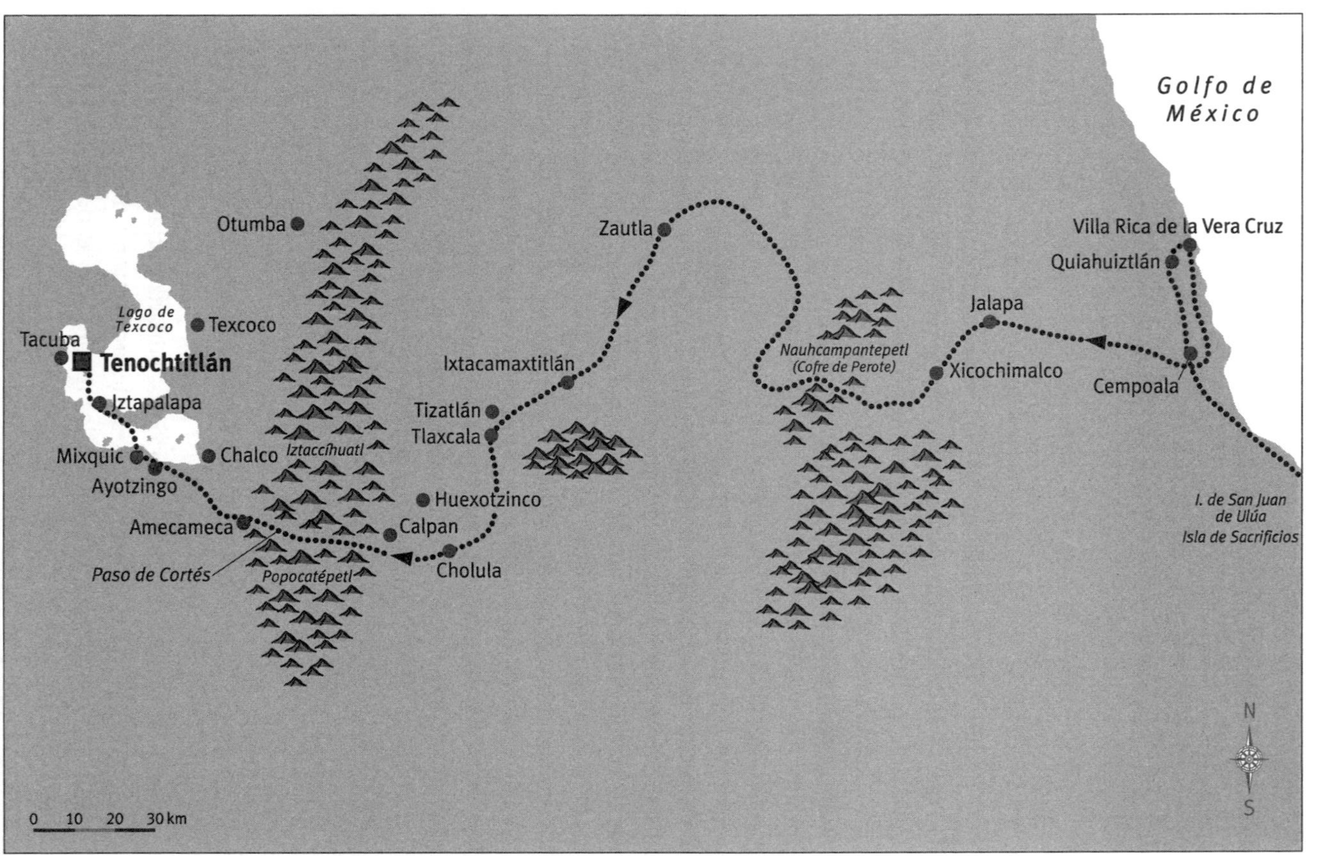

Mapa 6: El camino de Cortés hacia Tenochtitlán en 1519

Después de eso, Cortés resolvió los asuntos de la guarnición, cuya tripulación se suponía que debía mantener Veracruz. Eligió a su confidente cercano Escalante como comandante en jefe y le asignó un grupo de ciento cincuenta hombres compuesto por soldados viejos y enfermos. A los restantes se les otorgó la misma parte del botín, y la participación de Cortés, una quinta parte de las ganancias que se correspondía con la quinta real, también se confirmó formalmente. Para los españoles, la guarnición debía servir de refugio, así como para defender la villa en caso de que llegara alguna expedición enviada por Velázquez. También dejaron atrás la artillería pesada. El papel de los totonacas siguió siendo muy importante. No solo debían garantizar el abastecimiento a la localidad, sino también proporcionar apoyo militar a los españoles si se producía un ataque. En caso de emergencia podían ser movilizados hasta veinte mil guerreros[3].

Al igual que la guarnición, Cortés no podía prescindir del apoyo de los totonacas. Los aliados indígenas no solo proporcionaron una gran cantidad de porteadores, sino también combatientes que se pusieron en marcha junto con los españoles. Cortés ya había llegado a Cempoala cuando recibió un mensaje que le obligó a regresar a Veracruz. Un barco español había sido avistado en la costa y pertenecía a una pequeña flota comandada por Alonso Álvarez de Pineda, que había explorado la costa norteamericana desde Florida hasta el estuario del Misisipi. Algunos miembros de la tripulación que habían sido atraídos a tierra mediante argucias fueron capturados. Afirmaron haber tomado posesión de la tierra alrededor de Pánuco, el punto final del viaje de Grijalva, en nombre de Francisco de Garay, gobernador de Jamaica, quien era formalmente subordinado de Velázquez. Al final, Cortés no logró hacerse con el barco, que volvió a alejarse de la costa, e integró a los prisioneros entre sus tropas. Las afirmaciones de Garay quedaron sin resolver; representaban una amenaza latente para el capitán general[4].

Finalmente, la Entrada comenzó a mediados de agosto. El objetivo era la ciudad de Tlaxcala, amiga de los totonacas y cuyos habitantes se encontraban entre los enemigos mortales de los mexicas. Una enorme caravana con alrededor de trescientos españoles, entre cuarenta mil y cincuenta mil totonacas, así como numerosos porteadores que se hicieron cargo del transporte de las armas pesadas partió. Marcharon por Jalapa, Xicochimalco, hasta Ixhuacán, donde fueron recibidos calurosamente por los totonacas de allí, quienes se identificaron como súbditos del Moctezuma. Al sur del Cofre de Perote tuvieron que escalar la ardua ruta sobre el paso de la Sierra Madre Oriental,

Imagen 7: El valor de los porteadores indígenas
Esta escena del Lienzo de Tlaxcala *muestra porteadores indígenas. Durante la conquista, los aliados transportaron los suministros, las armas e incluso a los heridos.*

que llamaban Nombre de Dios. El paisaje era inhóspito, el clima se
volvió cada vez más duro y el inusual frío de las altas montañas, que a
los españoles les parecían más altas que cualquiera de las de España,
hizo mella. Muchos de los esclavos taínos, que no estaban preparados,
murieron por congelación o de agotamiento[5].

La marcha posterior a través de la llanura desierta fue muy acciden-
tada, principalmente porque hubo que desviarse hacia el norte para
rodear un lago de agua salada. Se agotaron los suministros; se dice que
los hombres no comieron durante tres días. Debido a la gran tensión,
la escasez de víveres y el cambio constante del clima, Cortés tuvo que
hacer frente a considerables bajas entre su tripulación a causa de enfermedades, antes siquiera de que la lucha hubiera realmente comenzado[6]. La aventura habría terminado aquí para los españoles de no haber
sido por sus guías totonacas. Finalmente llegaron al siguiente pueblo
importante, la ciudad de Zautla, donde hicieron un alto. El gobernante
local, Olintlec, los recibió amigablemente y les proporcionó alojamiento
y comida. Cuando Cortés le preguntó si era súbdito del gobernante
mexica, Olintlec supuestamente respondió con asombro: «Pues, ¿hay
alguien que no sea esclavo o vasallo de Moteczumacín?»[7]. Como Cortés
percibió, sus palabras implicaban que el tlatoani de Tenochtitlán era
considerado el señor del mundo. Olintlec informó al capitán general
del enorme poder de Moctezuma, quien sacrificaba a veinte mil
personas cada año, así como del tamaño, magnificencia y fortaleza
de su capital, Tenochtitlán. No obstante, el propio Olintlec también

impresionó a los españoles con su riqueza. Tenía cinco mil guerreros e innumerables sirvientes y mujeres a su disposición. Reaccionó negativamente al deseo de los españoles por el oro. Solo con la aprobación de Moctezuma, dijo Olintlec, les procuraría el metal precioso[8].

Estaba claro que Cortés no podía actuar con la misma agresividad que en Cempoala. Le habló al gobernante del dios cristiano y trató de explicarle el poder de su rey. Sin embargo, después de consultar con el padre Olmedo, se abstuvo de repetir la destrucción de las imágenes de los dioses como en Cempoala, y ni siquiera hizo que levantaran una cruz porque no podía estar seguro de que no se profanaría después de su partida. Por último, pero no menos importante, el enorme tamaño del tzompantli —Bernal afirma haber contado cien mil calaveras— demostró que los residentes no estaban interesados en la conversión, lo cual asustó a los españoles. Así pues, Cortés prefirió prepararse para la inminente marcha y enviar mensajeros a Tlaxcala con regalos para anunciar su llegada. Se dice que Olintlec y algunos líderes de los pueblos vecinos les recomendaron a los españoles ir directamente a Cholula en lugar de a Tlaxcala. Los totonacas, que conocían la fuerza de la guarnición mexica de allí, lo rechazaron con firmeza e impusieron su criterio[9].

Después de varios días de descanso en Zautla, las tropas marcharon hacia la ciudad de Ixtacamaxtitlán, fuertemente fortificada. El impresionante bastión de la urbe volvió a sorprender a los españoles. Fueron muy hospitalarios, aunque esta ciudad también tenía que rendir tributo a Tenochtitlán. Finalmente, se hizo evidente que Moctezuma estaba adoptando una nueva estrategia al permitir que los españoles se acercaran a explorar las características y, sobre todo, las debilidades de su imperio. Sin embargo, sin noticias de sus propios emisarios, pronto avanzaron hasta encontrarse con un enorme muro fronterizo de varios kilómetros de largo y algunos metros de alto y que discurría de un lado al otro del valle. Lo habían construido los habitantes de Ixtacamaxtitlán para defenderse de los tlaxcaltecas, cuya región comenzaba al otro lado. Casi siempre estaban en guerra con ellos porque Tlaxcala era un enemigo peligroso de los mexicas, sus amos[10].

El papel especial de Tlaxcala

Cuando llegaron los españoles, Tlaxcala era un pequeño estado militar compuesto por varios grupos étnicos que hablaban náhuatl y pertenecían a la cultura chichimeca. Los tlaxcaltecas se identificaban positivamente con el origen de los chichimecas y, en especial, con su espíritu de lucha. El dios de la guerra y de la caza, Camaxtli, ocupaba el primer lugar en el orden divino. Compartían los rituales con sacrificios humanos y las ideas del cosmos de los mexicas[11]. Grandes partes de la región eran montañosas y estaban situadas a una altura de alrededor de dos mil metros Los asentamientos se concentraban en tres valles. Aunque la región estaba tan solo a unos cien kilómetros de Tenochtitlán y se encontraba completamente rodeada por el Imperio azteca, Tlaxcala logró imponerse repetidamente a la poderosa Triple Alianza de los mexicas y mantener su independencia. Investigaciones recientes sugieren que en aquella época había entre cien y doscientas mil personas viviendo en el territorio de Tlaxcala, con un área de no más de dos mil quinientos kilómetros cuadrados[12].

Inicialmente a la sombra de los grandes centros ceremoniales de Teotihuacán y Cholula, la ciudad de Cacaxtla, habitada por miembros de la cultura recién llegada olmeca-xicalanca, surgió en el sur de la región hacia finales del primer milenio de nuestra era. Durante este tiempo, los otomíes se establecieron en el norte de la región. Mientras que alrededor del año 1000 grupos toltecas-chichimecas desplazaron a los olmecas, los otomíes pudieron conservar su relativa autonomía. Se desarrolló un paisaje político fragmentado en muchas áreas pequeñas de poder de los caciques locales. Desde el siglo XIII, los cuatro centros más grandes, Tepeticpac, Ocotelulco, Tizatlán y Quiahuiztlán, se desarrollaron en la fértil región del río Zahuapan, que mantenía relaciones amistosas con los pueblos otomíes del norte. En el noroeste, la región limitaba con el valle central de México, en el sur con las ciudades de Huexotzinco y Cholula. Las migraciones de otros grupos se mantuvieron a la orden del día y condujeron a guerras, pero también a la fusión de diferentes etnias. A pesar de la hostilidad hacia sus vecinos en el noroeste y el sur, Tlaxcala experimentó un gran apogeo en los siglos XIV y XV que, entre otras cosas, se reflejó en el creciente comercio a distancia[13].

Con la expansión de la Triple Alianza azteca, los tlaxcaltecas se vieron cada vez más a la defensiva, perdieron áreas sujetas a tributos y quedaron aislados de sus rutas comerciales. A los mexicas les preocupaba controlar las vías de tránsito hacia el golfo de México que atravesaban Tlaxcala. Además, veían la urbe como una fuente de suministro para sus sacrificios humanos y como un campo para sus maniobras militares. Con este fin, introdujeron las guerras floridas[14].

A finales del siglo XV, cuando el señorío de Huexotzinco, debilitado por las guerras internas, se convirtió en vasallo del Imperio azteca, la

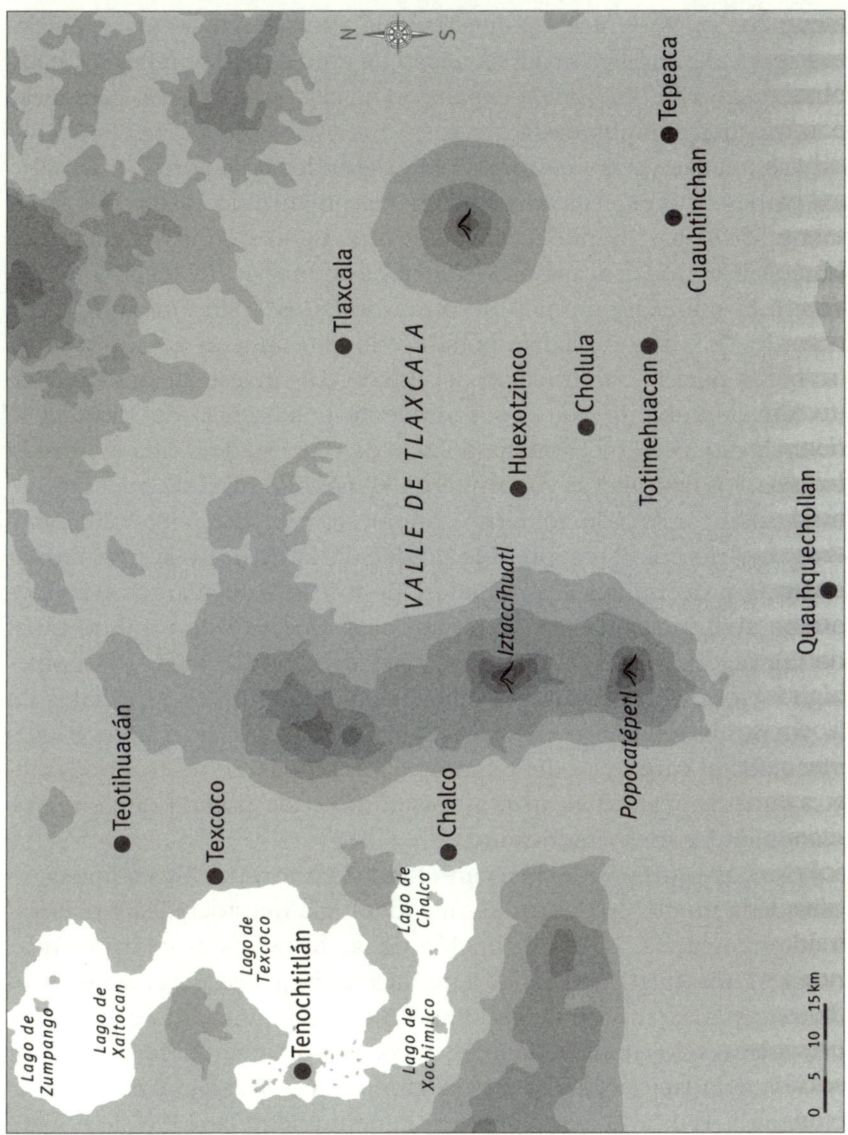

Mapa 7: Valle de Tlaxcala

presión sobre Tlaxcala aumentó. Por ejemplo, hubo cuellos de botella en el suministro de sal y azúcar. A principios del siglo XVI, los mexicas, al mando de Moctezuma II, lideraron varias campañas de conquista contra los tlaxcaltecas, pero a pesar de su superioridad numérica, no lograron imponerse. Sin embargo, la constante amenaza y los enfrentamientos militares hicieron que Tlaxcala, escasa en recursos, se empobreciera y desarrollara una mentalidad de asedio, que se reflejaba, entre otras cosas, en la elaborada expansión de las fortificaciones fronterizas con trincheras y murallas[15].

Las alianzas entre ciudades para defenderse de forma puntual o los planes de conquista tan rápidamente organizados como posteriormente disueltos de nuevo no eran infrecuentes en la Mesoamérica precolombina. La ocasión la ofrecía, a menudo, un levantamiento contra el gobierno tiránico de otras ciudades[16]. Sin embargo, en el caso de Tlaxcala, la alianza persistió durante mucho tiempo y sentó las bases para la construcción del estado. Las investigaciones recientes han descubierto que la sorprendente persistencia de Tlaxcala se debió a cambios en el sistema político de este estado. Dada la presión externa, los tlaxcaltecas concentraron el más alto nivel de poder ejecutivo en un consejo de gobierno compuesto por hasta cien miembros. Este consejo era el responsable de decidir la guerra y la paz, formar alianzas y destituir a los oficiales. El acceso a los cargos públicos estaba abierto a todas las clases sociales. Después de un duro ritual de iniciación, incluso una persona corriente podía llegar a la nobleza. El ascenso también era posible debido a méritos especiales en la guerra, la religión o el comercio. La propiedad de la tierra estaba vinculada al cargo y podía retirarse si se cometían errores. En Tlaxcala, la aristocracia no alcanzó el mismo nivel de pompa que en otras comunidades mesoamericanas[17].

Gracias a un gran énfasis en el culto en torno a Tezcatlipoca, el dios de la noche, se desarrolló una ideología meritocrática y relativamente igualitaria. La redistribución de las festividades y las prácticas rituales, una efectiva seguridad pública interna y externa, la igualdad de trato y la expansión de las infraestructuras apuntalaron esta ideología. Además, los nuevos grupos étnicos fueron integrándose cada vez más. La fundación de una capital ceremonial, Tizatlán (más tarde la ciudad de Tlaxcala), para fomentar la neutralidad también sirvió para fortalecer la cohesión. Al conceder a los líderes de los pueblos pequeños y distantes acceso al consejo superior, la disposición a luchar por la comunidad también aumentó, tal como demostró el ejemplo de los otomíes en el norte. Como resultado de esta renovación, el estado de Tlaxcala, a pesar de los elevados impuestos y las exigencias para los residentes de diferentes clases sociales y grupos étnicos, logró alcanzar un nivel extraordinariamente alto de aprobación y consiguió defender con éxito su propia independencia[18].

Cuando los españoles aparecieron en la frontera con Tlaxcala a principios de septiembre de 1519, surgió la cuestión de cómo reaccionar ante los extranjeros. En ese momento, Maxixcatzin gobernaba en Ocotelulco, Xicoténcatl en Tizatlán, Tlahuexolotzin en Tepeticpac y Zitlapopocatl en Quiahuiztlán. Recibieron los mensajes de Cortés desde Cempoala en el consejo de gobierno y escucharon lo que los españoles querían de ellos. El capitán general dijo que venía en nombre del verdadero Dios y que quería ayudar a los tlaxcaltecas a luchar contra Moctezuma. Las siguientes consultas mostraron diferentes puntos de vista. Entonces, Maxixcatzin exigió que se aceptara la oferta de paz, mientras que el hijo de Xicoténcatl, uno de los comandantes militares más importantes, se mostró a favor de ir a la guerra. Tlahuexolotzin, por otro lado, abogó por una táctica más variable. Inicialmente, se suponía que los otomíes debían enfrentarse a los intrusos. Si ganaban, el problema se habría resuelto, de lo contrario, aún se podría negociar y culpar a los otomíes de la guerra[19].

De la enemistad a la alianza

En las fuentes pueden encontrarse diferentes versiones de la primera reunión entre los españoles y los tlaxcaltecas en septiembre de 1519. Según los informes tlaxcaltecas, los residentes recibieron a los europeos de manera amistosa. Sin embargo, estas fuentes surgieron después de la conquista, cuando los tlaxcaltecas buscaban asegurar su posición especial de privilegio como aliados de los españoles[20]. Por tanto, tienden a no mencionar los sangrientos enfrentamientos iniciales, de los cuales las crónicas e informes españoles hablan en detalle. La razón de esa postura inicialmente defensiva fue el hecho de que los españoles en muchas ciudades habían tenido que rendir homenaje a Moctezuma, su enemigo mortal, habían recibido una recepción amistosa e incluso tenían a algunos de sus guerreros en sus filas[21].

Al principio, los totonacas y los españoles tan solo tuvieron que lidiar con una vanguardia de los tlaxcaltecas. Los esfuerzos del capitán general para persuadirlos de negociar fracasaron y, probablemente, no se entendieron. Entonces, los tlaxcaltecas emboscaron a los extranjeros. A pesar de que los jinetes españoles resultaban imponentes, los tlaxcaltecas no se apartaban, sino que mataban a los caballos. El ejército tlaxcalteca, con sus combatientes pintados y sus terribles gritos de guerra, resultaba aterrador, como descubrió Bernal Díaz. Hubo una escaramuza violenta en la que el uso de artillería decantó finalmente la victoria del lado de los europeos. Acamparon en una llanura y cuidaron a sus heridos. Bernal Díaz describió los métodos curativos habituales para las heridas en ese momento: «con el unto de un indio gordo que allí matamos, que se abrió, se curaron los heridos»[22].

El supuesto aliado que los totonacas les habían prometido a los españoles resultó ser un fuerte adversario que volvió a la batalla al día siguiente. Una y otra vez, los españoles y sus aliados indígenas tenían que enfrentarse a una superioridad abrumadora de los tlaxcaltecas, quienes les tendían emboscadas constantemente. Bernal Díaz enfatizó el hecho de que Cortés había mandado leer nuevamente el Requerimiento y trató otra vez de llevar a los oponentes a la mesa de negociaciones, pero sin éxito. Estas líneas, por supuesto, se escribieron fundamentalmente con la finalidad de que los tribunales justificaran la legalidad de la acción española contra los tlaxcaltecas. Según Bernal, el propio Cortés había tomado precauciones al respecto porque le había ordenado al escriba real Diego de Godoy que anotara todo con exactitud[23].

A pesar del gran peligro al que se enfrentaban los europeos y sus aliados, lograron imponerse, sobre todo por la superioridad de las armas de hierro, la caballería, las ballestas y los cañones. Establecieron el campamento base en un templo en la cima de una montaña, lo cual habría de generar dificultades de suministro. Se suponía que los soldados españoles se turnaban para descansar aquí, mientras que las tropas indígenas no tenían descanso. Las fuentes europeas no mencionan nada sobre el empleo de aliados indígenas, que superaban en número a los españoles. En los días que siguieron, Cortés y sus tropas recorrieron la zona saqueando, quemando y asesinando a sus adversarios con la finalidad de desgastarlos a través del terror. Les cortaron las manos a cincuenta prisioneros y los enviaron de vuelta con los suyos, amenazando con matar a todos si finalmente no accedían a negociar[24].

Pero ni siquiera estas atrocidades consiguieron quebrar la voluntad de lucha de los tlaxcaltecas. Estos continuaron con sus ataques día y noche. Mientras tanto, enviaban repetidamente delegaciones con la supuesta intención de ofrecer regalos, pero la verdadera finalidad era espiar a los españoles, ya que en Tlaxcala no estaban seguros de con quién estaban tratando. Esta táctica también mostró el continuo desacuerdo en el seno de los tlaxcaltecas sobre la manera de actuar con los españoles, lo cual explica, al menos en parte, esa estrategia mezcla de ataques y mensajes de paz. Aunque sus propios magos y sacerdotes les habían asegurado que los españoles eran mortales comunes, los ataques furiosos de los tlaxcaltecas siempre fueron infructuosos. Ni siquiera un enfrentamiento nocturno a gran escala recomendado por los sacerdotes logró tener éxito[25].

Sus guerreros se vieron expuestos a la potencia de fuego concentrado de los españoles. Su ataque en formación compacta y cerrada los convertía en objetivo fácil para los tiradores españoles, por lo que sufrían muchas bajas. Ni siquiera en el combate cuerpo a cuerpo podían lograr mucho con sus espadas de obsidiana, las cuales se rompían rápidamente cuando chocaban contra las armas de hierro. Si bien es cierto que con sus flechas y hondas infligieron graves heridas que hicieron caer a muchos de los conquistadores y a sus caballos, no consiguieron dar un giro decisivo, ya que los españoles sufrieron pocas bajas a pesar de las intensas batallas. Bernal Díaz ya notó que los tlaxcaltecas no eran muy disciplinados en el combate. Sobre todo, había una falta de coordinación entre los numerosos cuerpos diferentes del ejército, cada uno con sus propios capitanes, algunos de los cuales rivalizaban entre sí y, como en el caso de las tropas de Ocotelulco, incluso se retiraban si no estaban satisfechos con la decisión de su comandante en jefe, Xicoténcatl. Los militares indígenas carecían de la logística precisa para llevar cabo el necesario asedio a los españoles[26].

Por otro lado, la situación para los españoles y sus aliados totonacas también era extremadamente peligrosa. Los suministros y municiones no eran ilimitados, y a diferencia de los demás ejércitos indígenas que los europeos habían reunido hasta entonces, los tlaxcaltecas no mostraban signos de querer rendirse. En Tlaxcala, Cortés se encontró por primera vez con un oponente indígena militarmente fuerte, lo cual obviamente lo sorprendió. Si hubiera consultado de antemano, probablemente no se habría arriesgado y habría evitado adentrarse en la región. Ahora no podía regresar para no perder la cara frente a sus aliados indígenas. Sin embargo, el resentimiento se extendió entre sus hombres, ya que la superioridad de los enemigos parecía abrumadora y la intensidad de la lucha aumentaba día a día. La situación del abastecimiento se había vuelto crítica y el frío era tanto que la mayoría de los hombres, si no estaban heridos, seguían enfermos. Un grupo de velazquistas a las órdenes del alcalde mayor Alonso de Grado, que se había alejado de Cortés, solicitó regresar a Veracruz para pedir ayuda al gobernador. El capitán a duras penas consiguió frenar un motín. En este contexto, sus acciones de saqueo deben verse como actividades para proporcionar provisiones a sus tropas, pero también como una estrategia para ocupar a los hombres y como una señal de su determinación contra sus enemigos[27].

En esta situación, los aliados tuvieron suerte porque los tlaxcaltecas se rindieron de repente. Durante sus deliberaciones internas en el consejo de gobierno prevalecieron los votos de quienes veían a los españoles como un enemigo al que solo podrían superar a costa de sufrir grandes pérdidas. La facción de Maxixcatzin, de Ocotelulco, se impuso sobre la de Xicoténcatl el Joven, de Tizatlán, que había instado a continuar luchando. Hubo muchas razones para este cambio. En primer lugar, en términos militares, ya había graves problemas, lo que además suponía un debilitamiento en su lucha permanente contra los mexicas. Tercero, fueron comprendiendo y aceptando el hecho de que, debido a la superioridad de sus armas, los españoles podían ser un valioso aliado con el que ir a la guerra contra los mexicas. Además, Cortés había sugerido repetidamente en sus ofrendas de paz que querían ayudarlos contra los opresores aztecas. Los tlaxcaltecas no creían que los extranjeros fueran dioses, aunque la idea de una encarnación temporal de los dioses puede que influyera en su decisión[28].

Según Bernal Díaz, los tlaxcaltecas finalmente se rindieron porque no tenían idea de lo mucho que se habían debilitado los españoles y sus aliados, ya que casi todos los combatientes y la mayoría de los caballos habían resultado heridos en las diversas batallas. Alrededor de cincuenta conquistadores habían caído, lo cual era relativamente poco dada la feroz lucha. El cronista guardó silencio sobre el número de muertos entre los totonacas. Se puede suponer que fue significativamente mayor porque los aliados indígenas estaban menos protegidos y fueron utilizados deliberadamente por el comandante en jefe para las maniobras más arriesgadas[29].

Fue un gran alivio cuando cuatro negociadores tlaxcaltecas se acercaron con una oferta seria de paz y alianza. Según fuentes españolas, se disculparon por su resistencia al suponer que estaban tratando con aliados de sus enemigos mortales, los aztecas. También pospusieron los repetidos ataques contra los otomíes. Este argumento permitió a ambas partes salvar la cara. Al parecer, Cortés reaccionó con dureza ante la oferta de paz y exigió la presencia de los propios gobernantes, por lo que finalmente acudió una delegación más grande encabezada por Xicoténcatl el Joven, quien en última instancia tuvo que ceder ante la decisión del consejo de gobierno. Las fuentes españolas retrataron esta reunión como si los tlaxcaltecas se hubieran sometido formalmente al rey español y le hubieran jurado lealtad[30].

A continuación, Cortés intentó mudarse a Tizatlán, pero los negociadores aztecas, que habían estado con sus tropas durante los combates, le pidieron que lo pospusiera. Alrededor de una semana después, tiempo que Cortés empleó para recuperarse de su propia enfermedad, recibieron una respuesta de Tenochtitlán. Los mensajeros de los mexicas, que venían con un gran séquito, trajeron abundantes regalos y quisieron persuadir al capitán general para que no visitara a los tlaxcaltecas. Moctezuma y sus asesores se habían percatado de que una alianza de los extranjeros con sus archienemigos podía ser peligrosa y estaban decididos a evitarla. Por tanto, ofrecieron a los españoles apoyo militar contra Tlaxcala. En este contexto, Moctezuma supuestamente llegó a decir que era un súbdito leal del rey español y que pagaría los tributos requeridos. Sin embargo, el hecho de que quisiera mantener la hueste española lejos de su ciudad habla en contra de esta idea. De repente, Cortés se encontró en la cómoda situación en la que tanto mexicas como tlaxcaltecas lo cortejaban. De modo que se aprovechó de ello y negoció con ambas partes[31].

Ante los tlaxcaltecas, Cortés se hizo de rogar, a pesar de que estos habían estado proporcionando comida a sus tropas desde la primera oferta de paz. Después de unos días, incluso los ancianos jefes aparecieron con su corte y Xicoténcatl el Viejo apeló al capitán general para que aceptara la hospitalidad ofrecida. También querían darle porteadores para transportar los cañones. Cortés aceptó la oferta y viajó a Tlaxcala alrededor del 20 de septiembre. Para no cortar por completo el contacto con los mexicas, pidió que le acompañaran algunos de los nobles aztecas mientras los demás regresaban para informar a Moctezuma. La recepción principesca en la ciudad de Tlaxcala impresionó a los españoles. Para apuntalar la alianza, se les ofrecieron preciosos regalos y se les entregaron las hijas de nobles y esclavos. En total, se decía que había trescientas mujeres, por lo que casi todos los hombres pudieron disfrutar de este «regalo». La ciudad en sí también causó una muy buena impresión. Según Cortés, superaba a Granada en tamaño y esplendor. Se sintió particularmente atraído por el orden político, el cual demostraba la sensatez de sus habitantes. Este sistema le recordaba al de las repúblicas aristocráticas de las ciudades de Venecia, Génova o Pisa. No obstante, se dirigió a Maxixcatzin como si de un soberano se tratara, mejorando así su imagen pública[32].

La cuestión de la religión fue menos sencilla de resolver. Según las fuentes españolas, Cortés también exhortó a los tlaxcaltecas a renunciar a su fe y adoptar la religión cristiana. Los sacrificios humanos y el canibalismo ritual, en particular, debían acabarse. La adopción de nuevos dioses no era en ningún caso algo impensable para los politeístas tlaxcaltecas, sin embargo, no podían aceptar la renuncia a los suyos. Algunos miembros de la aristocracia tlaxcalteca con quienes negociaban los españoles temían un levantamiento popular, otros, simplemente, no querían abandonar sus tradiciones centenarias. Otros creían que la nueva religión solo podía adoptarse después de una fase de aprendizaje y familiarización. Cortés prometió enviarles misioneros lo antes posible. Mientras tanto, dado el inminente traslado a Tenochtitlán, se acordó un compromiso temporal, ya que, en opinión del padre Olmedo, una cristianización forzada estaba fuera de toda discusión. Gracias a este acuerdo, los cristianos dispusieron de su propio templo, donde pudieron levantar la cruz, la estatua de María y el altar, así como llevar a cabo sus celebraciones religiosas. Las mujeres que los españoles habían recibido como regalo fueron bautizadas antes de que Cortés las distribuyera entre sus oficiales. La más noble, una hija del Xicoténcatl, se la dio a su capitán Pedro de Alvarado[33].

Esta supuesta gran victoria sobre los tlaxcaltecas reforzó a Cortés en su actitud a la hora de subestimar el poder de los aztecas. A esto contribuía el hecho de que Moctezuma todavía les traía regalos en lugar de atacar a los españoles. Desde el punto de vista español, esta actitud de esperar y ver qué pasaba era prueba de su debilidad, lo cual también era evidente por el hecho de que los mexicas hasta entonces no habían sido capaces de conquistar Tlaxcala. La práctica de las guerras floridas era tan desconocida para Cortés como el hecho de que los regalos no podían entenderse de ninguna manera como un signo de sumisión, sino como evidencia de la enorme riqueza y, por lo tanto, también del poder de los mexicas. Después de todo, el capitán general había aprendido de las violentas escaramuzas con los tlaxcaltecas que, si quería alcanzar sus objetivos, necesitaba más apoyo indígena. A diferencia de su ofensiva contra Tlaxcala, en la que el número de aliados totonacas todavía era relativamente pequeño, en el futuro Cortés iría a la batalla con ejércitos en los que tan solo el diez por ciento de los combatientes eran españoles[34].

La visión tlaxcalteca del contacto con los conquistadores, que, a la postre, habría de cambiar su existencia de manera significativa, difería notablemente de la de los españoles. Los tlaxcaltecas no difundieron la versión de que aquellos eran dioses invencibles hasta después de que la alianza con ellos se hubiese cerrado. De esta forma, querían justificar sus propias políticas, intimidar a los mexicas y atraer nuevos aliados.

El llamado *Lienzo de Tlaxcala*, cuyo original ya no existe, fue elaborado mucho después de la conquista. En él se cuenta lo sucedido en imágenes en un lienzo de cinco por dos metros. El encuentro con los españoles se describe aquí en orden cronológico. Se trata de una representación híbrida que demuestra que los indígenas sabían muy bien cómo hacerse cargo de las historias de los españoles y presentarlas a su manera y para su propio beneficio. Las luchas iniciales no se mencionan. En cambio, se enfatiza la recepción amistosa a los españoles, quienes se suponía que descansarían en su ciudad durante unas tres semanas, y la pronta aceptación del cristianismo con la finalidad de poder presentarse como conquistadores cristianos. También describe la ayuda militar que Tlaxcala proporcionó posteriormente a los españoles[35].

Llama la atención la frecuencia con la que Malinche aparece representada en el lienzo. Bernal Díaz relató que los tlaxcaltecas se dirigían a Cortés con el nombre de Malinche. Ella era la lengua a través de la cual el español les hablaba y, por lo tanto, era muy respetada[36]. Dado que la fuente surge después de la cristianización, se puede suponer que la Malinche tlaxcalteca, como encarnación, se aproximaba a la santísima Virgen María, quien aseguraba la victoria en la batalla. En general, las mujeres, incluidas las regaladas, aparecían a menudo en las primeras representaciones de los tlaxcaltecas. Regalar mujeres era una tradición mesoamericana que tenía su contraparte en la política matrimonial aristocrática de Europa en ese momento. Los tlaxcaltecas pretendían simbolizar la durabilidad de la alianza con los españoles. Al mismo tiempo, querían documentar su propia condición de aliados voluntarios y no sometidos y reforzarla para las generaciones futuras con hijos comunes[37].

La continuidad de la política indígena, que no se vio interrumpida por la aparición de los españoles, no solo se demostraba regalando mujeres. La política de alianzas, que el «cacique gordo» de Cempoala ya había propuesto para conquistar Tenochtitlán, también seguía este patrón. Las alianzas de los españoles con Cempoala, Tlaxcala y más tarde con otras ciudades-estado concluyeron en una rápida sucesión, lo cual era típico de toda Mesoamérica. El hecho de que los tlaxcaltecas pidieran el acuerdo después de que no hubieran podido imponerse militarmente también se ajustaba a las prácticas habituales. Al igual que los guerreros de Cempoala, los tlaxcaltecas se integraron en la alianza bajo su propio mando. El avance de ciudad en ciudad se ajusta a lo habitual. Esta táctica también se usaría una y otra vez en la conquista de Mesoamérica, con la única diferencia de que los extranjeros ahora participaban en ella. Los españoles se habían convertido así en parte de un mundo de prácticas indígenas sin ser conscientes de ello[38].

La cuestión a menudo debatida en las investigaciones de por qué un estado como Tlaxcala se alió con los españoles —la historiografía nacionalista de los siglos XIX y XX a veces condenó esto como una traición— es diferente en este contexto. La dicotomía de europeos e indios, como pensaban los españoles, no existía de la misma forma para los indígenas. Por supuesto, reconocían las grandes diferencias, pero su propio mundo no era en modo alguno homogéneo. Más bien, Mesoamérica estaba formada por muchas unidades pequeñas y rivales que también mostraban diferencias étnicas internas. En un mundo de heterogeneidad cultural, las alianzas con invasores extranjeros no suponían la excepción y, desde luego, no eran una traición, sino lo habitual, ya que se trataba de una cuestión de supervivencia.

***Imagen 8: Malinche en el* Lienzo de Tlaxcala**
Los mensajeros otomíes saludan a los españoles con comida a su llegada. Según las fuentes españolas, sin embargo, al principio se produjeron violentos enfrentamientos. Esta imagen muestra la veneración por Malinche, por cuya boca hablaba Cortés.

El baño de sangre de Cholula

La alianza entre tlaxcaltecas, españoles y totonacas parecía beneficiar a todos los involucrados. Juntos, ahora formaban un poderoso ejército que podía enfrentarse al peor enemigo de Tlaxcala y Cempoala. Desde el punto de vista de los españoles, las ventajas también eran evidentes. Los socios indígenas suponían un refuerzo bienvenido no solo en forma de guerreros, sino también como cocineros, panaderos, sirvientes, exploradores, espías, intérpretes y concubinas. Como no había animales de carga, su trabajo como porteadores seguía siendo indispensable. Los corredores de noticias también fueron importantes. Estos permitieron a los españoles controlar la red de comunicación de los mexicas casi a la perfección. La enorme relevancia de los intérpretes, sobre todo de Malinche, quedó demostrada de manera impresionante en los tratos con los tlaxcaltecas, algo con lo que Bernal Díaz, literalmente, se entusiasmó[39].

Dado este giro favorable, no había duda de que el camino ahora debía conducir a Tenochtitlán. Sin embargo, los españoles habían celebrado previamente un consejo de guerra con todos los participantes de la hueste que el capitán general utilizó para mantener a sus tropas fieles a él. Después, llegó la hora de decidir la ruta a seguir. Cuando una nueva embajada de Moctezuma llegó con valiosos regalos y recomendó la ruta a través del pueblo de Cholula, que era amigo de los mexicas, los tlaxcaltecas desaconsejaron esta vía precisamente por esta amistad, ya que temían ser emboscados allí. En cambio, propusieron moverse a través del territorio de los huexotzincas, de los que eran aliados. Sin embargo, Cortés, que continuaba con su táctica de hablar con ambos bandos, eligió la ruta de Cholula porque la marcha hacia allí era menos complicada y porque esperaba hacer de la ciudad un aliado con el que mantener abierta la línea de suministros. Los líderes tlaxcaltecas, entonces, le ofrecieron una importante tropa a modo de protección[40].

Mientras la fuerza aún se estaba preparando para la marcha, Cortés hizo que sus capitanes Pedro de Alvarado y Bernardino Vázquez de Tapia se trasladasen a Tenochtitlán con parte de la legación azteca para obtener información de primera mano. Dado que se trataba de una operación arriesgada, tuvieron que dejar atrás sus caballos y caminar a pie. Vázquez de Tapia describió el arduo y peligroso trayecto, en el que constantemente se producían escaramuzas.

Los mexicas instaron a los españoles a apresurarse, tiraron de ellos e incluso cargaron con ellos. Entonces llegaron a Texcoco, en la orilla oriental del lago del mismo nombre, desde donde podían ver a lo lejos la poderosa Tenochtitlán. Moctezuma había enviado allí una delegación de siete altos dignatarios, incluidos su hijo Chimalpopoca y su hermano Cuitláhuac. Alvarado y Vázquez ofrecieron regalos y explicaron que su capitán general quería ver a Moctezuma, pero los mexicas les dejaron claro a los dos españoles que no se les permitiría ir a ver a Moctezuma ni entrar en la ciudad, por lo que tuvieron que darse la vuelta. Al menos, la expedición sirvió para conocer las rutas hacia el valle de México[41].

Los aliados se mostraron agresivos con los cholultecas. Después de exigir una delegación de altos dignatarios y que únicamente acudieran a Tlaxcala personas sin importancia, decidieron aumentar la presión. Finalmente, exigieron que los gobernantes de la ciudad acudieran en el plazo de tres días o, de lo contrario, Cholula sería considerada abiertamente rebelde y castigada en consecuencia. Mientras tanto, los líderes tlaxcaltecas continuaron intrigando contra la ciudad vecina y difundiendo el rumor de que se estaba preparando una emboscada. Según López de Gómara, Cortés incluso ordenó estrangular a un capitán tlaxcalteca que había hecho causa común con Cholula. En este clima de desconfianza, la delegación de altos dignatarios se reunió en Tlaxcala. Estos declararon que no habían aparecido antes por miedo a los enemigos y, según Cortés, incluso estaban listos para someterse al rey español como súbditos, lo cual fue ratificado de inmediato ante un notario. Posteriormente, invitaron a los españoles a venir a su ciudad[42].

En Cholula, los españoles, después de dejar la mayor parte de sus aliados a las puertas de la ciudad a petición de sus anfitriones, tuvieron una recepción pública festiva a mediados de octubre que, como siempre, fue acompañada por un ritual de incienso. La ciudad al pie de los volcanes Popocatépetl e Iztaccíhuatl tenía miles de años de historia y ya era un importante centro espiritual para toda la región en los tiempos de Teotihuacán. Los nobles de las ciudades-estado circundantes llegaron allí para recibir símbolos de su legítimo gobierno. Los cronistas españoles comparan la ciudad con Roma o La Meca. Además de una importante cantidad de templos, había una gran pirámide dedicada al dios Quetzalcóatl, que era la más grande del mundo en términos de volumen. El conquistador Andrés de Tapia informó más tarde que Quetzalcóatl había sido el mítico fundador de la urbe, que había prohibido los sacrificios humanos y que se esperaba su regreso. No está claro si Cholula realmente tenía que rendir tributo a Tenochtitlán o si se trató de una información errónea que sus enemigos tlaxcaltecas deslizaron deliberadamente. De ser así, no venía haciéndolo desde hacía mucho, probablemente solo desde la segunda mitad del siglo xv[43].

Sin embargo, según las fuentes españolas y tlaxcaltecas, la primera impresión se nubló rápidamente. Al cabo de dos días en la ciudad, se dice que la atención a los invitados disminuyó notablemente y luego, incluso, desapareció por completo. Los responsables culparon de esto a la falta de víveres. Observadores como Alvarado, que ya había pasado por la urbe en su marcha hacia Tenochtitlán, reconocieron en esto señales de que se estaba preparando una emboscada. Moctezuma envió grandes unidades de tropas que se reunieron cerca de la ciudad para destruir a los extranjeros. Se levantaron barricadas y se cavaron zanjas, y se apostaron lanzadores de proyectiles en los tejados de las casas. Además, se dice que los cholultecas bienintencionados advirtieron a los españoles a través de la Malinche del inminente ataque, algo que los rehenes de alto rango capturados confirmaron, si bien aseguraron que habían actuado por orden de Moctezuma[44].

En cualquier caso, los españoles y sus aliados optaron por un ataque preventivo. En la plaza principal de Cholula, que había sido previamente cerrada, Cortés convocó a las autoridades de la ciudad, que llegaron desarmadas. A continuación, se produjo una matanza que duró varias horas, en la que no se salvaron ni mujeres ni niños. Se dice que varios miles de personas murieron en esta acción. Los tlaxcaltecas convocados también participaron en la sangrienta masacre; continuarían asesinando los días siguientes mientras los españoles saqueaban la urbe y quemaban los templos. La carnicería se concentró principalmente en los barrios donde vivían la nobleza y los sumos sacerdotes, así como en las zonas pobladas por mexicas. En contraste, otros distritos se salvaron, lo que sugiere que la ciudad estaba dividida en diferentes poblados, como relataba Cervantes de Salazar. El poblado que simpatizaba con los mexicas y gobernaba la ciudad fue aniquilado implacablemente. Por otro lado, la oposición, contraria a la sumisión a Moctezuma y que ya había entablado relaciones con los tlaxcaltecas, se ofreció como un nuevo aliado. De hecho, Cortés dejó vivos a estos nobles y aceptó gentilmente su sumisión al rey español. Según sus propias palabras, y de forma poco creíble, «En obra de quince ó veinte dias que allí estuve quedó la ciudad y tierra tan pacífica y tan poblada, que parecía que nadie faltaba della»[45].

Si la conspiración de los cholultecas y los mexicas realmente tuvo lugar es algo que no ha sido demostrado de forma indiscutible por las investigaciones. El historiador Ross Hassig no lo cree así, y considera que esta versión es una leyenda inventada *a posteriori* por Cortés para justificar su brutalidad. Como antes en Tlaxcala, es posible que este pretendiera dar ejemplo a través del terror para inducir a los pueblos vecinos a someterse sin resistencia. Los informes de testigos presenciales españoles, en cambio, confirman la versión de la trama indígena. Esto se ve respaldado por el hecho de que a los españoles, en realidad, en la peligrosa situación que se daba en Cholula, no podía interesarles que se produjera un conflicto militar. Al fin y al cabo, querían tomar la ruta más rápida a Tenochtitlán y presentarse como libertadores. Sin duda, Cortés también tenía la convicción de que sus acciones respondían a una «guerra justa» contra insurgentes que se negaban a reconocer la soberanía española[46].

Al final, el resultado de la matanza sirvió principalmente a los intereses de los tlaxcaltecas: los españoles habían demostrado ser aliados fiables. Maxixcatzin vio cumplido su deseo de que la antigua familia gobernante con la que estaba relacionado regresara al poder en Cholula. Los tlaxcaltecas recuperaron así a un aliado estratégicamente importante después de vengarse de sus enemigos y tomar también muchos prisioneros para sacrificarlos. Por tanto, no es improbable que los tlaxcaltecas iniciaran la masacre ellos mismos o instigaran a los españoles a hacerlo[47].

La marcha a través de las montañas

Cuando Moctezuma se enteró de la matanza a través de sus enviados a Cholula y de que habían sido testigos de ella, al parecer, reaccionó con desesperación. Cortés le informó de que los cholultecas lo habían acusado de ser el instigador de la conspiración. El deseo de Cortés de acudir a Tenochtitlán para verse con el tlatoani cara a cara representaba, sin duda, una amenaza para Moctezuma. El tlatoani envió de inmediato mensajeros a los españoles con mucho oro, ropa y comida, y se disculpó. Sus comandantes allí habían hecho causa común con los cholultecas. Además, los mensajeros de Moctezuma intentaron disuadir a los españoles de marchar hacia Tenochtitlán porque la ciudad se encontraba en una situación de emergencia. A cambio, el gobernante prometió hacerse cargo de los españoles desde la distancia. Solo cuando Cortés anunció con la ayuda de otro mensajero que de ninguna manera estaba dispuesto a ignorar la orden de su rey, Moctezuma accedió. Sin duda, esta cesión se debió a la gran presión que sentían los mexicas ante los acontecimientos que se estaban sucediendo en sus provincias. Pronto se hizo evidente que la invitación no se había hecho de ninguna manera con plena convicción[48].

Mientras aún se encontraba en Cholula, Cortés envió a algunos hombres bajo las órdenes de Ordás para explorar el ascenso al Popocatépetl. No llegaron a la cima, pero pudieron admirar el volcán activo y ver el valle alto de México al otro lado de la montaña. Ordás parecía haber visto «otro nuevo mundo»[49]. El capitán general ya había partido con el resto de tropas a finales de octubre o principios de noviembre y se había decidido por la difícil ruta entre el Popocatépetl y el Iztaccíhuatl, a través del paso que en la actualidad lleva su nombre, «paso de Cortés», a unos tres mil setecientos metros de altitud. Los tlaxcaltecas habían aconsejado esta vía porque la del norte conducía directamente a la región de Texcoco, donde Moctezuma tenía un apoyo incondicional. En el sur, por otro lado, estaba Chalco, que no había sido conquistada hasta la década de 1460, después de una larga guerra florida, y que se encontraba bajo la autoridad de gobernadores aztecas, una situación que generaba descontento. En general, la importancia de los cerca de mil aliados tlaxcaltecas, a los que se sumaron los hombres de Cholula, había aumentado después de que los totonacas se hubieran despedido tras las agotadoras marchas para regresar a su tierra natal, no sin antes recibir valiosos obsequios de Cortés[50].

Primero, los aliados llegaron a Calpan, donde aparecieron emisarios huexotzincas, amigos de los tlaxcaltecas, quienes también aportaron tropas para la marcha de Cortés y les dieron consejos sobre la ruta a seguir. En una bifurcación del camino, las tropas debían tomar el sendero cubierto de maleza, ya que los mexicas los acechaban en el ramal aparentemente despejado para tenderles una trampa. La expedición siguió los consejos y se mantuvo especialmente alerta al atravesar las altas montañas cubiertas de nieve, así como cuando paraban a descansar, ya que era de esperar un ataque en cualquier momento. Finalmente llegaron al territorio de los chalcos, donde escucharon las quejas que ya habían oído anteriormente sobre el yugo azteca y las altas exigencias tributarias[51].

Mientras tanto, Moctezuma había enviado una comitiva con un gran séquito, incluidos algunos magos, bajo el liderazgo del gran príncipe Tziuacpopocatzin, para disuadir a los extranjeros de sus planes. Entre los preciosos obsequios que trajeron había un estandarte de oro, otro de plumas de quetzal y un collar de oro. El texto en náhuatl

Imagen 9: *Los mensajeros de Moctezuma según Sahagún*
Los dibujos de la Historia General *de Sahagún muestran el fallido intento de Moctezuma de detener a los españoles con un engaño.*

del *Códice Florentino* describe el momento en que los tesoros fueron entregados a los españoles:

> Y cuando se los hubieron entregado, a los españoles se les puso risueña la cara, se alegraron muchos, estaban deleitándose. Como si fueran monos levantaban el oro, como que se sentaban en ademán de gusto, como que se les renovaba y se les iluminaba el corazón. Como que cierto es que eso anhelaban con gran sed. Se les ensancha el cuerpo por eso, tienen hambre furiosa de eso. Como unos puercos hambrientos ansían el oro Y las banderas de oro las arrebatan ansiosos, las agitan a un lado y a otro, las ven de una parte y de otra. Están como quien habla lengua salvaje; todo lo que dicen, en lengua salvaje es[52].

Tziuacpopocatzin se había vestido con espléndidas túnicas para engañar a los españoles y hacerles creer que era Moctezuma. Pero Cortés no se dejó embaucar, ya que sus aliados indígenas le habían informado de la maniobra. Tal como narra el *Códice Florentino*, los españoles se rieron del embajador, le enviaron de vuelta y le dijeron amenazadoramente que Moctezuma ya no podía esconderse de ellos[53].

Los magos de Moctezuma tampoco lograron detener a los españoles. Le hablaron al tlatoani acerca de una visión a su regreso. Supuestamente, se habían encontrado con un hombre borracho que acusaba al gobernante y que les dijo: «¿Por qué estáis aquí parados inútilmente? Nunca más habrá un México. Se acabó de una vez por todas»[54]. Cuando miraron alrededor, vieron arder todos los templos y casas de México. No sabemos si realmente sucedió de esa manera. Si creemos a Sahagún, el engaño fallido causó una gran preocupación en la capital[55].

Los españoles y los tlaxcaltecas no pudieron ser detenidos y, tras descender de las montañas, llegaron al poblado de Amacameca, donde permanecieron unos días; fueron con ellos muy hospitalarios. Cortés describe en su informe que todavía tenía que tener cuidado, ya que ahora se hallaban en territorio enemigo. El lugar estaba gobernado por un pariente de Moctezuma, y los espías acechaban por todas partes. Pero incluso allí, los residentes, supuestamente, se quejaban de los recaudadores de tributos de Tenochtitlán. Después el ejército se trasladó al pueblo de Chalco, que estaba justo a la orilla del lago. Aquí se repitieron las quejas, ante lo cual Cortés volvió a prometerles su ayuda[56].

Según Sahagún, el ambiente en Tenochtitlán se estaba enrareciendo visiblemente. Las calles estaban desiertas y los vecinos tenían mucho miedo. En el seno del consejo debía haber voces pidiendo una acción militar, a lo que Moctezuma se negaba. No está claro hasta qué punto el relato posterior a los hechos intenta retratar al tlatoani como un chivo expiatorio dubitativo como único culpable de la caída del imperio. Una vez más, el gobernante envió a cuatro importantes nobles que, mediante una mezcla de promesas y amenazas, se suponía que debían evitar que los aliados marcharan hacia la capital. Al parecer, Moctezuma incluso les prometió a los extranjeros pagarles tributo si se mantenían alejados. Los aliados, sin embargo, siguieron adelante sin impresionarse. Cuando se acercaban a Tenochtitlán a través de Ayotzingo, otra delegación, encabezada por Cacamatzin, gobernante de Texcoco y sobrino de Moctezuma, se reunió con ellos para escoltarlos. Llegaron a Colhuacán atravesando el pequeño pueblo de Mixquic. El último tramo del camino llevó al ejército, ahora acompañado por cientos de mexicas, dignatarios y curiosos, hasta Iztapalapa, donde fueron recibidos por el gobernante de la ciudad, el hermano de Moctezuma, Cuitláhuac, y otros nobles. Cortés y sus capitanes se alojaron en suntuosos palacios y admiraron la arquitectura de sus anfitriones. Se suponía que iban a descansar allí una noche, después de lo cual se trasladarían a Tenochtitlán. Ya casi estaban allí[57].

Los españoles aprendieron rápidamente. Habían penetrado en un mundo lleno de alianzas como elementos ajenos, pero plenamente integrables, donde se luchaba constantemente por la supremacía y el dominio. Al forjar alianzas, se convirtieron en parte de este mundo. Totonacas y tlaxcaltecas se aliaron con los españoles porque estos les eran útiles para perseguir sus propios objetivos. Esto está demostrado, sobre todo, por la matanza de Cholula. Para Cortés, el fin justificaba los medios. Si uno cree las fuentes españolas, utilizó métodos clásicos del arte de gobernar de la época para lograr sus objetivos. Su estrategia de mostrarse ambiguo con el enemigo, hacer que los grupos indígenas hostiles se enfrentaran entre sí y luego reconciliarlos y unirse a ellos había funcionado hasta ese momento. Los casos individuales fueron muy distintos, pero los españoles siempre fueron capaces de utilizar los conflictos étnicos latentes a su favor, con la suerte también a su lado. Se aseguraron la manera de salir ganando recurriendo a fuentes de legitimidad tradicional, ya fuese formando alianzas con mujeres indígenas nobles o bien empleando a dóciles subordinados. Sin embargo, la prueba más difícil aún estaba por llegar.

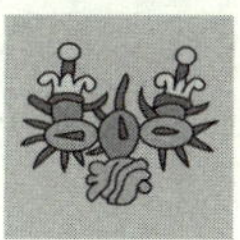

VII

TENOCHTITLÁN

La actitud de los mexicas y su gobernante fue todo menos inequívoca desde el comienzo de la llegada de los españoles. En este punto coinciden las fuentes europeas e indígenas, a menudo influenciadas por las primeras. Las medidas de Moctezuma y su consejo fluctuaron entre amenazas y obsequios de bienvenida, entre emboscadas y escoltas. Sin lugar a dudas, esta veleidad se debe a la incertidumbre que generó la noticia de que los extranjeros y sus aliados locales se encontraban cada vez más cerca. Los mexicas no tenían por qué temer a los tlaxcaltecas, cholultecas, huexotzincas y totonacas. Los españoles, en cambio, aportaban el elemento perturbador, un elemento que planteaba interrogantes sobre el orden del cosmos. Con espías y un sistema de inteligencia en perfecto funcionamiento siempre actualizado, los gobernantes de Tenochtitlán tenían que decidir cómo querían tratar con estos extranjeros, que eran capaces de desarrollar un poder militar desconocido gracias a sus enormes armas y animales, y a los cuales ni las buenas palabras ni los hechizos habían conseguido disuadir de su plan; ahora, se encontraban a sus puertas.

Cortés se reúne con Moctezuma

Si hemos de creer lo que dicen las fuentes, el tlatoani tomó una decisión en este momento crítico que, a la postre, resultaría ser un error fatal: el 8 de noviembre de 1519, dejó que el ejército entrara en la ciudad sin ser molestado. El *Códice Florentino* nos brinda información muy detallada sobre esta entrada que, probablemente, proceda de mexicas presentes en el evento y a los que Sahagún entrevistó. Así, la comitiva iba encabezada por cuatro soldados a caballo y los perros de caza jadeantes. El abanderado los seguía, agitando su bandera. A continuación, venían los soldados de infantería españoles con sus espadas de hierro desenvai-

Imagen 10: El desfile de los españoles
El Códice Azcatitlán, *cuyo nombre hace referencia al lugar mítico de origen de los mexicas, Aztlán, fue elaborado probablemente a mediados del siglo* XVI. *La imagen subraya una vez más el importante papel de la Malinche, que incluso precede aquí a las tropas. Por primera vez, también se muestra en las filas de los españoles a un esclavo africano. El foco está en la bandera roja con simbolismo cristiano, que hace referencia a la llegada de la nueva fe.*

nadas y relucientes al sol. Detrás de ellos iban más hombres ataviados con armadura completa a lomos de caballos que relinchaban, babeaban y pisaban con estrépito; tras ellos, los ballesteros y arcabuceros, cada uno con las armas al hombro. Cortés y sus oficiales de más alta graduación cerraban a caballo el grupo de los españoles. Los últimos en aparecer fueron los aliados indígenas, algunos de los cuales iban armados, otros cargados o tirando de los cañones, y lanzaban salvajes gritos de guerra[1].

Las tropas se dirigieron desde Iztapalapa a través de la ornamentada calzada de ocho pasos de anchura que atravesaba el lago en dirección oeste. Antes de llegar a las ciudades de Huitzilopochco y Coyoacán, cambiaron a la calzada que conducía hacia el norte directamente hacia Tenochtitlán, mucho más ancha y asegurada con puentes levadizos. Cortés quería causar una buena impresión y había prohibido a sus hombres

Imagen 11: Entrada en Tenochtitlán según el Códice Florentino

la indisciplina bajo amenaza de un severo castigo. Miles de personas se agolpaban en canoas en el lago; las calles, templos y torres de la ciudad estaban abarrotados. Todos acudieron a ver a los extranjeros. La visión de la gran ciudad y los demás pueblos de alrededor y del lago superaba todo lo que los europeos habían contemplado hasta entonces. Estas brillantes escenas impresionaron a los españoles, pero no solo despertaron su entusiasmo, ya que sus aliados les habían advertido de los peligros que allí les aguardaban. Bernal Díaz comentó: «Miren los curiosos lectores esto que escribo si había bien que ponderar en ello: ¿qué hombres ha habido en el universo que tal atrevimiento tuviesen?»[2].

Una gran delegación de altos aristócratas aztecas con ropas festivas los recibió en el terraplén. Siguió la habitual ceremonia de saludo, en la que los mexicas tocaron el suelo con las manos y lo besaron. Dado el gran número de dignatarios, el ritual se prolongó bastante. Solo entonces los españoles se encontraron con otra noble delegación, en medio de la cual se encontraba el gobernante, llevado en una silla de manos con dosel y vestido de gala para la ocasión. Cuando los extranjeros llegaron a la actual ciudad de Tenochtitlán, Moctezuma se apeó de su silla bajo un magnífico palio y se situó junto a sus más altos nobles; los príncipes de Texcoco, Tlacopan y Tlatelolco le condujeron «y le sostuvieron por debajo de los brazos» hasta el capitán general de los españoles. La ropa glamurosa de este grupo despertó la admiración de los europeos. A excepción de los cuatro príncipes, ninguno de los mexicas se atrevía a mirar al tlatoani. Su séquito extendió algunas telas delante de él para que sus pies, vestidos con preciosos zapatos, no tocaran el suelo desnudo[3].

Cortés caminó hacia él con la cabeza descubierta. El momento de la reunión se presenta en los informes de los testigos presenciales con ligeras diferencias. Según su propio relato, Cortés quiso abrazar a Moctezuma, pero sus acompañantes se lo impidieron porque no le estaba permitido tocar el cuerpo del tlatoani. A continuación, el capitán general colgó su collar tachonado de joyas alrededor del gobernante, tras lo cual un sirviente azteca de Cortés le puso una preciosa cadena con colgantes dorados en forma de langosta.

Con la ayuda de Malinche y Aguilar, quienes actuaban como intérpretes, los dos líderes intercambiaron saludos. Entonces Moctezuma llevó a su invitado a la ciudad y alojó a los extranjeros en el palacio de su difunto padre, Axayácatl. Allí, los mexicas le dieron a Cortés valiosas joyas de oro y telas e incluso brindaron a los simples soldados españoles una atención principesca. Según Bernal Díaz, el palacio albergaba un tesoro secreto y numerosas imágenes y estatuas religiosas, lo que animó al conquistador a creer que los confundían con dioses. Dado que el edificio estaba hecho de piedra maciza, también resultaba ideal como fortaleza. Los españoles pusieron sus armas en

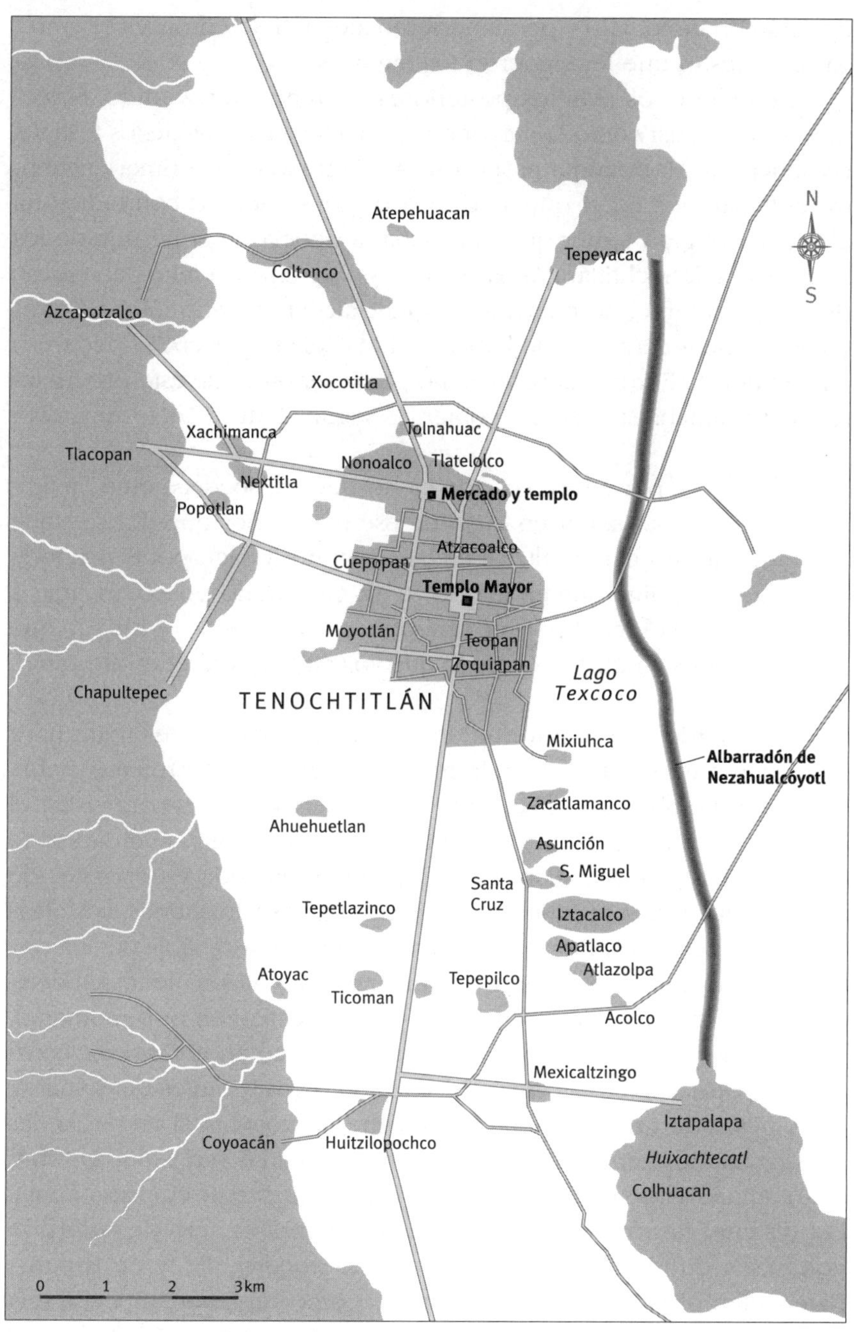

Mapa 8: Tenochtitlán en 1519

posición de inmediato y permanecieron alerta. Solo entonces se entregaron al festín que les sirvieron los mexicas[4].

El curso de los eventos posteriores es muy controvertido. Si leemos a Cortés, así como la mayoría de relatos y crónicas de los testigos presenciales, Moctezuma pronunció un discurso en el primer encuentro entre ambos en el que se disculpó por su actitud contradictoria al señalar el gran temor que transmitía la noticia de la llegada de los forasteros a Tenochtitlán. Al parecer, luego se refirió al mito del regreso de un gobernante, no mencionó a Quetzalcóatl cuando miró a Cortés como su mensajero, ya que había venido «del amanecer». El poderoso emperador de Europa, al parecer, no podía ser otro que este gobernante que reclamaba su legítimo gobierno. Según Cortés, Moctezuma dijo:

> [...] y por tanto, vos sed cierto que os obedeceremos y tendremos por señor en lugar de ese gran señor que decís, y que en ello no habrá falta ni engaño alguno; y bien podéis en toda la tierra, digo que en la que yo en mi señorío poseo, mandar a vuestra voluntad porque será obedecido y hecho, y todo lo que nosotros tenemos es para lo que vos dello quisiéredes disponer[5].

De acuerdo con el informe de su propia carta, Cortés reafirmó a Moctezuma en su creencia y le respondió que, efectivamente, había venido en nombre del gobernante todopoderoso Carlos para visitar el reino de los mexicas, que ya conocía, y proclamar allí la verdadera fe cristiana. Los cronistas López de Gómara, Sepúlveda y Cervantes de Salazar siguieron la versión de Cortés con ligeras variaciones. Los otros testigos presenciales, Bernal Díaz, Aguilar, que incluso habla de una certificación notarial de sumisión, y Tapia informan más o menos en detalle sobre el discurso de Moctezuma, pero lo fechan en otro momento. Esto también se aplica a las fuentes indígenas, como el *Códice Florentino* en particular, cuyos informes sitúan el discurso antes del saludo[6].

A pesar de que las fuentes parecen inequívocas al respecto, las investigaciones han planteado desde hace décadas serias dudas sobre la autenticidad de esta descripción. Para justificar su empresa ilegal, era de vital importancia que Cortés obtuviera el acto de sumisión voluntaria de Moctezuma y la *translatio imperii* al rey de España, para quien el capitán general actuaba como representante. En ella residía la legitimidad de su hueste. Los críticos han señalado que la historia de la rendición voluntaria de Tenochtitlán complementa perfectamente el mito del regreso de los dioses y, por lo tanto, lo consideran una ficción. En su segunda carta, en la que se basa esta descripción, Cortés pretende ser también el protagonista de la trama, mitificándose a sí mismo y presentándose como un sujeto humilde que persigue mediante la persuasión y no la fuerza los objetivos de su rey y su dios, pero no los suyos[7].

Sin duda, el capitán general tiende a tergiversar y exagerar la verdad en su *Relación de cartas*. La cortesía fuertemente ritualizada con la que Moctezuma recibió a su invitado y los problemas de interpretación también podrían haber llevado a Cortés a informar según lo que se correspondía con su ilusión, a saber: que el tlatoani realmente se había sometido. Por otro lado, según los relatos aztecas, ahistóricos de acuerdo con los estándares occidentales de hoy, los eventos pasados se hicieron comprensibles al introducirlos en relatos antiguos que se movían en la frontera entre el mito y la historia, y que también incluían la adivinación y la interpretación de los sueños. Según esto, desde la perspectiva de los mexicas, Cortés era en realidad, o pudo haberse convertido en ello en el momento del encuentro, la encarnación de una deidad[8].

Esta interpretación sirve para proporcionar respuestas a otras preguntas abiertas. La renuncia de Moctezuma a una defensa militar de la capital también es más fácil de interpretar en este contexto. Desde hacía mucho tiempo en Tenochtitlán venían escuchándose noticias inquietantes sobre la «Entrada», las cuales habían dado lugar a constantes consultas entre el gobernante y sus consejeros y sacerdotes. Persistía la incertidumbre sobre la identidad de los españoles, sobre todo porque supuestamente venían con intenciones pacíficas. Además, la coincidencia del calendario —los extranjeros llegaron en el año azteca «1 caña», que estaba asociado con el mito de Quetzalcóatl— también jugó un papel importante. Hubo, a su vez, algunas consideraciones pragmáticas, dado que noviembre no era la época en la que solían llevarse a cabo las campañas militares. No había suficientes reservas de productos ni porteadores disponibles, ya que todavía estaban trabajando en el campo, y la fuerza de élite permanente por sí sola no era suficiente para enfrentarse al ejército invasor. Por lo tanto, no se esperaba una victoria fácil sin grandes pérdidas propias. Además, su propio debilitamiento habría hecho probable que los pueblos sometidos se rebelasen. Por último, Moctezuma no quería provocar más oposición política interna en su gobierno para no destruir el equilibrio de poder en el valle de México[9].

Imagen 12: Conversación entre Moctezuma y Cortés/Malinche (**Lienzo de Tlaxcala**)

Por el contrario, hay que preguntarse por qué Cortés y sus tropas se aventuraron en la boca del lobo. Seguramente la enorme autoconfianza de los españoles tras los éxitos con los totonacas y en su lucha contra los tlaxcaltecas jugó un papel importante. Debido a esto, y convencidos de creer en el único Dios verdadero, los europeos, naturalmente, se sentían superiores a los pueblos indígenas. Indudablemente también subestimaron el poder de los mexicas y el tamaño de su capital. Cuando descendieron al valle de México, ya era demasiado tarde para dar marcha atrás. Dependían demasiado del apoyo de sus aliados, el cual solo estaba garantizado mientras los tuvieran por socios poderosos que ofrecían una protección efectiva contra la venganza azteca[10].

Al día siguiente de su llegada, Cortés, acompañado por Velázquez de León, Ordás, Alvarado, Sandoval y algunos soldados, entre ellos Bernal, visitó al tlatoani. Durante la conversación, el capitán general trató de iluminar al gobernante sobre las virtudes del cristianismo. En pocas palabras, le explicó el credo cristiano y la historia de la creación. En concreto, el español le pidió a Moctezuma que pusiera fin a los sacrificios humanos y trató de convencerlo de la inutilidad de sus «ídolos». También anunció que pronto se enviarían misioneros para educar a los mexicas en la fe cristiana. Moctezuma respondió con palabras educadas, pero evasivas, que creía que el Dios cristiano era bueno, pero que sus dioses también eran buenos y que no tenía intención alguna de renunciar a ellos. Como despedida, el tlatoani les hizo a los españoles otros valiosos regalos[11].

Una vez en la ciudad, el esplendor de Tenochtitlán despertó rápidamente la curiosidad de los recién llegados. Al cabo de unos días en el palacio, visitaron sus alrededores junto al capitán general y acompañados de Moctezuma y sus consejeros. Díaz del Castillo informó sobre este paseo detalladamente. Primero llegaron a la plaza del mercado de Tlatelolco. Allí, los europeos quedaron impresionados por la abundancia y el amplio surtido de productos que se ofrecían, desde joyas de oro y plata hasta esclavos, telas y todo tipo de alimentos; todo lo que se pudieran imaginar. El orden, que era mantenido por un tribunal de mercado, despertó tanto interés como los granos de oro y de cacao que se empleaban como dinero, así como las elaboraciones de los más diversos artesanos. Incluso los conquistadores que habían viajado mucho y que ya conocían Roma o Constantinopla coincidían en que nunca habían visto un mercado tan grande[12].

El ascenso al templo principal de Tenochtitlán, en cuya cima había una amplia plataforma con numerosas piedras para el sacrificio, resultaba fascinante y aterrador al mismo tiempo. El templo dominaba toda el área. Los caminos del terraplén, los puentes de madera y los santuarios de la ciudad, los movimientos animados de las canoas en el lago y la multitud ingobernable que se agolpaba en el mercado debajo de ellos eran impresionantes. A petición de Cortés, Moctezuma les mostró el interior del templo. Las imágenes de los dioses y las estatuas espantaron a los españoles. Quedaron especialmente disgustados por el hedor, por la visión de sangre humana fresca pegada por todas partes y por los sacerdotes manchados de sangre con sus largas capas negras. Según Bernal Díaz, en este punto se produjo un primer enfrentamiento entre Cortés y Moctezuma, ya que el capitán general pidió que se le permitiera erigir una cruz y un altar con una imagen de María en la pirámide, a lo que el tlatoani, indignado, se negó[13]. A juzgar por la actividad en el mercado, se puede concluir que la presencia de los extranjeros no era algo que sorprendiera a los habitantes de Tenochtitlán. Habían acompañado con interés la llegada de los españoles y, sin duda, observaron a los conquistadores con gran curiosidad apenas aparecieron en la ciudad, pero aquello no parecía haber interrumpido todavía la vida cotidiana.

La captura de Moctezuma

Cortés había conseguido su «Entrada». ¿Qué era lo siguiente? ¿Tenía una estrategia sobre cómo proceder ahora? Los conquistadores debieron hacerse estas y otras preguntas similares después de haber descansado en su palacio. Es cuestionable si el propio capitán general sabía cómo actuar. No había logrado convencer a Moctezuma para que se convirtiera al cristianismo. Su plan de adquirir fama y fortuna, sin duda mucho más importante para él, aún no había obtenido el éxito suficiente como para justificar su desautorizado comportamiento hacia Velázquez y la Corona. En esta situación tan abierta confluyeron varios factores en los que los europeos no tuvieron influencia alguna y que determinarían el posterior desarrollo de los acontecimientos.

Como Cortés no pudo ver satisfecho su deseo de erigir un altar cristiano en la gran pirámide, mandó construir una capilla en el palacio con el permiso de Moctezuma. Los trabajadores encontraron un tesoro escondido, cuyo contenido (oro, piedras preciosas y trabajos con plumas) causó una gran impresión a los españoles. Sin embargo, se decidió cerrar la cámara nuevamente por el momento. Entre los hombres empezó a crecer cierto malestar, no solo por esto, sino porque, visto con objetividad, dada la solidez de la ciudad y de sus fortificaciones, la dependencia de los mexicas para obtener suministros y la incertidumbre sobre la actitud de su gobernante hacia los extranjeros, su situación resultaba bastante peligrosa. Los tlaxcaltecas continuaban advirtiendo de la astucia de sus enemigos, señalando que era solo cuestión de tiempo que los sacrificaran a todos ellos a los dioses. Según Bernal Díaz, una delegación de la tropa al mando de Ordás aconsejó al capitán general: «le dijimos que mirase la red y garlito donde estábamos». Sugirieron que se capturara a Moctezuma para tener una moneda de cambio frente al poder abrumador de los mexicas. Según Aguilar, Cortés inicialmente rechazó la solicitud porque el tlatoani ya era vasallo del rey y no era culpable de nada. Sin embargo, según Bernal Díaz, lo que había detrás de las dudas del capitán general era la cuestión práctica de cómo gestionar la captura y, después, defender el palacio[14].

Pero entonces los mensajeros tlaxcaltecas trajeron en secreto malas noticias desde la Villa Rica de la Vera Cruz. Allí, los aliados totonacas se habían negado a pagar más tributo a los mexicas y habían sufrido los ataques de las tropas lideradas por el capitán Qualpopoca, quien supuestamente actuaba en nombre de Moctezuma. Aunque el gobernador Escalante acudió en ayuda de los totonacas con sus pocos combatientes, la batalla de Nautla se perdió. Escalante y varios de sus hombres resultaron gravemente heridos. Un conquistador cayó vivo en manos del enemigo, pero pronto murió a causa de sus heridas, por lo que Qualpopoca mandó enviar su cabeza a Moctezuma. Unos días después, Cortés se enteró de que Escalante había sucumbido a sus heridas y que los totonacas, por miedo, ya no estaban preparados para abastecer la ciudad y dar apoyo militar a los españoles. Los extranjeros habían demostrado ser vulnerables y la creencia en su condición invencible se estaba quebrando. También evidenció que había líderes entre los mexicas que querían y podían demostrar que los españoles eran simples mortales[15].

Según las fuentes, Cortés aprovechó estos sucesos como una oportunidad para capturar a Moctezuma. Con sus capitanes más importantes, Alvarado, Sandoval, Velázquez de León, Lugo, Ávila, y algunos soldados, pidió una audiencia privada en el palacio del gobernante. Allí hizo serios reproches al tlatoani y le explicó que tenía que trasladarse a las dependencias de los españoles para que estos pudieran mantener su seguridad. Hubo un prolongado intercambio en el que Moctezuma negó las acusaciones y anunció que castigaría al responsable de actuar sin su conocimiento. Al parecer, incluso ofreció a sus hijos como rehenes. Pero Cortés se aferró a su exigencia y dio la impresión de que actuaba presionado por sus hombres. Después de algunas idas y venidas, los oficiales fuertemente armados amenazaron de muerte a Moctezuma. Entonces, el tlatoani cedió. Al parecer de forma voluntaria, se hizo trasladar sobre su magnífica silla hasta el palacio de Axayácatl, en donde inmediatamente fue puesto bajo estricta vigilancia. Moctezuma fingió ante sus nobles y familiares que lo había decidido libremente, pero estos no tardaron en manifestar su consternación e indagar sobre el motivo de este cambio. Cortés trató de mantener esta apariencia y le permitió llevarse consigo a sus sirvientes y principales asesores. Sin embargo, la medida sembró miedo y terror sobre la situación del protector y guardián del universo en la ciudad[16].

Durante los meses siguientes, el tlatoani continuó gestionando los asuntos gubernamentales, aunque bajo la supervisión española. Como primera medida, hizo que el capitán Qualpopoca, su hijo y quince capitanes nobles acudieran a la capital para investigar los hechos de Nautla. Al principio, el capitán declaró que Moctezuma no había ordenado el ataque, pero luego se retractó de esta afirmación cuando Cortés anunció el veredicto: Qualpopoca y sus hombres serían quemados vivos en la hoguera. Moctezuma, a quien el capitán general confrontó con la confesión y a quien acusó de ser responsable, siguió negando su culpabilidad. Cortés no quiso castigarlo «por amistad», pero el tlatoani tuvo que asistir encadenado a la ejecución, la cual tuvo lugar frente al Templo Mayor y en público. A pesar de todo, tal y como destacaron Cortés y López de Gómara, no se produjeron disturbios. No obstante, la consternación entre los espectadores que vieron a sus nobles quemados en una pira hecha de armas sacadas de sus propias armerías y a su gobernante divino encadenado debió de haber sido grande[17].

Imagen 13: Captura de Moctezuma
Según el Códice Florentino, *Moctezuma fue capturado por los españoles cuando entraron en la ciudad. Sin embargo, las fuentes españolas no apoyan esta tesis, lo cual no tiene por qué significar que sea incorrecta.*

En su informe al rey, el capitán general intentó justificar su brutalidad hacia un príncipe que, según su propio relato, era vasallo del rey de España. Además de la incertidumbre general, mencionó la idea de que los súbditos de los mexicas se someterían más rápidamente a los españoles si estos tenían a su tlatoani en su poder. Los conquistadores conocían este procedimiento desde la conquista de las islas Canarias y el Caribe, donde lo habían utilizado con éxito repetidamente[18]. Los mexicas estaban tan sorprendidos que no pudieron reaccionar a tiempo. En este sentido, los cálculos de los españoles funcionaron. Sin embargo, surge la pregunta de por qué los mexicas o su gobernante permitieron la captura sin ofrecer resistencia.

Después de la humillación pública de Moctezuma, la vida pareció seguir con normalidad. El propio Cortés afirmó haber ofrecido incluso la libertad al tlatoani, pero este último se habría negado agradecido. Aunque la veracidad de esta oferta es dudosa, Moctezuma sintió la pérdida progresiva de su autoridad y temió un levantamiento. Solo y sin aparentemente ser molestado, el gobernante siguió ocupándose de sus asuntos cotidianos, recibía a sus oficiales, asesoraba sobre cuestiones gubernamentales y daba instrucciones que aún se respetaban. Bajo vigilancia, los españoles le permitieron dedicarse a diversiones como cazar, visitar su zoológico o practicar el juego de pelota. También estaba autorizado a practicar su fe sin ser molestado, y los europeos incluso toleraron la continuación de los sacrificios humanos, aunque las fuentes guardan silencio al respecto. Según Bernal Díaz, Moctezuma era una persona adorable en el trato cotidiano; se interesaba por los forasteros y charlaba y bromeaba con los soldados rasos. Si creemos estos informes, entonces, quizás el gobernante realmente experimentó algo así como una especie de liberación de las limitaciones que traía consigo una vida como tlatoani[19].

Para Cortés, la captura de Moctezuma también dio sus frutos en otros aspectos. La amenaza a la Villa Rica de la Vera Cruz había terminado y los totonacas, también impresionados por el castigo draconiano a Qualpopoca, reanudaron los suministros a la ciudad. Cortés envió a uno de sus oponentes, Alonso de Grado, a la costa para reemplazar a Escalante. Sin embargo, este rápidamente llamó la atención debido a su arrogancia y su estilo de vida presuntuoso, y despertó la resistencia de sus subordinados. Pronto el capitán general, que se había enterado de los agravios, dio instrucciones a su confidente Sandoval para que relevase a Grado, a quien se le ordenó regresar a Tenochtitlán. Los españoles también aprovecharon esta fase de descanso para explorar mejor sus alrededores y, en especial, el lago de Texcoco. Para ello, Cortés hizo construir a sus carpinteros tres bergantines con los que, hacia finales de 1519, pudieron navegar por el sistema de lagos formado por cinco cuerpos de agua interconectados[20].

Además de estas medidas militares estratégicas, los conquistadores retomaron su objetivo original, la búsqueda de oro y riquezas. Hasta entonces, los mexicas les habían traído los tesoros sin que tuvieran que hacer ningún esfuerzo especial. Los hallazgos en Tenochtitlán, sin embargo, despertaron nuevos deseos. A petición de Cortés, Moctezuma accedió a mostrarles a los europeos el camino hacia los yacimientos de metales preciosos. El capitán general envió delegaciones formadas por mexicas y españoles a varias partes del país a principios de 1520. El timonel Gonzalo de Umbría partió hacia Zacatula, en lo que hoy es Oaxaca, donde vivían los mixtecas, quienes habían sido sometidos por los mexicas y eran famosos por su artesanía en oro. El capitán Diego Pizarro, familiar del capitán general, viajó a Pánuco, al noroeste. Durante este tiempo, Moctezuma también les mostró un mapa de su imperio, lo que despertó el interés de Cortés por las opciones para establecer asentamientos. A continuación, envió a Ordás a Coatzacoalcos, en Veracruz, una región que los españoles ya conocían. Gonzalo de Umbría y Pizarro regresaron con mucho oro y Ordás informó sobre la cálida bienvenida que les habían brindado los habitantes. Además, los tres trajeron valiosos conocimientos sobre las fronteras del Imperio azteca, los vecinos hostiles y sobre las quejas de los pueblos obligados a pagar tributo[21].

Al mismo tiempo, los europeos estaban ansiosos por recaudar tantos impuestos en oro como les fuera posible. Oficialmente y en nombre de Moctezuma, los funcionarios de este último solicitaron a las provincias que volvieran a entregar la misma cantidad de tributo que ya habían pagado ese año. Se dice que el propio Moctezuma dio buen ejemplo y cedió todo el tesoro de su padre, que los españoles ya habían descubierto, como regalo para el rey en la lejana Europa. Al parecer, hizo esto apelando a la antigua profecía, según la cual los objetos de valor pertenecían al gobernante extranjero. De esta manera, todo tipo de riquezas terminaron en la capital. Según su propio testimonio, Cortés mandó que se hiciera inventario del tesoro para evitar que alguien pudiera apropiarse de él indebidamente. A continuación, las valiosas artesanías de oro se fundieron en barras[22]. Lo que en los informes europeos se presentó como un acto de donación voluntaria o donaciones legítimas se lee de forma muy diferente en las fuentes indígenas.

Y, cuando los españoles se hubieron asentado bien, preguntaron a Moctezuma sobre todo el tesoro de la ciudad... Y, cuando llegaron al almacén, a un lugar llamado Teocalco, llevaron todas las cosas brillantes... Acto seguido, se separó el oro... enseguida prendieron fuego a todas las cosas preciosas. Lo quemaron todo. Y los españoles hicieron barras a partir de aquel oro... Y los españoles fueron caminando a todas partes... Lo tomaron todo, todo lo que veían que fuera bueno[23].

El botín se repartió entre los conquistadores, lo cual no estuvo exento de conflictos, tal y como informó Bernal Díaz. Se descontó el quinto real, así como el quinto pactado para Cortés. El capitán general restó luego los gastos de los barcos y los pertrechos, dedujo el costo del viaje de los embajadores a España, el valor de los caballos muertos y la parte de la guarnición en Veracruz. El resto se distribuyó entre la tropa, aunque había distintos grados. Los dos sacerdotes, los capitanes, los dueños de los caballos, así como el arcabuz y el arquero de ballesta recibían el doble de cantidad. Para la tripulación, que había aceptado severas privaciones y cuya existencia entera dependía de estos beneficios, apenas quedó nada. De modo que no fue sorprendente que sus miembros se sintieran engañados y que el malestar aumentara entre ellos. Cuando se supo que algunos líderes, incluido Velázquez de León, se habían quedado con parte del tesoro, estallaron acaloradas discusiones. Cortés tuvo que esforzarse mucho para que sus hombres recuperaran la compostura con discursos, regalos y promesas[24].

Las tensiones surgieron no solo entre sus propias tropas, sino también en las relaciones con los mexicas. Cacamatzin, el gobernante de Texcoco, se colocó a la cabeza de un grupo de nobles descontentos que renunciaron a su respeto por el tlatoani dado que la base religiosa de su legitimidad era cada vez menor debido a su encarcelamiento. Según Cervantes de Salazar, el problema fue la renuencia de Cacamatzin a pagar los tributos exigidos por Cortés. El historiador mestizo Alva Ixtlilxóchitl también sitúa este factor en el centro de su relato, pero además menciona que el capitán general amenazó con colgar a uno de los hermanos menores de Cacamatzin, lo cual solo pudo evitarse por la intervención de Moctezuma. Según esta versión, fue otro hermano, el antiguo rival al trono, Ixtlilxóchitl, quien atrajo a Cacamatzin a una emboscada y se lo entregó a Cortés. Al hacerlo, se vengaba así por el hecho de que Moctezuma hubiera puesto a su hermano en el poder después de la muerte de su padre Nezahualpilli frente a las oposiciones internas[25].

Según Bernal Díaz del Castillo, Cacamatzin había planeado una conspiración para destruir a los españoles y derrocar a Moctezuma. Se había ganado para su causa a los tlatoque de Toluca, Coyoacán, Tlacopan, Iztapalapa y Matalcingo. Sin embargo, los conspiradores no pudieron ponerse de acuerdo a la hora de elegir a un sucesor para Moctezuma. Cacamatzin reclamó este derecho para sí mismo, pero el gobernante de Matalcingo se sintió ignorado y avisó a Moctezuma, quien a su vez informó a Cortés al respecto. La propuesta del capitán general de atacar Texcoco con el apoyo militar de Tenochtitlán fue rechazada por el tlatoani. Moctezuma quería llamar a Cacamatzin para que cambiara de opinión. Sin embargo, este se negó e hizo serios reproches a su tío. Entre otras cosas, lo acusó de traer la «vergüenza e ignominia» al imperio bajo la maligna influencia de los magos europeos, y prometió destruir a los españoles. Moctezuma hizo secuestrar a Cacamatzin de Texcoco y se lo entregó a Cortés, quien inmediatamente lo depuso y en su lugar mandó nombrar gobernante de la ciudad a un pariente manejable. Los otros conspiradores también fueron capturados y encadenados[26].

López de Gómara describe este momento en su crónica con las palabras: «Cortés hacía reyes y mandaba con tanta autoridad como si hubiera ganado el imperio mexicano»[27]. En efecto, la situación le era favorable y el capitán general aprovechó para dar un paso significativo desde el punto de vista español. Dio instrucciones a Moctezuma para que ahora prestara oficialmente el juramento de lealtad al rey español en presencia de la nobleza y los gobernantes aliados de todo el imperio y todos sus súbditos. Para ello se convocó una reunión de los grandes nobles del imperio a la que asistieron Cortés, el notario real, los oficiales y numerosos soldados. En este contexto se dice que Moctezuma repitió la leyenda del regreso del mítico gobernante de Oriente, que había venido a reclamar su país; ahora había llegado el momento de volver a someterse. Al parecer con muchas lágrimas, Moctezuma prestó juramento, que fue inmediatamente notariado, ante lo cual los mexicas presentes hicieron lo mismo que su tlatoani[28].

En el aparente apogeo de su poder, Cortés retomó el delicado tema de la religión. En conversaciones con Moctezuma, el capitán general había planteado la cuestión repetidamente sin éxito. El hermano Olmedo, en quien Cortés confiaba especialmente, recibió el encargo de convencer al gobernante. Nuevamente, el tlatoani rechazó los intentos de conversión y expresó la esperada oposición de sus súbditos contra cualquier ataque a sus dioses. Sin embargo, los españoles consideraban que su situación era tan sólida que pensaron que podrían vencer la resistencia incluso en este delicado asunto. Después de hablar con sus hombres, se dice que el capitán general decidió sustituir o destruir las imágenes y esculturas del templo principal. Los dos conquistadores Bernal Díaz y Andrés de Tapia informan de manera diferente sobre estos hechos. Según Díaz, Cortés y Moctezuma llegaron a un compromiso según el cual se les permitió a los españoles instalar dos altares con una imagen de la madre de Dios y una cruz en una de las salas del Templo Mayor, junto a los ídolos de los mexicas. Según Tapia, Cortés y algunos soldados destruyeron con sus propias manos varias esculturas y las hundieron en las profundidades. Cervantes de Salazar, por su parte, quien fue informado por otro conquistador, Alonso de Ojeda, escribe que los sacerdotes aztecas se llevaron las imágenes de sus dioses con el mayor cuidado en una operación de rescate a gran escala y las escondieron de los españoles[29].

Cualquiera que sea la versión más cercana a la realidad, en todo caso, el resultado es que los símbolos cristianos acabaron en el templo principal y los españoles utilizaron este renovado éxito para la celebración triunfal de una misa que, según Cervantes de Salazar, los mexicas soportaron en silencio. El altar cristiano sería atendido y limpiado por los sacerdotes mexicas durante los años siguientes, y para asegurarse de que esto realmente sucediera, se designó a un anciano soldado para supervisar la orden. Si creemos a Cortés, no hubo más sacrificios humanos en Tenochtitlán desde ese día o, al menos, él no vio ninguno más[30].

Sin embargo, el capitán general debió darse cuenta de que los mexicas cada día mostraban menos respeto por Moctezuma, ya que ya no cumplía con sus obligaciones religiosas. Como resultado, el rehén fue perdiendo cada vez más su valor. Se dice que, en un acto de rebeldía, el tlatoani le pidió a Cortés que fuera a verlo en primavera y le advirtió que por orden de los dioses habría un levantamiento contra los españoles, y que solo podrían evitarlo si retornaban rápidamente a su tierra natal. Moctezuma incluso ofreció grandes cantidades de oro en caso de que Cortés diera la orden de regresar. Es de suponer que el tlatoani estaba reaccionando a la creciente presión de su propio pueblo, sobre todo de la poderosa casta sacerdotal, cuya paciencia se estaba agotando tras el sacrilegio de los españoles, pero también por las tensiones provocadas por el abastecimiento a los miles de invitados. Con discreción, los mexicas preparaban medidas militares contra los extranjeros y movilizaron a las ciudades tributarias. Posteriormente, Cortés envió algunos hombres a Veracruz para construir barcos, probablemente como una maniobra de distracción y para ganar tiempo. Es muy dudoso que el capitán general realmente se planteara huir. De cualquier manera, le dejó claro a Moctezuma que, en ese caso, lo tomaría como rehén. Sin duda, la caída de los ídolos había empeorado la situación de los españoles. Ellos mismos lo sabían y el miedo a morir sacrificados aumentó en la tropa[31].

La expedición de castigo de Narváez

Mientras tanto, se había abierto un segundo frente para Cortés porque poco después de su partida el gobernador Velázquez se había quejado de él a sus superiores. Primero, se dirigió a los jerónimos de Santo Domingo, pero ellos le respondieron que no se podía culpar a Cortés y a sus hombres. Además, enviaron al juez Alonso de Zuazo a realizar un interrogatorio oficial contra el gobernador. Según Díaz del Castillo, estaba tan angustiado por esto que se puso muy enfermo: «[…] y como de antes era muy gordo, se paró flaco en aquellos días»[32]. En octubre de 1519 Velázquez envió una carta al obispo Fonseca en España en la que resumía las quejas por el abuso de confianza de su subordinado y exigía para este un severo castigo. Además, anunció que enviaría a Pánfilo de Narváez con todos los barcos disponibles en Cuba para arrestar a Cortés[33].

Narváez era un antiguo acólito del gobernador y había ganado experiencia militar durante las conquistas de Jamaica y Cuba. Desde 1518 ocupaba un cargo público y tenía fama de brutal y despiadado. En marzo de 1520, según Bernal Díaz, Narváez zarpó con una flota de diecinueve barcos, mil cuatrocientos hombres, entre ellos muchos conquistadores curtidos en mil batallas, veinte cañones, ochenta jinetes, noventa ballesteros y setenta mosqueteros. También se encontraba a bordo un número indeterminado de esclavos indígenas y africanos. Era la armada más grande que América hubiera visto hasta entonces. Numerosos hombres se unieron a la empresa de forma voluntaria, algunos procedentes de Santo Domingo, sobre todo porque esperaban un botín fácil. Por otro lado, los militares profesionales tuvieron que ir obligados porque Velázquez no estaba dispuesto a pagar ningún salario. El tamaño de la expedición provocó una despoblación total en la isla caribeña, que había sido golpeada por la primera epidemia de viruela de la que fueron víctimas muchos taínos. El ejército iba a llevarse la enfermedad con ellos al Imperio azteca[34].

La noticia de los preparativos de la gran empresa se extendió por el Caribe y llegó a oídos del gobernador interino de Santo Domingo, Rodrigo de Figueroa, que envió al oidor Lucas Vázquez de Ayllón de la Audiencia a Cuba para evitar una pelea entre los españoles. Como Ayllón no logró disuadir a Velázquez y Narváez de su plan, decidió sin más preámbulos acompañar a la flota con sus propios barcos para mediar entre los conquistadores. Debido a las tormentas, la expedición de castigo no llegó a San Juan de Ulúa hasta mediados de abril, donde Ayllón ya había llegado unos días antes. Ayllón y Narváez recibieron información importante sobre los hechos y la situación por parte de Francisco de Serrantes, quien pertenecía a las tropas de Cortés, pero se había retirado del equipo de reconocimiento de Diego Pizarro. Narváez decidió copiar la manera de actuar de Cortés. Fundó la ciudad de San Salvador cerca de San Juan de Ulúa y dejó que los totonacas le proporcionaran alimentos. A su vez, empezó a caldear el ambiente contra aquel. Esto intensificó las tensiones con Ayllón, hasta que Narváez lo arrestó y lo envió de regreso a Cuba en su barco, junto con algunos otros simpatizantes de Cortés. Ayllón logró mediante amenazas que el capitán lo llevara a Santo Domingo, desde donde de inmediato escribió una carta a la Corona quejándose amargamente de Velázquez y Narváez[35].

Durante este tiempo, la noticia de los recién llegados había viajado hasta la cercana Villa Rica de la Vera Cruz, por lo que Sandoval, el comandante de la guarnición, los hizo espiar de inmediato. Él y sus hombres se estaban preparando para un asedio. Como elemento disuasorio, mandó erigir una horca para evitar cualquier tentativa de deserción. Pronto tuvo que negociar con una comitiva de Narváez a cargo del clérigo Antonio de Guevara, quien, en nombre del gobernador de Cuba, le pidió que se sometiera. Sin embargo, Sandoval se mantuvo fiel a su señor e incluso arrestó a los mensajeros que lo habían criticado. Atados, los hizo llevar hasta Tenochtitlán al mando de Pedro de Solís. También envió correos para advertir a Cortés[36].

Mientras tanto, este se había enterado de la llegada de la flota española por otros canales, pero no sabía de quién se trataba. Después envió a varios exploradores a la costa. Las fuentes españolas aseguran que Moctezuma también se enteró de la llegada de Narváez sin el conocimiento del capitán general. Los dos, incluso, se habrían puesto en contacto, y el español había informado al tlatoani de que había venido a castigar a Cortés y a liberarlo. Moctezuma habría hecho que su gente se hiciera cargo de la nueva expedición a espaldas de Cortés y esperaba poder enfrentar a sus enemigos entre sí. No se puede decir con certeza si esto sucedió realmente o si fue un intento de los cronistas de dejar mal a Moctezuma y Narváez. El tlatoani, pasado un tiempo, decidió compartir con Cortés sus conocimientos y le mostró los mensajes con imágenes que sus exploradores le habían grabado en una tela. Quería convencer al capitán general de que aprovechara la oportunidad y se fuera con los barcos. Sin embargo, Cortés envió a Andrés de Tapia a ver a Sandoval, y al hermano Olmedo a Narváez. El clérigo debía averiguar qué estaban tramando los recién llegados[37].

Cuando De Solís llegó a Tenochtitlán un poco más tarde con los prisioneros de Sandoval, el capitán general recibió respetuosamente al grupo y se disculpó con Guevara por el trato rudo de sus subordinados. El clérigo y sus compañeros quedaron impresionados por esta acogida hospitalaria y más aún por el tamaño y esplendor de la capital. También admiraban el enorme poder que Cortés y sus aliados habían alcanzado allí. El capitán general quiso traer a su lado al embajador de Narváez, algo que, según Bernal Díaz, logró en muy poco tiempo:

> Y a cabo de dos días que estuvieron con nosotros, Cortes les habló de tal manera, con prometimientos y halagos, y aun les untó las manos de tejuelos y joyas de oro [...] que donde venían muy bravosos leones, volvieron muy mansos, y se le ofrecieron por servidores[38].

Cortés envió a los emisarios de regreso a la costa con una carta y les dio mucho oro para el camino. Una vez allí, Guevara informó sobre la gloria de la tierra, la riqueza y la belleza de Tenochtitlán. Los expedicionarios instaron a Narváez a buscar un acuerdo con Cortés, ya que en el país había suficientes tesoros para todos. Mientras tanto, los subordinados de Cortés distribuían el oro a los soldados de Narváez con el fin de ganárselos para su causa. En el caso de hombres como Andrés de Duero, antiguo simpatizante de Cortés, no resultó difícil. En general, tuvieron bastante éxito, porque Narváez no era popular en absoluto entre las tropas debido a su tacañería. Mientras que el estado de ánimo en San Salvador estaba a punto de cambiar, el favorito de Velázquez se mantuvo firme y ahuyentó furiosamente a sus emisarios, rechazando la colaboración que Cortés le había ofrecido en su carta. Consciente de su propia superioridad numérica, Narváez quería que Cortés acudiera desarmado a la costa y se sometiera a sus órdenes[39].

Para el de Medellín la situación era crítica; si bien sus soldados inicialmente se alegraron por la noticia de la llegada de los barcos españoles, porque esperaban refuerzos, su comandante sospechó desde el principio que los recién llegados actuaban por cuenta de Velázquez. La noticia sobre el comportamiento de los totonacas —hasta Chicomácatl se había pasado al lado de Narváez— no presagiaba nada bueno. Cortés respondió a la amenaza atrayendo primero a sus hombres más cerca de él y dándoles oro de su propio tesoro. Cuando quedó claro que Narváez no tenía ningún interés en llegar a un acuerdo, Cortés celebró un consejo de guerra donde anunció a las tropas la inminente lucha contra sus propios compatriotas. Como capitán general y juez superior de Nueva España, la ley estaba de su lado, ya que los recién llegados no tenían mandato real para sus acciones[40].

Cortés planeaba llevarse a casi la mitad de los hombres consigo en su marcha hacia la costa. De camino quería unir sus tropas en Cholula a las de Velázquez de León y Rodrigo Rangel, a quienes había enviado a investigar Coatzacoalcos y Chinantla antes de la llegada de Narváez. En total tenía unos trescientos soldados bajo su mando. Al resto, unos ciento veinte hombres, los dejó en Tenochtitlán a las órdenes de Alvarado para custodiar a Moctezuma y los tesoros acumulados. Dado que entre estos hombres había muchos partidarios de Velázquez, como el clérigo Juan Díaz, tuvieron que prestar juramento de fidelidad a Alvarado. Cortés no consiguió que los tlaxcaltecas le ayudaran militarmente porque no deseaban luchar contra españoles. Sin embargo, apoyaron la empresa con víveres y pertrechos. Cortés no quiso aceptar la escolta azteca que le ofrecía Moctezuma porque no sabía si podía fiarse de él[41].

Una vez que las tropas se unieron en Cholula, el capitán general se trasladó en dirección a Totonacapan, donde pronto se les unió Sandoval con los combatientes de Veracruz y algunos desertores del campamento de Narváez. En el camino se reunió con Olmedo y sus hombres, quienes le hablaron de su misión fallida y de los acuerdos secretos entre Moctezuma y Narváez. Cortés vio confirmado su escepticismo hacia el tlatoani. Un poco más tarde, se reunieron con él emisarios de San Salvador a las órdenes del escriba Alonso de Mata, que repitió las demandas de Narváez, quien, entretanto, se había trasladado a Cempoala. Cortés no estaba dispuesto a ceder, pero trató bien a los emisarios y los envió ilesos de regreso a Cempoala. En el período que siguió, ambas partes continuaron este intercambio improductivo de mensajes a larga distancia. De modo que Cortés decidió enviar a su capitán Rodrigo Álvarez Chico junto con el notario, Pero Hernández, y una vez más al hermano Olmedo, y más tarde incluso a Velázquez de León, mientras que, por el otro lado, Narváez envió a Andrés de Duero en dos ocasiones sin lograr tampoco un cambió de opinión. Finalmente, Cortés amenazó sin rodeos a Narváez con un ataque si no abandonaba el país. Este, a su vez, puso precio a la cabeza de Cortés. En última instancia, todos esto lo que buscaba era justificar las acciones respectivas frente al rey ante la disputa judicial que se avecinaba en el futuro. En consecuencia, Cortés abordaría este asunto detalladamente en su informe al emperador[42].

A solo una hora de Cempoala, Cortés redactó su atrevido plan de batalla y no dejó de conjurar a sus hombres con emocionantes discursos. Luego preparó un ataque sorpresa para esa noche. Se suponía que la primera compañía al mando de Diego Pizarro eliminaría la artillería, la segunda al mando de Sandoval al líder, Narváez, a cuya cabeza Cortés ahora también había puesto precio, la tercera y la cuarta, al mando de Velázquez de León y Ordás, someterían a los capitanes rivales más importantes y la quinta, a las órdenes del propio capitán general, acudiría por la retaguardia para intervenir allá donde fuera necesario. En el campamento de Narváez la atención estaba centrada en la fuerte lluvia que llevaba cayendo desde hacía días. Seguro de su victoria, no esperaba un ataque de su adversario. También subestimó el efecto de los sobornos que Cortés había realizado entre sus hombres a través de sus emisarios. A estas alturas, la moral de las tropas estaba seriamente debilitada[43].

El ataque sorpresa de Cortés en la noche del Domingo de Pentecostés, 28 de mayo de 1520, salió según lo planeado. Sandoval se enfrentó en la gran pirámide del templo a Narváez, quien perdió un ojo en la refriega y finalmente tuvo que rendirse. Después de eso, la resistencia de sus hombres se vino abajo rápidamente. Las pérdidas fueron limitadas. La breve batalla arrojó como resultado trece muertos y varios heridos. Según Cortés, los hombres de Narváez se sintieron aliviados de haber salido relativamente tan bien parados. Al parecer, todos juraron voluntariamente fidelidad a Cortés después de escuchar su versión de los hechos. Posteriormente, recuperaron sus armas, lo que provocó cierto malestar entre los conquistadores victoriosos que esperaban su botín. Incluso algunas mujeres que habían venido con Narváez se unieron al ejército. Únicamente el propio Narváez y sus principales oficiales, Gerónimo Martínez Salvatierra y Diego Velázquez el Mozo, sobrino del gobernador, fueron trasladados al penal de Veracruz. Cor-

Imagen 14: Cortés contra Narváez **(Lienzo de Tlaxcala)**

El ataque sorpresa tuvo éxito, sobre todo debido a la falta de vigilancia por parte de los oponentes. La escena inferior izquierda muestra la captura de Narváez. Los tlaxcaltecas también señalan con orgullo su propia contribución a la victoria.

tés se apoderó de la flota, hizo traer a tierra provisiones, velas, remos, brújulas y los tesoros saqueados, y ordenó dejar los barcos inservibles. Eufórico por la victoria, el capitán general envió dos expediciones al mando de Velázquez de León y Ordás para establecer asentamientos en las provincias de Pánuco y Coatzacoalcos. A ellas fueron asignados principalmente hombres de Narváez que todavía no eran de fiar[44].

Si nos fiamos de las fuentes españolas, Cortés había logrado otra brillante victoria. Las razones del éxito fueron variadas. Sin duda Narváez pecó de exceso de confianza, se mostró demasiado pasivo y dejó que su adversario tomara la iniciativa. Incluso a pesar de que no le brindaron apoyo militar, Cortés se benefició en muchos sentidos del conocimiento de la zona, así como de la ayuda de sus aliados indígenas. Además, supo ganarse a los conquistadores de ambos bandos mediante sobornos. También fue importante el hecho de que, a diferencia de Narváez, el capitán general lograba preservar la lealtad de sus hombres incluso en situaciones de crisis. Mantener una disciplina férrea y castigar cualquier infracción con severas sanciones resultó tan determinante como el hecho de que Cortés le hablara correctamente a la gente y diera buen ejemplo. A diferencia de comandantes como Narváez, el capitán general no se avergonzaba por tener que compartir las penurias de la vida cotidiana con su gente.

La matanza de Tóxcatl

Sin embargo, Cortés no tuvo tiempo de saborear el triunfo. Estando en Cempoala recibió malas noticias desde Tenochtitlán a través de emisarios de Alvarado y Moctezuma: los mexicas se habían sublevado y el palacio que servía de alojamiento a los españoles estaba sitiado[45]. Fuentes casi exclusivamente indígenas informan en detalle sobre los hechos que llevaron a este giro de los acontecimientos. Los informes españoles, en su mayoría, guardan silencio sobre este episodio, ya que de ninguna manera fue una página gloriosa en la historia de la conquista. Solo las actas del proceso de residencia de Pedro de Alvarado, un procedimiento de revisión oficial requerido al final de un mandato establecido en la ley española, ofrecen detalles de este episodio desde el punto de vista de los testigos presenciales españoles[46].

El calendario de festividades de los mexicas incluía el importante festival de Tóxcatl, en mayo, para conmemorar el final de la estación seca. Moctezuma había obtenido permiso de Cortés primero, y tras la partida de este de Alvarado, para celebrar este acontecimiento como de costumbre. El punto culminante de las fiestas en honor al dios Tezcatlipoca, que se prolongaban durante varios días, era el sacrificio de un joven prisionero que hubiera llamado la atención por su belleza, cualidades físicas y habilidades intelectuales. El llamado ixiptla personificaba al dios durante un año, aprendía a tocar la flauta, a atusarse con fragancias, a hablar con honor y a vestir con elegancia. También iba engalanado con piedras preciosas y guirnaldas de flores. Veinte días antes del festival se cambiaba de ropa y recibía cuatro doncellas como novias, que a su vez hacían de diosas. Después, vestía el atuendo de un gran guerrero. Cinco días antes de la verdadera fiesta, era adorado como un dios, además de disfrutar de un gran banquete al que asis-

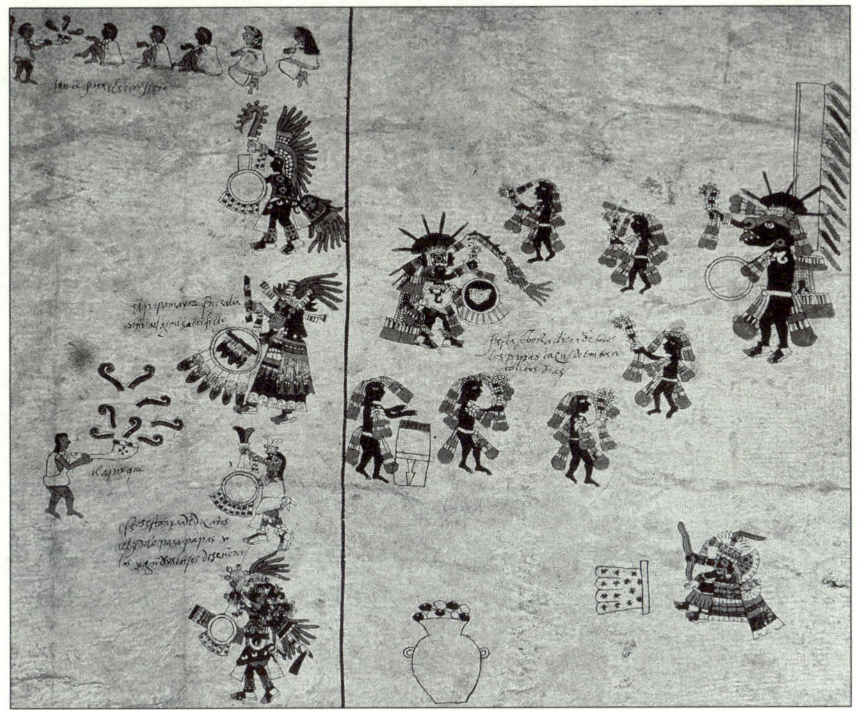

Imagen 15: *El festival de Tóxcatl, según el* **Códice Borbónico**
El festival giraba en torno al ixiptla de los cuatro dioses Tezcatlipoca, Huitzilo-
pochtli, Cihuacóatl y Atlahua.

tían todos los nobles excepto el tlatoani. Para el solemne sacrificio, el ixiptla subía voluntariamente los escalones de un viejo templo mientras iba rompiendo una a una las flautas con las que tocaba. Al final, su cuerpo sin vida no era arrojado por los escalones del templo como de costumbre y comido ritualmente, sino que su cabeza se colocaba en el tzompantli y su carne se distribuía entre la alta nobleza[47].

El problema no fue la festividad en sí, a pesar de que Alvarado supuestamente había prohibido los sacrificios humanos. Ya antes había habido señales que apuntaban a un cambio de actitud entre los mexicas y ponían nerviosos a los españoles. El reparto de comida se detuvo de repente. Los tlaxcaltecas le dijeron a Alvarado que los mexicas querían atacar y sacrificar a sus aliados después de la celebración porque consideraban que, ahora que Cortés se había marchado, era el momento ideal para la liberación de su tlatoani por motivos rituales y estratégicos. Según Alva Ixtlilxóchitl, los tlaxcaltecas difundieron este rumor para vengarse de los mexicas, quienes a menudo sacrificaban a innumerables prisioneros tlaxcaltecas durante la festividad de Tóxcatl. Al parecer, el anuncio de Narváez de que Moctezuma sería liberado también alimentó la voluntad de los mexicas de luchar contra el enemigo diezmado. Por parte de los españoles, en cambio, su propia debilidad y la incertidumbre sobre el desenlace del conflicto con Narváez hicieron el resto para aumentar la sensación de amenaza[48].

Los preparativos para la fiesta incluyeron la realización de una gran estatua de Huitzilopochtli, hecha con una masa de semillas y adornada con la insignia del dios. La estatua fue descubierta el día de la celebración, pero al contrario de lo que solía hacerse antes de la llegada de los españoles, esta no fue llevada al Templo Mayor. Al parecer, Alvarado se enteró por un prisionero de los mexicas de que la obra pronto estaría de regreso en el lugar previsto, es decir, donde todavía se encontraban el altar cristiano y las imágenes de María. Según el testimonio posterior de Bernardino Vázquez de Tapia, opositor de Alvarado, el capitán interrogó después a varios presos destinados al sacrificio y a dos familiares de Moctezuma, quienes bajo tortura confirmaron lo que el capitán había querido escuchar: que el levantamiento era inminente. Para justificar sus acciones, Alvarado hizo una serie de afirmaciones, verdaderas o inventadas, destinadas a dar la impresión de que no era más que un ataque preventivo razonable diseñado para salvar la vida de los españoles. Entre otras cosas, insistió en que los mexicas habían intentado quitar el altar cristiano y lo habían ensuciado en el proceso[49].

Alvarado decidió dejar a la mitad de sus hombres para custodiar a Moctezuma y a los nobles aztecas en el palacio e ir con la otra mitad y numerosos tlaxcaltecas a la plaza frente al Templo Mayor, donde unos cientos de varones de la alta nobleza perfectamente ataviados aparecieron bailando al son de los grandes tambores mientras varios miles de espectadores observaban la escena. La atención estaba puesta en la danza de la serpiente, llamada Macehualiztli, con la que los bailarines y espectadores entraban en éxtasis. Esta danza ritual en grupo, acompañada de cánticos, era una forma de oración, y los sacerdotes vigilaban con atención que se guardara la disciplina y que nadie se alejara sin permiso. Alvarado colocó a sus hombres fuertemente armados en las salidas de la plaza y rodeó a los mexicas. A continuación, dio la orden de atacar a los indefensos celebrantes[50]. Lo que siguió es descrito en el *Códice Durán* con impresionantes palabras:

> [...] los predicadores del evangelio de Jesucristo, ó por mejor decir discipulos de iniquidad, sin ninguna tardanza hicieron, entrando entre aquellos desventurados, desnudos en cueros con solamente una manta de algodon á las carnes, sin tener en las manos sino rosas y plumas con las que bailaban, los metieron todos á cuchillo; lo cual como vieron los demas, acudiendo á las puertas para huir eran muertos por los que guardaban las puertas; de suerte que queriéndose meter y esconder por los aposentos, huyendo de aquellos ministros del demonio, no pudiéndose esconder de ellos fueron todos muertos, quedando el patio lleno de la sangre de aquellos desventurados y de tripas y cabezas cortadas, manos y pies y otros con las entrañas fuera, á cuchilladas y estocadas, que era el mayor dolor y compasion que se pudo pensar; especialmente con los dolorosos gemidos y lamentaciones que allí en aquel patio se oían, sin podellos favorecer ni ayudar ni remediar[51].

La reacción sorprendió a los españoles, ya que los mexicas, liderados por los nobles supervivientes y los líderes de los calpultin, tomaron las armas y atacaron a los españoles. Estos se vieron obligados a retirarse a la fortaleza del palacio, envueltos en feroces combates. A pesar de que tuvieron siete muertos y muchos heridos, por el momento consiguieron detener a los atacantes con el fuego de su artillería. Después, los mexicas rodearon el edificio, quemaron los bergantines para evitar que los españoles escaparan y continuaron con el ataque. Alvarado logró sacar a escondidas a dos tlaxcaltecas que informaron a Cortés de los preocupantes hechos. Las furiosas acometidas de los guerreros aztecas se prolongaron durante varios días y llevaron a los españoles al borde de la derrota. Después de sobrevivir al peligro, algunos quisieron hallar la razón de ello en una aparición de María y en la ayuda del apóstol Santiago, pero más decisiva fue, sin embargo, la intervención de Moctezuma, quien, junto con su hermano Cuitláhuac e Itzquauhtzin, el gobernador de Tlatelolco, había sobrevivido a la masacre perpetrada por los guardias españoles entre los príncipes aztecas capturados en el palacio. Presuntamente encadenado por Alvarado y amenazado de muerte, él e Itzquauhtzin pidieron a sus compatriotas desde el tejado del edificio que detuvieran sus ataques, lo cual debilitó la violencia del asalto de forma tan notable como la noticia de la derrota de Narváez. Moctezuma actuó por instinto de conservación, pero perdió el respeto de su gente. Según Vázquez de Tapia, su discurso salvó la vida de los españoles en esta situación tan peligrosa[52].

Imagen 16: La matanza de Tóxcatl (Durán, Historia 1579, fol. 211)
La matanza de Tóxcatl marcó un punto de inflexión en las relaciones entre españoles y mexicas. La imagen expresa el horror que provocó este suceso, que habría de perdurar en la memoria colectiva de los mexicas.

Cortés respondió de inmediato a la llamada de auxilio: encomendó a Rodrigo Rangel el mando de Veracruz, donde también se quedaron los enfermos, los heridos y los presos. A continuación, ordenó que regresaran las dos expediciones al mando de Velázquez de León y Ordás. En Tlaxcala, reunió un poderoso ejército que contaba con mil trescientos soldados españoles, noventa y seis jinetes, ochenta ballesteros y ochenta arcabuceros. Los tlaxcaltecas proporcionaron otros dos mil guerreros. El ejército se dirigió de regreso hacia Tenochtitlán lo más rápido posible. Esta vez a lo largo del camino no experimentaron ninguna acogida amistosa o atención por parte de los pueblos que atravesaron. Sin embargo, el día de San Juan, el 24 de junio de 1520, el capitán general pudo regresar a la fortaleza del palacio en una ciudad mortalmente tranquila y aparentemente desierta[53].

Incluso aquellos que participaron activamente en los hechos en ese momento se dieron cuenta del alcance de lo sucedido. La matanza de Tóxcatl marcó un punto de inflexión más allá del cual no hubo vuelta atrás. Por supuesto, la cuestión de la culpa surgió de inmediato. En ese contexto, Cortés interrogó a Alvarado, quien sugirió como motivo el presunto ataque inminente de los mexicas. El capitán general no quedó satisfecho con esta explicación, más bien al contrario, y acusó a su capitán de haber cometido un grave error. Sin embargo, se abstuvo de castigarle y posteriormente culpó a Narváez, cuya aparición había despertado la voluntad de resistencia de los mexicas. A pesar de haber violado la ley de forma evidente y trascendental, Alvarado escapó a la condena en los años siguientes. Los cronistas españoles e indígenas, en general, coincidieron más tarde en que Alvarado fue el responsable de la matanza, la cual valoraron de manera distinta. El propio Cortés extendió un manto de silencio al respecto en su carta de relación, mientras que otros solo tocaron el tema brevemente[54].

Según las fuentes indígenas de Sahagún y el *Códice Durán*, los nobles bailaron por encargo especial de Cortés. Según Durán, el capitán general incluso estuvo presente durante la matanza, pero es la única fuente en este sentido. Estas afirmaciones han llevado a los investigadores a especular con la idea de que Cortés pudo haber encargado el asesinato de la élite azteca siguiendo el modelo de la matanza de Cholula y debilitar así de manera decisiva al enemigo. En vista de los paralelismos entre estas dos sangrientas acciones, la idea no es absurda, pero en las fuentes tan solo aparece como una conjetura en el *Códice Ramírez* y no hay otros fundamentos para ello[55].

No cabe duda de que detrás de la atrocidad española estaba por un lado el miedo a un levantamiento y, por otro, el ejemplo de Cholula, donde ya se había llevado a cabo una matanza entre la clase dominante. Es indudable que Alvarado, como comandante local, fue el responsable de esto, mientras que el papel de Cortés sigue siendo cuestionable. Sin embargo, el crimen resultó contraproducente porque en última instancia llevó a que los mexicas dejaran de apoyar a Moctezuma. A partir de entonces, los rehenes no tenían ningún valor para los españoles. Esto, y la encarnizada batalla que libraron los guerreros aztecas contra sus enemigos españoles, no permite llegar a otra conclusión que la de admitir que el coste político del baño de sangre que provocó Alvarado resultó demasiado alto.

La muerte de Moctezuma y la Noche Triste

No está claro por qué los mexicas dejaron que Cortés y sus hombres regresaran a la ciudad sin oponer resistencia. ¿Lo hicieron para poder combatir mejor a los españoles allí o porque todavía estaban de luto por los caídos? Ambas tesis no resultan del todo convincentes

Imagen 17: El asedio (Durán, Historia 1579, fol. 217)
*El asedio de los mexicas puso a los españoles en serios apuros. La imagen muestra
las grandes diferencias de armamento y equipamiento entre los distintos bandos.*

y las fuentes no dan respuesta a esta pregunta. La información en los
Anales de Tlatelolco y en la crónica de Sahagún podría indicar que el
respeto por Cortés seguía siendo grande y que los mexicas todavía
podrían estar dispuestos a negociar[56]. Al fin y al cabo, Cortés y sus
hombres habían aumentado significativamente el número de defensores. Sin embargo, no podían relajarse. Aunque en ocasiones todavía
podían hacer pasar a escondidas mensajeros a través de la red de
asedio, el problema del abastecimiento se volvió más difícil día a día,
a pesar del descubrimiento de un manantial de agua salobre en el
patio interior. Durante las tres semanas que duró el cerco, los aztecas
alzaron los puentes del albarradón y atacaron a los españoles cada vez
que estos trataron de salir de su fortaleza. Cortés ordenó varias salidas,
una con «torres» de fabricación propia para proteger a los soldados.
De esta manera, durante el día, los españoles lograban tomar casas
en los barrios y una vez, incluso, el palacio de Moctezuma. Pero por
la noche, cuando se retiraban a su palacio, los mexicas recuperaban
los edificios. A excepción de bajas y heridas, los ataques no consiguieron nada. Según Bernal Díaz, los jinetes lo pasaron especialmente
mal en los canales y en las calles de la ciudad. Al poco tiempo, casi
todos los caballos resultaron heridos de forma más o menos grave[57].

Los mexicas no mostraron todo su poder de combate hasta el día
siguiente al regreso de Cortés, «cuando fuimos atacados», lo cual sorpren-

dió a los españoles[58]. Atacaron el palacio, prendieron fuego y arrojaron piedras y lanzas desde los edificios cercanos a los enemigos encerrados, lo que demostró ser la forma más eficaz de luchar. Los grandes templos en particular se utilizaron como base para estos ataques, tras lo cual Cortés asaltó con éxito una de las pirámides, pero no pudo conservar la posición. A los mexicas no les impresionaban las grandes pérdidas infligidas por la artillería española y los fusileros. A los españoles les parecía que por cada guerrero azteca que caía había dos nuevos en el campo de batalla. No obstante, los mexicas también adaptaron su estilo de lucha para reducir su número de bajas. De modo que se retiraron estratégicamente y empezaron a atacar desde posiciones cubiertas y a obstaculizar los trabajos de reparación españoles en la fortaleza del palacio. También aprendieron a evitar las armas de fuego. La guerra psicológica jugó asimismo un papel importante. Los mexicas utilizaban deliberadamente gritos de guerra por la noche para asustar a sus enemigos y privarlos del sueño, además de insultos y amenazas. También les preguntaron a sus sacerdotes sobre presagios favorables y rezaron a sus dioses. La mayor ventaja de los mexicas era su abrumadora superioridad numérica, la cual se vio incrementada tras la movilización de las ciudades tributarias de los alrededores. Díaz del Castillo, que admiraba la valentía de sus enemigos, señaló acertadamente: «[…] aunque estuvieran allí diez mil Héctores troyanos y otros tantos Roldanes, no les pudieran matar»[59].

Entretanto, el ánimo entre los hombres de Cortés, especialmente entre los recién llegados del ejército de Narváez, se deterioró notablemente, razón por la cual Cortés se vio obligado a renegociar. Lo había intentado unos días antes e incluso había liberado a uno de sus rehenes más importantes, Cuitláhuac, el gobernante de Iztapalapa, probablemente a cambio de provisiones. Sin embargo, esta medida no tuvo el efecto tranquilizador deseado porque el hermano de Moctezuma, que ya se había posicionado contra los españoles, convocó al gran consejo de los mexicas, el cual le dio el poder, aunque sin entronizarle todavía. De este modo se convirtió en el nuevo comandante en jefe de las tropas aztecas. En esta situación, Moctezuma era la última carta que le quedaba a Cortés, pero el capitán general había evitado el contacto con el tlatoani desde su regreso y también lo insultó por su supuesta traición. Ahora, le ordenó convocar a sus súbditos desde el tejado del palacio para solicitar un armisticio y acceder a negociar[60].

Las fuentes españolas relatan que el príncipe, junto con algunos otros prisioneros nobles, detuvo a sus guerreros. Según algunos infor-

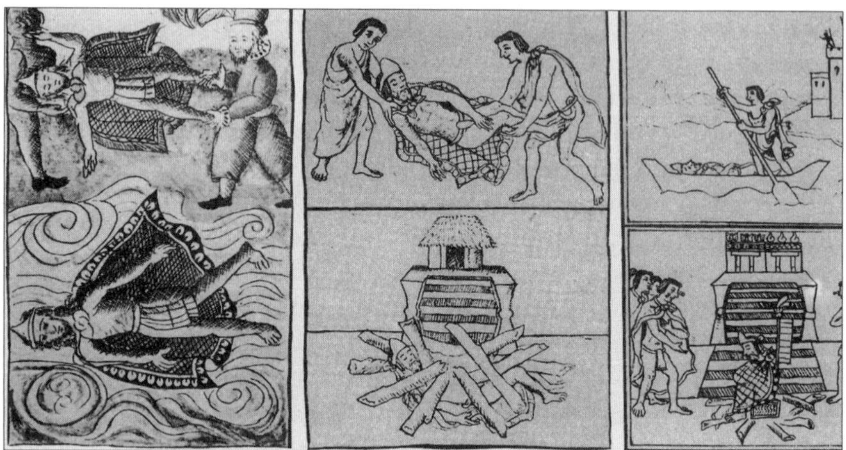

Imagen 18: Tratamiento del cadáver de Moctezuma según el Códice Florentino
No está claro si Moctezuma fue realmente llorado por sus súbditos ni si su cuerpo fue incinerado honorablemente como aquí se muestra.

mes, hubo un momento de silencio y se le escuchó. Otras crónicas, en cambio, cuentan que la aparición del gobernante cubierto por escudos españoles ni siquiera se notó en la batalla. Según la primera versión, el tlatoani ordenó a sus súbditos que dejaran de luchar porque los españoles querían retirarse de inmediato. No obstante, los mexicas se negaron; según Díaz del Castillo, con lágrimas, según Cervantes de Salazar, con maldiciones e injurias contra Moctezuma. Al parecer, de inmediato retomaron el ataque e hirieron con sus proyectiles al tlatoani, que no estaba lo suficientemente protegido, de tal modo que murió a causa de las heridas al poco tiempo; algunas fuentes hablan de varios días. Según Díaz del Castillo, Cortés liberó a algunos sacerdotes aztecas y también entregó el cuerpo de Moctezuma a los mexicas, quienes, sin embargo, aún no estaban dispuestos a ceder[61].

En las fuentes basadas en testigos indígenas, la muerte de Moctezuma a veces se describe de manera diferente. Aquí tampoco hay una versión unánime, pero según el *Códice Florentino* y el *Códice Ramírez* los mexicas descubrieron el cuerpo a las puertas del palacio y llegaron a la conclusión de que había sido asesinado por orden de Cortés. Las dos opciones pueden compaginarse en la medida en que los aztecas no sabían que el tlatoani había sido víctima de una herida que no fue necesariamente deliberada[62]. Lo que sucedió con el cadáver también es controvertido. Mientras algunos afirman que los mexicas no derramaron ni una lágrima por su tlatoani, ya que este había perdido su legitimidad y era despreciado por el pueblo, otros testigos presenciales e interlocutores de Sahagún afirman que los súbditos honraron a su gobernante fallecido con grandes ceremonias y, según la costumbre azteca, lo incineraron y lloraron[63].

Entonces, los mexicas designaron formalmente a Cuitláhuac como tlatoani de Tenochtitlán. Cortés, basándose en las ideas europeas sobre la ley de sucesiones, liberó después a un preso azteca que se suponía que debía decirles a sus compatriotas que sus hijos, que también estaban bajo custodia española, o el sobrino de Moctezuma eran sus sucesores legales. Sin embargo, los mexicas ignoraron esta maniobra aparentemente desesperada y siguieron atacando. Frustrado por el fracaso de sus intentos por negociar, el capitán general, con el consentimiento de sus oficiales, hizo que todos los demás rehenes, excepto Chimalpopoca y las dos hijas de Moctezuma, fueran asesinados y los cuerpos arrojados frente al palacio. Entre estos había nombres tan ilustres como Itzquauhtzin y Cacamatzin[64]. Aguilar, testigo ocular de los hechos, describió vívidamente lo que sucedió a continuación:

> [...] los cuales [cadáveres] llevaron ciertos indios que habían quedado que no mataron, y llevados sucedió la noche, la cual venida allá a las diez vinieron tanta multitud de mujeres con hachas encendidas y braseros y lumbres que ponía espanto... Y así como las mujeres conocían a sus deudos y parientes (lo cual veíamos los que velábamos en el azotea con la mucha claridad), se echaban encima con muy gran lástima y dolor y comenzaron grito y llanto tan grande que ponía espanto y temor [...][65].

Para los conquistadores, la situación se volvió cada vez más desesperada, por lo que la presión sobre el capitán general aumentó. Los hombres querían escapar del asedio y huir de Tenochtitlán, una idea que Cortés detestaba, ya que estaba decidido a entregarle la ciudad a su rey. Otros intentos de los españoles de escapar, de abrirse paso a través de los puentes del albarradón y de destruir las casas adyacentes para tapar las zanjas abiertas por los mexicas con los escombros fracasaron, ya que sus oponentes volvían a abrirlas durante los descansos en la lucha. Cuando la situación del abastecimiento se volvió insostenible y las municiones escasearon, Cortés decidió actuar en coordinación con sus capitanes. Sin más vacilaciones, a medianoche, los españoles quisieron salir de la trampa en la que se había convertido el palacio de Axayácatl junto con todos los hombres por la última calzada transitable hacia Tlacopan, en el oeste. Un conquistador, que decía ser astrólogo y podía citar como prueba de ello que ya había estado en Roma, resultó decisivo con su profecía para tomar la decisión. El momento también ofrecía razones prácticas, ya que los mexicas no solían pelear de noche. El capitán general mandó construir un puente móvil. Las tropas se dividieron, con Sandoval al frente de la vanguardia. Cortés formaba el centro con la mayor parte del ejército, los prisioneros y el clero, Velázquez de León y Alvarado marchaban detrás y los tlaxcaltecas, severamente diezmados, formaban la cola. La cuestión que más parecía preocupar a muchos de los españoles en aquel momento de grandísima tensión era cómo llevarse consigo el tesoro de oro robado de Tenochtitlán. Una yegua iba cargada con la parte del rey, la cual era tan pesada que el animal apenas podía avanzar. A los soldados también se les permitió ahora tomar el oro y escondieron bajo su armadura tantas barras como les fue posible. La gran evasión podía comenzar[66].

En la noche del 30 de junio al 1 de julio de 1520 —algunas fuentes mencionan el 10 de julio— los españoles, que habían llegado a la capital con arrogancia y confiados en la victoria seis meses antes, se alejaban ahora despavoridos. El clima favoreció su plan porque llovió mucho, lo que los testigos interpretaron como una señal de la providencia divina. Llegaron hasta los límites de la ciudad sin ser vistos y ya habían llegado a la calzada cuando una mujer azteca y un guardia en uno de los templos dieron la voz de alarma. Lo que sucedió a continuación es uno de los episodios más negros para los españoles en la historia de la conquista del Nuevo Mundo. Desde tierra y mar, los mexicas atacaron furiosamente a los conquistadores por todos lados. El puente improvisado con el que habían cruzado los primeros canales se volcó cuando dos caballos se movieron en el suelo resbaladizo. El canal estaba lleno de animales y hombres muertos que eran empujados al agua por los soldados que avanzaban. En vista de la estrechez, los hombres montados no podían hacer nada y las armas de los fusileros no podían usarse debido a la humedad. Pronto la pelea se convirtió en un sálvese quien pueda. Muchos españoles se ahogaron arrastrados por el peso del oro. Los tlaxcaltecas, que habían asumido el ingrato papel de retaguardia, fueron aniquilados casi por completo. Numerosos hombres cayeron en manos de los mexicas, que ya no buscaban prisioneros principalmente, sino que mataban a sus enemigos en cuanto podían. La vanguardia de Sandoval y el ejército principal de Cortés llegaron a la orilla de Tlacopan con grandes pérdidas. Alvarado logró salvarse a pie, gravemente herido, pero Velázquez de

León y la mayoría de los hombres a sus órdenes estaban tan muertos como los rehenes aztecas, incluido Chimalpopoca, el heredero al trono propuesto por Cortés. Algunas de las tropas de retaguardia tuvieron que abrirse camino de regreso hasta la fortaleza del palacio, donde pudieron aguantar unos días más hasta finalmente ser asesinados[67].

El resultado de este enfrentamiento, que pasaría a la historiografía como la Noche Triste y a la de los mexicas como la Batalla del Canal Tolteca, fue devastador desde el punto de vista de los españoles. El propio Cortés restó importancia al número de muertos en su informe al emperador, pero otros testigos oculares estimaron que habían perecido varios cientos de conquistadores y varios miles de tlaxcaltecas. Según Aguilar y Vázquez de Tapia, las pérdidas rondaron el cincuenta por ciento. Además, se perdieron alrededor de cuarenta y cinco caballos y toda la artillería; y lo que para los españoles era aún más grave: todo el oro. Los mexicas y sus aliados también entregaron una gran cantidad de guerreros aquella noche, pero, a pesar del cambio en la forma de luchar, tomaron muchos prisioneros que serían sacrificados más adelante. Desde su punto de vista, la noche fue un gran éxito, ya que habían logrado expulsar al enemigo de la ciudad. Si había alguien entre los pueblos indígenas que pensara que los europeos eran dioses inmortales, esta convicción quedó hecha pedazos después de aquella jornada[68].

La estancia de los españoles en Tenochtitlán desde noviembre de 1519 hasta julio de 1520 deja muchas preguntas sin respuesta. Las diferencias entre los numerosos informes y crónicas son grandes y no se puede establecer una distinción clara entre autores indígenas y europeos. A pesar de la multitud de versiones sobre los sucesos, algunos de ellos no se pueden explicar. Sin embargo, los puntos clave están fuera de toda duda y permiten algunas conclusiones. Se puede decir que los conquistadores no hubieran sobrevivido a la fuga sin el apoyo de sus aliados indígenas. Los españoles tenían mucho menos margen de maniobra del que ellos mismos consideraban, aunque no siempre fueron conscientes de ello. De modo que con sus acciones siguieron la lógica de los mexicas, en cuyo cosmos habían irrumpido. Si hemos de creer sus descripciones, los españoles obtuvieron una ventaja decisiva mediante mentiras y engaños, en particular gracias a la captura del tlatoani. Sin embargo, los acontecimientos de la primavera de 1520 demostraron que el poder de Moctezuma no lo abarcaba todo y que su persona no era inviolable. En la fase de tensión entre abril y junio ambos bandos confiaron en poderes superiores, y en la gran Batalla del Canal Tolteca o Noche Triste quisieron ver la mano de sus dioses.

Los mexicas celebraron con festejos la victoria; los españoles, que a duras penas habían conseguido salvar el pellejo, se lamentaron con oraciones. Pero la guerra aún no había terminado, más bien, estaba a punto de comenzar.

Imagen 19: La Noche Triste (Lienzo de Tlaxcala)

El Lienzo de Tlaxcala muestra cómo los mexicas atacaron a los españoles y sus aliados desde canoas y cómo las sangrientas batallas en el llamado Canal Tolteca continuaron en el agua. Cortés y algunos de los aliados, en la imagen de la derecha, ya han superado la brecha, pero el ataque prosigue.

VIII

GUERRA Y DESTRUCCIÓN

Para los mexicas, la Batalla del Canal Tolteca fue un triunfo por el que tuvieron que pagar un alto precio. Partes de la ciudad quedaron devastadas y la base del estado, la autoridad del tlatoani, seriamente dañada. Con Cuitláhuac tenían un nuevo tlatoani listo para pelear, pero la vergonzosa muerte de Moctezuma y muchos miembros de la élite azteca resultó muy dolorosa. Además, numerosas provincias se habían rebelado contra los mexicas. El cambio de alianzas ya era algo muy común en el estructurado mundo de las ciudades-estado de Mesoamérica en la época prehispánica, por lo que la llegada de los europeos tan solo introdujo un elemento dinámico. Los tlaxcaltecas y el resto de las ciudades-estado que se unieron a los aliados querían aprovechar esta circunstancia. Para los conquistadores españoles, el desastre fue más que una «noche triste». El espíritu combativo de las tropas había quedado seriamente dañado debido a las enormes pérdidas de hombres y material. La mayoría de ellos quería regresar a Cuba lo antes posible. Al igual que sus compatriotas y aliados capturados, temían ser masacrados y sacrificados por la aparentemente inconmensurable masa de mexicas de Tenochtitlán. Para Cortés, sin embargo, no había vuelta atrás, pues en Cuba le esperaba un vengativo Velázquez. Estaba condenado a luchar.

Regreso a Tlaxcala

Mientras la batalla aún se libraba, la vanguardia de los españoles ya había llegado a Popotlan, donde nuevamente fueron atacados por guerreros aztecas y conducidos hacia Tlacopan. Debido a los constantes ataques, tuvieron que dejar atrás a muchos de los heridos, que cayeron en manos del enemigo. En Otoncalpolco, un cerro que luego se llamaría Nuestra Señora de los Remedios, hicieron una parada.

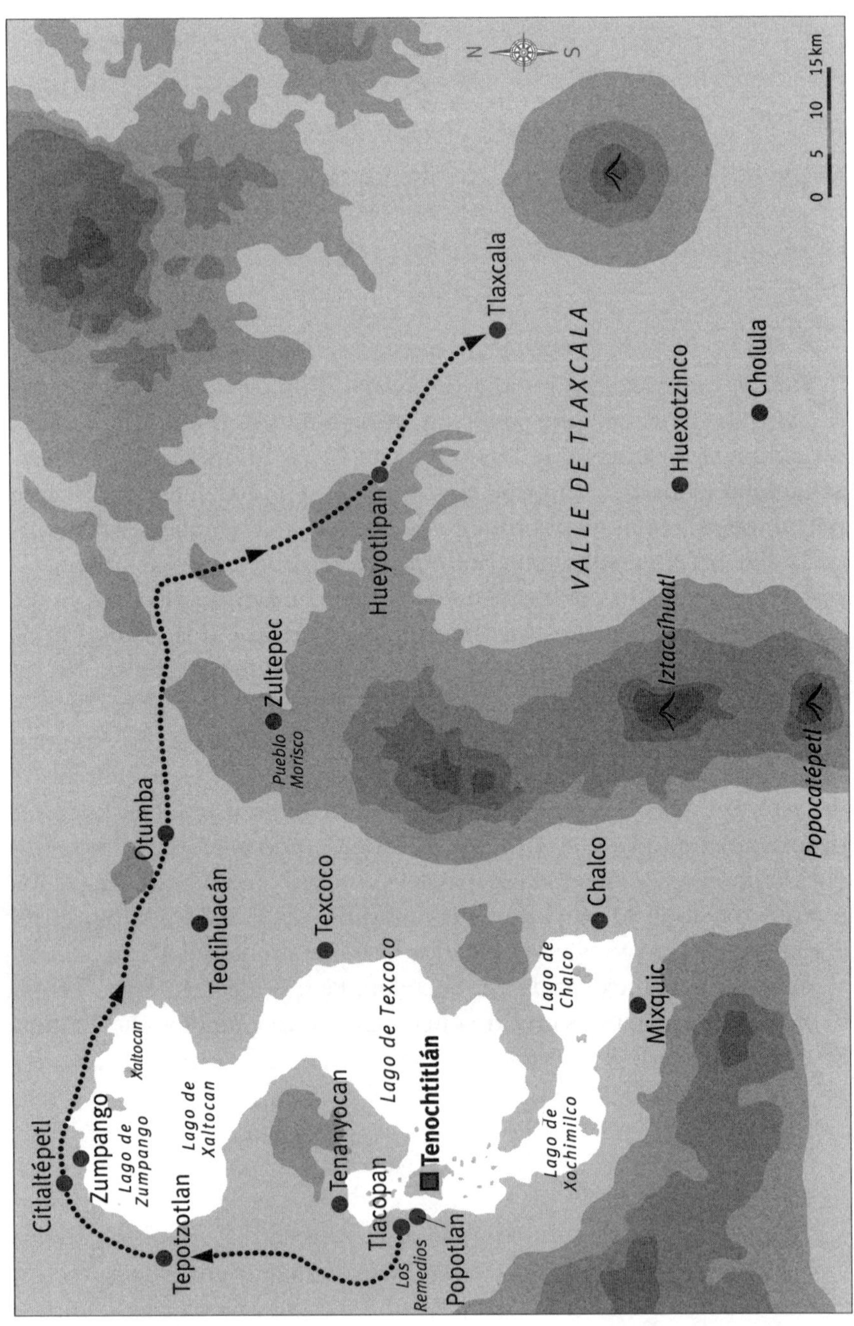

Mapa 9: La huida hacia Tlaxcala

Los tepanecas que vivían en Teocalhueyacan, no muy lejos de allí, recibieron a los refugiados de manera amistosa y proporcionaron a los hombres medio muertos de hambre y heridos la comida que necesitaban con urgencia. El hecho de que los tepanecas no prestaran atención a los llamamientos de los mexicas para luchar juntos contra los extranjeros muestra hasta qué punto la autoridad de Tenochtitlán estaba ya socavada. Según las fuentes, el propio Cortés, al principio, se encontraba muy deprimido por las elevadas pérdidas, pero rápidamente se recuperó y fijó Tlaxcala como destino de la marcha. Se suponía que los tlaxcaltecas supervivientes liderarían al ejército diezmado en la ruta norte alrededor del lago, ya que de este modo se alejarían de la capital y podrían moverse a través de áreas menos densamente pobladas[1].

Después de pasar revista a las tropas y comprobar la magnitud de la catástrofe militar, los españoles se trasladaron al norte por Tepotzotlan, Citlaltépetl y Xoloc, donde fueron atacados esporádicamente. Los habitantes de estos pueblos ya habían abandonado sus casas cuando aparecieron los soldados extranjeros, pero los edificios ofrecían protección y provisiones para que los hombres exhaustos pudieran, al menos, descansar un poco. Durante la marcha lograron defenderse eficazmente por medio de la caballería, sobre todo porque sus oponentes no atacaban en gran número. Sin embargo, no cabe duda de que las tropas ofrecían un cuadro triste: los heridos graves eran llevados en el centro por otros menos graves y determinaban el ritmo de la marcha. Muchos hombres murieron a causa de sus heridas o por inanición, ya que no había un suministro de alimentos adecuado en las zonas escasamente pobladas[2].

Finalmente, a principios de julio, cerca del pueblo de Otumba, un ejército azteca bien armado, dirigido en el campo de batalla por Cuitláhuac, se interpuso en el camino de los españoles. Debido a que sus propias tropas habían tenido que reabastecerse primero, los mexicas no pudieron emprender la persecución de inmediato. Además, fue necesario llamar al orden a los súbditos tributarios que habían aprovechado la fase de debilidad de Tenochtitlán durante el cautiverio de Moctezuma para romper lazos. Después de todo, la agitación política tras la muerte del tlatoani, así como la desaparición de importantes elementos de la clase dominante fue un problema que tardaría un tiempo en resolverse. La batalla de Otumba se prolongó durante varias horas y llevó a los españoles y a sus aliados al borde de la derrota. Su ventaja, sin embargo, fue que el enfrentamiento tuvo lugar en una llanura, donde la caballería pudo desplegar su eficacia al completo. Cuando la caballería española logró localizar y matar al comandante en jefe de los mexicas, el cual destacaba entre la multitud de sus guerreros por su llamativa ropa de guerra con tocado de plumas y estandarte, las tornas cambiaron. En concreto, la captura del estandarte fue una mala señal para los mexicas, porque la batalla se consideró perdida. El ejército azteca se retiró, perdiendo la gran oportunidad de aniquilar de una vez por todas a un enemigo diezmado. Algunos españoles afirmaron más tarde que debían el milagroso rescate a la intervención del apóstol Santiago a lomos de su caballo blanco[3].

Los españoles se sintieron muy aliviados cuando regresaron a la región tlaxcalteca pocos días después de Otumba. Díaz del Castillo recordó: «Nos alegramos como si fueran nuestras casas». Cortés les dijo a sus hombres que no saquearan más y que evitaran cualquier tipo de ataque contra la población. La reputación de los europeos en la región había decaído. En el pueblo tlaxcalteca de Hueyotlipan fueron recibidos de manera amistosa, pero sin opulencia, y por primera vez tuvieron que pagar la comida tlaxcalteca con oro. Unos días más tarde los españoles recibieron la visita de una delegación de altos dignatarios encabezada por Maxixcatzin. Le aseguraron a Cortés su apoyo y su voluntad de seguir luchando, sobre todo porque querían vengar a sus propios muertos. También invitaron a los españoles a descansar en la capital para recuperar fuerzas. A mediados de julio, los demacrados restos del otrora orgulloso ejército se trasladaron a Tlaxcala, donde permanecieron unas tres semanas y curaron sus heridas. Hubo también otros heridos que murieron debido a una atención médica inadecuada. Los supervivientes sabían muy bien que sin la ayuda de los tlaxcaltecas no tenían nada que hacer[4].

La cuestión de cómo comportarse con los españoles había provocado previas disputas entre los líderes de Tlaxcala. Xicoténcatl el Joven, que había liderado la guerra contra los extranjeros cuando se conocieron, se pronunció en contra de la cooperación. Además, los mexicas enviaron seis emisarios de alto rango a Tlaxcala tratando de buscar una alianza, lo que despertó el interés de algunos miembros de la élite local. Intentaron convencer a sus interlocutores con obsequios y el argumento de que tlaxcaltecas y mexicas estaban emparentados y adoraban a los mismos dioses, mientras que los codiciosos españoles buscaban gobernar en todo el país. Al parecer, hubo fuertes disputas sobre esta cuestión dentro del consejo supremo de los tlaxcaltecas, donde finalmente se impuso la facción de Maxixcatzin, proclive a Cortés, sobre todo porque no se podía confiar en las garantías de los mexicas y se sabía que su venganza sería cruel. Sin embargo, los tlaxcaltecas arrancaron grandes concesiones a los españoles para obtener más apoyo. Reclamaron la exención permanente de tributo a Tenochtitlán, su propia fortaleza en la capital de los mexicas, una parte del botín de guerra, el dominio de Cholula y los tributos de Huexotzinco y Tepeyac[5].

Dada la importancia de Tlaxcala, Cortés no tuvo más remedio que acceder a las demandas. Durante su estancia en Tlaxcala, el capitán general hizo reunir todo el oro que los conquistadores de Tenochtitlán habían podido salvar. Naturalmente, la medida causó disgusto entre la tropa, pero desde la perspectiva del capitán general era necesario llenar de nuevo los fondos para la hueste. En cualquier caso, muchos de los hombres no habían reaccionado con euforia al anuncio de que la guerra continuaría. No se sentían seguros ni siquiera en Tlaxcala porque, como dijo López de Gómara, «nunca pega bien ni dura la amistad entre personas de diferente religión, traje y lenguaje»[6]. En concreto, algunos de los conquistadores que habían llegado con Narváez querían regresar a Cuba. Bajo el liderazgo de su antiguo colaborador Andrés de Duero, le arrancaron a Cortés la promesa de poder embarcarse a la primera oportunidad. Entretanto, el capitán general envió mensajeros a Veracruz para tantear la situación e instar al oficial al mando allí a que no permitiera que ningún barco partiera hacia Cuba. Dado que los caminos se habían vuelto inseguros durante la lucha contra los mexicas, debían mantenerse alejados de ellos. Mientras Cortés todavía estaba en Tenochtitlán, todo un regimiento de cuarenta y cinco hombres y cinco jinetes al mando de Juan de Alcántara, así como varios cientos de tlaxcaltecas, que iban a buscar provisiones a Veracruz y pretendían poner a salvo parte del tesoro dejado en Tlaxcala, cayeron en una emboscada de los mexicas y perecieron. Las noticias que llegaron desde la costa fueron variadas: la paz reinaba en la región, pero como había pocos hombres disponibles en la guarnición, los suministros esperados no se materializaron[7].

Sin embargo, Cortés ya estaba planeando la próxima campaña, entre otras cosas para mantener ocupados a sus hombres, entre los que reinaba el descontento. Tenía claro que si quería ganar la batalla decisiva tendría que asegurar mejor las líneas de suministro desde Veracruz. También se había percatado de que la cohesión dentro del Imperio azteca era frágil. Una demostración de fuerza solía ser suficiente para persuadir a las ciudades tributarias de que cambiaran de bando. Cortés decidió atacar las ciudades aliadas de Tenochtitlán en la región con el fin de debilitar a los aztecas, ganar nuevos partidarios y hacer una demostración de fuerza ante los tlaxcaltecas. Aproximadamente un mes después de su salida, sus tropas atacaron la cercana ciudad de Tepeyac, sobre todo ante la insistencia de sus aliados, quienes la consideraban de gran valor estratégico debido a su ubicación en el camino hacia la costa.

Tepeyac tenía que pagar tributo a Tenochtitlán y allí vivían muchos mexicas. Al parecer, los guerreros de la ciudad y los pueblos vecinos habían matado a algunos españoles, lo que Cortés interpretó como una rebelión contra el emperador. Los españoles y sus aliados conquistaron toda la provincia en una operación de castigo particularmente cruel que duró alrededor de tres semanas. Los que no se sometieron voluntariamente y muchos otros fueron esclavizados y marcados con una *G* de «guerra». Innumerables prisioneros fueron sacrificados por los tlaxcaltecas. En su informe al emperador, Cortés mencionó el canibalismo como la razón de la brutal acción, un factor que había pasado deliberadamente por alto hasta entonces y que en el caso de sus aliados continuó pasando por alto. En realidad, cuando esclavizó a los prisioneros de guerra y a sus esposas e hijos, lo que buscaba eran porteadores, ya que necesitaba a los tlaxcaltecas como guerreros. Además, al distribuir esclavos entre sus hombres, pudo compensar hasta cierto punto el oro que estos habían perdido. En última instancia, Cortés quería usar la violencia para doblegar a los habitantes de la región y evitar que volvieran a tomar partido a la primera oportunidad. Para asegurar las conquistas, a principios de septiembre los españoles fundaron el pueblo militar de La Villa de Segura de la Frontera, en Tepeyac. De esta manera controlaban las rutas hacia la costa caribeña y, prácticamente, habían aniquilado la influencia de los mexicas en esta región[8].

Mientras Cortés instalaba su cuartel general en la nueva ciudad, un total de siete barcos españoles hicieron escala en Veracruz por diversos motivos. Pedro Barba era un mensajero de Velázquez, quien daba por sentado que Narváez estaba ahora al mando, y quería que Cortés fuera llevado a Cuba como prisionero. También había barcos del Caribe e incluso directamente de España que nada tenían que ver con los cubanos. Garay, el gobernador de Jamaica, había enviado otra pequeña flotilla al mando de Julián de Alderete con unos ciento cincuenta españoles y ochenta caballos para explorar Pánuco, la cual, no obstante, tras el hundimiento de un barco, llegó a Veracruz severamente diezmada. Las tripulaciones fueron enviadas, en parte con falsas pretensiones, para reforzar a Cortés en Segura de la Frontera. Trajeron importantes pertrechos, armas y municiones. En general, el ejército español aumentó alrededor del cincuenta por ciento gracias a los recién llegados. Los cincuenta caballos fueron especialmente bienvenidos por las tropas[9].

Con los barcos llegaron noticias de España. De este modo Cortés se enteró de que su situación era algo mejor en su país de origen, ya que la posición del obispo Rodríguez de Fonseca había dejado de ser incuestionable. Después de la pérdida de todos los documentos y archivos, llegó el momento de documentar por escrito los acontecimientos de los últimos meses e informar a la Corona. Con la ayuda de sus notarios, el capitán general hizo redactar varias cartas, en las que se daba cuenta del paradero del oro y de los costos de la expedición. Además, escribió su segunda carta de relación al emperador, que se haría famosa como una de las fuentes más importantes sobre las experiencias dramáticas de la hueste. La principal preocupación de Cortés era justificar sus acciones y suavizar el fracaso en Tenochtitlán. Dado que no estaba ni mucho menos seguro de acabar saliéndose con la suya, el capitán general no dudó en distorsionar la verdad. Concretamente, trató de desacreditar a los gobernadores Velázquez y Narváez. Encargó a su confidente Alonso de Mendoza que llevara las cartas a España, pero debido al mal tiempo no pudieron zarpar hasta marzo de 1521. Cortés también envió a Alonso de Ávila y Francisco Álvarez Chico a Santo Domingo para comprar armas, municiones y caballos, así como para poner de su lado a la Audiencia de allí, que estaba bajo la autoridad de Rodrigo de Figueroa. A su vez, envió los barcos que aún estaban en condiciones de navegar para abastecerse en Jamaica, entre otros lugares. En cuanto a los hombres descontentos, la mayoría de los cuales pertenecían a las antiguas tropas de Narváez, cumplió su promesa y les permitió irse. Entre estos se encontraba su confidente Andrés de Duero, a quien Cortés entregó oro y cartas para su esposa y su cuñado en Cuba[10].

Mientras la situación de los españoles se consolidaba, los mexicas no fueron capaces de aprovechar su victoria en el Canal Tolteca de manera eficaz. A las celebraciones, en las que se sacrificaron numerosos prisioneros españoles y tlaxcaltecas, siguió una sensación de desilusión porque los españoles se instalaron en Tlaxcala y los esfuerzos diplomáticos por establecer una alianza fracasaron no solo allí, sino también con los vecinos del norte, los tarascos. Moctezuma ya había iniciado negociaciones con Zuangua, el cazonci (gobernante) del imperio tarasco, que estaba aproximadamente en el territorio de los actuales estados mexicanos de Michoacán y Jalisco. Los tarascos, cuyo imperio representaba la segunda comunidad más fuerte de lo que entonces era Mesoamérica, eran temidos como guerreros. Al igual que los tlaxcaltecas, desconfiaban de los aztecas, por lo que el cazonci decidió mantenerse neutral. Los fracasos diplomáticos ensombrecieron la solemne entronización de Cuitláhuac, que tuvo lugar en septiembre de 1520. De puertas para adentro, su posición tampoco estaba aún consolidada, ya que no podía llevar a cabo la habitual guerra de exhibición con la que el nuevo gobernante normalmente obtenía sacrificios para su ceremonia de coronación, demostrando así su fuerza y asegurándose de este modo la lealtad de sus súbditos. Los conflictos internos entre los partidarios de la paz y los partidarios de la guerra sacudieron la convivencia. Los primeros buscaron una alianza con los españoles para tranquilizar las cosas, pero los partidarios de la guerra acabaron imponiéndose y eliminaron cualquier oposición. Después, el nuevo tlatoani hizo que se arreglaran los daños en el Templo Mayor y se volvieran a colocar las estatuas de los dioses. También se repararon las defensas y se añadieron algunas nuevas, y se repuso el armamento[11].

Además, Cuitláhuac intentó detener la expansión española en las provincias y envió tropas a Quauhquechollan, fuertemente fortificado, y a Itzocan, cerca de Cholula, para bloquear la principal vía de entrada al valle de México. Sin embargo, esta medida de gran importancia estratégica fracasó porque los líderes de Quauhquechollan pidieron ayuda a los españoles y tlaxcaltecas debido a los ataques de los ocupantes aztecas. Un ejército formado por unos pocos cientos de españoles y varios miles de indígenas entró en batalla. Los aliados obtuvieron la victoria, sobre todo porque los residentes de Quauhquechollan rindieron las posiciones militares de los mexicas y también se lanzaron sobre los odiados ocupantes. Posteriormente, el ejército dirigió un ataque contra Itzocan que resultó exitoso. Ambas ciudades recibieron nuevos gobernantes y se unieron a los aliados. Aquí, como en otros lugares, la alianza entre europeos e indígenas siguió una política que buscaba lograr la pacificación mediante el nombramiento de nuevos gobernantes más dóciles y manejables. Impresionados por estos éxitos militares, otros lugares de la zona se sometieron de manera espontánea. Así, la región entre el Popocatépetl, en el oeste, y Orizaba, en el este, quedó bajo el control de la alianza. Los gobernantes locales recurrían cada vez más a Cortés cuando se trataba de resolver disputas y regular la sucesión al trono. La resistencia tan solo estalló de forma ocasional y, como en el caso de Xalatzinco e Ixtacamaxtitlán, pudo ser sofocada con fuerzas expedicionarias más pequeñas[12].

Con las victorias, creció la confianza del capitán general en sí mismo. Ahora se sentía lo suficientemente fuerte como para volver a reprender a sus hombres. Así que hizo reunir todo el botín, incluidos los esclavos, para su inspección bajo la amenaza de un castigo severo. Restó el quinto real y la quinta parte reclamada por él mismo, lo que provocó un gran descontento, sobre todo entre los antiguos hombres de Narváez. El portavoz de estos era Juan Bono de Quejo, quien anunció que demandaría al capitán general en España. Pero incluso los más fieles seguidores de Cortés estaban molestos porque, como escribió Bernal Díaz, les quitaron las esclavas «buenas» y en su lugar se redistribuyeron «las viejas y ruines». El oro, que los hombres durante la Noche Triste habían podido salvar a riesgo de su vida, también les fue confiscado y solo iban a recuperar una tercera parte. Sin embargo, cuando las tripulaciones se negaron a obedecer esta orden, el capitán general quedó sorprendido por el descontento general y anunció que el procedimiento para distribuir el botín humano sería más equitativo a partir de entonces, y decidió no seguir adelante con la confiscación del oro[13].

A mediados de diciembre de 1520 los españoles regresaron a Tlaxcala desde Segura de la Frontera, donde Cortés solo dejó un destacamento de veinte hombres en su mayoría inválidos. Una vez allí, Cortés se enteró de la muerte de su más estrecho aliado, Maxixcatzin. Los españoles lloraron al difunto a su manera. El capitán general aprovechó la oportunidad y decidió que su hijo menor de edad sería el nuevo gobernante e inmediatamente lo bautizó. Algunos nobles tlaxcaltecas, incluidos Xicoténcatl el Viejo y el joven general Chichimecatecle, también se sumaron y recibieron nombres cristianos. El bautismo de sus príncipes jugaría más tarde un papel importante en el autorretrato de los tlaxcaltecas, ya que se describieron a sí mismos en sus crónicas como amigos leales y cristianos devotos que habían estado del lado de los españoles desde el principio sin dudarlo. Juan Buenaventura Zapata y Mendoza, un noble historiador tlaxcalteca del siglo XVII, presentó los hechos de manera más realista: los sacerdotes cristianos no hablaban náhuatl y en cambio señalaban al cielo con las palabras «Dios» y «Santa María, siempre verdadera virgen» mientras administraban el sacramento[14].

La estancia en Tlaxcala a finales de 1520 sirvió para preparar la gran campaña contra Tenochtitlán prevista para el año siguiente. Los guerreros tlaxcaltecas trabajaron la disciplina militar mientras los españoles ponían a punto su equipo. Con la pólvora agotándose, Cortés envió a dos artilleros a los cráteres del Popocatépetl en busca de azufre. Tam-

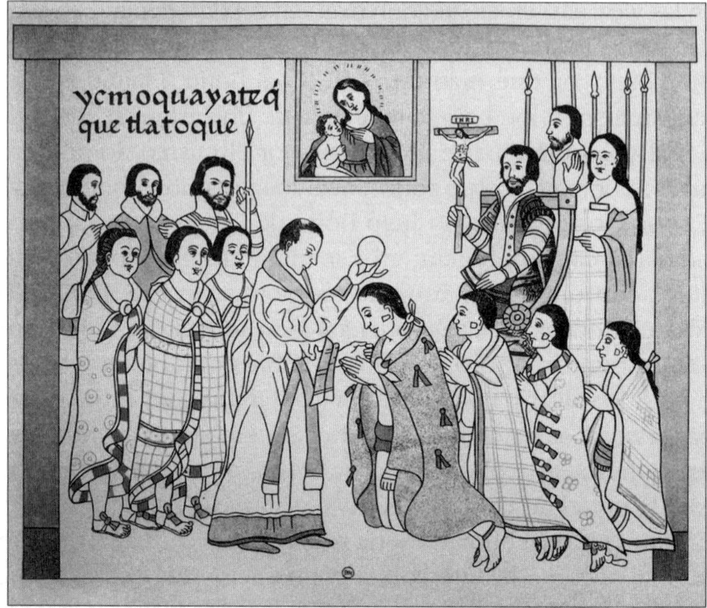

Imagen 20: Bautismo de los gobernantes tlaxcaltecas (Lienzo de Tlaxcala)
El Lienzo de Tlaxcala *refleja el bautismo de los nobles tlaxcaltecas, que aquí se muestra unos meses antes de la fecha real por cuestiones de legitimidad, y lo presenta como si los cuatro gobernantes hubieran sido bautizados, que no fue el caso.*

bién emitió estrictas órdenes disciplinarias para sus propias tropas el 22 de diciembre. Se prohibieron la blasfemia y los juegos de azar, así como las agresiones a los indígenas independientemente de su tribu y el robo del botín. El hecho de que en este documento también aparezcan algunas cuestiones militares evidentes, como por ejemplo la formación al sonido del tambor, muestra cuánto había sufrido la disciplina en la tropa. Finalmente, el 26 de diciembre, Cortés y Chichimecatecle pasaron revista a las tropas. Había cuarenta jinetes, quinientos cincuenta infantes, entre ellos ochenta ballesteros y arcabuceros, diez cañones pequeños y alrededor de diez mil guerreros indígenas, principalmente de Tlaxcala, pero también de Huexotzinco, Cholula y Tepeyac[15].

Los preparativos españoles se vieron favorecidos por un suceso en el que los conquistadores tan solo participaron indirectamente. Desde 1518, una epidemia de viruela se había ido extendiendo por el Caribe desde La Española, provocando horrendas tasas de mortalidad entre la población indígena, que no era inmune a ella. A través de Cuba, la epidemia también llegó a Mesoamérica en 1520, donde al principio hizo estragos entre los mayas. La evolución de la enfermedad se prolongaba a lo largo de varias semanas. Durante los primeros doce días no había síntomas. Seguían de tres a cinco días con fiebre alta, dolor en las extremidades y náuseas, acompañadas de erupciones. En este punto, el riesgo de infección era mayor, junto a las erupciones aparecían costras que se desprendían seis días después, tras lo cual la fiebre volvía a manifestarse. Los que sobrevivieron se volvieron, como los europeos, inmunes a la enfermedad, pero la mayoría de los afectados murió. Los cronistas españoles culpan del contagio a un esclavo africano, Francisco de Eguía, de quien se dice que vino con Narváez. Empezando en Totonacapan a mediados de año, la epidemia mortal pronto llegó al centro de México. La víctima más destacada fue el tlatoani Cuitláhuac, que murió a finales de noviembre o principios de diciembre; gobernó durante tan solo ochenta días. Los caudillos de Tlacopan y Chalco, así como el cazonci de los purépechas, fueron víctimas de la plaga. La hambruna derivada de la enfermedad y causada por la pérdida de productores provocó, probablemente, tantos muertos como la propia epidemia. Los historiadores calculan que, en un año, murió alrededor del cuarenta por ciento de la población del centro de México[16].

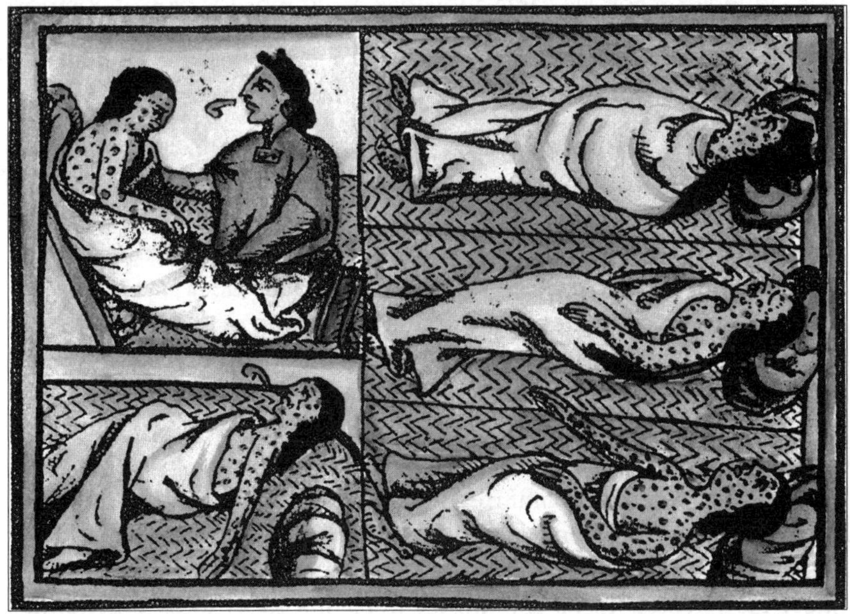

*Imagen 21: Epidemia de la viruela (Sahagún, **Historia general**, **Libro XII**, fol. 54)*

Si bien la epidemia de viruela le vino bien a Cortés porque le dio la oportunidad de establecer a gobernantes que dependieran de él en varias localidades, para sus enemigos fue una catástrofe. Supuestamente, semanas antes de su muerte, el tlatoani ya era incapaz de actuar debido a la enfermedad. De modo que, en el momento de prepararse para la guerra que se avecinaba, los mexicas carecían de sus líderes y muchos guerreros también estaban enormemente debilitados por la enfermedad. El *Códice Florentino* describe los efectos en términos impresionantes:

> Antes de que los Españoles que estaban en Tlaxcala viniesen á conquistar México, dió una pestilencia de viruelas á todos los Indios en el mes que llamaban *Tepeilhuitl* que es al fin de setiembre. De esta pestilencia murieron muy muchos Indios: tenian todo el cuerpo y toda la cara, y todos los miembros tan llenos y lastimados de viruelas que no se podian bullir y menear de un lugar, ni volverse de un lado á otro, y si alguno los meneaba daban voces. Esta pestilencia mató gentes sin número, muchas murieron de hambre porque no habia quien pudiese hacer comida: los que escaparon de esta pestilencia quedaron con las caras ahoyadas, y algunos los ojos quebrados; duró la fuerza de esta pestilencia sesenta dias, y despues que fue aflojando en México, fue hacia Chalco[17].

Aunque los aliados de los españoles también sufrieron la viruela y acusaron grandes pérdidas, esta no provocó problemas de liderazgo tan notables como en Tenochtitlán. Los mexicas eligieron como sucesor al todavía joven sobrino de sus dos predecesores e hijo de Ahuízotl, Cuauhtémoc, quien también era esposo de la hija de Moctezuma, Tecuichpo. La elección fue una concesión a Tlatelolco, ya que Cuauhtémoc había sido gobernante (cuauhtlatoani) de este miembro de la Triple Alianza desde 1515 y comandante en jefe (tlacatlecutli) del ejército azteca desde 1520. En febrero de 1521, mes de Izcalli según el calendario azteca, el nuevo caudillo fue coronado. Esto trajo nuevamente un período de interregno que, dada la premura de tiempo, podría tener consecuencias fatales. Como Bernal Díaz afirma haber descubierto más tarde, al principio, el nuevo tlatoani se inclinó por hacer las paces con los españoles, pero sus sacerdotes y generales se negaron, ya que consideraban que la convivencia era imposible. Finalmente, Cuauhtémoc cambió de opinión y juró luchar hasta la muerte. Como su posición aún no se había consolidado, tal y como sucedió con su predecesor, mandó asesinar a varios de los hijos de Cuitláhuac para demostrar su determinación. Al igual que este último, hizo que la ciudad se expandiera hasta convertirse en una fortaleza y disponer de provisiones en caso de asedio. También envió nuevamente embajadores a los pueblos vecinos y prometió suspender el tributo si luchaban junto a los mexicas. De lo contrario, los amenazó con la aniquilación total. La decisión estratégica de no abandonar el valle de México tenía sentido desde el punto de vista militar, ya que solo en su región natal los mexicas tenían un número suficiente de seguidores como para poder abastecer a sus tropas. Si bien en la lucha a campo abierto eran inferiores a sus enemigos, estos, por otro lado, eran vulnerables en la calzada, como había demostrado la Batalla del Canal Tolteca. Finalmente, las élites aztecas se prepararon para la defensa de Tenochtitlán y, por tanto, trasladaron a los gobernantes de las ciudades vecinas a la capital[18].

Campañas en el valle de México

No cabe duda de que los mexicas culparon a sus dioses por el desastre de la epidemia, al igual que los españoles dieron las gracias a su dios y al apóstol Santiago por su inesperado apoyo. En una sociedad como la azteca, el aumento de coincidencias desafortunadas era interpretado como un castigo divino, mientras que los europeos veían confirmada su reivindicación del cristianismo, algo que Cortés no se cansaba de enfatizar en sus discursos a sus tropas. Les dejó claro a sus hombres que había optado por la vía militar para, según él mismo, no traicionar ni a Dios ni al rey[19]. Dado que los españoles apenas estaban informados sobre los acontecimientos en Tenochtitlán, el capitán general buscó una gran alianza con los estados contrarios a los mexicas. Aquellos que no quisieran unirse voluntariamente deberían hacerlo a la fuerza. El siguiente destino de Cortés fue el valle de México, el corazón del Imperio azteca.

Antes, incluso, de que Cortés marchara con su ejército a principios de 1521 tomó una decisión que demostraba que había aprendido la lección de la Noche Triste. Ya en octubre de 1520 había encargado al astillero Martín López la construcción de trece bergantines para hacerse con el control del lago de Texcoco. Varios cientos de porteadores indígenas transportaron desde Veracruz anclas, velas y otros pertrechos de los viejos barcos a Tlaxcala. A estos les siguieron un herrero y marineros experimentados en la construcción naval. Los barcos debían construirse fuera del valle de México para sorprender al enemigo en el momento de la batalla. En las cercanías de Tlaxcala había suficiente madera, trabajadores y, sobre todo, estaban a salvo de los ataques de los mexicas. La pez para el calafateo la obtuvieron de los pinares tlaxcaltecas. Una vez más, la ayuda de los pueblos indígenas fue de vital importancia en todos los trabajos posteriores. Los barcos fueron probados en el río Zahuapan, que fue represado específicamente con este propósito. Después se desmantelaron para transportarlos al valle de México. Tenían unos trece metros de largo y casi tres de ancho, el del capitán, dos metros más de eslora. En la proa había espacio para un cañón y ballestas, así como refuerzos para embestir otras embarcaciones. La mitad de los barcos tenían un mástil, los otros, dos. Además, estaban tripulados por remeros. Las embarcaciones tenían poco calado para que pudieran navegar sin riesgo sobre las aguas poco profundas del lago de Texcoco[20].

El 28 de diciembre, antes de que terminaran los trabajos en los barcos, Cortés y su ejército se trasladaron a través de Tetzmollocan hacia el valle de México. El destino era Texcoco. En el camino hubo enfrentamientos con guerreros de los mexicas, quienes se habían atrincherado en los caminos y se comunicaban entre sí con señales de humo. Sin embargo, siguiendo su nueva estrategia, los aztecas evitaron la batalla a campo abierto. Aunque el número de soldados españoles era en este momento significativamente menor que en la primera campaña a través de las montañas en 1519, ahora tenían muchos más aliados indígenas, y no solo tlaxcaltecas. La ciudad de Texcoco había sido miembro de la Triple Alianza y era un lugar de importancia estratégica para el abastecimiento a Tlaxcala y el acceso al lago; en el mundo de los mexicas, ocupaba el segundo lugar en importancia por detrás de Tenochtitlán. Desde la muerte del gobernante Nezahualpilli en 1515, había una disputa latente sobre la cuestión de la sucesión, que los mexicas tan solo habían sido capaces de aplacar parcialmente. Moctezuma había nombrado tlatoani a su sobrino Cacamatzin. Después de que este cayera en manos de los españoles y muriese en la Batalla del Canal Tolteca, Coanácoch, hijo de Nezahualpilli, asumió el gobierno de Texcoco[21].

Después de una marcha de dos días, el ejército aliado llegó al pueblo de Coatepec, cerca de Texcoco. Poco antes de trasladarse a la ciudad desierta, se reunió con ellos una delegación de Texcoco de la cual, según Alva Ixtlilxóchitl, también formaba parte su antepasado Ixtlilxóchitl[22]. Los emisarios ofrecieron a los comandantes una entrada pacífica, alojamiento y comida adecuados, y a cambio pidieron que se salvase la ciudad. Además, culparon a las tropas de Tenochtitlán de los ataques de los días anteriores. De modo que los aliados decidieron pasar la noche en Coatepec para desde allí invadir Texcoco el 31 de diciembre. La marcha transcurrió sin incidentes, pero el ejército volvió a entrar en un pueblo apenas habitado. Los españoles se temían una emboscada; no obstante, instalaron su cuartel en el palacio de Nezahualpilli. A continuación, se dispusieron a explorar los alrededores. Desde la plataforma superior del templo principal pudieron ver cómo la población, incluido el tlatoani Coanácoch, huía cruzando el lago hacia Tenochtitlán. Enojado por la supuesta traición, el ejército saqueó e incendió la magnífica ciudad y asesinó o esclavizó a los habitantes que no se habían sumado a la huida. Los palacios y los valiosos archivos reales de Nezahualpilli también fueron víctimas del saqueo. Según Alva Ixtlilxóchitl, esta fue «una de las mayores pérdidas que tuvo esta tierra, porque con esto toda la memoria de sus antiguallas y otras cosas que eran como escrituras y recuerdos, perecieron desde este tiempo»[23].

Durante los meses siguientes, Texcoco demostró ser la base ideal para las sucesivas acciones militares debido a su ubicación central y el control que tenía sobre las rutas de tráfico, aunque algunos oficiales habían abogado inicialmente por Ayotzingo como punto de partida. Otro hijo de Nezahualpilli, Tecocol, fue declarado nuevo gobernante, pero murió poco tiempo después, por lo que a principios de febrero de 1521 Ixtlilxóchitl asumió el trono y fue bautizado con el nombre cristiano de Fernando. Aquí, como en otros lugares, los rivales descontentos aprovecharon la oportunidad de hacerse con el poder gracias a los españoles, mientras que los anteriores gobernantes que habían huido a Tenochtitlán perdieron el contacto con sus ciudades. Ixtlilxóchitl, quien sumó a la alianza a sus partidarios de la región, conocía muy bien el juego del equilibrio de poder y sabía cómo explotar las rivalidades de manera selectiva. Después de que muchos pueblos vecinos se sometieran voluntariamente, el área que abarcaba hasta Iztapalapa quedó bajo el control de los invasores. Algunos de los nuevos aliados llevaban consigo mensajeros aztecas capturados a quienes Cortés liberó para ofrecerle a Cuauhtémoc una posibilidad de negociación que este, no obstante, rechazó. El tlatoani, por su parte, trataba de mantener a los príncipes de las ciudades-estado circundantes del lado de los mexicas, y por esta razón había enviado mensajeros[24].

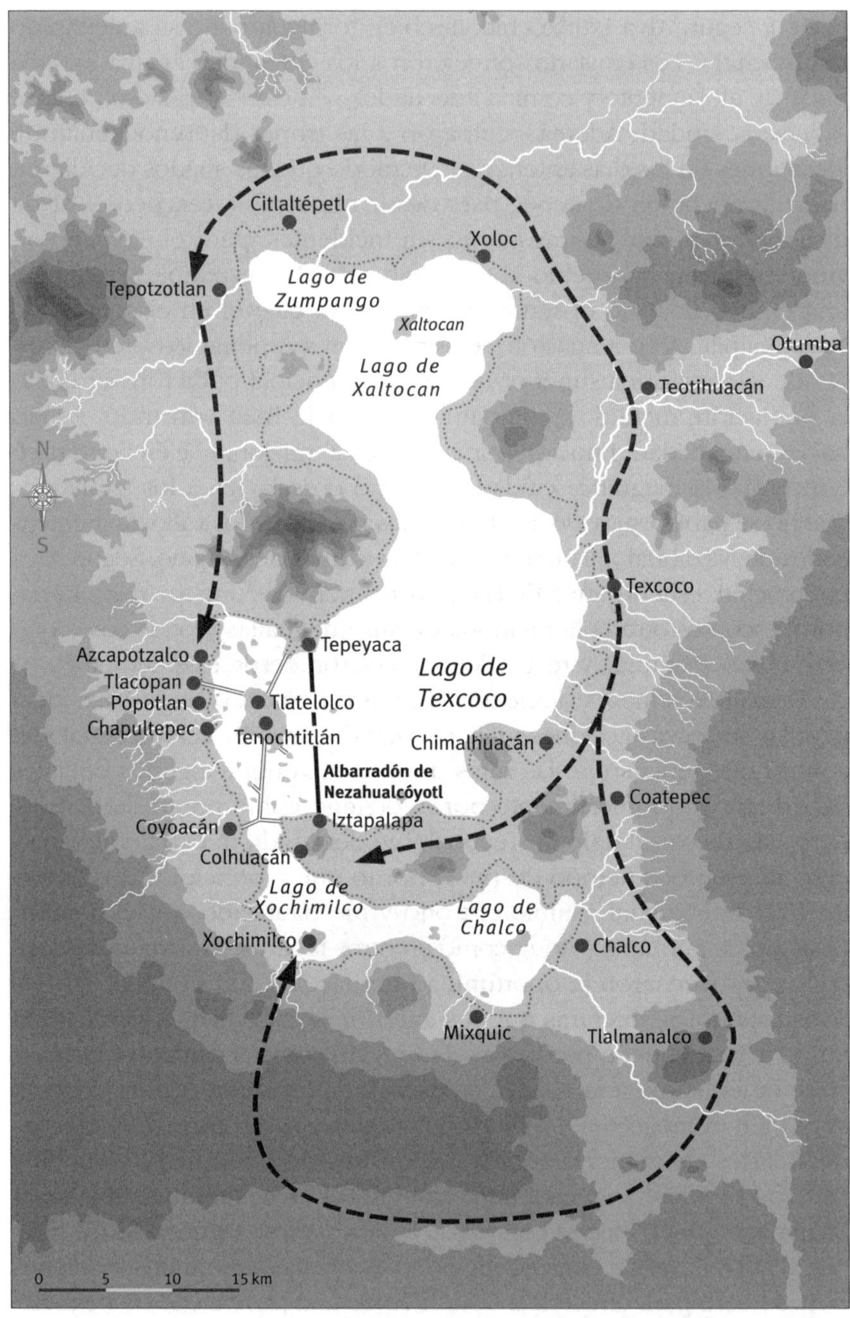

Mapa 10: Campañas en el valle de México en 1521

La importante ciudad estratégica de Iztapalapa, ubicada en una península en el lago y conocida por los españoles desde 1519, fue el objetivo de la siguiente acción militar. Con unos pocos nobles de Texcoco y una parte considerable de las tropas, comandados los españoles por Cortés, Olid y Alvarado, los aliados se dirigieron contra el lugar defendido por unidades aztecas. Tras las primeras escaramuzas, los mexicas emprendieron una retirada táctica para atraer a sus enemigos a la ciudad. Estos se regocijaron con la victoria, saquearon y se acuartelaron en las casas vacías. Durante la noche, los guerreros aztecas inundaron el lugar abriendo las esclusas del albarradón de Nezahualcóyotl. Los españoles, advertidos por sus aliados de Texcoco, a duras penas consiguieron salvarse, pero muchos guerreros indígenas se ahogaron. Cuando estalló la batalla a la mañana siguiente, tras haber agotado la pólvora, los aliados no pudieron resistir más y tuvieron que retirarse a Texcoco con deshonor. Allí pasarían los siguientes tres meses, hasta abril de 1521[25].

A pesar de esta victoria, cada vez fueron más las ciudades que se separaron de los mexicas durante los meses siguientes. Entre estas se incluían, por ejemplo, Otumba y Mixquic, pero sobre todo la importante ciudad de Chalco y la vecina Tlalmanalco. Obviamente, estas no actuaron por convicción, sino por temor a posibles represalias debido a los ataques pasados contra los españoles y sus aliados, o por su enfado por los abusos de los mexicas. Al parecer, las disculpas fueron aceptadas con magnanimidad y Cortés los declaró vasallos del rey de España, aunque se puede suponer que los nuevos súbditos apenas eran capaces de entender este estatus y las obligaciones que este conllevaba. Por mucho que uno pudiera estar satisfecho con las numerosas ofertas de alianzas en el campamento aliado, estas también implicaban responsabilidades, ya que los guerreros aztecas aprovechaban cada oportunidad para lanzarse contra los traidores. Las aldeas más pequeñas se encontraban entre dos frentes y eran atacadas a veces desde un lado, y otras desde el otro. Los aliados no tenían suficientes hombres para defender todas las plazas amenazadas, por lo que se concentraron en las más importantes, como Chalco. Dado que el gobernante de la ciudad también había muerto de viruela, Cortés volvió a tener ocasión de arreglar la sucesión a su gusto. Todos estos hechos muestran que los esfuerzos de Cuauhtémoc por conseguir alianzas en su propio territorio fueron poco fructíferos, a pesar de las promesas y amenazas, lo cual era preocupante dada la dependencia de Tenochtitlán de los suministros del área circundante[26].

Después de casi un mes en Texcoco, a finales de enero había llegado el momento de sacar los bergantines de Tlaxcala. Sandoval tomó el mando de los españoles, que iban acompañados por numerosos tlaxcaltecas. En el camino hubo una acción de represalia en la ciudad de Zultepec, que los europeos llamaron Pueblo Morisco. El año anterior unos cincuenta españoles habían muerto allí y habían sido sacrificados. Sus cráneos y los de sus caballos todavía se podían ver en el tzompantli local. Tras finalizar la sangrienta acción de castigo, la tropa avanzó hacia Tlaxcala. A mitad de camino, sin embargo, el ejército se encontró con Martín López y varios miles de porteadores y guerreros indígenas al mando de Chichimecatecle, quienes transportaban las naves desmanteladas en un largo convoy de varios kilómetros hasta Texcoco, donde fueron recibidos con grandes ovaciones. A esta obra maestra de la logística le siguió el montaje de los bergantines, que se prolongó durante semanas. Mientras tanto, ya habían comenzado las obras de un canal en Texcoco, lo que debería acortar la ruta hacia el lago. Los intentos aztecas de destruir los barcos fracasaron repetidamente[27].

Mientras el trabajo en el astillero iba según lo planeado, los aliados iniciaron su segunda gran campaña, con el propio Cortés al mando de los españoles. Esto respondía a las exigencias de Chichimecatecle, a quien le preocupaba que los mexicas pudieran recuperar el terreno que tantas bajas le había costado ganar. En esta ocasión se decidió avanzar hacia el norte y atacar primero la ciudad de Xaltocan, ubicada sobre una laguna en el lago del mismo nombre, para avanzar desde allí hasta Tlacopan. Los españoles movilizaron alrededor de la mitad de sus hombres, Sandoval comandaba la guarnición de Texcoco. Varios miles de indígenas volvieron a formar el grueso del ejército. Tras una marcha de dos días, durante la cual tuvieron que defenderse repetidamente de los ataques, llegaron a Xaltocan, cuyos defensores no hicieron ningún ademán de rendirse, sino que destruyeron los accesos por la calzada. Los habitantes de la aldea de Tepetzinco, hostil a Xaltocan, les revelaron la ubicación de un vado a través del cual se podía acceder a la ciudad y, tras una feroz lucha, los atacantes lograron imponerse y saquearon y destruyeron la urbe A continuación, el ejército se trasladó más al sur y llegó a Cuautitlán, cuyos habitantes habían huido. Al cabo de cinco días las tropas alcanzaron el verdadero destino de la expedición, Tlacopan, a través de Tenayuca y Azcapotzalco, plazas que habían sido abandonadas[28].

Los españoles ya conocían la ciudad desde su huida en la Noche Triste, y allí habían sido duramente atacados. Ahora los esperaba un poderoso ejército formado por guerreros de Tenochtitlán y las ciudades circundantes. La cruenta batalla que siguió se prolongó durante dos días. Cuando los aliados tomaron ventaja, Cuauhtémoc ordenó la retirada, pero al mismo tiempo envió refuerzos a la calzada para atraer a los atacantes a una emboscada. De hecho, los españoles se dejaron engañar y el propio Cortés, que perseguía a los fugitivos, se vio a sí mismo en una situación desesperada. Los hombres lograron salvarse a duras penas y sufrieron grandes pérdidas. Cinco de los españoles murieron y hubo numerosos heridos de gravedad. Sin embargo, los aliados salieron victoriosos y permanecieron en la ciudad conquistada seis días durante los cuales reinaron el pillaje y la destrucción. En sus informes, los testigos presenciales españoles culparon de los asesinatos a sus aliados indígenas. Se puede presumir, sin embargo, que los europeos tampoco se reprimieron, pues les movía la venganza y el deseo de botín de guerra, el cual, conforme a la costumbre europea, pasaba a ser propiedad del soldado que lo había robado. Sin embargo, los mexicas no se iban a quedar de brazos cruzados viendo actuar a sus enemigos en la ciudad de la Triple Alianza, y les atacaban a diario. Leyendo entre líneas, la retirada de los aliados a mediados de febrero no parece haber sido gloriosa. Al final, tuvieron suerte de que los mexicas no los persiguieran durante largas distancias. En su tercer informe por carta, Cortés alegó que había atacado Tlacopan, fundamentalmente, para negociar con Cuauhtémoc. Sin embargo, los mexicas le respondieron con insultos y guerra. El tiempo de las negociaciones se había acabado definitivamente[29].

De regreso a Texcoco, los tlaxcaltecas se despidieron para llevar su botín a casa. Supuestamente, las bajas y el fracaso de esta segunda campaña hicieron aflorar las tensiones entre los distintos intereses particulares dentro de la tropa española, que habían permanecido ocultas durante los combates. Durante estos días Cortés destapó un complot dirigido contra su vida. Al parecer, Antonio de Villafaña, amigo de Narváez y del gobernador Velázquez, tenía hasta trescientos españoles de su lado y quería asesinar al capitán general y a sus confidentes más cercanos. El cuñado de Velázquez, Francisco Verdugo, reemplazaría a Cortés. A cambio de un soborno, el marinero Diego Díaz llevaría a Narváez y algunos de sus hombres de regreso a Cuba. El plan fue traicionado y Cortés, junto con sus más fieles allegados, capturó a los conspiradores. Se halló una larga lista con varios cientos de nombres de simpatizantes. Era imposible tomar represalias contra la mitad de sus propias tropas, y mucho menos encarcelarlas. Por eso Cortés decidió utilizar el castigo a Villafaña como ejemplo disuasorio, pero se abstuvo de enjuiciar al resto de conspiradores. Como advertencia, anunció públicamente que conocía la lista, pero que también había en ella muchos nombres de personas que no tenían noticia de la conspiración. Villafaña fue condenado a muerte y la sentencia se ejecutó rápidamente. El marinero Díaz también murió ahorcado después de que el cabildo de Veracruz lo condenara. A partir de entonces, Cortés se hizo acompañar por un guardaespaldas[30]. Si el número de conspiradores es relativamente correcto, esto demuestra lo fuertes que eran las discrepancias en el seno del bando español, incluso tras muchos meses de luchar hombro con hombro. Después de la ejecución, la situación tan solo se calmó parcialmente. Además, había mucha insatisfacción provocada una y otra vez por la distribución del botín, en particular el creciente número de esclavos.

Con todo, la llegada de más refuerzos a Veracruz a principios de marzo supuso una buena noticia para los españoles. Los esfuerzos publicitarios de Alonso de Ávila y Francisco Álvarez Chico habían tenido éxito. El conquistador y empresario Rodrigo de Bastidas trajo una gran cantidad de soldados y oficiales aventureros, armas, pólvora y caballos desde Santo Domingo en dos barcos. Además, los círculos empresariales esperaban hacer buenos negocios, y para los simples colonos el incentivo para trasladarse era grande, en vista de la crisis desencadenada por la muerte masiva de sus esclavos indígenas. Entre los pasajeros se encontraba el franciscano Pedro Melgarejo de Urrea, quien traía consigo bulas papales que le permitían conceder una dispensa especial a los que participaran en la guerra y que, como señaló Díaz del Castillo, regresaría posteriormente a Castilla como un hombre rico. Vázquez de Ayllón había equipado personalmente otro barco. Entre otros, llegó también a Texcoco Julián de Alderete, tesorero designado oficialmente por la Audiencia. Con esto, la compañía de Cortés no logró la legitimidad real total, pero al menos sí la de la máxima autoridad real en las Indias[31].

En total, alrededor de doscientos hombres se unieron a los conquistadores. Estos informaron del entusiasmo que había suscitado la noticia de los éxitos de Cortés entre los colonos españoles en el Caribe, aunque todavía fueran escasos. El propio Cortés contribuyó a difundir el relato de sus hazañas, pues finalmente el barco con su carta de relación escrita al rey en octubre, además de grandes sumas de oro e innumerables obsequios del botín de guerra logrado hasta el momento, pudo zarpar hacia España. Además del capitán Alonso de

Mendoza, también iban a bordo Diego de Ordás y Alonso de Ávila, quienes debían defender la causa de Cortés ante los tribunales. Asimismo, se encontraban a bordo los antiguos y descontentos seguidores de Narváez, que fueron desembarcados en Matanzas, Cuba. Una parada en Santo Domingo dio la oportunidad de exhibir las valiosas obras de arte, armaduras, armas y otras curiosidades del tesoro azteca. Pero no todos los obsequios debían ir al tesoro imperial. Cortés no solo envió a su familia importantes documentos con los que justificar sus pretensiones al título de gobernador de las nuevas tierras, sino también una gran suma de dinero. Dispuso igualmente de recursos considerables, aunque no se sabe la cantidad, para el soborno de personas influyentes en Santo Domingo y, especialmente, en la corte de España[32].

A mediados de marzo, los aliados enviaron una formación a Chalco, liderada nuevamente por Sandoval del lado español, quien se fue situando cada vez más como la segunda persona más destacada por detrás de Cortés. La ciudad y sus alrededores eran de gran relevancia por su ubicación en las importantes vías que conducían a Tlaxcala y Veracruz, así como por la producción de maíz. Cuanto más se prolongaba la estancia en Texcoco, más problemática se volvía la cuestión del abastecimiento porque el ejército formado por miles de soldados y los muchos esclavos, cuyo número aumentaba de campaña en campaña, demandaban una enorme cantidad de los recursos de la ciudad. De ahí que los suministros de Chalco fueran fundamentales. Sin embargo, esto también era aplicable a Tenochtitlán, lo cual provocó que hubiera fuertes enfrentamientos con los mexicas, que a lo largo del mes de marzo enviaron varias veces a su ejército, tras lo cual los chalcas pidieron ayuda a sus nuevos aliados. Estos, a los que cada vez se unían más poblaciones de la zona, conseguían una y otra vez hacer retroceder a los guerreros aztecas, y cuando no lograron llegar a tiempo, Chalco se defendió con éxito. De este modo, la base del poder de los mexicas en uno de sus graneros más importantes comenzó a disolverse[33].

Otro ataque azteca a Chalco llevó a los aliados a la tercera gran campaña a principios de abril, en la que Cortés comandó personalmente las tropas españolas. La campaña se dirigió contra la región al sur del lago, donde, a pesar de algunos éxitos, aún no se había logrado un control total. También sirvió para explorar esta zona para otras empresas militares. Tras dejar atrás Chimalhuacán, unos veinte mil hombres de Tlaxcala, Chalco, Texcoco y Huexotzinco se unieron al ya poderoso ejército. Según Bernal Díaz, era el mayor contingente aliado hasta la fecha. Sin embargo, los combates resultaron ser más difíciles de lo esperado, pues los pobladores de los lugares por los que pasaban atacaban desde posiciones elevadas y recibían a sus enemigos con una avalancha de piedras. Según dicen, las ciudades finalmente se rindieron debido a la falta de agua. El ejército avanzó por Yautepec, Jiutepec, Tepoztlán y Oaxtepec, urbe famosa por sus jardines. En muchos lugares hubo duros enfrentamientos con la población y las tropas de Tenochtitlán. A mediados de abril llegaron al pueblo serrano de Cuernavaca, rodeado de barrancos, que pudieron tomar a pesar de que los puentes de acceso habían sido destruidos por los habitantes. Se produjeron asesinatos y violaciones por doquier, mujeres y niños fueron esclavizados y las ciudades saqueadas e incendiadas. En concreto, la caza de mujeres jóvenes como botín de guerra —Bernal Díaz hablaba de «indias buenas»— fue sistemática y una de las principales motivaciones para los conquistadores, junto a la codicia por el oro. En contraste, la afirmación del propio Cortés de que fue indulgente y trató con amabilidad a los habitantes que se sometieron después de la lucha parece, más bien, una broma[34].

Tras unos días de descanso, las tropas continuaron la ardua ruta a través de la cordillera en dirección al pueblo insular de Xochimilco, que estaba conectado con tierra firme por tres calzadas. Allí los habitantes se mantenían leales a Tenochtitlán y se habían preparado para el ataque construyendo trincheras y barricadas. No obstante, gracias a que los zapadores tlaxcaltecas consiguieron tapar las zanjas abiertas, los aliados lograron penetrar en la ciudad y conquistar grandes áreas. Entonces, los xochimilcas, cuyas esposas e hijos ya habían huido a través del lago, recibieron refuerzos de los mexicas y se desencadenó una feroz lucha en el curso de la cual Cortés escapó por poco después de que su caballo cayera en la refriega. En esta situación, los guerreros aztecas cometieron un error típico de su estilo de lucha: en lugar de matar al capitán general en el acto, intentaron atraparlo con vida para luego sacrificarlo. Aunque la mayoría había abandonado esta forma tradicional de combate durante el transcurso de las batallas contra sus aliados, en el caso del líder de sus enemigos, probablemente, se aferraron a ella por motivos religiosos. En cualquier caso, esto le dio al conquistador Cristóbal de Olea la oportunidad de salvar a Cortés. Algunos de sus hombres, despistados en medio del frenesí del saqueo, tuvieron menos suerte. Fueron capturados y llevados ante Cuauhtémoc, quien los sacrificó y envió las partes de sus cadáveres a las ciudades aliadas con él para demostrar su determinación y disipar las últimas dudas sobre la mortalidad de los europeos. La batalla por

Xochimilco se prolongó durante varios días y los mexicas la lideraron por tierra y mar. Al final, los atacantes tuvieron que retirarse bajo los constantes asaltos de los mexicas, no sin antes incendiar la ciudad[35].

Perseguidos por las tropas aztecas y envueltos en constantes combates, los españoles y sus aliados se trasladaron a Coyoacán, cuyos habitantes habían huido a Tenochtitlán. Después de una breve estancia, durante la cual el templo y las imágenes de los dioses, entre otras cosas, fueron destruidos, los aliados marcharon hacia Tlacopan, donde nuevamente estallaron feroces combates. Desde el gran templo de la ciudad, Cortés, Alderete y el hermano Melgarejo observaron el lago y la capital, cuya visión les impresionó mucho. Después regresaron a Texcoco por la ruta ya conocida, pasando por lugares en su mayoría desiertos, y tuvieron que enfrentarse a los constantes ataques de los regimientos aztecas. Los aliados habían tardado tres semanas en rodear el gran lago. Cortés afirmaría más tarde que había llevado a cabo la campaña únicamente con fines exploratorios. Sin embargo, al hacerlo, no pudo ocultar el fracaso de la empresa, que había provocado numerosas pérdidas[36].

No obstante, la campaña había confirmado un hallazgo importante: no tenía sentido atacar la capital solo por tierra, ya que de esa manera los mexicas podrían explotar plenamente su superioridad en el lago. El choque también ayudó a reducir aún más el prestigio y el potencial disuasorio de Tenochtitlán en la región. Cuanto más fuertes eran los aliados, más ciudades se ponían de su lado. Sin embargo, dado que los invasores aún no habían derrotado a su oponente más fuerte, la propia Tenochtitlán, muchos pueblos esperaron y se comprometieron primero con un bando, y luego con el otro. No obstante, estos compromisos solo serían válidos mientras perdurara la amenaza militar. Esta táctica iba en la misma línea que las estrategias de supervivencia de los altépetl, las cuales ya habían demostrado su eficacia antes de la llegada de los europeos.

Sitio y caída de Tenochtitlán

Con la finalización de la construcción de los bergantines en abril, por fin estaba disponible el arma que aumentaría significativamente las posibilidades de éxito en la siguiente campaña. Se cavó un canal expresamente para trasladarlos hasta el lago. Para esta tarea, los aliados emplearon fundamentalmente a indígenas y esclavos. Al parecer, ocho mil hombres trabajaron en él las veinticuatro horas del día durante cincuenta jornadas en turnos rotativos. Los barcos llegaron al lago por primera vez a finales de mes. Según Cervantes de Salazar, la botadura no estaba exenta de peligro. Por ello, los españoles ofrecieron un servicio religioso a modo de súplica en el que imploraron a Dios por la protección de los bergantines,

> sin los cuales no se podía hacer la guerra tan cómodamente contra los que tenían sus casas dentro del agua y tantas canoas de donde podían ofender y defenderse. Cortés, que en todo género de virtud, como debe el buen caudillo, se adelantaba a los demás, en este día, oyendo la misa, derramó tantas lágrimas y rezó sus devociones con tanta eficacia, que a los demás provocaba mucha devoción[37].

El piadoso cronista obviamente exageraba, pero no cabe duda de que el aspecto religioso era una forma importante de movilización.

Entretanto, los preparativos militares estaban en pleno apogeo. Las ciudades vecinas de Texcoco se vieron obligadas a entregar varios miles de puntas de flecha de cobre o madera para las ballestas. Según Bernal Díaz, eran «mejores que los de Castilla»[38]. Además, el alto mando solicitó refuerzos a Tlaxcala, Cholula y Huexotzinco. Veinte mil hombres reforzarían el ejército. Finalmente, el día de Pentecostés de 1521, se reunieron las tropas. Según las fuentes, el número total de conquistadores españoles que estaban listos para el ataque a Tenochtitlán varía entre seiscientos cincuenta y novecientos hombres. La gran mayoría de ellos eran soldados de infantería, la caballería probablemente estaba compuesta por ochenta y seis jinetes, además de un centenar de ballesteros y arcabuceros. Las tropas tenían tres grandes cañones, quince culebrinas y suficiente pólvora que los barcos habían traído de España. Cortés volvió a emitir un estricto orden del día para asegurar la disciplina entre sus hombres durante las próximas operaciones de combate. En particular, el capitán general instruyó a los suyos para que se abstuvieran de cometer abusos contra sus aliados a toda costa. Esto era especialmente importante en relación a las disputas a la hora de repartir el botín[39]. También les recordó el hecho de que eran españoles, y por lo tanto «nada inferior del de los romanos y griegos», y que luchaban por la causa de Dios[40].

Después de esto, el alto mando español distribuyó a sus propios hombres. Cada bergantín tenía doce remeros, seis infantes, seis ballesteros, un timonel y un capitán. Como no había suficientes remeros, los oficiales asignaron soldados de las ciudades portuarias para esta tarea. Las tropas terrestres se dividieron en tres batallones con fuerzas similares. El primero, al mando de Alvarado, estaba formado por treinta jinetes, ciento cincuenta infantes, dieciocho ballesteros y varios miles de guerreros indígenas. El hermano de Alvarado, Jorge, Gutiérrez de Badajoz y Andrés de Monjaras actuarían como lugartenientes. La unidad contaba con dos cañones y tenía su base en Tlacopan. El segundo batallón estaba al mando de Olid y sus lugartenientes eran Andrés de Tapia, Francisco Verdugo y Francisco de Lugo. Su destino era Coyoacán. La tercera unidad estaba comandada por Sandoval y sus lugartenientes eran Luis Marín y Pedro de Ircio. Los guerreros indígenas de esta tropa procedían de Cholula, Huexotzinco y Chalco. Esta unidad debía marchar hacia Iztapalapa, destruir la ciudad y luego trasladarse a Tenochtitlán bajo la protección de los bergantines, con el fin de unirse al batallón de Olid. Los barcos estaban bajo el mando de Cortés, quien tenía previsto embarcar con unos trescientos hombres poco después de que las fuerzas terrestres se pusieran en camino. La estrategia detrás de esta división era obvia. Los comandantes habían aprendido de las experiencias negativas de las tres primeras campañas y habían llegado a la convicción de que era necesario sitiar Tenochtitlán y aislarla para cortar las líneas de abastecimiento a la ciudad. A su vez, es posible que al menos Cortés también estuviera tratando de mantener una ruta de escape abierta para los mexicas a fin de evitar la destrucción total de la ciudad y que hubiera grandes pérdidas en ambos bandos[41].

Cervantes de Salazar concluye su informe sobre la reunión con palabras conmovedoras: «Esta fue la gente, y no más, con que el muy valeroso y afortunado Cortés cercó a la más fuerte, a la más rica, la más grande, la más poblada y la más insigne ciudad de todas las hasta hoy descubiertas en este Nuevo Mundo, y tiene partes para serlo también entre las del antiguo»[42]. Lo que no menciona es el hecho de que los españoles solo constituían una fracción —probablemente solo alrededor del uno por ciento— de la tropa. Un enorme ejército se reunió en Texcoco y entró a la ciudad en medio de una tormenta de entusiasmo, y según Bernal Díaz se vitoreó al emperador y se corearon gritos de «Castilla, Castilla, Tlascala, Tlascala»[43]. No se conoce exactamente el número de aliados indígenas, pero ciertamente había decenas de miles en total. De acuerdo con la costumbre mesoamericana, eran reclutados de unidades entrenadas bajo la supervisión de cada calpulli y dirigidas por nobles locales y guerreros curtidos en la batalla. Estas tropas constituían el grueso del ejército. No se trataba únicamente de tlaxcaltecas. Los hombres procedían de numerosas ciudades, aunque no todos contribuyeron por igual a la movilización. Por ejemplo, Cholula siguió adoptando la actitud de esperar a ver qué pasaba. Los líderes de estos contingentes indígenas tenían la importante tarea de coordinar a los combatientes y asegurar la comunicación en las siguientes batallas[44].

La campaña decisiva comenzó en mayo de 1521. La masa de guerreros tlaxcaltecas se adelantó al resto del ejército para escalonar la marcha. Chichimecatecle descubrió que faltaba Xicoténcatl el Joven, quien se suponía que tenía que asumir un papel de mando. Xicoténcatl tenía fama de haberse negado a cooperar con los españoles desde el principio. Se dice que huyó a Tlaxcala para tomar el poder allí y luchar contra los extranjeros. Cuando no regresó a pesar de las reiteradas solicitudes, fue —según las crónicas— apresado por un destacamento especial de diez hombres y trasladado a Texcoco. Allí lo sometieron a un breve juicio y lo ejecutaron públicamente en la horca. Si los acontecimientos se desarrollaron de tal modo, algo que al menos se puede poner en duda, ello le sirvió a Chichimecatecle para deshacerse de un rival, y a Cortés de un potencial problema[45].

Entretanto, Cuauhtémoc no se había quedado de brazos cruzados. Sus espías lo habían mantenido informado de los preparativos de sus enemigos. Junto al consejo supremo, hizo fortificar la ciudad y clavar estacas afiladas en el lago para obstaculizar el paso de los bergantines. Además, a partir de los objetos de hierro capturados a los conquistadores se fabricaron armas como, por ejemplo, lanzas largas que serían utilizadas contra los jinetes. El hecho de que la primavera no fuera una época habitual para llevar a cabo campañas bélicas ya no influyó, dado que las reglas tradicionales hacía mucho que habían cambiado debido a la presencia de los españoles. Los mexicas de Tenochtitlán hacían sacrificios a los dioses y rezaban, como mínimo, con el mismo fervor que los cristianos a su manera. Los dioses aztecas, sin embargo, no ofrecieron más respuestas a través de los oráculos. El hermano Durán, que se basó en numerosas fuentes indígenas y testigos presenciales, escribió: «Les tenían [a sus dioses] por mudos o muertos, o bien creían que los dioses habían quitado las fuerzas y virtud y que ya no tenían poder, y lloraban amargamente por ello»[46]. Sin embargo, los mexicas no estaban dispuestos a rendirse y querían luchar hasta las últimas consecuencias. Así pues, Cuauhtémoc rechazó todos los mensajes de paz que supuestamente Cortés le transmitió.

Según Durán, el joven tlatoani se dirigió a su pueblo en los siguientes términos:

> Valerosos mexicanos: ya veis como nuestros vasallos todos se an revelado contra nosotros: ya tenemos por enemigos, no solamente á los tlaxcalteca y chololteca y vexotzingas, pero á los tezcucanos, chalca y xochimilca y tepaneca, los cuales todos nos an desamparado y dexado y se an ido y llegado á los españoles y vienen contra nosotros, por lo cual os ruego que os acordeis del valeroso corazon y ánimo de los mexicanos chichimeca, nuestros antepasados, que siendo tan poca gente la que en esta tierra aportó se atreviese á acometer y á entrar entre muchos millones de gentes y sujetó con su poderoso brazo todo este nuevo mundo...[47].

Si seguimos leyendo al dominico Durán, los mexicas respondieron con gran entusiasmo a esta evocación del pasado glorioso por parte de Cuauhtémoc. Sin embargo, según Durán, el gobernante no se había molestado en proporcionar a la ciudad comida suficiente para resistir un largo asedio. No obstante, el tlatoani y sus asesores no habían olvidado el problema del abastecimiento. Más bien, la dificultad residía en el hecho de que los productores de alimentos, como los chalcas, simplemente, ya no estaban de su lado. Otros pueblos vecinos se aprovecharon de la difícil situación de los mexicas y se enriquecieron intercambiando maíz por joyas y oro. La dependencia de la ciudad del área circundante tuvo entonces un impacto negativo. Tenochtitlán, al fin y al cabo, vivía de los tributos que entraban a la ciudad principalmente a través del lago. El agua potable también provenía del exterior, ya que el agua salobre del lago no podía consumirse. Un acueducto, que llevaba agua desde los cerros de Chapultepec a la ciudad y que había sido construido bajo el mandato del tlatoani Ahuízotl hacia fines del siglo xv, aseguraba el abastecimiento[48].

En la segunda semana de mayo, los batallones, cuyos elementos españoles estaban bajo las órdenes de Alvarado y Olid, partieron juntos de Texcoco. En el camino se produjeron desencuentros entre los dos capitanes españoles provocados por la asignación de los aposentos. A partir de aquí se desarrolló un antagonismo personal entre los dos, en el que Cortés tan solo pudo mediar temporalmente enviando al fraile Melgarejo de Urrea y al capitán Luis Marín. Después, los soldados marcharon por las rutas que ya conocían a través de pueblos desiertos hasta alcanzar Tlacopan. Allí, en la calzada, la noche de su llegada se produjeron las primeras escaramuzas entre tlaxcaltecas y mexicas, quienes trataron de provocar a sus enemigos gritando y atrayéndolos hacia el albarradón[49].

Al día siguiente de la misa, el ejército marchó hacia su primera gran misión, la destrucción de la canalización de agua en Chapultepec. Después de intensos combates, los hombres lograron cumplir su objetivo. A partir de ese momento, los habitantes de Tenochtitlán dependieron de los pocos pozos de agua dulce del área urbana. La lucha a lo largo de los siguientes días se concentró en el albarradón. Nuevamente, los mexicas emplearon su estrategia de abrir zanjas en el camino. Los aliados intentaron taparlas con la ayuda de sus zapadores, pero tuvieron poco éxito, ya que se vieron expuestos a feroces ataques por tierra y agua. Según Bernal Díaz, sufrieron derrotas y numerosas bajas. Poco después, el batallón al que pertenecía Olid se trasladó a Coyoacán, donde se encontró con las mismas dificultades. Olid y Alvarado no habían arreglado sus diferencias antes de separarse, de tal modo que seguían enemistados y evitaron entablar contacto entre sí, lo cual provocó problemas de coordinación entre las tropas. Solo actuaron conjuntamente cuando les fue inevitable, como para despejar el camino para la caballería o encontrar provisiones en el interior[50].

Mientras tanto, el tercer batallón con los españoles de Sandoval estaba en marcha. A finales de mayo se trasladaron desde Texcoco por una zona ya «pacificada» hasta Iztapalapa, donde fueron destruidas numerosas casas y se produjeron las primeras escaramuzas con los mexicas, que atacaban desde el lago. Los aliados vieron señales de humo saliendo de una isla en el lago a las que parecían responder desde otras bases mexicas. Cortés quiso conquistar este núcleo de comunicaciones en la pequeña isla rocosa de Tepepolco con sus bergantines y la flota de canoas de Texcoco, al mando de Ixtlilxóchitl. Ciento cincuenta españoles tomaron la isla, sin dejar a ninguno de los mexicas con vida, excepto mujeres y niños. Sin embargo, ahora los hombres se enfrentaban a una fuerza naval procedente de Tenochtitlán que había sido alertada por las señales de humo. De ese modo se produjo la primera gran batalla naval, en la cual Cortés tuvo la suerte de que soplara viento favorable que permitió a los bergantines aprovechar la ventaja de velocidad que le daban sus jarcias. En su informe describió la escena: «...aunque escaparon por donde pudieron, los atacamos de frente y destrozamos innumerables canoas y matamos o ahogamos a muchos enemigos; fue una gran visión... Y entonces nuestro Señor se complació en darnos una victoria más grande y mejor de la que habíamos pedido y deseado»[51]. De hecho, la impresión que los bergantines habían causado en los mexicas fue duradera. Según López de Gómara, los españoles ganaron así el control del lago[52].

Ixtlilxóchitl y Cortés aprovecharon la oportunidad y atravesaron el albarradón de Nezahualcóyotl, que había sido destruido en la primera batalla de Iztapalapa, y lanzaron un ataque al fuerte de Xoloc, en el cruce de las calzadas de Coyoacán e Iztapalapa. El batallón en Coyoacán interpretó correctamente la situación y avanzó a su vez por tierra, ya que ahora los guerreros se beneficiaban enormemente de la protección que les brindaban los bergantines en el lado este del albarradón. Los tlaxcaltecas lucharon a la vanguardia en la sangrienta batalla; mientras, Cortés llevó tres grandes cañones desde los barcos a la orilla y disparaba contra los defensores. Sin embargo, el efecto de la artillería fue limitado, ya que no se pudieron hacer más descargas debido a un incendio que quemó la pólvora restante. Según Cervantes de Salazar, «tuvo entonces Cortés gran sufrimiento de no tratar mal al artillero», dado lo enojado que estaba el capitán general por este percance[53]. El hecho de que los mexicas iniciaran un contraataque después de la medianoche, es decir, cuando estaba oscuro, permite ver hasta qué punto para estos habían dejado de aplicarse las reglas tradicionales de la guerra. Sin embargo, los aliados lograron mantener la posición, sobre todo gracias al despliegue de los falconetes[54].

Cuauhtémoc, quien se hizo cargo personalmente del mando de las tropas aztecas, organizó a sus guerreros en cuatro divisiones, tres de las cuales debían hacer frente al enemigo en la calzada. La cuarta la había concebido como un grupo de trabajo móvil que debía evitar el desembarco de los bergantines. El propio gobernante se mostró ante sus hombres en una canoa de guerra en distintos lugares de la batalla para animarlos. Efectivamente, los mexicas luchaban con mucha intensidad y, además, habían adaptado sus tácticas a las nuevas circunstancias. Para evitar que los atacantes avanzaran, siguieron cavando nuevas zanjas en la calzada durante la noche, las cuales, camufladas, se convirtieron en una trampa mortal para sus enemigos en los combates diurnos. Además, ahora empleaban largas lanzas contra los caballos. Contrariamente a su costumbre, evitaban el campo abierto y buscaban refugio detrás de escombros y barricadas. La lucha cuerpo a cuerpo en las albarradas resultó ciertamente beneficiosa para los mexicas, pero los españoles pudieron disparar sus armas de fuego repetidamente contra la masa de defensores causándoles grandes pérdidas. Al menos, al principio, Tenochtitlán no estaba sola en esta pelea. Ciudades como Xochimilco, Mixcoac, Colhuacán, Mexicaltzingo e Iztapalapa todavía seguían del lado de los aztecas durante esta fase y les ayudaron abasteciendo la plaza. Esto contribuyó a ralentizar el avance del enemigo, pero no logró detenerlo[55].

Al comienzo del sitio, los mexicas aún estaban en condiciones de lanzar sus propios ataques. Así que enviaron una flota de canoas, su arma más eficaz, a Iztapalapa para perforar el albarradón allí y aislar así al batallón Sandoval del resto de la fuerza. Pero, una vez más, los bergantines lograron evitar esta maniobra. No obstante, con el inesperado control sobre el fuerte de Xoloc, la importancia estratégica de Iztapalapa, desde el punto de vista de los atacantes, ya había disminuido. Dado que Tenochtitlán estaba recibiendo suministros a través de la calzada norte hacia Tepeyac, los aliados decidieron cerrar este camino, que al principio se había mantenido abierto deliberadamente y que presumiblemente podía servir como ruta de escape a los sitiados. Para esta tarea el batallón de Iztapalapa fue enviado a Tepeyac, donde, ayudado desde el lago por algunos bergantines, consiguió abrirse paso en poco tiempo. Cervantes de Salazar afirmó: «Desta manera quedó cercada por todas partes la muy poderosa y muy fuerte ciudad de México de modo que sin ser sentido o visto ninguno de los enemigos podía salir ni entrar»[56].

Las duras batallas se prolongaron en las calzadas sin que ninguno de los bandos pudiera hacer ningún progreso decisivo. Durante el día, los atacantes se abrían paso a costa de un gran número de bajas, y conseguían tapar algunas zanjas y reparar algunos puentes. En esta tarea, muy peligrosa por los constantes ataques, destacaron particularmente los zapadores indígenas. Por la noche, cuando se retiraban a sus campamentos fortificados, los mexicas lo arruinaban todo. Ni siquiera el empleo de vigías durante la noche en barricadas especialmente levantadas para este propósito podría cambiar esta situación[57]. Bernal Díaz describió las sangrientas batallas:

> Y cuando con ellos estábamos peleando, era tanta la piedra con hondas y vara y flecha que nos tiraban, que por bien que íbamos armados, todos los más soldados nos descalabraban y quedábamos heridos [...]. Pues quiero decir el mudarse de escuadrones con sus devisas y insignias de las armas, que de los mexicanos se remudaban de rato en rato; pues a los bergantines cuál los paraban de las azoteas, que les cargaban de vara e

flecha y piedra, porque era más que granizo. Y no lo sé aquí decir, ni habrá quien lo pueda comprender, sino los que en ello nos hallamos [...]. Y digamos que cuando en la noche nos despartía curábamos nuestras heridas con aceite, e un soldado que se decía Juan Catalán que nos las santiguaba y ensalmaba, y verdaderamente digo que hallábamos que Nuestro Señor Jesucristo era servido darnos esfuerzo [...]. Y así heridos y entrapajados habíamos de pelear desde la mañana hasta la noche, que si los heridos se quedaran en el real sin salir a los combates, no hubiera de cada capitanía veinte hombres sanos para salir[58].

Durante el combate quedó demostrado que los bergantines les daban a los atacantes una ventaja decisiva. Cuando los barcos protegían los flancos contra las canoas aztecas, era cuando más camino conseguían abrir en la calzada. Por tanto, Cortés distribuyó la flota entre las distintas unidades. Alvarado recibió el apoyo de cuatro barcos, seis se quedaron con Cortés, quien ahora estableció su cuartel general en Coyoacán, y los otros dos ya estaban con Sandoval. El barco más pequeño fue desmantelado porque no podía hacer frente a las canoas. La tripulación se repartió entre los otros barcos y reemplazó a los muchos heridos de gravedad. Además, los bergantines resultaron fundamentales para fines logísticos, ya que transportaban tropas, material y provisiones. Además, se podían apostar sobre ellos vigías avanzados, que ayudaban a proteger el descanso nocturno de los soldados. Sin embargo, también fueron necesarios durante la noche para bloquear las líneas de abastecimiento a Tenochtitlán, ya que esta recibía los suministros a través de embarcaciones procedentes de las ciudades aliadas con la capital. Aun cuando no consiguieron interrumpirlos por completo, la llegada de agua, en particular, se volvió cada día más difícil[59].

Los generales de los mexicas se dieron cuenta de este peligro y trataron de destruir las naves comandadas por los españoles. Una noche atrajeron a una trampa a uno de los dos bergantines que patrullaban el lago. Sin embargo, cuando más adelante intentaron repetir este ardid, los españoles invirtieron las tornas y destruyeron numerosas canoas. Los comandantes aztecas observaron otras debilidades en sus enemigos. Los aliados solo habían establecido una pequeña guarnición en Tlacopan para proteger la caravana de mujeres tlaxcaltecas que preparaban las tortas de maíz y otros alimentos para las tropas combatientes. No se sabe si las pocas españolas que, como Isabel Rodríguez, Beatriz de Palacios, María de Estrada o Beatriz Bermúdez de Velasco acompañaron a los conquistadores en sus campañas les ayudaban en esta labor. Cuauhtémoc, con el apoyo de sus aliados, trató de cortar esta importante línea de suministro para el enemigo. Sin embargo, no lo consiguieron porque los oficiales aztecas capturados, probablemente bajo tortura, revelaron el plan[60].

En vista de la dureza de las batallas, las numerosas bajas y el escaso terreno ganado, los atacantes decidieron cambiar de estrategia. En lugar de retirarse a sus cuarteles detrás de las líneas cada noche, se ocuparon zonas más amplias de la calzada, las cuales se aseguraban provisionalmente y se vigilaban durante todo el día. Las zanjas se rellenaban con los escombros de las casas destruidas para crear zonas por las que avanzar. El primer objetivo de los ataques fueron los edificios desde cuyas terrazas los mexicas lanzaban sus proyectiles. La nueva forma de combatir hizo que la lucha se prolongara también durante la noche. La guerra parecía interminable. Incluso Bernal Díaz, quien proporciona la descripción más detallada de estas batallas en su relato de más de mil páginas, muestra sus dudas a la hora de describir los combates:

> Bien tengo entendido que los curiosos letores se hartarán de ver cada día combates, y no se puede hacer menos, porque noventa y tres días estuvimos sobre esta tan fuerte y gran ciudad, cada día y de noche teníamos guerra y combates. [...] e no lo pongo aquí por capítulos lo que cada día hacíamos porque me parece que sería gran prolijidad o sería cosa para nunca acabar, y parecería a los libros de Amadís e de otros de caballerías[61].

Estos enfrentamientos, cuya descripción Díaz del Castillo quiso evitarle a sus lectores, no obstante, aportaron un nuevo elemento a la táctica de los atacantes. Aproximadamente el 9 de junio, los líderes militares decidieron trasladar la guerra a la ciudad. En un asalto combinado y apoyado por los bergantines desde el agua, los mexicas fueron atacados simultáneamente desde el oeste, el norte y el sur. El batallón sur estaba al mando de Cortés, quien había establecido el palacio de Axayácatl, donde los españoles habían vivido hasta el fatídico episodio, como objetivo para la unión de las tropas. Después de otro choque sangriento, los atacantes llegaron hasta la puerta de la ciudad, la puerta del águila, donde los defensores habían destruido el puente[62]. Gracias a los bergantines que se usaron como pontón, lograron cruzar y, con la ayuda de sus armas de fuego, penetraron en la ciudad. Cuanto más avanzaban, más sencillo les resultaba porque era evidente que sus enemigos no lo esperaban y, por lo tanto, no habían colocado barreras. De este modo los invasores llegaron a la zona del Templo Mayor. Sin embargo, aquí se vieron sobrepasados y toparon con una feroz resistencia por parte de las fuerzas aztecas reunidas. Como los batallones norte y oeste aún se encontraban lejos del centro de la ciudad en ese momento, los atacantes solo pudieron salvarse dejando atrás una de las valiosas piezas de artillería que, posteriormente, los mexicas hundirían en el lago. Al menos, tuvieron tiempo de destruir numerosos edificios para que les fuera más fácil progresar en el siguiente avance[63].

En las semanas sucesivas se produjeron nuevos asaltos en el centro de la ciudad, incluida la destrucción del palacio de Axayácatl. La guerra se fue convirtiendo cada vez más en una campaña de destrucción que devastó Tenochtitlán. Sin embargo, los atacantes no lograron el objetivo final de obligar a los mexicas a rendirse. Los defensores aún eran capaces de derribar puentes, destruir la calzada y, al menos ocasionalmente, hacer retroceder a sus oponentes. De modo que la lucha oscilaba de un lado a otro. Los guerreros aztecas tendieron una emboscada al batallón de Alvarado en la calzada de Tlacopan y le infligieron grandes pérdidas porque los bergantines no pudieron acercarse lo suficiente debido a las barreras de estacas. Sin embargo, los mexicas no consiguieron pasar de nuevo a la ofensiva. Particularmente doloroso desde el punto de vista de los defensores fue el hecho de que ciudades aliadas como Iztapalapa, Mixcoac y Xochimilco se pusieron del lado de sus enemigos, al menos en parte. Ixtlilxóchitl se destacó como mediador[64]. Hacia finales de junio, el capitán general llegó a una conclusión importante:

> Viendo que estos de la ciudad estaban rebeldes y mostraban tanta determinación de morir ó defenderse, colegí dellos dos cosas: la una, que habíamos de haber poca ó ninguna de la riqueza que nos habían tomado; y la otra, que daban ocasión y nos forzaban á que totalmente los destruyésemos[65].

Al parecer, fue esto último lo que causó un gran pesar en Cortés, ya que en un principio había anunciado que le entregaría intacta la magnífica ciudad a su rey[66]. Está por ver cuán pesada pudo haber sido esta carga que, en cualquier caso, no impidió que el ahora impaciente capitán general planease la sentencia de muerte de Tenochtitlán a finales de junio. Según Bernal Díaz, celebró una reunión a la que convocó por carta a Alvarado y Sandoval. Cortés compartió con sus capitanes su plan de avanzar hasta la plaza del mercado de Tlatelolco, reunir allí los batallones y montar el campamento. Según Bernal, el regimiento de Alvarado expresó serias preocupaciones sobre el plan porque el peligro de quedar atrapados les parecía demasiado grande. Esta opinión se plasmó incluso por escrito cuando posteriormente se les culpó de un plan que no habían respaldado «para que no nos aconteciese como la pasada, que dicen en el refrán de Mazagatos: cuando salimos huyendo de México»[67]. En la carta de Cortés, sin embargo, se lee algo completamente diferente. Al parecer, este dudaba si adentrarse más en la ciudad, y esperaba la rendición del enemigo para tratar de evitar los peligros, pero «[...] cómo yo me excusaba, el tesorero de V. M. me dijo que todo el real afirmaba aquello, y que lo debía de hacer»[68]. La cuestión de quién fue el responsable sería importante más adelante. Al principio, sin embargo, se decidió atacar al día siguiente desde tres flancos hasta Tlatelolco. Los antiguos y nuevos aliados indígenas con miles de guerreros y todas las canoas a su disposición volverían a asumir la peor parte.

El objetivo del asalto, Tlatelolco, había adquirido una nueva importancia con el asedio. Hasta ahora, eximidos en gran parte de los combates, los tlatelolcas se habían defendido con más éxito contra los invasores que los tenochcas en el sur de la zona urbana, quienes tuvieron que repeler la peor parte de los ataques. Por eso Tlatelolco se veía ahora en condiciones de hacer demandas a sus vecinos, a quienes debían pagar tributo desde la derrota sufrida en la guerra civil de 1473 y a quienes ahora acusaba de debilidad e incluso de cobardía. Al parecer hubo al menos un intento infructuoso por parte de los españoles de ganarse a los tlatelolcas. De cara al futuro, el distrito exigió que los tlatelolcas asumieran un papel protagonista dentro de la Triple Alianza. Presionado por los invasores, Cuauhtémoc aparentemente accedió y en junio trasladó su cuartel general al palacio de Yacalulco, cerca de la gran plaza del mercado. También se llevaron a Tlatelolco las estatuas de los dioses más importantes. Gran parte del ejército azteca y la población de Tenochtitlán también se retiraron allí[69].

Ese día, desde el punto de vista de los españoles, «por manera que la adversa fortuna vuelve su rueda...»[70] el avance que, según los *Anales de Tlatelolco*, estaba bajo el mando de Ixtlilxóchitl, parecía acertado en un principio. Las tres tropas se vieron envueltas en intensos combates, pero los invasores aparentemente avanzaron según el plan, superaron las barricadas y persiguieron al enemigo, que tuvo que retirarse cada vez más. De lo que no se dieron cuenta, sin embargo, fue de que los guerreros aztecas los estaban atrayendo a una trampa. En un contraataque, los mexicas lograron conducir a una de las unidades enemigas hasta una gran zanja que no había sido antes cubierta. Este error táctico puso a Cortés y a su unidad en enorme peligro. Cristóbal de Olea solo pudo salvar al capitán general de una muerte segura por segunda vez a costa de su propia vida. Según el propio informe de Cortés, el capitán de la guardia Antonio de Quiñones tuvo que arrastrarlo fuera del campo de batalla para que pudiera ponerse a salvo. Al parecer, dado el terrible destino que sufrieron tantos de sus hombres, habría preferido «morir peleando»[71].

El ataque se había convertido en una huida a la desesperada. Los mexicas lograron capturar vivos a numerosos enemigos. Inmediatamente, cortaron algunas cabezas y arrojaron sus cráneos aún ensangrentados a los pies de las unidades de Alvarado y Sandoval, quienes aún no sabían del desastre. Ahora, el gigantesco tambor sonaba desde el Templo Mayor y los atacantes sospechaban acertadamente que los primeros prisioneros estaban siendo sacrificados. Además, se oían los sonidos de los cuernos, que intensificaban la furia de los mexicas. Mientras tanto, todos los batallones invasores estaban en retirada hacia sus campamentos, donde habrían de defenderse de los violentos ataques hasta altas horas de la noche, a costa de sufrir numerosas bajas y heridos. Según Bernal Díaz, fue gracias a la artillería pesada por lo que los ataques de los perseguidores amainaron lentamente[72]. Aun así, la noche seguiría ofreciendo un espectáculo terrible para los españoles y sus aliados, del que Bernal informó de manera particularmente vívida:

Pues ya que estábamos retraídos cerca de nuestros aposentos [...], tornó a sonar el atambor muy doloroso del Huichilobos, y otros atabalejos, y caracoles y cornetas y otras como trompas, y todo el sonido de ellas espantable y triste; y miramos arriba al alto cu donde las tañían: vimos que llevaban por fuerza las gradas arriba a rempujones y bofetadas y palos a nuestros compañeros [...], que los llevaban a sacrificar. Y de que ya los tenían arriba en una placeta que se hacía en el adoratorio donde estaban sus malditos ídolos, vimos que a muchos dellos les ponían plumajes en las cabezas y con unos como aventadores les hacían bailar delante del Huichilobos; y cuando habían bailado, luego les ponían de espaldas encima de unas piedras que tenían hechas para sacrificar y con unos navajones de pedernal los aserraban por los pechos y les sacaban los corazones bullendo y se los ofrecían a sus ídolos que allí presentes tenían, y a los cuerpos dábanles con los pies por las gradas abajo[73].

El cruel espectáculo no dejó de surtir efecto. Los supervivientes quedaron profundamente conmocionados al verlo. Díaz del Castillo, que menciona muy poco a Cortés en su crónica, describe a un capitán general que parecía débil y abrumado por esta situación. Paralizado por su error, fue incapaz de tomar una decisión, y mientras continuaba luchando trató de culpar de ello a su capitán Alderete, quien supuestamente no había obedecido sus órdenes en la batalla y había desatado el pánico. Los otros capitanes estaban asombrados por la actitud quejosa de Cortés y se sorprendieron por la gran cantidad de pérdidas, incluidos numerosos bergantines. Al menos, los mexicas volvieron a fallar de manera decisiva a la hora de perseguir a sus maltratados enemigos, y estos pudieron descansar y reagruparse en sus campamentos, ahora fortificados, a pesar de los continuos choques defensivos[74].

Desde el punto de vista de los mexicas, este día fue sin duda uno de los mayores triunfos en la historia de la lucha por su capital, rica en desengaños. Al conquistar el estandarte español, también se obtuvo simbólicamente la victoria. El *Códice Florentino* describe la escena desde el punto de vista de los mexicas:

> Trabóse una batalla muy recia en este dia, de manera que los mexicanos como borrachos se arrojaron contra los enemigos y cautivaron muchos de los tlaxcaltecas y chalcas, y tezcucanos, y mataron muchos de ellos, y peleando, y hicieron salta á los Españoles en las acequias [...], y los Españoles huyeron, y siguiéronlos hasta el barrio que llaman Colhuacantonco. Allí se recogieron. Y los Indios volvieron a coger el campo, y tomaron sus cautivos, y pusiéronlos en procesión todos maneatados: pusieron delante a los Españoles, y luego a los tlaxcaltecas, y luego a los demás Indios cautivos, y lleváronlos al cu que llamaban *Mumuzco*, allí los mataron uno a uno sacándo los corazones: primeramente mataron a los Españoles y despues a todos los Indios sus amigos. Habiéndolos muerto pusieron las cabezas en unos palos delante de los ídolos, todas espetadas

por las sienes; las de los Españoles más altas, las de los otros Indios más bajas, y las de los caballos más bajas[75].

La victoria dio un gran impulso a los mexicas y los principales sacerdotes pronosticaron un resultado favorable para la guerra en solo ocho días. Cuauhtémoc aprovechó la oportunidad y envió mensajeros a Chalco, Xochimilco y otras provincias. Estos mostraban cráneos y huesos de caballos y conquistadores, proclamaban la profecía de sus sumos sacerdotes y llamaban a los gobernantes provinciales a ponerse nuevamente del lado de Tenochtitlán o, de lo contrario, enfrentarse a un castigo severo. Volvió a demostrarse que los europeos podían ser derrotados, y los aztecas se burlaron de sus enemigos. También continuaron con su guerra psicológica sacrificando a sus prisioneros por la noche durante los días siguientes. De hecho, la mayoría de las ciudades en las inmediaciones del lago se alejaron de los aliados y permanecieron a la espera. Solo unos pocos entre estos, como Ixtlil-xóchitl y Chichimecatecle, se mantuvieron leales a los españoles, pero sus contingentes de tropas se redujeron considerablemente debido a las bajas y las deserciones[76].

Además, hubo disturbios en el interior. El mensajero de la aliada Cuernavaca informó de que el pueblo vecino de Malinalco, aliado con Tenochtitlán, los estaba atacando. A pesar de su propia situación, Cortés envió al capitán Andrés de Tapia con un pequeño destacamento para «pacificar» la región nuevamente. Esto era importante porque el control sobre el interior del país, aunque debilitado, seguía siendo un salvavidas para los españoles. Lo mismo sucedía con los otomíes, quienes también se volvieron hacia los europeos en busca de ayuda porque estaban amenazados desde Matalcingo. Cortés volvió a enviar una unidad al mando de Sandoval para proteger a los aliados y castigar a los «rebeldes», como los llamó. Ambas expediciones tuvieron éxito, lo que de nuevo sirvió para infundir valor a sus aliados. Este cambio de ánimo también contribuyó a que Chichimecatecle, decepcionado por la inacción de los españoles, llevara con éxito otra incursión en Tenochtitlán con cuatrocientos hombres[77].

El factor más importante para este nuevo giro resultó ser la catastrófica situación del abastecimiento en la capital de los mexicas, que empeoraba día a día. Si bien los invasores también sufrieron repetidas veces el hambre, como relata Bernal Díaz insistentemente, estos tenían a su disposición el interior del país, desde donde recibían los suministros. A pesar de la pérdida de algunos bergantines, los atacantes, junto con las canoas de los aliados indígenas, lograron volver a sitiar la ciudad, sobre todo porque habían aprendido a evitar las barreras de postes. Según el hermano Durán, «más gente murió de hambre que por el hierro» de los españoles[78]. Los *Anales de Tlatelolco* cuentan que los habitantes, incluso, se comían el adobe de los muros[79]. Los testigos oculares de Sahagún describieron la situación de manera más completa: «Había gran hambre entre los mexicanos y grande enfermedad, porque bebian del agua de la laguna y comian sabandijas, lagartijas y ratones, etcétera, porque no les entraba ningun bastimento, y poco a poco fueron acorralando a los mexicanos cercándolos de todas partes»[80].

Ante esta difícil situación, no es de extrañar que los mexicas ya no fueran capaces de dar el golpe decisivo contra sus enemigos. Ni siquiera ya después de quince días, la profecía de sus sacerdotes se había cumplido. Fue una noticia muy buena para los españoles, ya que los aliados de Texcoco, Cholula y Tlaxcala, que se habían tomado muy en serio esos augurios y el supuesto poderío de los mexicas, regresaban ahora con fuerzas renovadas. Cortés los recibió con un discurso amistoso, pero les advirtió sobre la deserción. También les prometió un rico botín si lo apoyaban en la próxima batalla decisiva. Finalmente, les pidió que perdonaran los distritos conquistados. Todavía esperaba poder tomar posesión de, al menos, algunas zonas de la ciudad sin daños. El hecho de que ahora se valorara más positivamente la situación militar se debió también a los refuerzos procedentes de Veracruz, destino de un barco con pólvora, armas y soldados de refresco[81].

El último ataque contra la capital de los aztecas se prolongó durante varias semanas. A mediados de julio, los invasores reanudaron sus asaltos y se encontraron con la tenaz oposición de los defensores, pero la resistencia se debilitó. Lo único que les quedaba a los mexicas era el coraje y la determinación de luchar hasta el amargo final. Cortés, que no entendía esto, escribió en su informe:

> [...] viendo cómo estos de la ciudad estaban tan rebeldes y con la mayor muestra y determinación de morir que nunca generación tuvo, no sabía qué medio tener con ellos para quitarnos a nosotros de tantos peligros y trabajos, y a ellos y a su ciudad no los acabar de destruir, porque era la más hermosa cosa del mundo[82].

Sin embargo, el capitán general decidió radicalizar aún más su guerra para imponerse definitivamente y romper la voluntad de resistencia de los mexicas:

> [...], acordé de tomar un medio para nuestra seguridad y para poder mas estrechar á los enemigos, y fue que como fuésemos ganando por las calles de la ciudad, que fuesen derrocando todas las casas dellas del un cabo y del otro; por manera que no fuésemos un paso adelante sin lo dejar todo asolado, y lo que era agua hacerlo tierra firme [...][83].

Encargó a los zapadores indígenas, que sabían exactamente cómo asolar ciudades, esta labor de destrucción[84].

La nueva estrategia fue preparada meticulosamente y, después de unos días de pausa en la lucha, los aliados atacaron con mayor virulencia, produciendo una gran devastación. Durante los combates, Ixtlilxóchitl logró capturar a su hermano Coanácoch, quien dirigía a los leales texcocas en el ejército azteca. Las tropas de Texcoco, en ese momento, cambiaron de bando[85]. Los atacantes pudieron entonces avanzar con relativa facilidad a lo largo del día hasta el distrito de los templos de Tenochtitlán, donde Cortés subía regularmente al santuario más alto con el fin de mostrar su poder a los mexicas. Los conquistadores llenaron sistemáticamente las zanjas y también obtuvieron pleno acceso a la calzada de Tlacopan, de modo que ahora podían moverse libremente por el centro de Tenochtitlán. Los mexicas, exhaustos y diezmados, ya no tenían fuerzas para abrir de nuevo las zanjas por la noche como habían hecho anteriormente. Hacia finales de julio, el batallón de Alvarado luchó para acceder por primera vez a la plaza del mercado de Tlatelolco, pero no pudo mantener su posición, ya que los mexicas habían situado allí a la mayoría de sus guerreros. Al día siguiente, las tropas de Alvarado establecieron contacto con los hombres de Cortés. El capitán general subió al templo principal de Tlatelolco y allí encontró las cabezas de los compañeros sacrificados. Por mucho que la visión lo impresionara, disfrutó del hecho de que casi el noventa por ciento de la ciudad estaba ahora en manos de los atacantes y su avance era imparable. Al menos entre la población civil azteca existía una tendencia a dispersarse por pura necesidad, aunque caer en manos del enemigo no era mucho mejor que morir de hambre o de sed, ya que, como informó el propio Cortés: «[Usaban de tanta crueldad nuestros amigos], que por ninguna via á ninguno daban la vida, aunque mas reprendidos y castigados de nosotros eran»[86].

En vista de los acontecimientos, los mexicas empezaron a considerar la posibilidad de entablar negociaciones. Dado que sus enemigos indígenas estaban muy interesados en la destrucción total de la ciudad, los españoles eran el contacto más viable. Sin embargo, las primeras iniciativas alternaron entre medidas de propaganda, emboscadas e intentos desesperados por ganar tiempo. Según las fuentes españolas, Cortés respondió repetidamente a las ofertas de negociación de los mexicas, incluso después de haber sido engañado varias veces. Por su parte, probablemente él también hiciera varias ofertas para negociar. Se dice que envió a tres prisioneros de alto rango con una propuesta de paz a Cuauhtémoc, el cual, según Díaz del Castillo, lo consultó con su consejo, algo que también confirman los *Anales de Tlatelolco*. Se dice que el propio tlatoani se inclinaba por detener los combates, ya que los enemigos ahora controlaban casi toda la ciudad y la situación de los víveres era desesperada. Sin embargo, sus consejeros se manifestaron en contra, ya que todas las concesiones a los enemigos que Moctezuma había hecho hasta entonces solo habían traído desventajas para los mexicas. Los sacerdotes aztecas, que sin duda tenían más que perder en una rendición, reforzaron este argumento y predijeron el favor de los dioses y una victoria inminente. Se dice que Cuauhtémoc finalmente se pronunció en contra de la nueva negativa[87].

El último ataque a Tlatelolco comenzó en agosto. A pesar de la resistencia desesperada de los defensores, los invasores pronto pudieron moverse libremente por la enorme plaza del mercado y, sobre todo, utilizar su caballería de manera selectiva. Un poco después, incluso, instalaron allí su cuartel. Cuauhtémoc tuvo que retirarse hacia la parte oriental del distrito, que estaba rodeada de agua. Una vez más, los mexicas parecen haber hecho una oferta para negociar, pero resultó ser una artimaña. Incluso una tregua de dos días declarada unilateralmente por Cortés fue utilizada por el último contingente azteca para construir más zanjas y trincheras. Los aliados de los españoles, que se contaban por miles y eran imposibles de controlar, desobedecieron de todos modos. Sin embargo, dado el escalofriante ejemplo de las masacres, las cuales, según las fuentes españolas, solo eran cometidas por los pueblos indígenas, el atractivo de la rendición siguió siendo escaso. Según Cortés, las atrocidades de esos días costaron decenas de miles de vidas a ancianos, mujeres y niños aztecas medio muertos de hambre que intentaban huir desesperadamente. Los tlaxcaltecas se acercaban cada vez más a su objetivo en esta guerra, la destrucción total de Tenochtitlán[88].

No obstante, incluso entre los guerreros aztecas la desesperación era grande, y por eso optaron por su último recurso. Cuauhtémoc entregó las armas y armaduras de su padre Ahuízotl —llamadas Quetzalteculotl— al eminente guerrero Tlapaltecatl Opuchtzin. También le dieron

Imagen 22: *Capitulación de los mexicas* (Lienzo de Tlaxcala)
La imagen muestra a Cortés entronizado con plumas de quetzal como adorno en su sombrero. Nobles mexicas están frente a él. El título en náhuatl significa: «Así fueron derrotados los mexicas».

un arco y una flecha del dios Huitzilopochtli. Le acompañaban cuatro capitanes con los que debía ir a la batalla, y el tlatoani dijo: «Vean estas armas nuestros enemigos, podrá ser que se espanten en verlas»[89]. El *Códice Florentino* cuenta que el enemigo se quedó helado al ver el Quetzalteculotl y se dio a la fuga. La noche siguiente, sin embargo, observaron un fuego que se acercaba «como torbellino que echaba de sí brasas grandes, y menores, y centellas muchas, remolineando y respendando y estallando» y que luego golpeaba en medio del lago[90]. Como las fuentes españolas no mencionan esta maravilla natural, se puede suponer que esta señal celestial se incluyó posteriormente en la narración por parte de los testigos oculares y de oídas de Sahagún.

El 13 de agosto de 1521 se produjo un último gran ataque en el que también se utilizó la artillería pesada. A Sandoval se le encomendó la tarea de atacar desde la orilla del lago con los bergantines y evitar que los guerreros aztecas, y sobre todo los nobles, huyeran. Este ataque terminó por quebrar la última resistencia. Según Alva Ixtlilxóchitl, «Hiciéronse este dia unas de las mayores crueldades sobre los desventurados Mexicanos que se han hecho en esta tierra. Era tanto el llanto de las mujeres y niños que quebrantaban los corazones de los hombres»[91]. Según fuentes indígenas, Cuauhtémoc se dirigió a sus enemigos en una canoa para rendirse; su pueblo lloró y dijo: «Aquí va nuestro gobernante. Va a entregarse a los dioses españoles»[92]. Las fuentes españolas, en cambio, afirman que el tlatoani intentó cruzar el lago con los nobles más importantes en numerosas canoas, pero el capitán García de Holguín le dio alcance en el bergantín más rápido y le apresó. Su superior, Sandoval, reclamó al prisionero real para entregárselo a Cortés. Esto incluso dio lugar a una disputa entre los españoles que el capitán general tuvo que resolver. Al final, a ambos se les permitió mostrar a Cuauhtémoc. Cortés supuestamente lo recibió con amabilidad, pero el tlatoani, según Bernal Díaz, dijo: «Señor Malinche, ya he hecho lo que soy obligado en defensa de mi ciudad y vasallos, y no puedo más; y pues vengo por fuerza y preso ante tu persona y poder, toma ese puñal que traes en la cintura y mátame luego con él»[93]. No obstante, Cortés hizo caso omiso porque aún necesitaba a su prisionero real[94].

Al cabo de meses de feroces luchas, Tenochtitlán había caído. Aunque, según Bernal, se avecinaba una tormenta terrible, a él y a sus compañeros les parecía como si después del infernal ruido de la batalla día y noche, finalmente, hubiera vuelto la calma. La ciudad era un lugar desolado. Cadáveres y fragmentos de ellos obstruían las calles, y el hedor a putrefacción era tan terrible que enfermó a Cortés. Los últimos mexicas que quedaban se levantaron de las ruinas y se arrastraron hacia tierra firme. Al hacerlo, fueron presa fácil no solo para los aliados indígenas, sino también para los conquistadores españoles, que se dedicaron al pillaje, el saqueo y a robar las últimas posesiones de los fugitivos. No obstante, los mexicas podían darse por satisfechos si conseguían salir de allí, porque la gente seguía asesinando a su antojo, a pesar de que el capitán general supuestamente había prometido dejarles ir libremente. Aquellos que todavía eran razonablemente fuertes fueron esclavizados y marcados. Las mujeres jóvenes fueron violadas. Tal y como informa el *Códice Florentino*, muchas se mancharon la cara con tierra y se vistieron con harapos para evitar este destino. En aquella época, el pillaje, el asesinato, la violación y el saqueo eran bastante comunes en los campos de batalla, tanto mesoamericanos como europeos, pero la magnitud de las atrocidades que se prolongaron durante varios días sorprendió incluso a un veterano como Bernal Díaz[95].

Al día siguiente a la rendición, los vencedores convocaron otra reunión oficial con Cuauhtémoc y sus principales consejeros, Coanácoch, gobernante de Texcoco, y Tetlepanquetzal, gobernante de Tlacopan, quien también había sido capturado. Los tres vestían espléndidas túnicas, pero estaban sucias en señal de derrota. Entonces, Cortés se puso manos a la obra. A través de Malinche, quien seguía realizando la indispensable labor de interpretación, preguntó dónde estaba el oro que había tenido que dejar atrás en la Noche Triste cuando huyó de Tenochtitlán. Entonces los príncipes le trajeron todo el oro que todavía tenían. Cuando, según Sahagún, Cortés exclamó: «¿No hay mas oro que este en México?»[96], los príncipes respondieron con evasivas. El cihuacóatl llegó a decir que los únicos que habían combatido desde las canoas en la Batalla del Canal Tolteca eran los tlatelolcas. Así que debían de ser ellos quienes lo tuvieran; pero Cuauhtémoc dejó claro que todo el oro había sido puesto a buen recaudo y que lo que habían reunido era todo lo que ahora tenían. Otros príncipes agregaron que los ciudadanos que habían huido podrían haberse apropiado de él y las mujeres esconderlo debajo de la ropa. Los españoles, en su codicia por el metal precioso, dejaron claro que de ninguna manera habían quedado satisfechos con las respuestas[97].

El capitán general rápidamente envió a los aliados de vuelta a casa con su parte del botín. Innumerables mexicas tuvieron que pasar el resto de sus vidas como esclavos en las ciudades de los vencedores o fueron sacrificados allí. Para celebrar la victoria, Cortés organizó un banquete para los oficiales españoles y algunos soldados escogidos. Se trajo vino y cerdo desde Veracruz, donde había llegado otro barco con suministros procedente de Santo Domingo. El malestar reinó desde el principio debido a la falta de asientos para todos. Los conquistadores se jactaban de su nueva riqueza, con la que decían iban a comprar sillas de montar y puntas de flecha de oro. Enseguida la mayoría de ellos estaban borrachos, se jugaba a las cartas y se bailaba. Díaz del Castillo, quien describió detalladamente la escena, enfatizó que había demasiados «vicios». Las pocas damas españolas que formaban parte del séquito y sus caballeros vestidos con sus armaduras causaban una impresión bastante ridícula. El padre Olmedo estaba muy enojado por las dimensiones orgiásticas de la celebración, pero Cortés dijo que no podía prohibir que sus hombres estuvieran exultantes el día de su triunfo. Para la jornada siguiente, sin embargo, el sacerdote ordenó una misa con procesión y sermón, a la que todos debían acudir para expiar sus pecados[98].

Lo que no se consideró un pecado para ser expiado en ese momento fue la muerte de decenas de miles de personas en la caída de Tenochtitlán. Suponiendo que los españoles hubieran perdido alrededor de la mitad de sus soldados desde su llegada a Mesoamérica, sus bajas quizás llegaran a los mil hombres. Sin duda fue una gran pérdida, pero palidece en comparación con los miles y miles de guerreros y civiles indígenas que dejaron la vida en los campos de batalla junto a los europeos y luchando contra ellos. Por supuesto, los más afectados fueron los mexicas, quienes perdieron a casi toda su clase dominante, pero también a innumerables mujeres y niños. No obstante, de ninguna manera se extinguieron, ni siquiera su ciudad se extinguió, aunque a la vista de las ruinas que quedaron en agosto de 1521 eso todavía no se podía aventurar[99].

IX

Conquista sin fin

Con la caída de Tenochtitlán, se hundió el centro de poder más importante en Mesoamérica antes de la llegada de los españoles, si bien de ninguna manera el único. Las batallas de los últimos años habían demostrado que era precisamente la diversidad de estados y las rivalidades entre ellos lo que ofrecía la posibilidad de derrotar a un estado tan influyente como el de los mexicas. Pero, ¿qué pasó después de la conquista? Las ciudades-estado indígenas aliadas con los españoles habían logrado su objetivo. A primera vista eran los vencedores de la guerra, no los españoles, que se habían apoderado de una urbe en ruinas, pero no habían logrado la fortuna que esperaban. Ahora, era inminente un nuevo orden en el que los europeos podían jugar un papel importante, pero no necesariamente tenían por qué hacerlo. El hecho de que así fuera finalmente se debió al continuo dinamismo del universo de estados mesoamericano y a la lógica de la colonización española en el Nuevo Mundo, la cual estaba diseñada para explotar los recursos y la mano de obra del país. Para Cortés, la guerra no terminó con la caída de Tenochtitlán. Su objetivo era consolidar el poder y ocupar el lugar de los gobernantes aztecas, e incluso superarlos con la creación de un gobierno unificado con una religión unificada. Cortés tenía antes sí desafíos tanto a nivel local como en Europa, donde el emperador aún no había decidido cómo proceder al otro lado del océano. Los simples conquistadores, que habían luchado y sufrido grandes privaciones, probablemente, no compartieran los ambiciosos planes de su capitán general. Para ellos se trataba de oro, algo que, para su gusto, el triunfo apenas había traído. La interacción de estos motivos hizo que la conquista durase décadas, un tiempo que a algunos de los implicados pudo parecerles interminable.

***Imagen 23:* Manuscrito del Aperreamiento**
Este documento de una sola hoja, del siglo XVI (aprox. 1540), con numerosas anotaciones y glifos en náhuatl, muestra el cruel castigo de un noble azteca en Coyoacán. Arriba a la izquierda se ve a Cortés con la Malinche, abajo a la izquierda, el hermano Andrés de Tapia, que instruye a dos indígenas. En el borde derecho se pueden ver otros cinco nobles atados que tienen que presenciar la tortura. Los españoles utilizaron a menudo esta forma de terror para infundir miedo en los vencidos o para arrancarles confesiones.

La codicia insatisfecha por el oro

Cortés instaló un campamento en el palacio del antiguo gobernante de Coyoacán y emprendió lo que llamó la «pacificación» del país[1]. Sin duda, se veía a sí mismo como un nuevo gobernante legítimo, sometido únicamente a su emperador en la lejana Europa. Al capturado tlatoani Cuauhtémoc, quien permaneció en el cargo *pro forma*, le encomendaron la tarea de instruir a sus subordinados para rescatar a los muertos de los escombros y enterrarlos. Además, había que realizar trabajos de limpieza y, sobre todo, restaurar la canalización de agua hacia Chapultepec. Para proteger a los bergantines, se construyó una instalación portuaria en el este de la ciudad destruida. Los españoles se sirvieron del sistema tributario de los mexicas para el abastecimiento. Muchos gobernantes como Tetlepanquetzal, el tlatoani de Tlacopan, que había sido hecho prisionero junto a Cuauhtémoc, permanecieron en el cargo o fueron reemplazados por representantes complacientes. Los pueblos del valle de México que habían vacilado durante la batalla se sometieron ahora a los nuevos amos. Con efecto inmediato juraron obediencia a los españoles y cualquier sospecha de resistencia fue cortada de raíz mediante el terror. Incluso semanas después de la rendición, numerosos gobernantes locales y otros funcionarios aztecas, especialmente sacerdotes, fueron asesinados arbitrariamente. Una de las razones de la persecución fue la complicada situación del abastecimiento de productos, ya que no se satisficieron los tributos exigidos. Sin embargo, esto se debió menos a la resistencia de los productores que a la destrucción causada por la larga guerra[2].

Otra razón para las atrocidades fue la obsesión de los españoles por recuperar el tesoro azteca. En concreto, la búsqueda del oro que se perdió en la Noche Triste obtuvo la máxima prioridad. Todo lo que se pudo encontrar se recolectó con avidez, pero fue «muy poco», como relata Bernal Díaz[3]. Hubo desilusión entre los conquistadores y surgieron rumores de que Cuauhtémoc había hundido en el lago los tesoros días antes de la caída de su ciudad. Otros sospechaban que el propio capitán general se había guardado para sí una gran suma, un rumor que habría de acompañar a Cortés e incluso causarle problemas legales. Supuestamente presionado por sus hombres y, sobre todo, por el tesorero real, Alderete, el capitán general, que se había percatado del peligro de estas sospechas, consintió en que se interrogara a sus prisioneros bajo tortura[4].

De hecho, los mexicas torturados, cuyas plantas de los pies fueron quemadas, confesaron que algunos tesoros habían sido hundidos en el lago y ofrecieron pistas sobre los escondites, pero solo se hallaron pequeñas cantidades de oro. Ni siquiera los mejores buceadores españoles consiguieron encontrar apenas nada. Cortés incluso chantajeó a uno de sus aliados más cercanos, Ixtlilxóchitl, quien ofreció un rescate por la libertad de su hermano Coanácoch, pero el capitán general no quedó satisfecho. Entonces Ixtlilxóchitl hizo recolectar todo el oro de su ciudad natal, Texcoco, ante lo cual Cortés se mostró indulgente

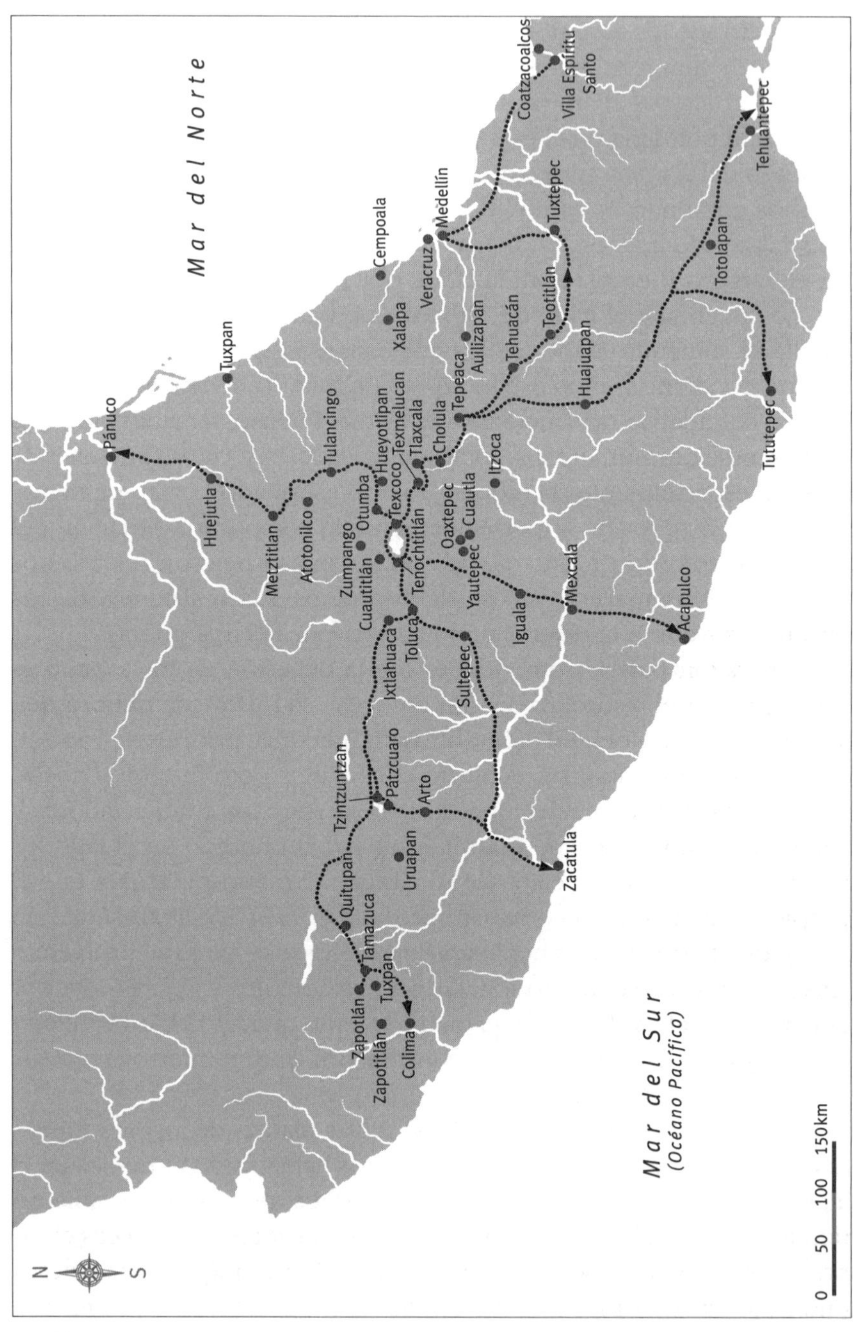

Mapa 11: Expansiones en 1521

y liberó a Coanácoch. Sin embargo, la codicia por el preciado metal aún no estaba satisfecha. Dice el *Códice Durán*: «El Marques aperreó muchos indios y ahorcó otros y otros quemó vivos para que le descubriesen el secreto», pero sin éxito. «Los conquistadores lloraron mas lágrimas que por los males que abían cometido»[5].

El reparto del botín causó gran malestar. Cortés fundió el metal y tomó la quinta parte para el rey y otro veinte por ciento para él, y el sesenta por ciento restante se repartió. Los capitanes recibieron una proporción particularmente alta. Dada la gran cantidad de conquistadores, lo que quedó fue tan poco que, según Bernal, los soldados no quisieron siquiera aceptar el dinero porque era insignificante en comparación con los gastos y peligros que habían soportado en los últimos años. El resentimiento, particularmente pronunciado entre los viejos opositores al capitán general y los hombres de Narváez, también se dirigió contra Alderete. El tesorero enfatizó, sin embargo, que la alta proporción de Cortés y el hecho de que tuviera otras joyas reservadas para el emperador y su corte explicaban la pequeña cantidad de botín a repartir. Por otro lado, el capitán general afirmaría que había convocado a toda la tropa y les había pedido su consentimiento, ante lo cual todos aceptaron «de muy buena voluntad»[6].

Bernal Díaz informa de que esta alegría fue, cuando menos, limitada. Se habla de deudas que exprimían a los conquistadores porque los cirujanos y farmacéuticos querían cobrar sus facturas, y los productos que los comerciantes traían a Veracruz tenían un precio desorbitado. También hubo falsificadores a quienes Cortés ahorcó como efecto disuasorio. Por último, los soldados rasos tuvieron incluso que entregar el poco oro que les habían dado para poder pagar sus esclavos. Para evitar que sus hombres se amotinaran, Cortés envió expediciones al interior durante los años siguientes para mantener viva la esperanza de obtener riquezas. Los españoles habían encontrado documentos administrativos aztecas en los que había referencias a provincias ricas en el metal precioso[7].

A partir de 1521 las tropas se trasladaron a lo largo de diversas campañas desde la destruida Tenochtitlán, que ahora había sido reconstruida como Ciudad de México, hacia las regiones vecinas del norte, oeste y especialmente del sur. Los conquistadores siguieron las antiguas rutas comerciales y se beneficiaron de los conocimientos de los indígenas. Lo que generalmente no mencionaron en sus informes fue el hecho de que miles de aliados indígenas siguieron participando en las campañas como guerreros, porteadores y parte del séquito.

Entre ellos no solo se encontraban los ya conocidos aliados de Tlaxcala y sus alrededores, sino también los mexicas sometidos. Estos constituían la inmensa mayoría de los combatientes, sufrieron las mayores pérdidas y continuaron con las ideas y objetivos de guerra tradicionales prehispánicos sin que los europeos se dieran cuenta. Cortés otorgó algunos privilegios a los gobernantes indígenas que acompañaron a los españoles en las campañas. Les dio el rango de capitán y les permitió montar a caballo. También se les autorizaba a usar ropa europea, y Cortés concedió a los nobles de alto rango el título de «Don»[8].

Después de que los yacimientos de oro cercanos a la capital se agotaran rápidamente, en 1522 se descubrieron reservas de plata en el suroeste, en la llamada provincia de la plata, entre Temascaltepec y Taxco. Allí también había estaño, que era importante como materia prima para la fabricación de cañones[9]. Cortés encargó a Sandoval que trasladara a unos cientos de españoles y varios miles de texcocas bajo las órdenes de algunos de los hermanos de Ixtlilxóchitl hasta Tuxtepec, donde en su honor fundaron la ciudad de Medellín. Uno de los propósitos de la expedición era castigar a las provincias «rebeldes» que se habían levantado contra los españoles durante la campaña anterior. Desde Medellín, Sandoval se trasladó a Coatzacoalcos, donde debía buscar una alternativa adecuada al puerto de Veracruz. Aunque los pueblos indígenas que vivían allí se habían comportado de manera amistosa con los españoles, que ya habían explorado la región con Diego de Ordás en 1520, en esta ocasión se opusieron a la fundación de una ciudad, y Sandoval y sus aliados reprimieron la resistencia sangrientamente. Luis Marín y Bernal Díaz, entre otros, se establecieron durante un tiempo y recibieron ricas encomiendas en la nueva ciudad de Espíritu Santo, que quedaba cerca de la desembocadura del río Coatzacoalcos. Además, desde aquí los conquistadores sometieron provincias vecinas como Centla, Tabasco, Chinantla y algunas regiones de los zapotecas en el actual estado de Oaxaca[10].

La misión de Pedro de Alvarado se encontraba al suroeste. Se trasladó al área de Tututepec, que también estaba en Oaxaca. Allí saqueó una gran cantidad de oro que no estaba dispuesto a compartir con su tripulación, por lo que su gente planeó un motín. Sin embargo, el plan fue traicionado y Alvarado mandó ahorcar a dos soldados. Allí fundó la ciudad de Segura de la Frontera, cuyos habitantes procedían del asentamiento del mismo nombre cercano a Tepeaca. Años más tarde estallaría una disputa legal entre Cortés y él a cuenta del botín que Alvarado le enviaba[11]. El capitán Francisco de Orozco también fue enviado al sur, a Oaxaca, donde los españoles sospechaban que había ricos yacimientos de oro, a juzgar por las listas de tributos. Aunque Orozco conquistó formalmente el valle de Oaxaca, no logró reprimir por completo la resistencia de los zapotecas y mixes que allí vivían. Rodrigo Rangel quedó encargado de reforzar la guarnición en Veracruz, mientras que Juan Rodríguez de Villafuerte y Juan Álvarez recibieron orden de marchar hacia Zacatula, en la costa del Pacífico[12].

La orden de Cristóbal de Olid de trasladarse a Michoacán obedecía a una razón especial. La noticia de la caída de Tenochtitlán se había extendido rápidamente en Mesoamérica. Como consecuencia, muchos de los aliados de los aztecas no solo se sometieron, sino que sus enemigos también presentaron sus respetos a los vencedores. No menos importante fue el cazonci Zinzicha de los Tarascos de Michoacán, quien mandó un enviado a los españoles, habiendo ya recibido tres enviados de los españoles bajo Antonio Caicedo en el otoño de 1521, y un poco después cuatro más bajo Francisco Montaño. Cortés acogió a la delegación del cazonci, que traía ricos obsequios, de manera amistosa y dejó que sus jinetes realizaran los ejercicios habituales y dispararan los cañones. Los embajadores de los tarascos quedaron visiblemente impresionados e informaron de sus experiencias a su gobernante. Cuando Olid y su ejército llegaron a Michoacán en el verano de 1522, el cazonci, al principio, se ocultó por miedo. Olid saqueó el palacio de Tzintzuntzan y reunió un considerable tesoro de oro que envió a Cortés junto con el noble Cuinierangari. Este sería posteriormente bautizado con el nombre de Pedro y escribiría la historia (*Relación*) de Michoacán. Después de que Olid encontrara al cazonci, obtuvo más oro de él. Al final, el dignatario se mostró dispuesto a trasladarse con el tesoro a Tenochtitlán, donde fue tratado con hospitalidad. Durante los años siguientes demostró ser un súbdito leal de los españoles, a quienes tuvo que ceder sus tributos y prestar servicios[13].

Tras la aparentemente exitosa «pacificación» de los tarascos, Olid se dirigió hacia el oeste, donde Álvarez y Villafuerte no habían logrado construir un asentamiento. En la provincia de Colima, en la costa del Pacífico, condujo varias campañas para someter a las ciudades-estado más pequeñas que no habían pertenecido ni al imperio de los mexicas ni al de los tarascos. Este proyecto no pudo completarse hasta 1523 con el establecimiento por parte de Sandoval de la Villa de la Concepción de Zacatula, que sería utilizada como puerto y astillero. De Veracruz llegaron colonos con habilidades artesanales para la construcción naval, quienes con la ayuda de los tarascos emplearon utensilios como anclas y velas. El objetivo era construir bergantines y carabelas, para lo cual la abundancia de madera en la región proporcionaba material suficiente. Cortés, que ya había enviado pequeñas expediciones al oeste y se había apoderado de esta parte del Pacífico, tenía grandes planes para el «mar del Sur», como todavía se llamaba a este océano en aquella época. Quería emprender viajes de descubrimiento a través del mar y a lo largo de la costa para encontrar el paso entre los océanos que buscaba Colón y abrir una nueva ruta marítima hacia Asia. En su tercer informe al emperador, en mayo de 1522, escribió:

> [...] todos los que tienen alguna ciencia y experiencia en la navegación de las Indias, han tenido por muy cierto que, descubriendo por estas partes la mar del Sur, se habían de hallar muchas islas ricas de oro y perlas y piedras preciosas y especería, y se habían de descubrir y hallar otros muchos secretos y cosas admirables[14].

A finales de 1522, Cortés se mudó a Pánuco, en las montañas de la Huasteca Alta, en el extremo norte del actual estado de Veracruz. Su rival Garay de Jamaica, que actuaba en representación del rey desde 1521 y que ostentaba el título de adelantado de Pánuco, había enviado allí a su capitán Diego de Camargo. El capitán general, quien también reclamaba esta región para sí mismo, quería adelantarse a él. También le dijeron que la provincia estaba en alzamiento, lo cual, dado que nunca había sido tributaria de los mexicas, era un concepto jurídico específicamente «cortesiano». Puesto que todos sus capitanes estaban fuera en ese momento, Cortés reunió al resto de la tropa y marchó, aunque el pequeño grupo de españoles se vio reforzado por miles de guerreros aztecas. En la dura lucha contra los huastecas hubo pérdidas considerables, sobre todo entre los mexicas. Durante los enfrentamientos, se toparon con las cabezas cortadas de algunos de los hombres de Camargo. Los supervivientes se habían dirigido a Veracruz. Solo después de semanas de lucha, las tropas pudieron romper la resistencia indígena. Cortés fundó entonces la Villa de Santisteban del Puerto, hoy pueblo de Pánuco, a finales de diciembre de 1522, que comprendía una guarnición de ciento treinta habitantes provistos de encomiendas, entre ellos algunos jinetes y ballesteros, bajo el mando de Pedro Vallejo como capitán. Aquí, como en las otras regiones, los conquistadores siguieron la estrategia de colgar a los caciques insurgentes y poner en su lugar a otros más sumisos. Cortés incurrió en altos costes en la expedición que luego reclamó sin éxito a la Corona. La importancia de la Malinche, que comprendía mejor la idiosincrasia de los indígenas, siguió siendo grande. Era ella quien en caso de duda aconsejaba qué viejas élites debían eliminarse y cuáles nuevas y dóciles debían instalarse[15].

Pese a todos los progresos, las conquistas en Mesoamérica en la década de 1520 todavía no habían terminado. En algunas regiones los españoles y sus aliados, que continuaron siendo los más afectados por las guerras, se toparon con una tenaz resistencia por parte de los indígenas. Así sucedió, por ejemplo, en Yucatán, cuya dominación bajo las órdenes de Francisco de Montejo y luego de su hijo del mismo nombre llevó décadas a partir de 1527. Al menos a juicio de los cronistas españoles, no culminó formalmente hasta 1547, tras la represión de un levantamiento en Valladolid y después de varias campañas infructuosas. En realidad, sin embargo, numerosos grupos mayas conservaron su autonomía durante siglos. Por último, pero no menos importante, las campañas hacia el norte demostraron que se trataba de enormes territorios que los conquistadores tan solo recorrieron parcialmente, si es que lo hicieron, y tomaron posesión de ellos para su rey. Ni el presidente de la primera Audiencia, Nuño de Guzmán, que lideró una conquista particularmente brutal en Michoacán en 1530-1531, ni el virrey Antonio de Mendoza lograron completar la deseada «pacificación». Se produjeron repetidos levantamientos y en el extremo norte el dominio español fue tan puntual hasta el final del período colonial que se trató más bien de una afirmación teórica que de un hecho[16].

Consolidación del dominio

A pesar de la preocupación nada absurda de los conquistadores por el temor a un levantamiento, Cortés enfrentó la mayor amenaza a su poder no de quienes lo rodeaban en Nueva España, sino de su patria. Su situación no había mejorado después del envío de los emisarios en 1520. Los cambios revolucionarios en Europa exigían toda la atención de la corte. En mayo de 1520, el emperador Carlos V tuvo que abandonar España. Por un lado, su coronación, que se iba a realizar en Aquisgrán, aún estaba pendiente, y, por otro, la obra de Martín Lutero amenazaba con dividir a la Iglesia. Mientras el propio Carlos era considerado un extraño en España, su regente Adriano de Utrecht, más tarde el papa Adriano VI, recibía aún menos respeto. Las ciudades más importantes de Castilla, encabezadas por los concejales, los Comuneros, se rebelaron contra el gobierno, a quien consideraban extranjero, y exigieron la restricción del poder de la Corona y la restauración de los antiguos derechos de las cortes[17].

A pesar de que el gran adversario de cortés en España, monseñor Fonseca, responsable de la política en las Indias y, por tanto, también partidario del gobernador Velázquez, perdió temporalmente el poder y la influencia como consecuencia del levantamiento, en estas circunstancias no cabía esperar decisiones de calado por parte del emperador y sus consejeros. El padre de Cortés, Martín, se retiró a Medellín a esperar y ver cómo se desarrollaban los acontecimientos. Después de la derrota de las ciudades en la batalla de Villalar, en abril de 1521, Fonseca retomó el control de la política en la Indias. Debido a que Hernández Portocarrero supuestamente había seducido a una dama años antes, Fonseca hizo que el representante más importante de Cortés fuera encerrado en la cárcel, donde no tardó en morir. Mientras tanto, Ordás y Mendoza llegaron a Sevilla en otoño con la segunda carta de relación y nuevos obsequios, y allí informaron por primera vez sobre el esplendor de Tenochtitlán. Los emisarios lograron pasar de contrabando ciertos fondos destinados a sobornar a la corte y para el padre de Cortés, más allá de la Casa de Contratación. En Sevilla solo quedaron la parte del rey y otros fondos de Sandoval, que fueron confiscados. Los dos enviados se trasladaron en secreto a Medellín para no caer en las garras de los captores de Fonseca, quien había dado instrucciones de detener a todos los emisarios de Cortés. Desde allí, los procuradores viajaron a Vitoria para ver al regente, Adriano de Utrecht, a quien entregaron las cartas de Cortés. Adriano fue persuadido e incluso permitió que los dos presentaran una denuncia contra el obispo Fonseca ante el Consejo Real. Al principio, sin embargo, esto no condujo a nada, y cuando Adriano fue elegido papa en enero de 1522 tenía otras cosas más importantes que hacer que ocuparse de las preocupaciones de Cortés[18].

Unos meses antes, el obispo Fonseca había convencido a Adriano de que su confidente Cristóbal de Tapia, que ocupaba el cargo de veedor en Santo Domingo, debía asumir el gobierno en las nuevas tierras. Las instrucciones, ya emitidas el 11 de abril de 1521, llegaron a Santo Domingo a finales del verano. La Audiencia de allí no tenía interés alguno en perturbar las actividades de Cortés, pero Tapia hizo caso omiso y viajó a Veracruz. En las instrucciones se decía que Velázquez había financiado y encargado todos los viajes de descubrimiento y conquista, pero que su subordinado, Cortés, había desafiado sus poderes al ser elegido capitán general. Narváez también fue severamente reprendido por su comportamiento hacia el juez Ayllón. A Tapia se le encomendó la tarea de detener a los imputados «por su desobediencia», trasladarlos a España y confiscar sus bienes. Todos los súbditos del emperador estaban obligados a obedecer y apoyar al nuevo gobernador Tapia[19].

El nuevo alcalde de Veracruz, Gonzalo de Alvarado, uno de los hermanos de Pedro, aceptó con reverencia los poderes emitidos en nombre del emperador. Sin embargo, se reservó el derecho de examinar los documentos junto con los miembros del consejo municipal. Al fin y al cabo, Tapia era un completo desconocido y primero había que verificar cómo había obtenido esos documentos, argumentó Alvarado. A Tapia también se le recomendó viajar tierra adentro y reunirse con Cortés. Primero hubo un intercambio de cartas en el que este último se ofreció a encontrarse con Tapia en Texcoco. Sin embargo, había un problema porque Tapia también había escrito al tesorero real, Alderete, quien se había asociado con Olid. Ambos estaban enojados con el liderazgo de Cortés y con el reparto del botín, y por eso abogaban por el reconocimiento sin reservas del nuevo gobernador. Junto con otros antiguos confidentes de Velázquez, incluso idearon una conspiración[20].

Cuando Cortés se enteró de esto, canceló el viaje a Texcoco y se justificó en otra carta a Tapia con el supuesto peligro de un levantamiento en caso de que se alejara del valle de México. En cambio, quiso enviar a su confidente, el hermano Pedro de Melgarejo, a ver a Tapia. Sin embargo, después de algunas idas y venidas, finalmente se acordó que fueran los representantes de los cabildos de Tenochtitlán, Segura de la Frontera y Veracruz quienes examinaran los papeles de Tapia. Para guardar las apariencias pidieron al capitán general que se quedara en Coyoacán para mantener allí la paz. Los concejales citados eran, por supuesto, íntimos confidentes de Cortés y estaban entre sus principales oficiales. Fueron Vázquez de Tapia, Jorge de Alvarado, Francisco Álvarez Chico y Simón de Cuenca, quienes representaron al cabildo de Veracruz, Cristóbal del Corral como representante de Segura de la Frontera, Andrés de Monjaras por Medellín, Pedro de Alvarado, a quien Cortés había designado alcalde de Tenochtitlán, así como Sandoval y algunos otros como representantes del capitán general[21].

El encuentro tuvo lugar en Cempoala en la Navidad de 1521. Tras examinar los documentos, se comprobó que eran auténticos y los hombres de Cortés trataron a la gente de Tapia con respeto. Sin embargo, no quisieron obedecer las instrucciones hasta haber objetado, dado que era evidente que detrás de los papeles estaba la mano de Fonseca, que con ello solo buscaba favorecer a Diego Velázquez. Los concejales también argumentaron que Tapia no era apto para el cargo de gobernador porque ignoraba las condiciones locales y sin duda provocaría una rebelión entre los indígenas. Los contraargumentos legalistas de Tapia no fueron reconocidos. Finalmente, el inspector cedió, tras lo cual Cortés lo recompensó con algunos esclavos y caballos. Tapia debería embarcarse hacia Santo Domingo lo antes posible. Cuando dudó, después de recibir una carta de Alderete, Sandoval y Vázquez de Tapia lo ayudaron gentilmente y lo llevaron a bordo del siguiente barco hacia Santo Domingo[22].

Después de haber sobrevivido felizmente a esta amenaza contra su poder, Cortés castigó a todo aquel que hubiera despertado sospechas de unirse a Tapia. Entre otros, Olid cayó en desgracia, aunque siguió recibiendo órdenes militares, como la expedición a Michoacán. Nada más implementarse estas medidas para consolidar el gobierno de Cortés, llegó a Veracruz un barco procedente de Cuba al mando de Juan Bono de Quejo, uno de los partidarios de Narváez a quien se le había permitido regresar a casa. Como informa Bernal Díaz, Bono de Quejo creía que Tapia había reemplazado a Cortés como gobernador. Contaba con cartas de autenticidad e incluso con poderes en blanco del obispo Fonseca que prometían grandes beneficios a todos los partidarios de Tapia. Sin embargo, Bono de Quejo llegó demasiado tarde y ya no suponía una amenaza para Cortés, quien lo recibió amablemente[23].

Mientras tanto, Alonso de Ávila había representado con éxito la causa de Cortés ante la Audiencia de Santo Domingo, y las cantidades que recibió del capitán general para sobornos, ciertamente, le sirvieron de mucho. Ávila se había ido con Portocarrero, mientras que Montejo se detuvo en La Española para hacer escala. El veedor Tapia cayó en desgracia a su regreso, mientras que la Audiencia le dio a Cortés el poder para conquistar toda Nueva España, marcar esclavos y distribuir la mano de obra indígena por encomiendas. Estas concesiones de gran alcance durarían hasta que el emperador tomara la decisión final. Con esto, Cortés había conseguido un importante objetivo secundario, ya que por fin Velázquez había dejado de suponer un peligro para él. El capitán general se lo gradeció a Ávila nombrándole alcalde de la nueva Ciudad de México en abril de 1522 y otorgándole una generosa encomienda. Sin embargo, Ávila no era uno de los confidentes más cercanos de Cortés, sino que siempre «le quería tener lejos de sí»[24].

Lo que aún faltaba era la confirmación del emperador. En mayo de 1522, Cortés terminó su tercer informe pormenorizado, en el que detallaba la conquista de Tenochtitlán. Añadió otra carta personal a Carlos V en la que se quejaba del silencio de la Corona:

> [...] después que en esta tierra estoy, que ha mas de tres años, siempre he escrito y avisado á V. M. y ó los de su consejo de las indias cosas que importaban mucho á su servicio, y nunca hasta agora de cosa dellas he habido respuesta: la causa creo ha sido, ó no ser bien recibidas mis cartas y servicios, ó la distancia de la tierra, ó la negligencia de las personas que solicitan mis negocios[25].

Cortés completó los documentos para el emperador con un poder para su padre y dinero para su disposición. Los conquistadores también escribieron una carta al emperador acusando a Velázquez, Fonseca, Tapia y Garay de poner en peligro el feliz fin de la guerra, pidiendo el envío de misioneros y, sobre todo, que se reconocieran los méritos de Cortés. También había un tesoro a la altura del enviado la primera vez. Se embarcaron oro, piedras preciosas, perlas, artesanías, como mosaicos de plumas, y rarezas, como huesos enormes y tres jaguares vivos. También formaban parte del cargamento algunos indígenas, así como el tesoro del cazonci de Michoacán. Los obsequios no iban destinados únicamente al emperador, quien estaba muy endeudado con la familia Fugger de Augsburgo debido a los enormes gastos de su elección como emperador. Entre los destinatarios se encontraban también todos los miembros del Consejo Real, incluidos los opositores de Cortés, como el obispo Fonseca y algunos altos nobles. El capitán general también tuvo en consideración importantes iglesias y monasterios de su país de origen. Los receptores fueron elegidos sabiamente, ya que eran personalidades e instituciones políticamente influyentes[26].

Cortés encargó a Ávila y a su escolta Quiñones que transportaran la valiosa carga en dos carabelas. En un tercer barco, que llevaba a bordo copias de las cartas, los mensajes de Martín Cortés y pequeñas joyas, viajaba entre otros el secretario del capitán general, Juan de Ribera. Las tres carabelas partieron el 22 de mayo de 1522. A bordo también iba un ferviente opositor del capitán general, Alderete, quien, sin embargo, murió al cabo de unos días debido a una intoxicación alimentaria. En alta mar, se produjo un incidente en el que uno de los jaguares se escapó de su jaula e hirió y mató a algunos marineros. Cuando los barcos llegaron a las Azores e hicieron una parada allí, Quiñones murió en una pelea a cuchillo. Por último, la flotilla fue atacada en el último tramo del viaje por el pirata francés Jean de Fleury, que viajaba desde Dieppe por orden del almirante Jean Ango. Fleury apresó los dos barcos del tesoro y los llevó hasta Dieppe, donde el oro probablemente fue fundido y se perdió el rastro del resto de las joyas. Ávila fue hecho prisionero por los franceses. Únicamente el barco que transportaba a Ribera pudo salvarse y llegar a España, donde atracó en noviembre de 1522[27].

Mucho había cambiado allí mientras tanto. El emperador, que estaba de regreso en el país desde julio de 1522, había trasladado la corte a su capital, Valladolid. En este punto, la gente sabía de la conquista de Tenochtitlán desde hacía unos tres meses. Carlos V consiguió finalmente leer las primeras cartas de Cortés. Para negociar su disputa con Velázquez convocó una comisión en la que ya no estaba el obispo Fonseca, algo que ciertamente se debió en gran parte a la influencia del papa Adriano. Los protegidos de Fonseca también perdieron sus cargos. El canciller italiano Mercurino Gattinara habló en la comisión especial. Los miembros examinaron los documentos que tenían ante sí e interrogaron a testigos presenciales, y los partidarios y opositores de Cortés expresaron sus pareceres. Al final, el éxito de la conquista resultó un factor decisivo, pero el hecho de que Velázquez hubiera desatendido las instrucciones de la Audiencia de Santo Domingo jugó en favor de Cortés. Así pues, la comisión decidió a favor de este último y le otorgó el gobierno de Nueva España, mientras que el gobernador Velázquez tuvo que someterse a una investigación[28].

Las ratificaciones e instrucciones firmadas por el emperador en Valladolid el 15 de octubre de 1522 fueron muy detalladas porque formaban la base del gobierno de Nueva España. En el certificado de nombramiento, Cortés recibe el gobierno político, militar y legal sobre el nuevo país, que el emperador ahora llama oficialmente Nueva España. También, los títulos de gobernador, capitán general y juez superior con poderes para ocupar todos los cargos en Nueva España o para destituir a los oficiales. Además, Carlos V expresó su plena confianza en él y le prometió prohibir cualquier actuación de Velázquez en su contra. Asimismo, era importante que se tratara bien a los «indios» y se les educara sobre cuestiones de fe[29].

Aunque estas disposiciones eran enteramente favorables para Cortés, la segunda carta ya contenía una serie de puntos que podían generar conflictos. El emperador anunció el destino de sus oficiales Alonso de Estrada como tesorero, Gonzalo de Salazar como factor (recaudador y administrador), Rodrigo de Albornoz como contador (contable) y Pedro Almíndez Chirinos como veedor (inspector). A todos ellos se les instó a respetar la autoridad de Cortés, quien a su vez estaba obligado a tratarlos bien y respetarlos. En otro decreto, Carlos V estipuló la remuneración de sus oficiales. El propio Cortés recibía un salario significativamente más bajo que el de los oficiales reales. Finalmente, en junio de 1523 se dieron instrucciones específicas referentes al trato a la población indígena en las áreas recién conquistadas, en las que se prohibía la asignación (repartimiento, encomienda) de la población indígena[30].

Cuando el barco con Ribera y los últimos informes llegaron a España poco después de la firma de los documentos, la noticia de los éxitos de Cortés se extendió por Europa. Pedro Mártir describió vívidamente los acontecimientos en Nueva España. Aunque la mayor parte del tesoro se había perdido, el humanista italiano quedó impresionado por los objetos de arte azteca que le mostró Ribera y por la representación de una batalla ficticia que incluía el sacrificio de uno de los mexicas que habían llevado y que iba vestido con los trajes originales. En concreto, le llamó mucho la atención el juego de pelota con pelotas de goma[31]. Desde la perspectiva europea, el héroe caballeresco de la conquista de la capital del exótico Imperio mexica fue claramente Hernán Cortés. Por el momento, su fama parecía intocable.

La noticia de esta fama se extendió rápidamente por España y Europa. Causó sensación la exposición de los llamados obsequios de invitados de Moctezuma que el emperador Carlos V había mostrado en España y los Países Bajos españoles. Alberto Durero, que vio los objetos en Bruselas en 1520, escribió con asombro en su diario:

También he visto las cosas que le han traído al rey desde las nuevas tierras del oro: un sol todo de oro, de una braza de ancho, y una luna toda de plata del mismo tamaño; también dos cámaras llenas de pertrechos de aquellas gentes, y de toda clase de armas suyas, arneses y saetas, vestimentas extrañas, camas y todo tipo de cosas maravillosas de usos diversos; sería un milagro encontrar algo más hermoso. Estos objetos son tan exquisitos que han sido valorados en 100.000 fl. Yo no he visto en todos los días de mi vida nada que haya regocijado tanto mi corazón como estas cosas, pues vi allí artefactos soberbios y me maravilló el sutil *Ingenia* de los hombres de tierras extranjeras. En verdad no soy capaz de describir todo lo que allí pensé»[32].

No todos los espectadores estaban tan interesados en el arte como el pintor o el humanista Pedro Mártir. Las piezas de oro pronto se fundieron, y el resto acabó en bibliotecas principescas, tesoros y gabinetes de curiosidades como objetos exóticos[33].

Además de los objetos, que solo estuvieron accesibles a un público selecto durante un breve tiempo, fueron sobre todo los informes de Cortés los que ayudaron a difundir su fama. El conquistador había escrito sus cartas para rendir cuentas ante el rey, pero también en un esfuerzo por justificar sus actos. No obstante, también había muchos pasajes descriptivos en ellas que, sin duda, iban dirigidos a una audiencia más amplia. Cortés enfatizaba la belleza y el poder de Tenochtitlán y el Imperio azteca, así como la disciplina y la lógica de las estructuras sociales de los mexicas, aunque en su opinión eran bárbaros porque no conocían a Dios. La comparación con la propia sociedad europea era obvia, y Pedro Mártir, uno de los primeros

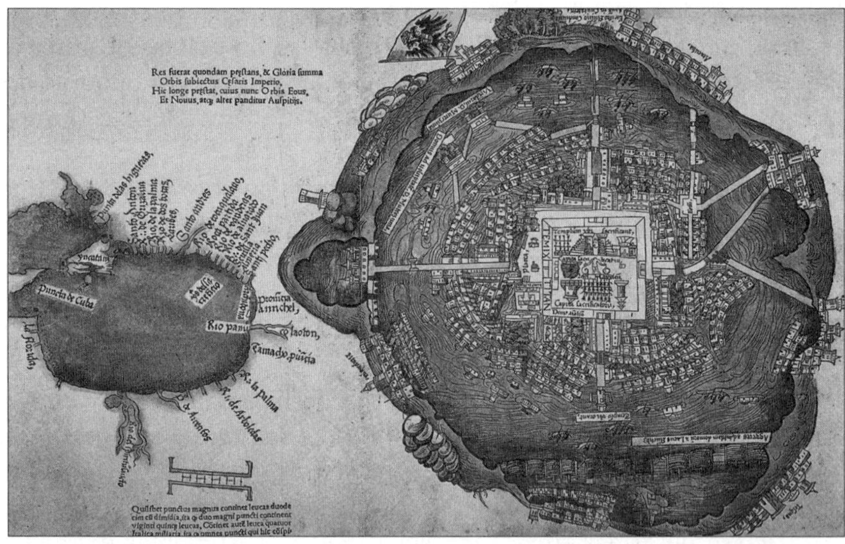

Imagen 24: Mapa de Tenochtitlán, 1524 (Hernán Cortés, Praeclara Ferdinandi Cortesii De nova maris Oceani Hyspania Narratio…, Núremberg, 1524)
La edición de Núremberg de las cartas de Cortés de febrero de 1524 contenía la primera representación pictórica de Tenochtitlán en Europa y se reimprimió innumerables veces. El autor anónimo afirmó que el mapa estaba basado en una plantilla indígena, pero en gran medida se basa en las convenciones europeas. El mapa muestra la civilización por medio del paisaje urbano ordenado y la barbarie, en el centro de la ciudad, a través de los sacrificios humanos.

lectores de las cartas de Cortés, llegó a la conclusión de que, por ejemplo, los adornos faciales de los aztecas con estacas en las orejas y perforaciones en el labio inferior parecían extraños a los ojos de los europeos. Al final, sin embargo, se trataba de una cuestión de gusto: «ejemplo que nos enseña de cuántas maneras el humano linaje se abisma en su ceguedad, y cuánto nos equivocamos»[34].

La editorial de Sevilla de Jacob Cromberger, nacido en Alemania, publicó la segunda y tercera carta de relación en 1522 y 1523, la cuarta apareció en Toledo en 1525. Las publicaciones con títulos sensacionales se tradujeron rápidamente a varios idiomas europeos. En febrero de 1524, por ejemplo, apareció en Núremberg una edición en latín en la que se incluyó la primera representación pictórica de Tenochtitlán en Europa. Cuando se prohibió la publicación de las *Cartas de relación* en 1527 a instancias de Pánfilo de Narváez, la fama de Cortés y su versión de la conquista ya se habían extendido ampliamente. La prohibición de publicación se levantó el mismo año, pero no hubo una nueva edición en España durante unos doscientos años, y la primera edición mexicana no apareció hasta 1770[35].

El apogeo del poder

A mediados de 1522, Cortés todavía no podía saber nada del giro tan favorable para él de los acontecimientos en Europa. Los poderes reales tardarían más de un año en llegar a México. Pero eso no le impedía comportarse como un virrey. Aunque por lo general vestía de manera relativamente sencilla con «seda negra», se rodeaba de un gran séquito de chambelanes, criados y oficiales. Cuando viajaba le acompañaban cuatro nobles indígenas, y le precedían un grupo de oficiales y personal administrativo. Al igual que antes cuando se acercaba el tlatoani, los indígenas se tiraban al suelo cuando pasaba el capitán general. Debido a su enorme poder, algunos testigos de la época dudaban de su lealtad al emperador, aunque en opinión de otros no había razón para ello[36]. Cuando finalmente llegaron los documentos reales en otoño de 1523 y, al año siguiente, el obispo Fonseca y el gobernador Velázquez, sus dos oponentes más obstinados, murieron, es indudable que Cortés se sintió en el apogeo de su poder.

Cortés había bautizado al país con el nombre de Nueva España para que se supiera que estaba directamente subordinado a la Corona.

Las fronteras del nuevo país no estaban claramente delineadas en su carta de gobernador. Debido a la falta de conocimientos geográficos de la región, eso ni siquiera era factible. La oportunidad de expandir y fundar nuevas ciudades era una parte esencial del programa colonial. El uso de la palabra «nueva» al nombrar lugares o territorios también habría de establecerse como modelo en muchas lenguas europeas, demostrando así el vínculo con la antigua patria. Después de la consolidación de su dominio, los españoles y sus aliados querían ahora ampliar esta «Nueva» España y hallar las riquezas que supuestamente había en el sur del país. Además, tras la muerte de Velázquez aún existían potenciales competidores, como Pedro Arias de Ávila, conocido como Pedrarias, gobernador desde 1514 de Darién, en la actual Panamá, y, sobre todo, el ambicioso Garay[37].

Después de sus fracasos, Garay reunió en 1523 una armada formada por una docena de barcos y más de ochocientos soldados, y esta vez él personalmente comandaba la fuerza. A finales de julio desembarcó al norte de Pánuco en el río Palmas y fundó la ciudad de Garayana. Desde allí, Garay y sus hombres se dirigieron a Santisteban del Puerto por la complicada ruta terrestre. A pesar de la cordial bienvenida que el gobernador de Cortés, Vallejo, le dio al subordinado de Garay, Gonzalo de Ocampo, que había sido enviado con antelación, las disputas entre españoles aumentaron durante el período siguiente. Precisamente en este punto, el 13 de septiembre de 1523, dos primos de Cortés, Rodrigo de Paz y Francisco de las Casas, trajeron los poderes reales y un decreto prohibiendo a Garay asentarse en Pánuco[38].

Cortés envió inmediatamente una delegación a las órdenes de Alvarado y Sandoval para ver a Garay y lo invitó a Tenochtitlán, donde lo recibió con respeto y hospitalidad, «como un verdadero hermano». Durante su estancia a finales de diciembre de 1523, Garay murió repentinamente a causa de un problema estomacal en circunstancias desconocidas. Según Cortés, el «hermano» se tomó la noticia de que los huastecas estaban utilizando la rivalidad entre los españoles para preparar un levantamiento tan en serio que «del grande pesar que hubo adoleció, y desta enfermedad falleció desta presente vida en espacio y término de tres dias»[39]. Esto eliminó a otro competidor serio, mientras que en la provincia de Pánuco la guerra contra los huastecas se libró con especial crueldad. Hubo grandes pérdidas en ambos bandos, pero finalmente los españoles y sus aliados pudieron imponerse. Los líderes huastecas fueron quemados vivos[40].

La participación de los conquistadores indígenas siguió siendo de gran importancia tanto en la campaña de Pánuco como en otras empresas. El hecho de que estuvieran dispuestos a luchar junto a los españoles incluso después de la caída de Tenochtitlán demuestra que no solo estaban interesados en deshacerse del yugo azteca y abrazar con alegría el cristianismo, como luego afirmarían en sus crónicas. Más bien, tenían además en mente la conquista de tierras y esclavos. Para los aliados tlaxcaltecas, por ejemplo, el cristianismo, cuya difusión siempre proclamaron Cortés y sus hombres, era una religión basada en la conquista, como tantas creencias prehispánicas. Muchas décadas después documentaron su participación en las guerras y triunfos en las grandes representaciones de los Lienzos de Tlaxcala, Quauhquechollan y Analco. Incluso los contingentes de tropas de los mexicas, que ahora intervenían en muchas campañas, no fueron en modo alguno tomados como rehenes para evitar un levantamiento en la capital, sino que perseguían sus propios objetivos para crearse un lugar en la nueva estructura de poder[41].

La cooperación tuvo éxito nuevamente cuando Cortés encargó a su confidente Alvarado la conquista de Guatemala y la exploración de una conexión marítima entre el golfo de México o el mar Caribe y el «mar del Sur». Al mismo tiempo, Cortés, que acababa de ser ascendido a gobernador, quería expandir su esfera de influencia lo más al sur posible y acceder a las riquezas de la región, de las que había oído hablar por primera vez en 1521. Ya en 1522 había enviado a los mayas a dos espías españoles con algunos compañeros indígenas. Al parecer, emisarios de los k'iches y kaqchikeles llegaron a Tenochtitlán y juraron lealtad a la Corona. Un poco más tarde, los aliados españoles en Soconusco se quejaron de los ataques de los mayas. Se dice que esto fue decisivo para que Cortés tomase la decisión de enviar a Alvarado el 13 de diciembre de 1523[42].

Alvarado, quien ya se había internado profundamente en Oaxaca en 1522 y luego «pacificado» la región alrededor de Tututepec en la costa del Pacífico, reunió aliados indígenas de las regiones vecinas y de Oaxaca. Junto a ellos atravesó el istmo de Tehuantepec a lo largo de la costa del Pacífico hacia Guatemala. Esta campaña también puede entenderse como una continuación de la expansión prehispánica que llevó a cabo Moctezuma en la región de Soconusco, rica en cacao, porque el tlatoani probablemente ya había planeado un ataque a la región. Pedro de Alvarado tenía a su mando aliados de muchas ciudades que, de nuevo bajo las órdenes de sus propios líderes, pasaron a la acción en diciembre, la clásica temporada de guerra antes de la estación de lluvias. Aunque el número de aliados indígenas había disminuido en general debido a las epidemias, miles de nahuas, zapotecas y mixtecas aún participaron en esta campaña como porteadores, soldados, oficiales y colonos con sus propios objetivos específicos[43].

Imagen 25: **Lienzo de Quauhquechollan**
Este extracto del Lienzo de Quauhquechollan *muestra la confraternización del príncipe de este lugar, cerca de Cholula, con el líder de los españoles. Junto con Alvarado, guerreros y porteadores se trasladaron a Guatemala.*

Antes que los españoles, sus enfermedades ya habían llegado a Guatemala, causando muchísimas muertes. Aproximadamente tres años después, los aliados encontraron una fuerte resistencia de los k'iches en las tierras altas. Alvarado y sus tropas ganaron varias batallas en febrero de 1524 y destruyeron la capital de K'iche, Q'umarkaj. A finales de 1523 habían encontrado nuevos aliados entre los kaqchikeles, quienes a su vez eran enemigos de los k'iches. Para deshacerse de los invasores lo antes posible, los kaqchikeles se declararon dispuestos a reconocer la soberanía del rey español y pagar tributo. Debido a las excesivas demandas tributarias, la guerra estalló en agosto de 1524, y duraría seis años. Además, los aliados tuvieron que luchar y someter una por una a las numerosas ciudades mayas independientes. Hasta 1530 las tropas no lograron la «pacificación» temporal de las montañas. Muchos aliados mesoamericanos se establecieron deliberadamente en las áreas mayas conquistadas para asegurar cierto control a través de la diferenciación étnica. Sin embargo, en gran parte de la Guatemala actual, la conquista estaba lejos de llegar a su fin[44].

La vecina región de Hibueras (también Higueras), limítrofe con Guatemala, hoy Honduras, era también un objetivo en la expansión hacia el sur, ya que Cortés había oído hablar de la supuesta gran riqueza de estas tierras. Al parecer, los indígenas colgaban de sus redes no los habituales pesos de plomo, sino «que las plomadas que en ellas traían para pescar eran de oro revuelto»[45]. Además, Cortés esperaba encontrar allí el paso que Colón había estado buscando. Al mismo tiempo que la expedición de Alvarado por tierra, Cristóbal de Olid recibió el encargo de navegar con seis barcos por el golfo de México hasta Hibueras, donde posteriormente se unirían las dos tropas. Otro motivo para realizar esta campaña fue que Gil González de Ávila, el conquistador de Costa Rica y Nicaragua, y favorito del obispo Fonseca, actuaba al margen de Pedrarias y también llegó a Honduras en 1524. De camino al sur, Olid se detuvo en Cuba para comprar caballos. Allí, su antiguo benefactor Velázquez le pidió que renunciara a Cortés y llevara a cabo la conquista de Honduras junto a él. Velázquez desafiaba así las instrucciones reales. Cuando Olid llegó a la costa de Hibueras, fundó allí la ciudad portuaria de Triunfo de la Cruz[46].

Cuando Cortés se enteró de la intriga, quiso ir a Cuba a arrestar a Velázquez y enviarlo a España, tal y como informó al rey. En junio de 1524 mandó una flota de cinco barcos a las órdenes de su primo Francisco de las Casas a Honduras para arrestar a Olid. Pero, tras naufragar frente a la costa, De las Casas y Gil González cayeron en manos de Olid. Sin embargo, viendo lo confiado que este se mostraba, poco después, en el pueblo de Naco, aprovecharon para atacarle y herirle de gravedad. Tras esto, hicieron que Olid fuese condenado y ejecutado. Los dos españoles ya estaban de regreso a México cuando el impaciente Cortés partió por su cuenta a mediados de octubre, poco después de haber terminado su cuarta carta de relación[47].

La expedición a Hibueras iba a ser una de las campañas más duras, largas e infructuosas después de la conquista de Tenochtitlán. Para evitar una rebelión, el gobernador se llevó junto con Cuauhtémoc y Tetlepanquetzal a los miembros de toda la alta nobleza azteca que habían sobrevivido a la conquista de Tenochtitlán. En Chalco, un contingente de alrededor de tres mil guerreros indígenas del alto valle y de Michoacán, al mando de Ixtlilxóchitl, se unió a los españoles de Cortés, quienes partieron con una gran corte y sus mejores hombres, entre ellos Sandoval y Bernal Díaz, así como algunos clérigos. Según informó Bernal, llevaban consigo chirimías, octavines y trompetas, cetreros e incluso una gran piara de cerdos. Naturalmente, allí estaba de nuevo Malinche, quien a lo largo de la marcha se casaría con el capitán Juan Jaramillo, puesto que Cortés, al parecer, se había cansado ya de su concubina. Se trataba de una expedición de conquista particularmente espléndida que, en teoría, debía llevar la fama del gobernador hasta el extremo sur de Nueva España y más allá[48].

De hecho, el ejército fue muy bien recibido y su paso, celebrado por las provincias ya conquistadas. Sin embargo, la exaltación de su líder habría de evaporarse pronto porque la marcha posterior no fue nada fácil. En contra del consejo de los pueblos indígenas, quienes señalaron la falta de rutas terrestres, el gobernador quiso penetrar por Tabasco y Campeche a través de las tierras bajas tropicales del Petén hasta Honduras. Las tropas, a menudo, tuvieron que superar innumerables ríos, selvas, pantanos y cadenas montañosas de todo tipo bajo una lluvia torrencial. Las comunidades indígenas locales habían huido sin dejar comida, por lo que el ejército no tardó en padecer la hambruna. Las privaciones fueron tan grandes que muchos hombres quedaron atrás, muertos o desesperados. Incluso la música de los instrumentistas empezó a irritar a los soldados. «[...] Más valiera tener maíz que comer que música», escribió Bernal[49].

Cuando las demacradas tropas regresaron al sur de la laguna de Términos hacia áreas más hospitalarias, se produjo un incidente que sería trascendental. Al parecer, después de recibir el bautismo de Cortés, un indígena llamado Mexicaltzingo afirmó que Cuauhtémoc y los otros nobles habían hablado acerca de atacar a los españoles y querían agitar a los mayas que vivían allí. Probablemente, Cortés hiciera torturar a Cuauhtémoc, Tetlepanquetzal y Cohuanacotzín, quienes acabaron por confesar. El gobernador los condenó a muerte y fueron ahorcados en la aldea de Acala a finales de febrero de 1525. Según Alva Ixtlilxóchitl, la ejecución fue un asesinato porque todas las acusaciones eran falsas. Los responsables de los disturbios que se discutirán más adelante en la capital habrían difundido las mentiras para alejar la atención de sus propias fechorías. Pero si realmente ocurrió así es algo que ya no se puede determinar. Sin embargo, incluso

Bernal Díaz, que por lo demás apoyaba la versión de la traición de los príncipes mexicas, encontró el castigo excesivo e injustificado[50].

La expedición se dirigió entonces durante varias semanas a través de la región de los mayas chontales y los itzaes. Tendrían que soportar muchas más penurias y pérdidas antes de que los hombres finalmente llegaran a su destino en Honduras, únicamente para descubrir que toda la empresa había sido en vano. Además, los pocos vecinos de la ciudad española fundada por Gil González estaban en la miseria y enfermos, por lo que no tenían nada que ofrecer a las hambrientas tropas. Cortés ignoró deliberadamente estos hechos en su informe y solo mencionó cómo emprendió nuevas expediciones hacia el interior de la región y fundó las ciudades portuarias de Trujillo y Natividad de Nuestra Señora a finales de 1525. En el viaje de regreso por mar en abril de 1526, durante una escala en Cuba, Cortés se enteró de que en la capital se le daba por muerto. El 24 de mayo de 1526 llegó a Veracruz y el 19 de junio, después de más de año y medio, regresó a México, donde sus seguidores lo recibieron triunfalmente[51].

El fin del éxito

La expedición a Hibueras no solo había costado un número ingente de vidas, sino también una gran cantidad de dinero, por lo que Cortés pediría después sin éxito un reembolso a la Corona. No obstante, lo que le molestó aún más fue el caos que había provocado su ausencia en la capital. Los cuatro administradores reales habían llegado antes de su partida en 1524, tras lo cual Cortés había designado a Estrada y Albornoz como gobernadores en su ausencia, mientras que Salazar y Chirinos deberían acompañarle en el viaje. Alonso de Zuazo también se quedó en México como alcalde y juez superior. La decisión se debió a que los oficiales habían tratado de impedir que Cortés participara en la expedición por temor a problemas con la población indígena del centro de México. Cortés, que ya tenía una mala opinión de los administradores porque recibían alrededor de un treinta y cinco por ciento más de sueldo que él, aunque, sostenía, él tenía que soportar «docientas veces mas costa que todos juntos», se negó rotundamente[52]. En cualquier caso, en su respuesta al rey anunció categóricamente que no toleraría la injerencia en los asuntos de gobierno por parte de oficiales de la patria sin experiencia en el terreno, ya que esto lo único que traería serían consecuencias negativas, las cuales creía que podían verse en el declive de La Española[53].

Ya de camino hacia el sur, antes de llegar a Espíritu Santo, Cortés recibió informes de que había habido una disputa entre Estrada y Albornoz en la capital, tras lo cual el malestar supuestamente se había extendido entre los mexicas. Entonces, Cortés envió a Salazar y Chirinos de regreso para resolver la disputa. Junto con el juez Zuazo, debían hacerse cargo del gobierno si no conseguían resolverse las diferencias. La pacificación no tuvo éxito a largo plazo. A principios de 1525 se produjo efectivamente un levantamiento de los indígenas, que Zuazo reprimió brutalmente. Siguieron más disputas por el liderazgo, como resultado de las cuales Salazar y Chirinos se hicieron con el poder, depusieron a Zuazo y lo enviaron a Cuba. Después de que se difundiera el rumor de la muerte de Cortés, los dos oficiales confiscaron los bienes de los expedicionarios, persiguieron a los partidarios del gobernador e hicieron torturar y ejecutar al alguacil mayor de la ciudad, Rodrigo de Paz, para acceder a los tesoros que supuestamente había escondido. Cuando la noticia de que Cortés estaba vivo llegó a la capital a finales de enero de 1526, los ahora reconciliados Estrada y Albornoz encabezaron de nuevo el gobierno y encerraron a sus camaradas. La situación solo se calmó tras el regreso de Cortés en junio de 1526[54].

La errónea decisión de Cortés y los problemas derivados de ella habían llegado a España, al igual que la forma presuntuosa de gobierno del capitán general desde el punto de vista de los oficiales reales. Albornoz escribió una carta al rey en un documento secreto especialmente cifrado. En su opinión, Cortés actuaba como un virrey, y sospechaba que el gobernador escondía grandes cantidades de oro. La noticia alimentó las dudas sobre Cortés que habían existido en la patria desde la disputa con Velázquez. Por esta razón, la Corona envió a Luis Ponce de León, un juez, a Nueva España, para realizar un proceso de residencia contra aquel. Se trataba de un procedimiento de rutina de la administración española y no debe confundirse con un proceso penal. Cortés recibió respetuosamente al juez, besó las órdenes reales y las puso sobre su cabeza, como era costumbre. Sin embargo, al igual que muchos de los tripulantes de su barco, Ponce de León murió de una enfermedad epidémica poco después de su llegada en julio de 1526. Acto seguido, su compañero Marcos de Aguilar fue nombrado vicegobernador provisional[55].

Por tanto, el proceso de residencia se suspendió. En septiembre, Aguilar le pidió a Cortés que, durante el proceso, su cargo de capitán general y administrador de asuntos indígenas además de la oficina del gobernador fueran suspendidos. Cortés se mostró de acuerdo porque tenía que exhibir obediencia al rey y a su representante. Sin embargo, como le confesó a su padre, después se sintió como en el «limbo»[56]. Poco después, el 1 de marzo de 1527, murió también Aguilar, momento en el que el consejo eligió a Sandoval y Estrada como nuevos gobernadores. Unos meses más tarde, Estrada fue nombrado gobernador único por órdenes reales hasta que la primera Audiencia llegó a México en diciembre de 1528 y se hizo cargo de los asuntos gubernamentales. Entre sus miembros figuraban como presidente Nuño de Guzmán —gobernador de la provincia de Pánuco, y que solo llevaba en Nueva España desde 1526— y los oidores (jueces) Juan Ortiz de Matienzo, Diego Delgadillo, Alonso de Parada y Francisco de Maldonado. Incluso durante el mandato de Estrada hubo una disputa con Cortés, con el resultado de que el gobernador interino llegó a expulsar temporalmente al conquistador de la capital. El poder de Cortés estaba decayendo[57].

En este contexto, sus actividades relacionadas con la exploración del «mar del Sur» y una nueva ruta marítima a las islas de las Especias pueden entenderse como medidas que buscaban contrarrestar la inminente pérdida de relevancia. En su carta al emperador de mayo de 1522, pocos meses antes del regreso de los restos de la flota de Magallanes de su primera circunnavegación al mando de Juan Sebastián Elcano, Cortés destacó la importancia de este océano para España. Como muchos de sus contemporáneos, se inspiraba en los mitos antiguos y en la búsqueda de la tierra del oro, especialmente la tierra del Amazonas, y vio en ello la posibilidad de hacerse indispensable para la Corona en el futuro. Dio instrucciones a su padre para que trasladara esta idea a la corte y poder recibir el encargo real. Mientras tanto, hizo construir barcos en Zacatula, en la costa del Pacífico, con los que luego perseguiría su objetivo. En su quinto informe al rey, escribió: «Tengo en tanto estos navíos, que no lo podría significar; porque tengo por muy cierto que con ellos, siendo Dios Nuestro Señor servido, tengo de ser causa que vuestra cesárea majestad sea en estas partes señor de más reinos y señoríos que los que hasta hoy en nuestra nación se tiene noticia; a él plega encaminarlo como él se sirva y vuestra cesárea majestad consiga tanto bien, pues creo que con hacer yo esto no le quedará a vuestra excelsitud más que hacer para ser monarca del mundo»[58].

Cortés no recibió el encargo hasta 1526, después de que la Corona hubiera enviado a García Jofre de Loaísa el año anterior y a Sebastián Caboto en el mismo año. La cédula real determinaba, entre otras cosas, la búsqueda de las naves de aquellos. Cortés disponía de una flota equipada a sus expensas, que puso al mando de su primo Álvaro de Saavedra, a quien dio instrucciones detalladas, así como una carta para Caboto y Loaísa. Los documentos también contenían una carta para el «rey de Cebú», que Cortés había traducido al latín con la esperanza de encontrar un judío que entendiera este idioma universal. De lo contrario, Saavedra debería buscar un árabe o un indio de Calcuta. Cortés había aprendido a lo largo de sus propias expediciones que tales empresas debían contar con la ayuda de intérpretes. A finales de octubre de 1527 zarpó la flotilla, pero no tuvo mucho éxito. Poco después de la partida, se perdieron dos barcos y solo la nave del capitán Saavedra llegó a Asia. Después de la muerte del comandante (en octubre de 1529) y de gran parte de la tripulación, los pocos supervivientes regresaron a España vía Portugal en 1534. Una vez más, una empresa dirigida por Cortés con grandes esperanzas y un gasto económico considerable resultó ser un fracaso[59].

Así que el regreso a España llegó en el momento adecuado. A principios de 1528, Cortés había recibido instrucciones del presidente del Consejo de Indias, Francisco García de Loaísa, de volver a España para presentarse ante el rey, lo que fue confirmado unos meses después por una cédula real. Como relata López de Gómara, este viaje era lo que quería Cortés porque deseaba casarse, tener hijos legítimos y contarle al rey cara a cara la situación en Nueva España. Antes de irse, recibió la triste noticia de la muerte de su padre y más servicial abogado, Martín Cortés. En la travesía lo acompañaban sus leales capitanes Sandoval y Tapia, varios familiares cercanos de Moctezuma, entre ellos su hijo Pedro Tlacahuepan, un hijo de Maxixcatzin de Tlaxcala, otros nobles indígenas y Malinche, junto con su hijo ilegítimo Martín, de seis años. Además, el gobernador llevaba a bordo a numerosos acróbatas autóctonos, criados, esclavos y animales de especies desconocidas en Europa. La flotilla arribó a España a finales de mayo[60].

Incluso antes de que saliera desde el puerto de Palos, pasando por el monasterio de La Rábida, donde ya se había alojado Colón, hasta la corte real de Toledo, Cortés tuvo que lamentar otra pérdida. Sandoval enfermó al llegar a España y murió pocos días después. Dados los problemas recientes en Nueva España y las intrigas de sus numerosos adversarios, el hecho de que Cortés fuera recibido con honores en la corte no era en absoluto lógico, pero el duque de Béjar y el conde de Aguilar lo habían defendido. Por tanto, el emperador ordenó que las ciudades por las que pasara con su séquito de aspecto exótico celebraran recepciones ceremoniales. El extraño convoy impresionó a los contemporáneos, incluido el pintor alemán Christoph Weiditz, quien retrató a Cortés (véase imagen 1, pág. 59). En su viaje al monasterio de Guadalupe, en Extremadura, Cortés también conoció a la esposa del consejero imperial más importante, Francisco de los Cobos, y a su hermana, a quienes colmó de regalos y que luego serían un fuerte apoyo para él[61].

La acogida personal del emperador Carlos V fue positiva y, sin duda, un punto culminante en la vida del conquistador. Después de hablar con él, el monarca le concedió altos honores y le prometió una recompensa adecuada que se negociaría con mayor concreción durante los meses siguientes. Cuando Cortés enfermó gravemente un poco más tarde y luchaba por su vida, el soberano le concedió el raro honor de visitarle personalmente. Hubo muchos otros privilegios que despertaron la envidia de la gente, pero, según Díaz del Castillo, sus partidarios lo defendían con las palabras: «su Majestad mandó, que mirasen y tuviesen noticia que Cortés con sus compañeros habían ganado tantas tierras, que toda la cristiandad les era en cargo»[62].

Cortés aprovechó la oportunidad y envió una delegación a Roma con ricos obsequios. El papa Clemente VII se lo agradeció, entre otras cosas, legitimando a tres de sus hijos ilegítimos, incluido Martín. Además, el conquistador se casó por segunda vez. Su primera esposa, Catalina Suárez, había seguido a su marido desde Cuba hasta Nueva España a mediados de 1522, donde Cortés la recibió con honores y la hizo venir a la capital con una gran escolta. Bernal Díaz cuenta que se decía que su alegría había sido limitada porque mantenía otras aventuras amorosas además de la de la Malinche. Unos meses más tarde, Catalina murió tras una fiesta en la que las tensiones entre los cónyuges se hicieron evidentes. La repentina muerte de su esposa dio lugar a sospechas de que Cortés había tenido algo que ver. Siete años después, de regreso en la madre patria, él seguía siendo todavía muy buen partido. Sin embargo, su padre había concertado previamente su casamiento con Juana de Zúñiga, hija de los condes de Aguilar y sobrina del duque de Béjar. Fue un matrimonio acordado que le abrió la puerta a Cortés a los círculos influyentes de la nobleza española. Con su nueva esposa, el conquistador tendría seis hijos más, incluido su heredero en 1532, quien también llevaba el nombre de Martín, lo que subraya la relación especialmente cercana con su padre[63].

A finales de julio de 1529 se le permitió a Cortés presentar al emperador un memorando con sus ideas para el futuro gobierno de Nueva España en el que se centraba en la protección de los indígenas y el aumento de los ingresos fiscales. Subrayó que era necesario dejar que la población indígena siguiera viviendo a su manera. La religión era, por supuesto, una excepción, y Cortés pidió sacerdotes con un historial de vida ejemplar para la tarea de conversión. Además, afirmó, los terratenientes españoles tenían que estar comprometidos con sus tierras para asegurar y aumentar los ingresos de la Corona a largo plazo. Él quiso dar buen ejemplo y en el mismo mes tenía veintidós pueblos con veintitrés mil súbditos asignados a él por favor real, aunque no está claro si el número se refería a los jefes de familia o al conjunto de habitantes. En este contexto, el emperador también otorgó a Cortés el título de marqués del Valle de Oaxaca, la membresía de la Orden de Santiago y el título de capitán general de la Nueva España y los Mares del Sur. El historiador mexicano José Luis Martínez ha analizado ampliamente el significado de este favor y llega a la conclusión de que el de Medellín recibió los mayores honores posibles por sus servicios, pero no el poder, ya que no recuperó el título de gobernador[64].

La corte pretendía decidir la cuestión del poder en favor de la Corona y sin la influencia de Cortés. Incluso el hecho de hacerle regresar a España perseguía este fin, ya que querían aprovechar su ausencia de México para volver a regular el gobierno. El emperador le informó de esto a Cortés en abril de 1528 y ya había establecido una Audiencia como autoridad. El hecho de que Nuño de Guzmán, uno de sus más feroces opositores, fuera presidente de la junta no podía significar nada bueno para Cortés. La junta de Guzmán no se hizo popular con sus medidas en Nueva España, al contrario, causó descontento y discordia. Por ejemplo, los bienes de Cortés fueron confiscados y sus seguidores, perseguidos. También contribuyó al malestar el aumento excesivo de las obligaciones tributarias de los súbditos[65].

Guzmán fue también el impulsor de la rápida reanudación del proceso de residencia en 1529. Se formularon cincuenta y tres preguntas sobre las acciones de Cortés desde que saliera de Cuba. La elección de los testigos dejó claro que el objetivo que se buscaba era una condena. El interrogatorio desembocó en una acusación que comprendía nada menos que ciento un elementos: desde la destrucción de los barcos en 1519, la matanza de Cholula y la Noche Triste, hasta el autoenriquecimiento y el juego. En resumen, las denuncias se centraron en la malversación de fondos reales, el abuso de los pueblos indígenas, el nepotismo, la perversión de la justicia, el desprecio de las leyes reales, la mala administración en detrimento de la comunidad y el pecado contra las leyes de Dios. Además, en febrero de 1529 la Audiencia inició un juicio en su contra en nombre de la suegra de Cortés por el asesinato de su primera esposa, Catalina, si bien nunca llegó a su fin. Además, la suegra y sus herederos reclamaron parte de sus bienes, ya que habían sido adquiridos durante su matrimonio con Catalina.

Los procesos judiciales relacionados con este tema se prolongaron hasta 1599 y terminaron con un acuerdo. El proceso de residencia en sí nunca llegó a una conclusión. El Consejo de Indias, al que se sometieron la acusación y la defensa del marqués, lo suspendió para mantener la presión sobre Cortés e impedir su renovado ascenso al caudillo[66].

Cortés se enteró de las maquinaciones de la primera Audiencia mientras se preparaba para regresar a Nueva España. Muy adecuadamente, llevó consigo a cuatrocientas personas, incluidas su nueva esposa y su madre, pero también a muchos hábiles artesanos y misioneros. Los barcos llegaron a Veracruz a mediados de 1530. Sin embargo, la Corona le había prohibido viajar a la capital hasta que llegara la recién nombrada Audiencia para reemplazar a la incompetente junta de Guzmán, quien ahora estaba llevando a cabo una sangrienta conquista en Nueva Galicia, al noroeste de la capital. Pero Cortés llegó demasiado pronto y sus seguidores, entre ellos muchos príncipes indígenas, le dieron una bienvenida triunfal. En el período que siguió, hubo numerosas disputas con la primera Audiencia, que todavía estaba en funciones. El marqués tuvo que quedarse en Texcoco, donde murió su madre antes de poder admirar la capital. Solo cuando llegó la nueva Audiencia bajo el mando del obispo Sebastián Ramírez de Fuenleal, la situación mejoró. Cortés pudo mantener gran parte de sus propiedades a pesar de la hostilidad y las disputas legales, pero aun así se le impidió participar en el gobierno. En cuanto a la administración de sus vastas propiedades, el marqués no se comportaba mejor que los demás encomenderos y explotaba descaradamente a sus subordinados. El recién nombrado virrey Antonio de Mendoza, quien había asumido el cargo en 1535 con el mandato real de restringir aún más los poderes de Cortés, tuvo que intervenir para bajar los tributos y aliviar la carga de trabajo de los habitantes indígenas de Cuernavaca. Sin embargo, los dos líderes se llevaron bien al principio, porque el virrey mostró tacto con el conquistador[67].

La Corona le encargó a Cortés diversas empresas destinadas a la exploración del mar del Sur, no solo para mantenerle ocupado, sino también porque tenía un interés genuino en ello. El propio marqués había enfatizado en sus *Cartas de relación* que solo el descubrimiento y control de la ruta marítima a través del Pacífico convertiría a su emperador en «el monarca del mundo»[68]. Después de su regreso a Nueva España, estas actividades se convirtieron, junto con sus esfuerzos en el comercio y la minería, en el asunto principal en la agenda de Cortés. Sin embargo, estos cuatro viajes, financiados de su propio bolsillo y, en algún caso, incluso dirigidos personalmente, no tuvieron mucho éxito desde su punto de vista, ya que no se descubrió una ruta marítima más rápida a las islas de las Especias. Ni siquiera el apoyo a otro conquistador extremeño, Francisco Pizarro, y el inicio de acuerdos comerciales con Perú dieron los frutos esperados. La competencia que estalló en 1539 con el virrey Mendoza por descubrir las legendarias siete ciudades doradas de Cíbola, en el desconocido norte de Nueva España, también contribuyó a oscurecer el panorama para Cortés. No obstante, sus barcos exploraron California, que lleva el nombre del personaje de ficción caballeresco Calafia, así como el golfo, que en español lleva el nombre del marqués, mar de Cortés. El mito de una isla habitada por mujeres negras y llena de oro, perlas y piedras preciosas tampoco habría de hacerse realidad[69].

Los de la década de 1530 a 1540 fueron los últimos años que pasó el marqués en Nueva España. Además de sus expediciones y empresas, estuvo ocupado principalmente con sus juicios, demandas interpuestas en su contra por sus numerosos opositores y demandas que él mismo expresó ante la Corte Real en un gran número de cartas sin, a pesar de ello, ser escuchado. Cuando en 1539 Cortés se sintió despojado de sus privilegios por la iniciativa virreinal en el mar del Sur y sus astilleros en Tehuantepec fueron confiscados, el capitán general decidió regresar a España, aunque en circunstancias mucho menos glamurosas que las de doce años atrás. Ahora, el emperador ya no estaba dispuesto a escuchar sus súplicas constantes, pues, en su opinión, Cortés había sido más que recompensado, y lo reprendió en consecuencia. Tampoco ayudó el hecho de que el marqués participara en la campaña imperial contra Argel en octubre de 1541, la cual terminó de manera catastrófica. Sus posteriores peticiones a Carlos V no tuvieron éxito, su antiguo poder se había esfumado, su riqueza se evaporó a causa de los innumerables procedimientos legales y su fama también disminuyó visiblemente[70].

Para al menos tranquilizar su conciencia, Cortés dio indicaciones a sus herederos en su testamento de octubre de 1547 para que devolvieran a los propietarios indígenas cualquier propiedad que hubiera adquirido ilegalmente. El viejo conquistador podría haberse imaginado que Martín, su hijo legítimo y sucesor como marqués del Valle, no tenía ningún interés en ello y no realizó ninguna investigación al respecto. Cortés murió el 2 de diciembre de 1547, a los 62 años, en Castilleja de la Cuesta, una localidad cercana a Sevilla. Sus huesos, había estipulado, serían trasladados a Nueva España y sepultados en una cripta familiar en la ciudad de Coyoacán. El lugar de su enterramiento se convertiría en la base para la construcción de un nuevo convento franciscano, pero este deseo no pudo llevarse a cabo debido a la falta de dinero de sus descendientes. La última voluntad de Cortés se cumplió solo parcialmente y de manera indirecta cuando sus restos llegaron al Nuevo Mundo en 1566 y, tras pasar por diversos lugares, encontraron su lugar de descanso final en la iglesia de Jesús Nazareno, en el centro de la nueva capital de México[71].

X

EL LEGADO DE LA CONQUISTA

Mucho antes de la muerte de Cortés, la conquista ya se había transformado en un proceso de colonización en el que el marqués tan solo jugó un papel menor, aunque aún importante. La formación de una nueva área, en la que los mundos español e indígena se mezclaban en distintas circunstancias, comenzó con la llegada de los europeos en 1519 y se aceleró tras la caída de Tenochtitlán en 1521. Las conquistas no habían terminado de ninguna manera y la nueva forma de gobierno no se asentó en absoluto desde el principio, sino que se fue desarrollando a partir de la interacción de diferentes elementos, motivos e intereses. El gobierno, la economía, la cultura y la vida cotidiana de las personas cambiaron gradual y radicalmente.

La nueva capital

La base de este desarrollo fue la reconstrucción de la capital del Imperio azteca, que había quedado destruida por la guerra y que empezó pocos meses después de la toma de la ciudad a finales de 1521. El mismo Cortés quería que se reconstruyera en su ubicación original por su «grandeza y maravilloso asiento», aunque hubo cierta oposición a esta idea[1]. Los críticos señalaban el problema del abastecimiento de agua potable y el riesgo de inundaciones y abogaban por una ubicación en tierra firme, por ejemplo, en Texcoco o Coyoacán. Pero Cortés no aceptó estos argumentos y encargó al constructor Alonso García Bravo la dirección de la obra. También repuso a Tlacotzin, el cihuacóatl, y a otros altos nobles en sus cargos y ordenó el regreso de los habitantes supervivientes a Tenochtitlán, donde también debían cultivar productos agrícolas españoles. La seguridad era de gran importancia para Cortés, por lo que hizo construir un fuerte y separó los distritos mediante canales diseñados con la finalidad de que los residentes indígenas no se juntaran con los europeos. No obstante, las estrechas relaciones entre los dos grupos de población iban a constituir la base de la vida urbana[2].

La reconstrucción resultó ser todo un desafío debido a la magnitud de los destrozos. Sin embargo, la ciudad azteca de ninguna manera había quedado arrasada, como afirmaron más tarde los cronistas españoles por razones propagandísticas. Los esclavos indígenas primero debían enterrar a los muertos, limpiar las calles y luego reconstruir el acueducto. Fuentes contemporáneas ya informaron del gran número de trabajadores indígenas que murieron durante el proceso. Motolinía describió esta obra como la «séptima plaga» de los mexicas porque, según él, costó más vidas humanas que erigir el Templo de Jerusalén. Desde el verano de 1522, cientos de miles de indígenas se vieron obligados a participar. Muchos venían de Chalco, la ciudad de los constructores. Como muestra del triunfo cristiano, se levantó una catedral junto al gran templo que, como los demás lugares de culto azteca, ahora servía de cantera. Cortés hizo erigir su propio palacio en el mismo lugar donde había estado el palacio de Moctezuma. En pocos años se erigieron numerosas iglesias, monasterios, mercados, hospitales y edificios administrativos. Muchos españoles permanecieron en Coyoacán durante las obras de reconstrucción. Cortés, por ejemplo, vivió allí con Malinche hasta la llegada de su esposa Catalina[3].

Las obras no se alejaron mucho de los patrones prehispánicos y conservaron las funciones autóctonas del espacio. Sin embargo, se introdujeron técnicas y herramientas de construcción europeas que los locales adoptaron rápidamente. El centro de la ciudad estaba reservado a los españoles. La población indígena no solo participó significativamente en el diseño de la nueva urbe como trabajadores forzados. Las continuidades espaciales se pueden ver, entre otras cosas, en el hecho de que las albarradas y la división en cuatro distritos sobrevivieron a la remodelación. Alrededor del centro español se creó una ciudad indígena con sus típicos mercados y dividida en cuatro barrios aztecas. El único hijo superviviente de Moctezuma, que ahora llevaba el nombre cristiano de Don Pedro, y otros príncipes supervisaron la reconstrucción. Los productos y los olores crearon una continuidad entre Tenochtitlán y Ciudad de México, un nombre que con el tiempo se volvió natural para la nueva ciudad y que también incluía a Tlatelolco, que ahora se llamaba Santiago Tlatelolco. Algunas festividades cristianas y seculares como la fiesta de San Hipólito el 13 de agosto, en la que los españoles conmemoraban la rendición de Cuauhtémoc, y los habitantes indígenas celebraban el rescate del diablo, crearon un

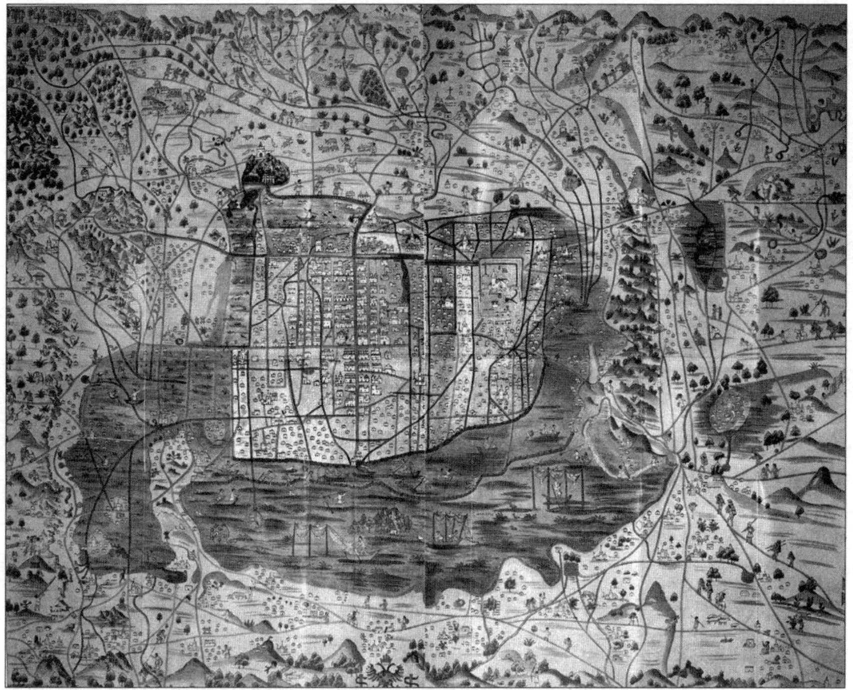

Imagen 26: **Mapa de México-Tenochtitlán y sus contornos hacia 1550**
Este mapa de México-Tenochtitlán (Biblioteca de la Universidad de Uppsala) es uno de los más antiguos que se conservan y, probablemente, fue elaborado alrededor de 1550 en las cercanías del Colegio de Santa Cruz de Tlatelolco. Muestra la fusión de elementos mesoamericanos y europeos no solo en el nuevo paisaje urbano, sino también en la forma de representación cartográfica. Se mantuvo la antigua red de caminos, pero se construyeron nuevos edificios e iglesias cristianas para reemplazar los templos aztecas. (León-Portilla y Aguilera, Mapa de México-Tenochtitlán y sus contornos hacia 1550, *págs. 11-14).*

espacio urbano en el que confluían los diferentes grupos. Así, México se convirtió en un lugar en el que se mezclaban elementos autóctonos y europeos, por lo que a los españoles les interesaba el mantenimiento de la identidad y las costumbres indígenas, sobre todo para una recaudación eficaz de los tributos[4].

La vida en la Ciudad de México fue al principio muy cara. Como informa Bernal Díaz, los artículos importados, como medicinas y armas en particular, costaban enormes sumas de dinero. Cortés nominó a dos oficiales recaudadores para facilitar préstamos y moratorias. Además, intentó introducir su propia moneda de cobre, pero esto no supuso ningún alivio. Muchos conquistadores pronto se vieron obligados a regresar a la batalla porque no tenían otra opción para ganarse la vida. Una vez todos tuvieron claro que no había tanto oro para distribuir como se esperaba, los veteranos, a menudo muy endeudados, buscaron una encomienda para asegurar su sustento[5]. La regulación del gobierno sobre los trabajadores indígenas se convertiría en el principal problema de la nueva sociedad colonial emergente.

Sistema político

Cortés se dio cuenta desde el principio de que no debían repetirse los errores en el trato a la población indígena que habían llevado a la despoblación catastrófica en las islas del Caribe. En sus cartas al emperador, formuló en repetidas ocasiones el deseo de una política que asegurara que los colonos permanecieran en el país de forma permanente y que no lo utilizaran tan solo para hacer fortuna y regresar a Europa lo más rápido posible. No daba igual la clase de colonos que fueran. Las nociones españolas de «pureza de sangre» también se aplicaron en Nueva España. Se prohibió la entrada a judíos, moros, nuevos cristianos —con excepción de los pueblos indígenas— y herejes. Sin embargo, esto no siempre se pudo controlar de manera eficaz. A su vez, Cortés informó al emperador de la necesidad de tratar bien a los pueblos indígenas para que hubiera suficientes trabajadores y poder aumentar así la riqueza de la Corona. Ambos objetivos se oponían a los intereses de los conquistadores, y el marqués pronto careció del poder suficiente para hacer cumplir sus ideas, sobre todo porque él mismo no estaba a la altura de sus principios en lo que al trato con los vasallos locales se refiere[6].

Los políticos no pudieron frenar el declive demográfico dentro de la población indígena. Sin embargo, el fin de los indígenas que algunos observadores españoles esperaban en el siglo XVI no llegaría a producirse. Más bien, surgió una sociedad multiétnica que era única en el mundo en ese momento. Ya antes de los españoles, las sociedades y culturas mesoamericanas eran étnica, lingüística y culturalmente diversas. Sin embargo, con la llegada de los europeos y pronto también de los africanos, se sumaron nuevos elementos. Como resultado, surgió la categoría colonial de «indio», en la que se incluyeron los diversos grupos étnicos indígenas. Era algo novedoso para todo el mundo y se revisaba constantemente. El contraste social entre españoles e indígenas, así como la equiparación de los «indios» con la pobreza y el atraso, surgieron lentamente. Al principio, hubo numerosas alianzas que no se correspondían con esta dicotomía. También en términos políticos, después de la caída de Tenochtitlán, México fue una mezcla de sistemas de gobierno superpuestos y en competencia entre sí[7].

Esto demuestra que los aliados indígenas y sus élites, al principio, negociaron en pie de igualdad con los españoles. En la década de 1520 en particular, cuando la situación en México aún no estaba totalmente asegurada, Cortés concedía gran importancia al miedo y la disuasión, puesto que muchos millones de pueblos indígenas aún vivían en la región y su sometimiento no tenía por qué ser permanente. Los españoles eran numéricamente débiles y necesitaban aliados para hacer valer su autoridad. Sin embargo, merced a su victoria sobre los mexicas, Cortés empezó a ejercer una forma de poder basado en el carisma. A partir de 1520 logró designar nuevos tlatoque cada vez que tuvo ocasión para ello, por ejemplo, después de algún éxito militar o tras la muerte del tlatoani en el cargo. Los gobernantes que dependían de él fueron bautizados y luego ejercieron como mediadores entre los españoles y sus vasallos[8].

Las ciudades-estado aliadas con los españoles y obligadas a pagar tributo hasta entonces debieron sentir una gran satisfacción con la victoria. Para ellos, el fin del Imperio azteca significaba un acto de liberación. Esto también iba acorde con sus expectativas, hasta entonces marcadas por las constantes guerras y el surgimiento y caída de imperios poderosos. A primera vista, la situación mejoró notablemente. Terminó la obligación de pagar tributo a los mexicas, así como la amenaza constante de guerra. Nada más acabar la conquista de Tenochtitlán, los aliados indígenas se encontraban en una situación considerablemente mejor que los europeos, pero Cortés logró enfrentarlos entre sí para que no se produjera una alianza contra los españoles. Incluso los tlaxcaltecas se mantuvieron fuertes solo en su región. En general, la mejora de la situación solo se produjo a corto plazo. Los españoles tenían planes de gobierno a largo plazo que desarrollaron intencionalmente siguiendo una forma de gobierno territorial basado en el modelo europeo, con un férreo control sobre todos los grupos étnicos, un gobierno central y elevadas exigencias tributarias. Los indígenas no podían saber eso porque no conocían esta forma de estado. El verdadero sometimiento de Mesoamérica comenzó paulatinamente en los años posteriores a la caída de Tenochtitlán, y los antiguos aliados no se dieron cuenta del alcance de su pérdida de poder hasta que el proceso de colonización ya era imparable[9].

Fueran o no aliados de los españoles, los nobles reconocieron gradualmente la supremacía del rey español y se esforzaron por conservar su posición de privilegio dentro de su propia comunidad manteniendo la esfera española separada de la esfera indígena. Su poder derivaba del mayor conocimiento que tenían de sus propios vasallos, lo cual les permitía actuar como mediadores e intérpretes. La nobleza indígena recibió numerosos privilegios de los españoles, como el permiso para llevar espadas y montar a caballo, escudo de armas, tierras propias, exención de tributos y el título honorífico de «don» o «hidalgo». En el lenguaje corriente, prevaleció el término caribeño «cacique», mientras que la palabra «tlatoani» dejó de emplearse. Los nobles indígenas también recibieron las designaciones oficiales españolas como «alcalde» o «regidor». Se daba una gran importancia a los signos de distinción. Casarse con la hija de un noble local, al principio, resultó ser ventajoso para los conquistadores españoles y traía consigo una ganancia de prestigio. En teoría, el rey reconocía los derechos de los nobles indígenas, quienes debían transmitir el cristianismo a sus súbditos y mantener el orden. Solo con el tiempo se hizo evidente la desventaja estructural de los oficiales locales frente a los terratenientes españoles en la lucha por los cada vez más escasos recursos tributarios y laborales. De este modo, los nobles indígenas fueron siendo progresivamente apartados y perdieron el acceso a sus vasallos o bien se convirtieron en parte de la élite criolla[10].

Cuando los españoles se establecieron como gobernantes, la estructura de poder del Imperio azteca hacía mucho tiempo ya que se había desintegrado, y comenzó una tendencia hacia la fragmentación. Los gobernantes coloniales tuvieron que tratar directamente con cada uno de los altépetl, que valoraban las características que los diferenciaban entre sí. Les permitieron autogobernarse, aunque solo hasta el nivel administrativo de la ciudad. Los niveles más altos de los imperios sometidos desaparecieron sin reemplazo, los indígenas tuvieron que hacerse cargo de formas de administración europeas como los cabildos y los tribunales, por lo que se mantuvieron los límites de distrito de las ahora llamadas «repúblicas de indios». Un simple macehualli podía, pues, demandar al gobernador, lo que iba de la mano de su pérdida de autoridad. El alcalde elegido se fue imponiendo cada vez más a la antigua nobleza y a los gobernadores indígenas que procedían de las familias gobernantes. La administración local pasó cada vez más a manos de oficiales españoles. Como oficiales de la Corona, los corregidores fueron reemplazando paulatinamente a los antiguos tlatoque y contribuyeron a su desempoderamiento[11].

Los descendientes de Moctezuma, quienes supuestamente se habían sometido de manera voluntaria al rey español y cuya línea sucesoria podía, por tanto, hacer legítimas reclamaciones para participar en el gobierno, desempeñaron un papel muy importante. Las hijas del tlatoani recibieron numerosos privilegios, como ser miembros de prestigiosas órdenes de caballeros o una anualidad, así como la posibilidad de casarse con la nobleza española. Tecuichpo, que más tarde tomó el nombre de pila de doña Isabel de Montezuma, había sido antes la esposa de Cuitláhuac, y después de la conquista se convirtió en concubina de Cortés, con quien tuvo una hija. Posteriormente, el gobernador la casó con el conquistador Alonso de Grado, tras la muerte de este, con Pedro Gallego, y tras la muerte de este último con Juan Cano, quien trabajó intensamente por los intereses económicos de su esposa y pidió sin éxito la restitución de la totalidad de la herencia en 1536. La cuestión de la herencia también preocupó al resto de los numerosos descendientes de Moctezuma, de quien se dice que tuvo alrededor de ciento cincuenta hijos[12].

Don Pedro Tlacahuepan, único hijo legítimo de Moctezuma reconocido por la Corona, incluso viajó a España con su séquito en 1540. Don Martín Cortés Nezahualteculuchi, otro de sus hijos, se casó en España. Sus reivindicaciones legítimas no obtuvieron reconocimiento, aunque tras una fase de transición durante las décadas de 1520 y 1530, durante la cual Cortés utilizó títeres ilegítimos y completamente dependientes de él, las autoridades españolas hicieron todo lo posible por respetar las nociones aztecas de legitimidad en la elección de los gobernadores indígenas de Tenochtitlán. El virrey Mendoza sentó en el poder en 1538 al pariente directo de Moctezuma Diego de Alvarado Huanitzin, quien gozaba del reconocimiento de los mexicas. La dinastía gobernante se mantendría hasta 1565, aunque el ejercicio del poder estaba estrictamente limitado. Desde el punto de vista español, esto podía suponer el riesgo de una rebelión, pero tal riesgo seguía siendo manejable porque en ese momento los líderes indígenas ya dependían de los gobernadores españoles[13].

La progresiva erosión de la autoridad indígena provocó conflictos entre los antiguos gobernantes y los nuevos encomenderos españoles que, por lo general, surgían debido a disputas por la mano de obra. Los indígenas siguieron insistiendo en sus privilegios y a mediados de siglo estaban ya en disposición de luchar por ellos a través de los cauces legales. Los demandantes y peticionarios invocaron repetidamente la sumisión y lealtad de Moctezuma a la Corona, su propia tradición de gobierno antigua y por lo tanto legítima, o la ayuda brindada durante la guerra, de la que se podía derivar la justificación de sus demandas. El hijo de Moctezuma, Martín, por ejemplo, se quejaba en una carta al rey en 1532 sobre el declive del gobierno legítimo de los señores de México y pedía apoyo financiero, así como la restauración de sus derechos[14].

Al menos *de iure*, Tlaxcala, el aliado más leal de los españoles, jugó un papel especial en la emergente sociedad colonial. Cortés decidió que la ciudad debía permanecer exenta de entregar mano de obra indígena a los encomenderos españoles debido a sus grandes méritos. Sin embargo, los tlaxcaltecas tenían que pagar tributo al rey español y tuvieron que construir una fortaleza y un monasterio para los españoles. Ya en 1527 una delegación tlaxcalteca visitó España, y en 1534 Tlaxcala recibió el título honorífico de «ciudad fiel», así como un escudo de armas español. El *Lienzo de Tlaxcala* ilustró la gloriosa historia de la alianza con Cortés desde el punto de vista tlaxcalteca. Los tlaxcaltecas reclamaron posteriormente la exención de la obligación de pagar tributo e invocaron supuestas promesas del marqués. En 1585 tuvieron éxito con su causa, porque supieron manipular los hechos históricos a su favor. Sin embargo, este éxito no protegió a Tlaxcala de un relativo declive. La ciudad-estado, como el resto de Mesoamérica, se vio azotada por las epidemias y tuvo que construir la vecina ciudad española de Puebla, cuyos pobladores pronto compraron tierras tlaxcaltecas. A pesar de su posición destacada y su relativa autonomía, en Tlaxcala se estaba gestando inexorablemente un proceso de empobrecimiento[15].

El 26 de febrero de 1557, un decreto real que se incorporó a la Recopilación de Leyes de 1560, confirmó los privilegios de las élites indígenas. Posteriormente, hubo numerosas peticiones al rey. Los peticionarios solían plantear cuatro argumentos: primero, su origen aristocrático; segundo, su papel en la conquista; tercero, su conversión al cristianismo y su difusión; cuarto, su contribución al buen gobierno a través de caciques y gobernadores. Cada vez más, las solicitudes fueron incluyendo también denuncias sobre tributos excesivos y el trabajo forzoso, porque la población se redujo en todas partes y las posesiones de los españoles continuaron expandiéndose a expensas de la población indígena. Además, las guerras europeas consumían cada vez más dinero, por lo que la presión fiscal sobre las posesiones americanas aumentó todavía más. En este contexto, las élites locales perdieron influencia a lo largo del siglo XVI, con el resultado de que sus demandas al rey fueron cada vez más ignoradas[16].

Los antiguos aliados se sintieron particularmente decepcionados con esta deriva. Incluso los tlaxcaltecas se quejaron del maltrato de los colonizadores, quienes los expulsaban de puestos de liderazgo en todas partes, llegando incluso a ser objeto de abusos. Otros grupos, como los tarascos, cuyos líderes se habían sometido voluntariamente confiando en las promesas españolas, obtuvieron un resultado similar. El peligro de los levantamientos indígenas persistió hasta mediados de siglo, como demostró de manera impresionante la guerra del Mixtón, en Nueva Galicia. Esta sublevación, encabezada por Tenamatzle, provocó incluso la intervención de Pedro de Alvarado en 1541, quien moriría a consecuencia de las heridas sufridas tras ser arrollado por un caballo durante la campaña. Al final, el propio virrey Mendoza tuvo que acudir con tropas indígenas y sofocar la rebelión. A esta le siguieron más guerras contra mixtecas, zapotecas y mixes[17].

La persistencia de rivalidades entre grupos étnicos como los tenochcas y los tlatelolcas, a pesar de que fueran aliados durante la guerra por la capital, resultó de gran ayuda para los españoles. El número de levantamientos en el México colonial se mantuvo comparativamente bajo. Cuando estalló el malestar, fue principalmente a nivel local y también por motivos locales. En principio, la Corona era aceptada como un gobernante distante, pero justo, que gozaba de confianza, y era más frecuente que las protestas estuvieran relacionadas con los administradores locales. Los enfrentamientos armados fueron generalmente sofocados, los cabecillas ajusticiados con castigos ejemplares y se implementaron algunas reformas para aliviar el descontento[18].

El gobierno del emperador en la lejana Europa era indiscutible y estaba ligado a la idea de un imperio mundial, que no era nueva, pero adquirió una nueva dimensión en la forma en que se llevó a cabo ahora. En su segunda carta, Cortés se dirigía a Carlos V como el «nuevo emperador de este país», cuyo título tenía «no menos mérito que el de Alemaña»[19]. Cortés intentó repetidamente que esta idea fuera aceptable para el emperador en informes posteriores. Él conocía la idea, que se remontaba a la Edad Media, según la cual España estaba llamada por Dios para gobernar el mundo, ya que la civilización y la religión del país se hallaban por encima de las de otros pueblos. A su juicio, esta misión imperial justificaba el sometimiento del Imperio azteca, así como las supersticiones supuestamente diabólicas de los pueblos indígenas. El nombre de Nueva España, introducido por Cortés, también debía indicar que se había producido una expansión pionera de las partes europeas del imperio[20].

El lema del gobierno «Plus Ultra», adoptado por el emperador en 1516, parecía indicar la creación de un imperio mundial más allá de los pilares de Hércules, y dio lugar a la presunción de que la idea de un imperio mundial español despertaba interés en la corte. Eso también lo sabían cronistas como el aristócrata Fernández de Oviedo o López de Gómara, quien posteriormente afirmaría en su dedicatoria a Carlos V: «Tomaste por letra Plus ultra, dando a entender el señorío de Nuevo Mundo»[21]. Esta conclusión se basaba en la idea de la expansión mundial de la civilización y el cristianismo españoles, la cual fue posible gracias a la conquista del Imperio azteca y al conocimiento de las dimensiones de los nuevos territorios. No obstante, el propio emperador se veía más en la tradición de un *Imperator Romanorum* y centró su política en la supremacía en Europa. Su canciller Gattinara, sin embargo, ya propagó la idea de una monarquía universal del «imperio en el que el sol nunca se pone»[22]. Cronistas e historiadores como Cervantes de Salazar, Bernal Díaz o Alonso de Zuazo retomaron esta idea cuando compartieron las hazañas de los españoles y las compararon con las de los antiguos romanos, y concluyeron que los primeros habían superado a los segundos[23].

La encomienda y el trabajo indígena

Tales consideraciones eran irrelevantes para la gran mayoría de los habitantes de los calpultin. No obstante, sus vidas cambiarían para siempre, aun cuando no hubo rupturas tan radicales en todas partes como en la misma Tenochtitlán. Tuvieron que renunciar en gran medida a su forma de vida tradicional y llegaron nuevos señores que explotaban su trabajo. La introducción de la encomienda por parte de los españoles durante la primera fase de la era colonial tendría una importancia decisiva. Esta forma de régimen de trabajo tenía sus raíces en la España medieval y había sido muy utilizada durante la Reconquista en la península ibérica. A principios del siglo XVI, la institución llegó al Caribe de la mano del gobernador Nicolás de Ovando. En este sistema, un conquistador victorioso era recompensado con la mano de obra y los tributos de un cierto número de súbditos que le eran confiados (encomendados). Originalmente, la propiedad de la tierra, al igual que la jurisdicción, no iba ligada a la encomienda, aunque muchos encomenderos asumían *de facto* estos derechos durante los años siguientes. A cambio, los encomenderos se encargaban de ofrecer protección militar, educación, así como de cristianizar a los indígenas que se les encomendaban.

Sin embargo, el sistema era propenso al abuso, como quedó demostrado en los primeros años de la colonización del Caribe. Los conquistadores y colonos que querían enriquecerse rápidamente trataban a la población local como esclavos y aceptaban que muriesen muchísimos de ellos[24].

Después de la conquista de Tenochtitlán, Cortés entregó rápidamente las primeras encomiendas. Con la adjudicación iba vinculado el deber de trabajar de los indígenas. El hecho de que los encomenderos fueran recaudadores de tributos y de mano de obra con otra cultura no era en sí mismo nada nuevo en el contexto mesoamericano. La obligación de realizar obras públicas para los calpultin continuó y se extendió a ciertos sectores, como la minería. Al principio, la nobleza indígena jugó un papel fundamental como mediadora en la organización de este trabajo. Esto quedó claro, por ejemplo, cuando tras la primera gran inundación de la era colonial en 1555 fue necesaria una enorme cantidad de trabajo y el virrey Luis de Velasco, que había reemplazado a su predecesor Mendoza en 1550, decidió coordinarlo siguiendo el modelo de servicios comunitarios aztecas. La delimitación de los distritos de encomienda y su administración también estaban basadas en estructuras prehispánicas. Las antiguas ciudades-estado, que resultaban demasiado grandes para una sola encomienda, por otro lado, se dividieron. Las capitales de los altépetl mantuvieron su condición de centros judiciales y administrativos, y a partir de entonces se denominaron «cabeceras»[25].

Sin embargo, el uso de la encomienda no estuvo libre de controversias. Ya en 1511 se había desatado un acalorado debate en España sobre el tratamiento correcto de la población indígena en las Indias. Hubo críticas contra el abuso que fueron respaldadas principalmente por el clero de las órdenes mendicantes, con el dominico Bartolomé de las Casas a la cabeza. Como resultado, la Corona emitió disposiciones legales para proteger a los residentes encomendados en 1512, lo que, sin embargo, sirvió de poco para cambiar la situación. Cuando los informes de Cortés a principios de la década de 1520 revelaron la dimensión de la conquista de un imperio mucho más civilizado de lo que pensaban los españoles, el rey desde un principio siguió una política protectora para evitar que se dieran excesos como en las islas del Caribe. También quería evitar una transición hacia un dominio feudal hereditario. Las instrucciones de Carlos V a Cortés de 26 de junio de 1523, por ejemplo, contenían la prohibición explícita de la asignación de encomiendas. Los pueblos indígenas debían ser, más bien, súbditos libres de la Corona como los de la península ibérica y convivir en paz con los españoles[26].

Sin embargo, Cortés no obedeció las instrucciones reales, e incluso las mantuvo en secreto para sus hombres. En su respuesta al emperador Carlos en octubre de 1524, justificó su posición de la siguiente manera:

> [...] en estas partes los españoles no tienen otros géneros de provechos, ni maneras de vivir ni sustentarse en ellas sino por el ayuda que de los naturales reciben, y faltándoles esto no se podrían sostener, é forjado habían de desamparar la tierra los que en ella estoviesen, y con la nueva no vendrían otros, de que no poco daño se seguiría, así en lo que toca al servicio de Dios nuestro Señor, cesando la conversión destas gentes, como en diminución de las reales rentas de V. M., y perderse ya tan gran señorío como en ellas V. A. tiene, y lo que mas está aparejado de se tener, que es mas que lo que hasta ahora se sabe del mundo[27].

Su principal argumento era que la supervivencia de los españoles en las zonas recién conquistadas y el mantenimiento del control militar dependían de la asignación de mano de obra indígena. Además, en su opinión, no había suficiente botín material disponible para los soldados, los cuales se resarcían a costa de la población local. Por último, pero no menos importante, como escribió Cortés, esta era la única forma de conseguir superávit para la Corona. Ante la acusación de que la encomienda era una forma encubierta de esclavitud, el capitán general respondió que, por el contrario, constituía la única manera de liberar a los pueblos indígenas del cautiverio, porque:

> sirviendo de la manera que ellos á sus señores antiguos servían, no solo eran captivos, mas aun tenían incomportable sujecion; porque demás de les tomar todo cuanto tenían, sin les dejar sino aun pobremente para su sustentamiento, les tomaban sus hijos é hijas é parientes, y aun á ellos mismos para los sacrificar á sus ídolos[28].

Cortés también afirmaba que conocía bien la suerte de los «indios» en las islas del Caribe porque había vivido allí durante más de veinte años. Quería evitar los abusos que habían llevado a la despoblación allí y prohibió a los encomenderos en sus dominios, por ejemplo, utilizar a sus trabajadores asignados para buscar oro. Tampoco podían ser sacados a rastras de sus aldeas. Tan solo se permitió que entregasen una parte de la producción como tributo a los amos españoles. Para otros servicios, los españoles debían emplear a aquellos pueblos indígenas que ya habían servido anteriormente como esclavos o que habían terminado como prisioneros de guerra debido a su resistencia a la conquista española y, por lo tanto, podían ser esclavizados con justicia de acuerdo a las ideas de la época. Según Cortés, la introducción de impuestos directos exigidos por el rey estaba condenada al fracaso. Por tanto, en opinión del capitán general, la encomienda parecía la mejor solución posible[29].

Como la Corona no insistió en la prohibición, e incluso pasó a otorgar encomiendas, la institución siguió empleándose hasta el siglo XVIII. Hacia 1560 ya existían alrededor de 480 encomiendas en Nueva España, y en la primera mitad del siglo XVI surgió una clase social formada por encomenderos que buscaban adquirir el estatus de nobleza hereditaria. De hecho, la asignación debía entenderse como una compensación por el decepcionante botín. Las encomiendas se asignaban según la misma proporción, es decir, el veinte por ciento de cada una para Cortés y el rey, y el resto para las tropas. Esta forma de distribución y la disposición de los distritos, una vez más, dieron lugar a disputas y a resentimientos entre los conquistadores. Al final, únicamente en torno al cuarenta por ciento de los españoles supervivientes disfrutaron de una encomienda. La mayoría de ellos se quedó en el valle de México, aunque no todos, como demuestra el ejemplo de Bernal Díaz, que acabó en lo que hoy es Guatemala. El propio Cortés quería asegurarse vastas áreas como Texcoco, Chalco, Otumba y Coyoacán, pero volvió a perder la mayoría de ellas cuando se fue de campaña a Honduras. Cuando recibió el valle de Oaxaca con veintitrés mil vasallos en 1529, se convirtió en el hombre más rico de las Indias y, probablemente, de todo el mundo español. Sin embargo, de sus antiguas posesiones en el centro del poder solo le quedaron Coyoacán y Tlacopan. Las encomiendas estratégicamente importantes de Otumba, Chalco y Texcoco habían pasado a ser provincias de la Corona[30].

De hecho, ya en marzo de 1524, Cortés había emitido formalmente ordenanzas de buen gobierno para los colonos españoles. En ellas obligaba a los encomenderos a permanecer en el país durante al menos ocho años y llevar consigo a sus esposas a Nueva España. De esta manera quería evitar que los terratenientes que, como en las islas del Caribe, tan solo permanecían durante un breve período de tiempo antes de regresar a Europa, explotaran sin piedad a sus encomendados. Cortés ordenó que los encomenderos tuvieran «especial cuidado de no solo no los destruir ni desipar mal, aun de los conservar e multiplicar». No obstante, si trataban a sus encomendados de esta manera, el capitán general prometía asegurar la herencia de su encomienda[31].

Imagen 27: *Maltrato de los indígenas por parte de las autoridades españolas*
El llamado Códice Osuna *fue creado durante la visita de Jerónimo de Valderrama (1563-1565) a Nueva España. Registró en español y náhuatl los crímenes de ciertos oficiales españoles contra los indígenas. En esta página están representadas en glifos las fechorías del juez real Vasco de Puga, en las que incluso participaba su esposa. En 1566 Puga fue destituido y tuvo que responder ante el Consejo de Indias en España.*

Sin embargo, en la práctica, esto no acabó con la explotación de la mano de obra indígena. El propio Cortés daba mal ejemplo. Sus súbditos de Cuernavaca se quejaron ante la Audiencia real en enero de 1533. Según estos, no solo debían pagar periódicamente tributo en forma de productos naturales y cuidar la casa de su amo, así como la de sus subordinados, sino también estar disponibles para todo tipo de servicios según los requirieran, y además eran maltratados por los sirvientes españoles[32]. En el régimen de encomienda, la línea que separaba el trabajo de la esclavitud era muy delgada. Los terratenientes empleaban crueles castigos físicos a voluntad, también alquilaban o vendían a los campesinos indígenas que se les encomendaban y muchas veces se apropiaban ilegalmente de las tierras comunales indígenas. Los encomenderos justificaban sus ataques debido a su precaria situación en un entorno hostil. Las encomiendas también suponían una reserva de soldados y porteadores para futuras campañas hasta fines de la década de 1520[33].

La actitud de la Corona hacia la encomienda y, por tanto, hacia los súbditos indígenas siguió siendo inconsistente. Por un lado, se intentó restringir el poder de los encomenderos en las décadas de 1530 y 1540 mediante la regulación de los servicios laborales. Con ello se pretendían evitar los abusos y la explotación laboral, así como reducir su influencia en general, entre otras cosas para aumentar los ingresos reales. Los miembros de la segunda Audiencia de 1530 recibieron instrucciones secretas de abolir la encomienda. Esta debía ser reemplazada por un sistema centralizado de recaudación de tributos a través de los corregidores, quienes supuestamente también debían supervisar la instrucción religiosa y administrar justicia en el lugar. Sin embargo, estos oficiales fueron pagados inicialmente con ingresos tributarios y también tenían derecho a mano de obra indígena. A menudo, usaban su cargo únicamente en su propio beneficio y, aunque se sometían a un proceso de residencia al final de su mandato, rara vez afrontaron sanciones severas, ni siquiera por abusos. Además, en muchos lugares los encomenderos fueron designados simplemente corregidores, lo cual abrió la puerta a un uso abusivo del nuevo cargo. Las regulaciones no podían hacerse cumplir *in situ* y más tarde, incluso, fueron frustradas por instrucciones reales y permisos especiales[34].

Con la introducción de las Leyes Nuevas de 1542-1543, la Corona hizo un nuevo intento para combatir la arbitrariedad y el abuso en el trato hacia la población autóctona y limitar el poder de los encomenderos. La esclavitud de los pueblos indígenas, en realidad prohibida desde hacía mucho tiempo, debía acabarse de una vez por todas. Además, se decretó la prohibición de heredar la encomienda, pero luego se volvió a relajar la medida en respuesta a las protestas de los encomenderos y, al menos, se estableció que se podía heredar una vez. Las nuevas encomiendas solo las podía otorgar el virrey. El límite máximo de tributo, que ya se había fijado en la década de 1530, ahora se aplicaría de forma más estricta. Además, el rey estipuló que los terratenientes podían seguir cobrando tributo, pero ya no estaban autorizados a exigir ningún trabajo. A partir de mediados de siglo empezaron a realizarse visitas de los oficiales reales para verificar la implementación de las regulaciones en el lugar. Asimismo, ahora los indígenas tenían derecho a recurrir, lo que dio lugar a numerosos casos judiciales, como documenta el *Códice Osuna*. No obstante, las formas de trabajo forzoso y esclavitud indígena se prolongaron durante muchos años[35].

Las ordenanzas reales despertaron muchas críticas, así como la oposición de los nuevos encomenderos españoles afectados. Con la llegada del Virreinato, la Audiencia y los corregidores, los encomenderos, en constante disputa con las autoridades reales, habían ido perdiendo su capacidad de influencia, una tendencia que se intensificó a partir de mediados de siglo. La reacción de la Corona ante una supuesta conspiración de los encomenderos en la década de 1560 puso de manifiesto lo mucho que su posición se había visto socavada a lo largo de este tiempo. Los presuntos responsables fueron severamente castigados, en algunos casos con la muerte, y sus posesiones recayeron en la Corona. Los hijos de Cortés, incluido su legítimo heredero Martín, que habían llegado a Nueva España tras la muerte de su padre, eran sospechosos de complicidad, si no instigación, y finalmente tuvieron que responder en España. No se les permitió regresar a Nueva España. La Corona confiscó las ricas posesiones del marquesado del Valle de Oaxaca y no las volvió a liberar hasta 1593, aunque el marqués Martín Cortés ya había sido rehabilitado en 1574[36].

La misión cristiana y sus límites

Un argumento de peso de los defensores de la encomienda era su importancia para la cristianización de la población indígena y la destrucción de sus ideas religiosas, que desde el punto de vista de los conquistadores no eran más que obra del diablo. De hecho, la misión estaba en el centro de la construcción de la sociedad colonial. Este aspecto se destaca particularmente en las fuentes, ya que la victoria de los españoles se presenta como consecuencia de la providencia divina, de la cual se infiere el mandato evangelizador. Los conquistadores españoles lo invocaron para legitimar la conquista de un imperio altamente organizado. Sin embargo, desde un principio la cristianización también sirvió para fines políticos y sostuvo el dominio extranjero. Además, no logró implementarse según lo planeado hasta al cabo de unos años, cuando ya había pasado el peligro de un gran levantamiento por parte de varios grupos indígenas. La destrucción sistemática de templos, libros y otros objetos de culto comenzó a mediados de la década de 1520. A partir de entonces, la sumisión militar fue de la mano de la sumisión espiritual.

Ya durante la marcha hacia el interior en 1519, Cortés había ordenado la destrucción de los objetos de culto indígena dondequiera que los españoles se hubieran impuesto militarmente. Tras la caída de Tenochtitlán, las medidas, al principio únicamente avanzaron de forma sistemática en el antiguo corazón del Imperio azteca. En concreto, la destrucción del Templo Mayor fue una acción que tuvo mucho impacto en la voluntad de resistencia de los mexicas. La práctica pública de la antigua fe fue castigada por los españoles, y los sacerdotes indígenas fueron perseguidos y asesinados masivamente. Sin los sacerdotes, calcularon los españoles, se perdería la memoria de las prácticas y ritos religiosos. Para los pueblos mesoamericanos, la destrucción de los templos tras una derrota militar y la sumisión religiosa a los vencedores no era algo nuevo. Sin embargo, el hecho de tener que abandonar por completo la propia religión y adoptar una fe totalmente diferente fue algo nuevo e impactante. Desde la perspectiva de los españoles, sin embargo, no había otra alternativa, dada la experiencia de la Reconquista, la expulsión de judíos y moros de la península ibérica y la amenazante Reforma protestante en Europa Central[37].

Inmediatamente después de la rendición de los aztecas, Cortés prohibió la práctica de los sacrificios humanos, pero carecía del poder para hacer cumplir esta prohibición en todos los ámbitos. Además, en sus ordenanzas de buen gobierno de marzo de 1524 había asignado a los encomenderos la responsabilidad de prohibir a sus sirvientes indígenas la idolatría y, sobre todo, los sacrificios humanos, así como la obligación de erigir una iglesia en sus aldeas. Los hijos de los nobles indígenas debían educarse en la fe cristiana en monasterios o parroquias. Las grandes encomiendas con más de dos mil sirvientes debían tener su propio párroco o fraile. Se suponía que los encomenderos más pequeños debían aunar fuerzas para este propósito[38]. Sin embargo, a principios de la década de 1520 aún faltaban los medios para implementar estas medidas. El franciscano Toribio de Benavente, alias Motolinía, escribió respecto a la fase inicial de la misión alrededor de 1541:

> En todos los templos de los ídolos, si no era en algunos derribados y quemados de México, en los de la tierra, y aun en el mismo México, eran servidos y honrados los demonios. Ocupados los españoles en edificar a México y en hacer casas y moradas para sí, contentábanse con que no hubiese delante de ellos sacrificio de homicidio público, que ascondidos y a la redonda de México no faltaban [...][39].

Incluso durante las campañas Cortés había pronunciado repetidamente discursos a modo de sermón no solo a sus hombres, sino también a la población sometida. Los servicios que los sacerdotes Díaz, Olmedo y Pedro de Villagrán, pertenecientes a la hueste, realizaban en público iban siempre dirigidos a los indígenas. La Malinche recibió el encargo de hacer de intérprete, pero el éxito fue escaso. Cortés no tardó en pedirle a la Corona que enviara clérigos. Según Cortés, para que su labor pudiera dar frutos, era importante que los futuros misioneros llevaran un estilo de vida impecable, ya que debían trabajar con su buen ejemplo. En opinión de Cortés, los miembros de las órdenes mendicantes, sobre todo los franciscanos, podían ser una buena opción[40]. Por el contrario, el envío de clérigos seculares podía ser contraproducente:

> Porque habiendo obispos y otros prelados, no dejarían de seguir la costumbre que por nuestros pecados hoy tienen, en disponer de los bienes de la Iglesia, que es gastarlos en pompas y en otros vicios y en dejar mayorazgos á sus hijos ó parientes; y aun sería otro mayor mal que, cómo los naturales destas partes tenían en sus tiempos personas religiosas que entendían en sus ritos y ceremonias, y estos eran tan recogidos, así en honestidad como en castidad, que si alguna cosa fuera desto á alguno se le sentía era punido con pena de muerte; y si ahora viesen las cosas de la Iglesia y servicio de Dios en poder de canónigos ó otras dignidades, y supiesen que aquellos eran ministros de Dios, y los viesen usar de los vicios y profanidades que agora en nuestros tiempos en esos reinos usan, seria menospreciar nuestra fe y tenerla por cosa de burla; y seria á tan gran daño, que no creo aprovecharla ninguna otra predicación que se les hiciese[41].

En su carta, Cortés no mencionaba el hecho de que los nobles prelados con buenas conexiones en España también podían suponer una amenaza para sus aspiraciones de poder.

De hecho, ya en 1521, el papa León X emitió una bula en la que permitía que dos franciscanos fueran a Nueva España. Su sucesor, Adriano VI, modificó el decreto al año siguiente y habló de la «estricta observancia» de los frailes menores. Sin embargo, por diversas razones, todavía habrían de pasar más de dos años antes de que los primeros frailes llegaran allí. Tres franciscanos flamencos fueron al Nuevo Mundo por propia voluntad en 1523, uno de los cuales, en concreto, Pieter van Gent o Pedro de Gante, acabaría teniendo una carrera larga y exitosa. Conforme a su orientación milenaria, esperaban el restablecimiento de un cristianismo original puro en el nuevo contexto español. Veían a los integrantes de los pueblos indígenas como niños inocentes con quienes querían crear una comunidad libre de pecado. Estas tendencias se intensificaron cuando en mayo del año siguiente llegó procedente de España una delegación oficial de doce franciscanos, los llamados doce apóstoles, entre ellos Motolinía. Cortés supo escenificar de manera solemne su llegada ante la presencia de algunos nobles indígenas caminando hacia ellos, arrodillándose frente a ellos y besando las manos de todos[42].

El marqués les ofreció a los franciscanos un terreno en la plaza central de la capital, pero prefirieron trasladarse al distrito de Moyotlán en el suroeste, y se establecieron en el convento de San José de los Naturales, que contaba con una escuela y una capilla indígena. Además, dentro de su nueva provincia franciscana, también se establecieron en Tlaxcala, Texcoco y Huexotzinco. Las autoridades españolas les fueron otorgando amplios poderes a lo largo del tiempo. Eligieron conscientemente el aislamiento de los centros de las ciudades para poder perseguir sus ideales utópicos lejos de los europeos y del clero secular, el cual, en su opinión, estaba corrompido. Una parte de los franciscanos, al menos, perseguía el objetivo de crear una nueva iglesia que debía alejarse del Viejo Mundo lleno de pecado. El primer obispo de Michoacán, Vasco de Quiroga, creó congregaciones en la década de 1530 siguiendo el modelo de la obra de Tomás Moro *Utopía*, publicada en 1516, con el fin de revivir el cristianismo original[43].

En su labor misionera, los frailes menores trabajaron con una doble estrategia. Por un lado, destruyeron sin descanso lo que veían como objetos de culto pagano, incluidos los libros de los aztecas y los mayas. Los calendarios indígenas, tan significativos ritualmente, fueron abolidos y reemplazados por el calendario cristiano. Miles de indígenas fueron sometidos a bautismos masivos al aire libre en los patios de las iglesias inacabadas. Sin duda, el significado de estas acciones rara vez se les reveló a los bautizados. Por otro lado, los franciscanos se acercaron a la población local. Dentro de lo que era su labor misionera diaria, fundaron hermandades religiosas para los pueblos indígenas y siguieron conscientemente las tradiciones religiosas aztecas. Utilizaban canciones, elementos teatrales, flores e incluso incorporaron algunas deidades mesoamericanas equiparándolas con santos cristianos. El uso de un lenguaje visual desarrollado por ellos mismos y basado en los glifos indígenas en los catecismos fue ejemplar. Al presentarse como pobres monjes mendicantes, los franciscanos esperaban llegar princi- palmente al grueso de la población, la gente común. En el año de su llegada también mantuvieron un debate religioso con los sacerdotes aztecas para convencerlos de las bondades del cristianismo. Sin embar- go, resultó que los mexicas no estaban dispuestos de ninguna manera a renunciar a sus creencias sin más, a lo que los misioneros cristianos reaccionaron con diferentes estrategias[44].

Para los franciscanos era importante enseñar el cristianismo a los niños desde una etapa temprana mediante la creación de escuelas. Nada más llegar, se fundaron las primeras instituciones educativas en Tenochtitlán y Texcoco en 1523, y para 1532 probablemente ya había cinco mil niños en sus diferentes conventos. Pedro de Gante había creado la institución más grande de la capital. Un primer punto culminante fue la fundación de la primera institución de educación superior, Santa Cruz de Tlatelolco, que se fijó el objetivo de formar jóvenes nobles indígenas como la nueva élite de Nueva España. No se trataba de traer un clero indígena, sino, más bien, de que los gradua- dos formados en el idioma español y la fe cristiana llevaran los valores de los europeos a sus comunidades y actuaran como ejemplo. Tam- bién trajeron consigo la escritura latina, por lo que el náhuatl pasó a ser una lengua escrita, lo cual supuso un importante cambio cultural. En la época prehispánica, la escritura era un privilegio de la élite para fijar los derechos sobre la propiedad. Durante la época colonial, los pueblos indígenas utilizarían este instrumento de manera extensiva en innumerables procesos legales. Sin embargo, se puede decir que los esfuerzos de la iglesia solo alcanzaron a reemplazar el desaparecido sistema educativo azteca de forma muy limitada[45].

Durante los primeros años después de la conquista, las órdenes mendicantes determinaron la vida de la iglesia en Nueva España. Después de los franciscanos, llegaron los dominicos en 1526, y los agustinos en 1533. También el clero secular se fue extendiendo con el paso del tiempo. La encomienda, generalmente, se correspondía con una parroquia en la que la formación eclesiástica se impartía en la cabecera, donde también se construyeron las primeras iglesias. Los nombres de lugares indígenas ahora iban precedidos por un nombre cristiano. Se fundaron diócesis en la capital y, posteriormente, en Tlaxcala, Antequera, Michoacán, Chiapas y Guadalajara. En 1546, la diócesis de México fue elevada a archidiócesis. Conforme a la ley de patronazgo real, la Corona supervisaba las estructuras administrativas eclesiásticas, el nombramiento de altos dignatarios y el diezmo de la iglesia[46].

Al principio, los misioneros fueron los únicos europeos a los que se les permitía vivir directamente en los asentamientos de la población indígena, ya que la Corona seguía una política de separación de esferas para proteger a sus nuevos súbditos. Si bien los miembros de las órdenes mendicantes se presentaron inicialmente como protectores de los pueblos indígenas y denunciaron la explotación por parte de los encomenderos, con el paso del tiempo ellos mismos asumieron cada vez más el papel de explotadores del trabajo indígena. Además, el clero en su conjunto fue accediendo a propiedades cada vez más grandes al apoderarse de las posesiones de los sacerdotes aztecas y más tarde mediante herencias. Su comportamiento hacia los que les habían sido confiados se parecía cada vez más al de los vulgares terratenientes. Como resultado, la asistencia a la iglesia y la religiosidad en general comenzaron a disminuir. Esta alienación gradual se debió, entre otras cosas, al uso de la violencia física por parte del clero al tratar con aquellos indígenas que no cumplían con las expectativas y no abandonaban las «costumbres paganas» con suficiente rapidez. Los franciscanos respondieron a las críticas apelando a la necesidad del castigo como medida educativa porque, desde su punto de vista, los «indios» no eran más que niños testarudos que también estaban acostumbrados al castigo corporal[47].

El primer obispo de Nueva España, el franciscano Juan de Zumárraga, siguió una política de mano dura ante cualquier forma real o sospechosa de desviación religiosa. Dotado del título de «protector de los indios», Zumárraga llegó al Nuevo Mundo en 1528 junto con los miembros de la primera Audiencia. Tras ser nombrado inquisidor general en 1535, el obispo redobló sus esfuerzos en la lucha contra los restos materiales de las religiones mesoamericanas. Ese mismo año hizo reunir y quemar numerosos códices valiosos en el mercado de Texcoco. Además, los templos fueron destruidos y los juicios inquisitorios se llevaron a cabo por instigación suya. Estos últimos estaban dirigidos fundamentalmente contra los conquistadores y colonos que eran perseguidos por blasfemia y otras faltas de conducta, por ejemplo, pero también contra los indígenas que ya se habían convertido y violaban las reglas de la fe. El acusado más destacado fue don Carlos Ometochtzin, cacique de Texcoco, quien murió en la hoguera a finales de noviembre de 1539. El radicalismo de Zumárraga iba demasiado lejos para la Corona. Por un lado, existía el temor a un levantamiento y por otro, la Inquisición resultó ser contraproducente porque el número de conversos entre la población cayó rápidamente. El emperador prohibió entonces los excesos y posteriormente también los juicios inquisitorios contra los pueblos indígenas en su conjunto[48].

Los procesos inquisitorios sirvieron para dar otro impulso importante a la recopilación de información sobre las sociedades sometidas. Ya en las instrucciones a Cortés de junio de 1523, el emperador había dejado claro su optimismo con respecto a la conversión de la población indígena a tenor de lo que parecía ser un imperio muy desarrollado. Una vez que los sacrificios humanos y el canibalismo ritual hubieran sido erradicados, la Corona suponía que la población, sin duda, se volvería rápidamente hacia la fe «verdadera». Durante los primeros diez años de la colonización el interés se centró principalmente en la obtención de información geográfica y económica para planificar nuevas conquistas y dividir las encomiendas. Sin embargo, conforme se hizo más evidente que el proselitismo iba a ser más difícil de lo esperado, la recopilación de información fue centrándose cada vez más en los detalles etnográficos. El juicio al sacerdote Martín Ocelotl, que había seguido practicando en secreto la antigua fe en Texcoco, donde era respetado y temido por sus poderes mágicos, supuso un estímulo para ello. El miedo a una conspiración indígena llevó a los franciscanos, en concreto, a centrarse de manera sistemática en el aspecto etnográfico. Querían comprender la religión indígena para poder perseguirla más eficazmente[49].

Para ello, era fundamental aprender las lenguas indígenas. La Corona mostró un gran interés en que los misioneros aprendieran náhuatl y enseñaran español a los indígenas. De hecho, los franciscanos desarrollaron rápidamente el náhuatl, la lengua vehicular en la Mesoamérica multilingüe, y más tarde aprendieron muchos otros idiomas regionales. Andrés de Olmos desarrolló la primera gramática náhuatl ya en 1547. Más tarde, los misioneros en regiones remotas con idiomas desconocidos llegarían incluso a enseñar en náhuatl porque la población indígena aprendía este idioma con más facilidad que el español[50].

El conocimiento de las numerosas y muy diversas sociedades con las que los misioneros en Mesoamérica tuvieron que lidiar no dejó de crecer durante el siglo XVI. Desde un principio, la Corona ordenó llevar un seguimiento lo más completo posible de las vidas de sus nuevos súbditos. En primer lugar, se elaboró una geografía económica de Nueva España, la *Descripción de la Nueva España*, que ya no se conserva y que se completó en 1532. Más adelante, el Consejo de Indias siguió solicitando continuamente documentos y así impulsó los primeros estudios etnográficos. Los franciscanos implicados estaban interesados, sobre todo, en los aspectos sociales y culturales de los diversos grupos étnicos antes y durante la conquista. Para obtener información, entrevistaron a caciques y expertos religiosos. De esta forma se crearon numerosos relatos y crónicas, el más famoso de los cuales es el de Bernardino de Sahagún. Sin embargo, la supuesta rebelión de Martín Cortés despertó los temores de la Corona, por lo que el rey Felipe II confiscó los libros etnográficos sobre el antiguo México en 1577 y los guardó bajo llave durante los años siguientes[51].

El resultado de la cristianización hacia finales del siglo XVI resulta impresionante a primera vista. Sobre las ruinas de los templos indígenas de Nueva España se había extendido una red de iglesias y monasterios. Cientos de miles de indígenas habían sido bautizados por los misioneros y las creencias prehispánicas eran tan inexistentes en el ámbito público como el sacrificio humano o el canibalismo. Una mirada más cercana revela, no obstante, que las antiguas creencias perduraron en el ámbito privado porque la vida cotidiana azteca estaba impregnada de significados religiosos que se reflejaban, entre otras cosas, en la dieta, la vestimenta, el lenguaje e incluso en los peinados. Los mexicas y sus vecinos habían aceptado rápidamente los grandes edificios religiosos, las ceremonias, las procesiones y las imágenes de los santos, pero la mayoría de ellos no desarrollaron una comprensión más profunda del cristianismo. La aceptación voluntaria del bautismo era, a menudo, una mera estrategia para seguir viviendo lo más tranquilamente posible y, a su vez, conservar hasta cierto punto una serie de rituales que se consideraban esenciales. La población indígena del período colonial siguió siendo, por lo general, politeísta e integró al dios cristiano con sus santos dentro de su propio panteón[52].

Desde la perspectiva de los españoles, la legitimidad de la conquista se basaba en la exitosa cristianización de un mundo previamente pagano e incluso poseído por el diablo. Sin embargo, para el clero local encargado de la tarea, la realidad era más preocupante. Con frecuencia, los misioneros se quejaban en sus escritos de que la idolatría y la superstición todavía perduraban. Durante la década de 1520, sobre todo durante la ausencia de Cortés, los cultos mesoamericanos se mantuvieron en muchos lugares y se practicaban en secreto, incluso con sacrificios humanos. Según sus propias afirmaciones, los predicadores tan solo lograron éxitos muy limitados durante los años siguientes, lo cual reafirmó al clero en su convicción de que los indígenas eran como niños débiles e inmaduros que debían ser controlados. En Nueva España, sin embargo, surgieron nuevas formas híbridas de catolicismo, basadas en la adaptación de ambos lados. Poco habría de cambiar esta situación hasta el final del período colonial y más allá[53].

La vida cotidiana en la sociedad colonial

La vida cotidiana en la sociedad colonial se vio ensombrecida por el gran número de muertes entre la población indígena que se produjeron durante el siglo XVI y la primera mitad del XVII. Ross Hassig calcula que la población pasó de alrededor de veinticinco millones en 1519 a alrededor de un millón en 1599, un descenso de más del noventa y cinco por ciento. Después de la epidemia de 1520-1521, que ayudó a hacer posible la victoria de los aliados, varias oleadas de epidemias sacudieron Mesoamérica. Enfermedades como la viruela, el tifus, el sarampión, las paperas, la difteria y la gripe mataron a innumerables personas y causaron la desesperación entre los afectados. Como resultado, las estructuras familiares también cambiaron y se produjo una mayor atención hacia el núcleo familiar. Factores como la falta de inmunidad de la población indígena contra los patógenos europeos transmitidos tanto por humanos como también por los animales, así como un debilitamiento generalizado de la población que aumentó la susceptibilidad a las enfermedades, condujeron a un círculo vicioso de hambrunas y epidemias[54].

El esfuerzo por conseguir el tlaxcalli (tortilla de maíz) diario constituía el epicentro de la vida cotidiana de la gran mayoría de los supervivientes. Así era ya antes de la llegada de los españoles y así lo seguirá siendo después de la caída del Imperio azteca. El cultivo tradicional de maíz se mantuvo y, en un principio, continuó produciendo buenas cosechas gracias a las condiciones climáticas favorables del valle de México. Los mercados indígenas también se mantuvieron o fueron retomados. Al principio, los recién llegados españoles dependían para alimentarse de lo que la tierra les proporcionaba. Sin embargo, después de la guerra intentaron cambiar esta situación rápidamente. Además de la demanda de pan y vino por motivos litúrgicos, el mantenimiento de los hábitos alimentarios del sur de Europa, como, por ejemplo, el consumo de productos de trigo, vino y aceite de oliva era la base para preservar el bienestar físico. Se creía que la comida indígena transformaría y debilitaría el organismo español. En la sociedad colonial, la dieta se convirtió en un aspecto fundamental para la distinción social junto con el fenotipo, la ropa, el idioma, la ocupación y el nombre[55].

Por esta razón se introdujeron nuevas técnicas agrícolas y cultivos procedentes de Europa. El arado con animales de tiro pronto se utilizó en muchos lugares y se pensaba que el cultivo de trigo, centeno, arroz, vino, frutas, cítricos, caña de azúcar, aceitunas, cebollas, ajos o lentejas, entre muchos otros, permitiría llevar una dieta adecuada. Algunos de estos productos, como el azúcar, requerían de grandes superficies para su cultivo y transformaron el paisaje. Con la importación de nuevas herramientas y artículos para el hogar hechos de hierro, cerámica y vidrio, también cambió la forma de preparar las comidas. Además, se importó ganado europeo en grandes cantidades. Burros, cabras, ovejas, vacas, caballos, perros, mulas, pero también ratas hicieron el largo viaje a través del Atlántico. Si bien la población indígena adoptó rápidamente algunos animales de granja, como pollos y cerdos, los caballos estaban reservados para los españoles por razones militares y de clase social. La ganadería a gran y pequeña escala se impuso en todos los ámbitos[56].

Las consecuencias ecológicas y sociales de estas transformaciones fueron profundas. Las especies ganaderas europeas se extendieron y multiplicaron muy rápidamente en Mesoamérica. Uno de los motivos fue la despoblación de grandes extensiones de tierra debido a la catástrofe demográfica de la población autóctona. Los encomenderos españoles también contribuyeron a la expansión de este tipo de economía completamente nueva para la región. Los cultivos europeos como el trigo y la caña de azúcar, que también necesitaban de las tierras más fértiles, requerían un nivel de trabajo e irrigación considerablemente más alto que el maíz nativo, pero, por lo general, solo figuraban en el menú de los españoles o bien se exportaban[57].

Una consecuencia inesperada fue la erosión del suelo, lo cual provocó una disminución considerable de la productividad en regiones concretas de Mesoamérica, y se debió, entre otras cosas, a la deforestación resultante de la reconstrucción del país. Debido al proceso de lixiviación de la tierra, los niveles de agua de los lagos aumentaron durante las lluvias de verano, lo cual provocó inundaciones en las ciudades, sobre todo en la capital. Cuando los españoles drenaron los lagos, se creó un desierto de sal. Como consecuencia de esto, el tráfico de canoas decayó y se hizo necesario el transporte terrestre, que era más caro. Aunque los nuevos animales de granja hicieron posible el traslado de productos agrícolas a largas distancias, gran parte de ellos ahora fluían hacia la capital, lo cual generó problemas de abastecimiento en las provincias. Además, los caballos, el ganado vacuno, las ovejas y las cabras, la mayoría de los cuales seguían siendo de propiedad española, necesitaban tierras que los agricultores indígenas ya no podían utilizar para el cultivo. Por otra parte, el ganado de los encomenderos pisoteaba constantemente los campos de las comunidades indígenas, lo que generó frecuentes protestas[58].

En general, la cuestión de la propiedad de la tierra iba a convertirse en un problema importante para gran parte de la población. Con la aparición de los latifundios, las haciendas, a expensas de las tierras que eran propiedad de la comunidad indígena, cada vez más tierra pasó a manos de los descendientes de los conquistadores y los inmigrantes españoles. La vasta finca de Cortés en el valle de Oaxaca fue solo el comienzo. Además, debido a un claro exceso en las estimaciones de población, la cual también disminuía constantemente a causa de la catástrofe demográfica, se hizo cada vez más difícil para las comunidades indígenas pagar el tributo. Incluso el juez de la Audiencia de México (1556-1566), Alonso de Zorita, describió las demandas tributarias de los españoles en algunas áreas como «exorbitantemente altas» y contrarias a todo sentido común[59]. Los recaudadores de tributos hacían cumplir despiadada y violentamente estas exigencias. Esto provocó el empobrecimiento de gran parte de la población, por lo que muchos agricultores tuvieron que vender sus casas. La venta de tierras también aumentó debido a la situación de necesidad; en otros casos, los compradores españoles empleaban la fuerza para obligarles a vender. A finales de siglo, el empobrecimiento de los cada vez menos numerosos pueblos indígenas había aumentado tanto que los gobernantes coloniales tuvieron que empezar a llevar a cabo reasentamientos para poder recaudar los tributos de forma controlada[60].

No es de extrañar que frente a estos procesos empezaran a extenderse diferentes formas de resistencia. Al comienzo del dominio colonial hubo repetidos levantamientos locales contra los encomenderos y sus recaudadores de tributos. Esto se produjo principalmente en provincias remotas como Oaxaca o Chiapas. La difícil situación económica trajo consigo el desarraigo, el cual, a su vez, se reflejó en un aumento de la mendicidad. Los huérfanos se vieron particularmente afectados, pero también muchos mestizos que habían surgido de las uniones no siempre voluntarias entre hombres españoles y mujeres indígenas. El consumo abusivo de alcohol también fue notorio. Los españoles veían este defecto como algo francamente endémico y «típico de la raza» de la población local[61].

No obstante, el comportamiento desviado siguió siendo la excepción. La adaptación de los grupos indígenas fue el rasgo característico de la era colonial mesoamericana. A falta de alternativas, se acostumbraron al dominio de los españoles; por un lado, por miedo al castigo, pero, como en el caso de los aliados, también a la espera de obtener ventajas. Con el tiempo, el dominio colonial fue considerado como parte del orden normal, incluso natural, sobre todo porque ciertamente había libertad en el contexto local de los altépetl. Las fuentes muestran que los indígenas aprendieron rápidamente a diferenciar entre los distintos grupos de españoles: sacerdotes, oficiales, soldados, etc. Lo encajaron dentro su propio mundo y buscaron la forma de sacar provecho de las nuevas circunstancias. Esto puede verse en hechos cotidianos como la aceptación plena de elementos como la rueda, la polea, los clavos, las velas o el acero. En otros asuntos, no obstante, se mantuvieron más cautelosos. El uso del dinero como medio de cambio fue creciendo con el tiempo, pero el trueque e incluso el empleo del cacao como moneda se mantuvieron durante algún tiempo. También había españoles que comerciaban con algunos productos autóctonos como medicamentos, tabaco o caucho. La vestimenta de los mexicas, que había despertado la admiración de los conquistadores, fue asimismo cambiando gradualmente. Al principio, solo los nobles tenían el privilegio de vestir como los españoles. Posteriormente, la gente común aceptó la camisa larga y, más tarde, los pantalones[62].

A pesar de todos los procesos de adaptación y mestizaje cultural, las identidades indígenas siguieron siendo sumamente locales. La gente se definía a sí misma por su pertenencia a una comunidad, su altépetl, con sus propios mitos, su dinastía y su mercado central. Los líderes utilizaban diversas estrategias para obtener ciertos privilegios, desde movilizaciones hasta procedimientos legales para proteger la tierra común. Los documentos en lenguas indígenas que surgieron fueron muy importantes, ya que crearon la idea de una identidad e historia comunes y legitimaron a los que estaban en el poder. Estas identidades cambiaron dinámicamente y se fueron viendo influenciadas por los inmigrantes que llegaban de Europa y África, así como por el progresivo mestizaje. Ni durante el período colonial ni después de este llegaría a surgir una identidad indígena homogénea[63].

Desde el punto de vista de las distintas etnias, la conquista supuso un cambio profundo de las estructuras políticas, pero no el final abrupto del antiguo modo de vida de la gran mayoría de la población. Durante la primera mitad del siglo XVI, sobre todo, se pueden ver muchas continuidades a todos los niveles debido a que los conquistadores en algunos casos no quisieron, y en otros no pudieron, implementar de inmediato todos los cambios que buscaban. La transformación fue paulatina. El dominio de los conquistadores españoles, al igual que antes el de los aztecas, cayó sobre los conquistados, pero su altépetl permaneció prácticamente intacto. Con el paso del tiempo, sin embargo, la presión aumentó enormemente debido a la catástrofe demográfica y a la política fallida de los españoles. Alrededor de 1570 comenzó una depresión económica en Nueva España que se prolongaría en el tiempo. El área económica antes integrada de Mesoamérica se había disuelto y se produjo un regreso a los mercados locales. En última instancia, los nuevos gobernantes coloniales se perjudicaron a sí mismos porque no habían previsto las graves consecuencias de sus acciones.

XI

Consideraciones finales

Es indudable que el «bárbaro» Imperio azteca no fue conquistado por un pequeño grupo de indomables españoles bajo las órdenes de su heroico líder, Hernán Cortés, casi sin ayuda, tal y como quisieron hacer creer el propio caudillo con sus eficaces informes, así como los numerosos cronistas que le siguieron, y como todavía trasladan muchos libros de historia. No obstante, el hecho es que el reino de los mexicas y su magnífica capital, Tenochtitlán, perecieron en 1521 y sobre sus ruinas surgió un nuevo tipo de imperio colonial que duraría varios siglos y que acabaría convirtiéndose en un modelo para el dominio colonial europeo en el mundo. ¿Cuáles fueron las razones para que esto sucediera?

Incluso los observadores contemporáneos, empezando por Cortés, destacaron la importancia del elemento psicológico. Supuestamente, los malos augurios y el miedo al regreso de los dioses habrían paralizado a los mexicas y, sobre todo, a su gobernante, impidiéndoles actuar. Por el contrario, los españoles, con su civilización superior, habrían actuado racionalmente y, según su propio entendimiento, apoyados por el único Dios verdadero. De hecho, Moctezuma y sus súbditos eran profundamente religiosos y dudaban de la naturaleza de los españoles. Así que hicieron algunas pruebas para demostrar que los extranjeros no eran dioses retornados. Sin embargo, eso no descartaba que, inspirados por los dioses, pudieran, al menos en algunas fases, convertirse en téotl. El comportamiento de Moctezuma y, en especial, su decisión de dejar entrar a los invasores en la capital, debe considerarse en este contexto. Sin embargo, de esto no se puede inferir una parálisis de los mexicas, ya que la relación que estos tenían con sus divinidades era muy diferente a la de los europeos. Ya durante la guerra cualquier forma de reverencia hacia los españoles había desaparecido. En la fase final, los mexicas veían a sus enemigos únicamente como bárbaros. Para convencer de esto a los habitantes de las remotas provincias, Cuauhtémoc hizo mostrar las cabezas cortadas de los conquistadores muertos y de sus caballos. Los españoles, por otro lado, también creían en los milagros y temían a los fantasmas, y plasmaron esto en la visión de los vencedores al decir que el apóstol Santiago los había acompañado en la batalla a lomos de su caballo blanco.

Los investigadores, a menudo, achacan la derrota a la forma de luchar de los mexicas por el hecho de que, a pesar de su clara superioridad numérica, fueron incapaces de imponerse frente a sus enemigos. La guerra ritualizada, en la que capturar al enemigo era más importante que matarlo, y que provocaba elevadas pérdidas propias, contrastaba con la guerra «total» que practicaban los españoles, quienes tampoco se detenían ante los civiles. Además, los europeos empleaban ardides de guerra con más frecuencia y mataban a distancia con sus armas de fuego, una forma de luchar que los mexicas despreciaban. La idea de un asedio con el objetivo de debilitar al enemigo antes de la batalla también les era ajena. Sin embargo, cuando se leen las fuentes con atención, no se puede sino estar de acuerdo con las investigaciones más recientes, que dan por hecho que los españoles exageraron mucho el número de sus enemigos para ensalzar más sus propias hazañas heroicas.

La victoria de los españoles y sus aliados no se debió a la superioridad de su civilización, ni de su religión, ni a su insuperable estrategia, como afirmaron después los cronistas. Ambos bandos solo eran capaces de interpretar correctamente los comportamientos de sus enemigos hasta cierto punto, lo cual afectó a sus decisiones y a las acciones que llevaron a cabo. Sin embargo, unos y otros también aprendieron durante la lucha y adaptaron sus tácticas. Con el tiempo, por ejemplo, los mexicas, por razones prácticas, prestaron cada vez menos atención a las nociones tradicionales de la guerra y modificaron su propio estilo de lucha para adaptarse a lo que la situación requería. Ambos compartían la necesidad, incluso la obligación, de llevar esta guerra hasta las últimas consecuencias; Cortés no podía regresar a Cuba y para los aztecas una sumisión, a diferencia de los pequeños altépetl, era impensable.

En el transcurso del conflicto, los mexicas intentaron apoderarse de las armas de hierro de sus enemigos y usarlas. La superioridad de las espadas, lanzas, cañones, ballestas y arcabuces españoles era especialmente evidente en el combate cuerpo a cuerpo; por el contrario, las espadas de obsidiana, los arcos, las ondas y las jabalinas no podían hacerles frente. La intensidad con la que el *Códice Florentino* se ocupa de las armaduras y armas de los europeos subraya la importancia que los mexicas también les atribuían a estos elementos. Lo mismo sucede con los caballos de los españoles. A pesar de que el primer momento de *shock* fue breve, la caballería les dio a los europeos una ventaja decisiva en las batallas a campo abierto, aunque menor cuando la guerra tuvo que hacerse casa por casa durante las últimas semanas. Aquí, también, la importancia que los mexicas otorgaban a las cabalgaduras se puede ver en sus propias acciones: los animales capturados, al igual que los seres humanos, eran sacrificados y sus cabezas terminaban en el tzompantli.

La superioridad técnica no habría bastado por sí sola para lograr la victoria contra la poderosa Tenochtitlán, sobre todo porque la gran mayoría de los atacantes luchaban con las mismas armas que los mexicas. Los aliados indígenas no solo conformaban la clara mayoría numérica, su fuerza de combate también fue decisiva en términos cualitativos. Para los españoles, que rara vez los mencionan en sus informes, no eran más que tropas auxiliares que llenaban las zanjas o cargaban con el equipo, y que murieron congelados o de sed durante las agotadoras marchas, mientras que para ellos y sus caballos había suficiente agua. En realidad, sin embargo, también eran guerreros que lucharon en primera línea y que sufrieron, de largo, el mayor número de bajas.

Si se lee a Bernal Díaz con atención, por ejemplo, encontramos una y otra vez pistas que apuntan en esa dirección, pese a que el conquistador nunca lo enfatice abiertamente para no menoscabar su propia actuación. El número relativamente menor de bajas entre las filas españolas en comparación con sus aliados indicaría que la parte más peligrosa de la batalla quedó en manos de las tropas indígenas[1]. Los cronistas españoles, por supuesto, lo expresan de otra manera. Para ellos siempre fueron sus propios valientes los que iban a la cabeza y se impusieron en las batallas más duras, mientras que sus aliados indígenas se abalanzaban sobre sus oponentes, sobre todo, cuando ya estaban prácticamente derrotados. Al parecer, asesinaban, violaban y saqueaban salvajemente sin que apenas se pudiera hacer nada para detenerlos. Díaz relataba así una de las batallas en Chalco en marzo de 1521:

> [...] nuestros soldados, si no fue hasta romperlos y ponerlos en huida, no curaron de dar cuchilladas a ningún indio, porque les parecía crueldad; y en lo que más se empleaban era en buscar una buena india o haber algún despojo, y lo que comúnmente hacían era reñir a los amigos porque eran tan crueles y por quitalles algunos indios o indias, porque no las matasen[2].

Las dudas sobre tales descripciones se hacen más evidentes cuando se consultan fuentes indígenas, como los lienzos de Tlaxcala o Quauhquechollan, y textos como el *Códice Ramírez* o la célebre carta de Xochimilco, en la que las autoridades de la ciudad le escribieron confiadamente al rey Felipe II:

> Nosotros le proporcionamos al Marqués con dos mil canoas con equipo y doce mil guerreros que les salvaron y con los que conquistaron México. Los tlaxcaltecas, que venían de una tierra lejana y estaban cansados, también les salvaron. Después de Dios, Xochimilco tuvo el mayor mérito en la victoria[3].

Aquí los españoles son descritos como aliados de igual valor o como oponentes respetables, pero de ninguna manera como superhombres. Si hemos de creerles, los príncipes indígenas se lanzaron primero a la batalla y llevaron a los ejércitos aliados a la victoria contra los aterradores mexicas. Por lo general, los documentos aparecían mucho después de los hechos y servían para demostrar los servicios prestados y los méritos de la propia etnia hacia el rey, de quien se podían esperar privilegios a cambio. Sin embargo, esto es aplicable asimismo a las fuentes españolas, que también pretendían justificar y exagerar sus propias acciones.

Además, la tradición indígena muestra que las tropas españolas y sus líderes no determinaban sistemáticamente el curso de las campañas, sino que a menudo eran solo una fuerza auxiliar, aunque particularmente poderosa para, por ejemplo, perseguir los objetivos de guerra de los tlaxcaltecas. La matanza de Cholula es el mejor ejemplo de esto. La huida en la Noche Triste y la batalla de Otumba no figuran ni mucho menos entre las hazañas heroicas de España, sino que demuestran la debilidad de los europeos y su dependencia en aquel extraño entorno. El saqueo salvaje y la matanza que se produjo en la derrotada ciudad de Tenochtitlán también subrayan la poca influencia que tenía Cortés entre sus aliados. Después de la caída de la capital, el dominio colonial se consolidó lentamente y el apoyo de los aliados indígenas siguió siendo vital para mantener el estatus.

Hay muchas razones por las que los aliados siguieron a los españoles. Algunos se vieron obligados a marchar con ellos, otros fueron a la guerra voluntariamente y regresaron a casa después de las batallas que habían ganado, y otros continuaron luchando junto con los extranjeros después de 1521. Los jóvenes guerreros querían conquistar la fama y el honor para ellos y su altépetl. Además de luchar por el prestigio, las campañas con los españoles también podían acarrear ventajas materiales, como nuevas áreas de asentamiento, tributos, así como esclavos y esclavas. La política matrimonial de los españoles también ayudó a forjar alianzas, como sucedió, por ejemplo, cuando Cortés aceptó a las hijas de los gobernantes indígenas que le traían como obsequios y se las dio a sus oficiales como esposas.

Así pues, hay que abandonar la idea de que la conquista de Tenochtitlán fue solo una lucha entre europeos e indígenas. Los estereotipos de los ogros bárbaros por un lado y los conquistadores genocidas por otro están obsoletos y dicen más sobre el contexto ideológico de la época en que surgen y se propagan que lo que contribuyen a la interpretación de los mundos pasados. Hubo distintos grupos indígenas que lucharon junto a los españoles contra los mexicas y sus aliados. Además, las alianzas cambiaban rápidamente debido a las presiones de la guerra. Estas alianzas fueron vitales para Cortés y sus hombres, ya que necesitaban saber cómo explotar las rivalidades entre las distintas ciudades-estado, así como dentro de las mismas. El servicio de interpretación de la Malinche resultó indispensable.

La inestabilidad estructural del mundo de estados mesoamericano, en el que los involucrados solo esperaban un signo de debilidad del vecino para someterlo o liberarse de la opresiva obligación de pagar tributo, fue un factor decisivo. Para algunos grupos indígenas, los españoles pueden haber aparecido, al menos al principio, como los liberadores del yugo de los aztecas, como más tarde les gustaría presentarse. Las ciudades-estado que no cooperaron directamente con los atacantes también aprovecharon el debilitamiento del Imperio azteca para dejar de pagar tributos y agravar así la crisis de Tenochtitlán. Dentro de los altépetl, existían unas normas de sucesión hereditaria que favorecieron la aparición de un gran número de hijos de los tlatoque insatisfechos y que contribuyeron a las rivalidades y conflictos abiertos de los que se beneficiaron los españoles. La guerra de Tenochtitlán también tuvo el carácter de una amarga guerra fratricida. En este entorno cambiante, Cortés pudo convertirse en un hacedor de reyes porque aprendió a usar las desavenencias de sus enemigos para sus propios propósitos y porque, el azar, a menudo, también acudió en su ayuda.

La conquista de Tenochtitlán fue el resultado de una guerra mesoamericana que debe entenderse en la continuidad de una larga historia de conflictos militares entre los mexicas y sus numerosos enemigos. Fue un levantamiento exitoso de grupos étnicos indígenas contra sus dominadores. Cortés y su hueste, en realidad, jugaron un papel menor en ella. Que los mexicas perdieran una guerra tampoco era nada nuevo. La novedad fue que los españoles derogaran las reglas de la guerra mesoamericana y que Cortés lograra ponerse al frente del movimiento, tomar el control de Tenochtitlán y después conquistar todo el Imperio azteca sobre esta base. Los aliados indígenas nuevamente desempeñaron un papel fundamental en estas últimas campañas. Sin embargo, era crucial que ninguno de estos altépetl aliados, ni Tlaxcala, ni Texcoco, ni muchos otros, siguiera su propio plan para lograr el dominio total.

Un factor de vital importancia para que las ciudades-estado indígenas acabaran por aceptar a la larga el predominio de los extranjeros fueron las epidemias traídas de Europa, las cuales causaron miles de muertes en pocas semanas y debilitaron a los mexicas con graves consecuencias. Aquí los españoles tenían una ventaja sustancial, incluso vital, gracias a su inmunidad. El hecho de que las razones de esta catástrofe demográfica fueran buscadas por ambos bandos en la acción de poderes sobrenaturales está en consonancia con las ideas de la época. En este sentido, apenas había diferencias entre europeos e indígenas. La «gran lepra» (Hueyzahuatl), como los nahuas llamaron a la epidemia, acabó con los mexicas y sus enemigos en masa y debilitó gravemente la resistencia de la población indígena de Mesoamérica en el momento crítico del establecimiento del dominio colonial[4].

Los actores involucrados en la conquista tenían diferentes valores y concepciones del mundo que cambiaron dramáticamente como resultado de estos hechos revolucionarios. Mediante sus interpretaciones intentaron clasificar y categorizar lo nuevo y lo ajeno para darle una forma comprensible para ellos y el grupo social y étnico al que pertenecían. Hubo muchos malentendidos y ambigüedades en la comunicación, la cual se vio dificultada por la necesidad de traducir no solo las palabras, sino también los conceptos subyacentes. Los relatos escritos y las representaciones pictóricas, lienzos, mapas, crónicas, anales y archivos que nos han llegado dan cuenta de ello. A su vez, son la expresión de la creación de un mundo que atravesó el Atlántico y creó nuevos órdenes en los que se fusionaron elementos mesoamericanos y europeos.

Apéndice

Notas

I Introducción

1 El presidente de la televisión pública española: «España no fue colonizadora, fue evangelizadora», en: *El País* (5.4.2017), http://internacional.elpais.com/internacional/2017/04/05/mexico/1491351919_094131.html (obtenido el 5.4.2017).

2 «Mexica» fue el nombre que se le dio a la población de Tenochtitlán y al vecino pueblo de Tlatelolco. En el siglo XVIII, el historiador jesuita Francisco Javier Clavijero inventó el término «azteca» en referencia a los orígenes del pueblo del mítico Aztlán. Ambos vocablos se utilizan como sinónimos desde entonces. Véase: Prem, *Die Azteken*, págs. 9–10.

3 Lupher, *Romans in a New World*, pág. 8.

4 Las estimaciones varían mucho. Yo sigo aquí a Gruzinski, *La ciudad de México*, pág. 263.

5 Elliott, *El viejo mundo y el nuevo*, pág. 44.

6 La ortografía del nombre de este gobernante azteca no está clara. En los estudios sobre la antigua América se utilizan muchas formas diferentes. Bertold Riese (*Das Reich der Azteken*, pág. 251) explica el significado del nombre: «Teuc» significa «señor», «Mo… zuma» significa «el… se enoja». En la versión española de este libro se utiliza la forma «Moctezuma».

7 Rinke, *Kolumbus und der Tag von Guanahani 1492*, págs. 73–75.

8 Boruchoff, *Indians, Cannibals, and Barbarians*, págs. 26–28.

9 Wood, *Transcending Conquest*, pág. 23.

10 Pomeranz, *The Great Divergence*, págs. 12–15.

11 Hausberger, *Die Verknüpfung der Welt*, págs. 37–56.

12 Klauth, *Geschichtskonstruktion bei der Eroberung Méxicos*, págs. 64–65.

13 Bernhard, *Geschichtsmythen über Hispanoamerika*, pág. 130.

14 Dirlik, *Performing the World*, págs. 391–401.

15 Etzemüller, *Biographien*, pág. 21. Para la biografía: Margit Szöllösi-Janze, *Lebens-Geschichte*, págs. 17–35. Bödecker, *Biographie*, págs. 9–64.

16 Bödecker, *Biographie*, pág. 28.

17 Goodman es esencial para entender el concepto de la creación de los mundos. Goodman, *Maneras de hacer mundos*.

18 Baltasar Dorantes de Carranza cita a Vélez, I., *El mito de Cortés*, págs. 94–95. Sobre el culto a Cortés véase también *Ibidem*, págs. 112–127. Simson, *Amerika in der spanischen Literatur des Siglo de Oro*, págs. 185–186. Schreffler, *The Art of Allegiance*.

19 Prescott, *Historia de la conquista de México*.

20 Vasconcelos, *Hernán Cortés*, pág. 14.

21 Martínez, *Hernán Cortés*, pág. 10.

22 Vélez, *El mito de Cortés*, págs. 14–15.

23 *Ibidem*, págs. 145–157. Restall, *Spanish Creation of the Conquest of Mexico*, pág. 99. Wehrheim, *De enemigos a antecesores*, págs. 346–360.

24 Para obras más antiguas véase Valle, *Bibliografía de Hernán Cortés*. Las principales obras de la literatura moderna son Martínez, *Hernán Cortés*. Ramos, *Hernán Cortés*. Elliott *et al.*, *Hernán Cortés y México*. Duverger, *Cortés*. Miralles Ostos, *Hernán Cortés*. Bartolomé Bennassar, *Cortez der Konquistador*. Véase también Kohut, *Literatura y cultura coloniales*, págs. 189–210. Desde entonces han sido publicadas muchas otras obras como Vaca de Osma, *Hernán Cortés*. Martínez Hoyos, *Breve historia de Hernán Cortés*. Otra obra interesante es la de Mira Caballos, *Hernán Cortés: el fin de una leyenda*. Para una obra sobre la polémica de los monumentos véase Vélez, *El mito de Cortés*, págs. 196–197. En un artículo para *El País* del 12 de octubre de 1985, Octavio Paz resumía la ambivalencia en la valoración de Cortés, que ahora también se encuentra en México. (*Hernán Cortés: exorcismo y liberación*, pág. 103).

25 Gillespie, *Blaming Moteuczoma*, págs. 26–30.

26 Clendinnen, I., «Fierce and Unnatural Cruelty», pág. 69. Lockhart, *The Nahuas after the Conquest*.

27 Así, por ejemplo: Townsend, *Burying the White Gods*, pág. 679.

28 Grunberg, *Histoire de la conquête du Mexique*, págs. 207–217.

29 Hassig ofrece un buen resumen de las razones en *Mexico and the Spanish Conquest*, pág. 4.

30 Todorov, *La conquista de América: el problema del otro*.

31 Gabbert, *Kultureller Determinismus*, págs. 276–280 y 285. Gillespie, S., *Saints and Warriors*, pág. 27.

32 Hassig, *Mexico and the Spanish Conquest*, pág. 3.

33 Como en *La conquista de México*, de Thomas; Clendinnen, I., «Fierce and Unnatural Cruelty», pág. 65. Una crítica al respecto la encontramos en Gillespie, S., *Blaming Moteuczoma*, pág. 25.

34 Matthew y Oudijk, *Conclusion*, págs. 319 y 321.

35 Por ejemplo, Clendinnen, I.: *Ambivalent Conquests*. Restall, M.: *Maya Conquistador*.

36 Oudijk y Restall, *Mesoamerican Conquistadors in the Sixteenth Century*, pág. 30. Levin Rojo y Navarrete Linares (Ed.), *Indios, mestizos y españoles*.

37 Restall, *Maya Conquistador*, pág. 43. y *The New Conquest History*, págs. 151–160.

38 Para consultar las fuentes, véase Baudot, *Utopía e historia en México*. Esteve Barba, *Historiografía Indiana*.

39 Martínez, Introducción, en: DC, Vol. 1, págs. 9–10.

40 Cortés, *Cartas de relación*. Padrón, *The Spacious Word*, págs. 116–136. Wright, *New World News, Ancient Echoes*, pág. 712.

41 Aracil Varón, *Hernán Cortés y sus cronistas*, págs. 61–77. Díaz Balsera, *The Hero as Rhetor*, págs. 57–74. Carman, *Rhetorical Conquests*, págs. 55–71. Straub, *Das Bellum Iustum des Hernán Cortés*, págs. 92–161. Hinz, *Hispanisierung in Neu Spanien 1519–1568*, Vol. 3, págs. 648–654.

42 Díaz del Castillo, *Historia verdadera de la conquista de la Nueva España*.

43 Graulich, «La mera verdad resiste a mi rudeza», págs. 63–95. Véase también Hartnagel, *Bernal Díaz del Castillo*. Miralles, *Y Bernal mintió*. Adorno (*Discourses on*

Colonialism) sostiene que Bernal escribió no solo contra López de Gómara, sino también contra Bartolomé de las Casas. Duverger (*Crónica de la eternidad. Así como: Cortés et son double*) incluso asume que el propio Cortés fue el autor de *Historia verdadera de la conquista de la Nueva España*, la cual tuvo que escribir bajo seudónimo porque tenía prohibido escribir, y que Bernal Díaz no existía, ya que no hay constancia de su existencia antes de 1544. Sin embrago, María del Carmen Martínez Martínez (*Veracruz 1519*, pág. 11) ha demostrado que Bernal Díaz cofirmó la «Primera Carta de Relación» del Cabildo de Veracruz a mediados de 1519, con la que se ha zanjado la tesis de Duverger. Schwaller y Nader (*The First Letter from New Spain*, pág. 40) han confirmado esto. Sobre el debate sobre Duverger en México y España, véase Aracil Varón, B., *Yo, Don Hernando Cortés*, págs. 45–48.

44 Turner, *Los soldados de la conquista*, págs. 19–78.

45 Díaz del Castillo, *Historia verdadera de la conquista de la Nueva España*, pág. 931.

46 Aguilar, *Relación breve de la conquista de la Nueva España*.

47 Vázquez de Tapia, *Relación de méritos*.

48 *Ibidem*.

49 Conquistador Anónimo, *Relación de algunas cosas de la Nueva España*. Véase también Esteve Barba, *Historiografía Indiana*, págs. 169–175. Baudot, *Utopía e historia en México*, págs. 37–40.

50 Klauth, *Geschichtskonstruktion*, págs. 60–63.

51 Gillespie, *Blaming Moteuczoma*, pág. 26. Hassig, *Mexico and the Spanish Conquest*, págs. 4–5.

52 Baudot, *Utopía e historia en México*, págs. 78–79.

53 Anglería, *Décadas de Orbe Novo über die neue Welt*.

54 Fernández de Oviedo, *Historia general y natural de las Indias*.

55 Myers, *Fernández de Oviedo's Chronicle of America*, pág. 1. Esteve Barba, *Historiografía Indiana*, págs. 64–82. Cuesta Domingo, *Los Cronistas oficiales*, pág. 119.

56 López de Gómara, *La conquista de México*. Para López de Gómara véase también Carman, *Rhetorical Conquests*, pág. 9, así como págs. 72–112. Hinz, *Hispanisierung in Neu Spanien 1519–1568*, Vol. 3, págs. 742–748. Jiménez, *Francisco López de Gómara*. Roa-de-la-Carrera, *Histories of Infamy*, págs.1–2. Sobre la crítica de Díaz del Castillo contra López de Gómara véase *Historia verdadera de la conquista de la Nueva España*, págs. 43–46.

57 El original en latín con la traducción al español en: Sepúlveda, *Del Nuevo Mundo*. Véase también Esteve Barba, *Historiografía Indiana*, págs. 103–105.

58 Las Casas, *Crónica de las Indias*. Véase también Esteve Barba, *Historiografía Indiana*, págs. 88–98.

59 Benavente, *Memoriales*. Véase también Baudot, *Utopía e historia en México*, págs. 247–387. Hinz, *Hispanisierung in Neu Spanien 1519–1568*, Vol. 3, pág. 725.

60 Mendieta, *Historia eclesiástica indiana*. Véase también Esteve Barba, *Historiografía Indiana*, págs. 198–204.

61 Zorita, *Edición crítica*.

62 Cervantes de Salazar, *Crónica de la Nueva España*. Véase también Esteve Barba, *Historiografía Indiana*, págs. 178–191.

63 Rabasa, *Inventing America*, pág. 3.

64 «Visión de los vencidos» era el título original de la primera edición de Miguel León Portilla. Yo cito aquí la siguiente de 1962, publicada por primera vez en alemán con la traducción de Renate Heuer: *Rückkehr der Götter*. Véase también Lockhart (Ed.), *We people here*. Bonilla (Ed.), *Los conquistados*.

65 Bierhorst (Ed.), *Cantares Mexicanos*.

66 *Anales de Tlatelolco*.

67 Lockhart (*We people here*, pág. 3) y Townsend (*Burying the White Gods*, pág. 665) creían que no había fuentes indígenas de las décadas de 1520 y 1530.

68 Pastrana, *Historias de la conquista*.

69 Navarrete Linares, *La Malinche*, pág. 289. Gillespie, *Saints and Warriors*, págs. 34–170.

70 Wood, *Transcending Conquest*, págs. 8–9.

71 Muñoz Camargo, *Historia de Tlaxcala*.

72 Alvarado Tezozómoc, *Crónica mexicana*.

73 Benton, *The Outsider*, págs. 37–52.

74 Alva Ixtlilxóchitl, *Décima tercia relación*, así como *Obras Históricas*.

75 Chimalpahin, *Relaciones originales de Chalco Amaquemacan*.

76 Rodríguez y Styles, *Domingo Francisco de San Antón Muñón Chimalpahin Cuatlehuanitzin*, págs. 111–117. Schroeder, *Writing the Nahuatl Canon*, págs. 226–229. Tavárez, *Reclaiming the Conquest*, pág. 18. La tradición continuó con Juan Buenaventura Zapata y Mendoza (aprox. 1620-1688), quien rechazó las fuentes españolas y, en cambio, se basó en textos náhuatl para su trabajo. Buenaventura, *Historia*. Townsend, *Don Juan Buenaventura Zapata y Mendoza*, págs. 136–138.

77 Hassig, *Mexico and the Spanish Conquest*, pág. 4.

78 Sahagún, *Historia general de las cosas de Nueva España*. Sobre Sahagún en detalle: León Portilla, *Bernardino de Sahagún*. Ríos Castaño, *Translation as conquest*. Máynez y Romero Galván (Ed.), *El universo de Sahagún*.

79 Brading, *The First America*, pág. 120. Solodkow, *Etnógrafos coloniales*, págs. 313–325.

80 Lee, *The Europeanization of Prehispanic tradition*, págs. 291–312.

81 Tovar, *Códice Ramírez*.

82 Baudot, *Utopía e historia en México*, págs. 483–485.

83 Boone y Mignolo (Ed.), *Writing without Words*. Bleichmar, *The Imperial Visual Archive*, págs. 236–266.

84 Navarrete Linares, *Beheadings and Massacres*, pág. 78.

85 Navarrete Linares, *La Malinche*, pág. 292. Asselbergs, *The Conquest in Images*, pág. 66. Gillespie, *Saints and Warriors*, págs. 82–86. Hamann, *Object, Image, Cleverness*, págs. 523–525.

II Partida hacia el Nuevo Mundo

1 Como visión general: Elliott, *Imperial Spain*, págs. 15–163. Ladero Quesada, *La España de los Reyes Católicos*.

2 Marineo Sículo, *Hernán Cortés*, pág. 75. Thomas, *La conquista de México*, págs. 174–183.

3   Citado en Martínez, *Hernán Cortés*, págs. 107–108.

4   López de Gómara, *La conquista de México,* pág. 35. Los detalles biográficos son muy contradictorios. Incluso el año de nacimiento es controvertido. Véase al respecto Mira Caballos, *Hernán Cortés*, págs. 75–118. Miralles Ostos, *Hernán Cortés*, págs. 45–64. Martínez, *Hernán Cortés*, págs. 107–114.

5   Altman, *Emigrants and Society*, pág. 21.

6   López de Gómara, *La conquista*, pág. 35. Véase también Cervantes de Salazar, *Crónica*, Cap. XV.

7   Mira Caballos, *Hernán Cortés*, págs. 95–118.

8   Nebrija, *Gramática de la lengua castellana*, pág. 97.

9   Barrau, *Framing the Literary*, págs. 7–12. Crespo Cuesta, *Continuidades medievales*, págs. 53–54.

10   Hinz, *Hispanisierung in Neu Spanien 1519–1568*, Vol. 1, págs. 118–119.

11   López de Gómara, *La conquista*, Vol. 1, pág. 36. Las Casas, *Crónica de las Indias*, pág. 1869. Según Suárez de Peralta, sobrino de Cortés nacido en México, el futuro conquistador de Medellín acudió a la corte de Valladolid, donde fue aprendiz de un escriba (*Tratado del descubrimiento de las Indias*, pág. 81). Los distintos puntos de vista pueden verse en: Mira Caballos, *Hernán Cortés*, págs. 122–129. Marroquín Arredondo, *Diálogos con Quetzalcóatl*, pág. 82. Martínez, *Veracruz 1519*, págs. 14–15. Martínez, *Hernán Cortés*, págs. 107–114.

12   De Solís, *Historia de La conquista de México,* pág. 41.

13   López de Gómara, *La conquista*, Vol. 1, pág. 36.

14   Suárez de Peralta, *Tratado*, pág. 81. López de Gómara, *Historia general*, pág. 324.

15   López de Gómara, *La conquista,* Vol. 1, pág. 37.

16   Rinke, *Kolumbus und der Tag von Guanahani 1492*, pág. 109.

17   Keegan, *The People Who Discovered Columbus*, págs. 1–19. Rouse, *The Tainos*, págs. 105–137.

18   Oliver, *Caciques and Cemí Idols*, págs. 157–189. Stevens-Arroyo, *Cave of the Jagua*, págs. 37–70.

19   Abulafia, *El descubrimiento de la humanidad*, pág. 199–207.

20   Rivera Pagán, *Freedom and Servitude*, págs. 316–362.

21   Maestre, *Frey Don Nicolás de Ovando*, págs. 120–135.

22   Anglería, *Décadas de Orbe Novo*, Vol. 1, pág. 300.

23   Deive, *La Española. Cook, Sickness, Starvation, and Death*, págs. 349–386.

24   Cervantes de Salazar, *Crónica*, pág. 177.

25   Maestre, *Frey Don Nicolás de Ovando*, págs. 143–160.

26   Cervantes de Salazar, *Crónica*, págs. 177–178. Véase también Barjau, *Voluntad e Infortunio*, pág. 260.

27   Rinke, *Lateinamerika*, pág. 53.

28   López de Gómara, La conquista, Vol. 1, pág. 38. Cervantes de Salazar, *Crónica*, págs. 178–179.

29   Cervantes de Salazar, *Crónica*, pág. 178.

30   Para Diego Colón, véase: Arranz Márquez, *Don Diego Colón*.

31   Las Casas, *Crónica de las Indias*, págs. 1841–1842. López de Gómara, *Historia general de las Indias y vida de Hernán Cortés*, págs. 327–328. No resulta muy creíble que Velázquez realmente tuviera que persuadir a Cortés para que viniera, como afirma López de Gómara.

32   Barjau, *Voluntad e Infortunio*, pág. 268.

33   Las Casas, *Brevísima relación de la destrucción de las Indias*, pág. 29.

34   *Ibidem*, págs. 25–27.

35   *Crónica de las Indias*, pág. 1865.

36   López de Gómara, *La conquista de México,* pág. 39.

37   López de Gómara, *Historia general*, págs. 332–334. Las Casas, *Crónica de las Indias*, págs. 1868–1869. Cervantes de Salazar apoya la versión de Las Casas (*Crónica*, págs. 179–180).

38   König, *Die Entdeckung und Eroberung*, págs. 56–66.

39   Thomas, *La conquista de México*, pág. 92.

40   Colón, *Historia del almirante*, Vol. 2, pág. 148.

41   *Ibidem*, Vol. 2, págs. 149–150. Anglería, *Décadas de Orbe Novo*, Vol. 1, págs. 248–249.

42   Thomas, *La conquista de México,* pág. 93.

43   Cervantes de Salazar, *Crónica*, pág. 189.

44   *Ibidem*, págs. 190–194.

45   Díaz del Castillo, *Historia verdadera de la conquista de la Nueva España*, pág. 4.

46   *Ibidem*, págs. 4–5. Anglería, *Décadas de Orbe Novo*, Vol. 1, pág. 341.

47   De Landa, *Informe desde Yucatán*, pág. 12. Cervantes de Salazar, *Crónica*, págs. 151–152.

48   *Probanza sobre las causas que se dieron a la suplicación de las provisiones del veedor Cristóbal de Tapia* (Coyoacán, 20.4.1522), en: *Boletín del Archivo General de la Nación*, 9 (2/1938), pág. 231. Este documento contiene el testimonio de Alaminos.

49   Shafer, *The Ancient Maya*, págs. 20–24.

50   Andrews, *The Political Geography*, págs. 589–590.

51   Grube y Martin, *Die dynastische Geschichte der Maya*, págs. 169–171.

52   Chuchiak IV, *La conquista de Yucatán*, págs. 29–58. Shafer, *The Ancient Maya*, págs. 417–421.

53   Shafer, *The Ancient Maya*, págs. 559–581.

54   De Landa habla sobre la profecía en su *Relación de las cosas de Yucatán*, pág. 30. Véase también Clendinnen, *Ambivalent Conquests*, págs. 3–4. Gunsenheimer, *Geschichtstradierung in den yukatekischen Chilam Balam-Büchern*, pág. 9 y *passim*.

55   Anglería, *Décadas de Orbe Novo*, Vol. 1, pág. 342.

56   *Díaz del Castillo, Historia verdadera de la conquista de la Nueva España*, págs. 5–6.

57   Clendinnen, *Ambivalent Conquests*, págs. 7–8.

58   Díaz del Castillo, *Historia verdadera de la conquista de la Nueva España*, págs. 6–7. Anglería, *Décadas de Orbe Novo*, Vol. 1, págs. 342–343.

59   Rice, *Time, History, and Worldview*, págs. 17–38. Vail, *Cosmology and Creation in Late Postclassic Maya, Literature and Art*, págs. 83–110. Shafer, *The Ancient Maya*, págs. 513–555.

60   Shafer, *The Ancient Maya*, págs. 449–452 y 462–464.

61   Díaz del Castillo, *Historia verdadera de la conquista de la Nueva España*, págs. 8–11. Anglería, *Décadas de Orbe Novo*, Vol. 1, págs. 344–345.

62   Shafer, *The Ancient Maya*, págs. 476–491. Riese, *Die Maya*, pág. 116.

63 Díaz del Castillo, *Historia verdadera de la conquista de la Nueva España*, págs. 11–14.

64 *Ibidem*, págs. 14–18.

65 Bernardino de Santa Clara sobre Francisco de los Cobos (Santiago de Cuba, 20.10.1517), en: CDIA, Vol. 11, págs. 556–559.

66 Díaz del Castillo, *Historia verdadera de la conquista de la Nueva España*, págs. 18–20.

67 *Ibidem*, págs. 22–26. Gutiérrez Escudero, *Pedro de Alvarado*, pág. 19.

68 Díaz, *Itinerario de la armada*, pág. 33.

69 *Ibidem*, pág. 41.

70 Díaz del Castillo, *Historia verdadera de la conquista de la Nueva España*, págs. 25–26.

71 Díaz, *Itinerario de la armada*, pág. 41.

72 Anglería, *Décadas de Orbe Novo*, Vol. 1, pág. 347. Véase también Fernández de Oviedo, *Historia general y natural de las Indias*, pág. 509.

73 Díaz, *Itinerario de la armada*, pág. 42.

74 Fernández de Oviedo, *Historia general y natural de las Indias*, pág. 510.

75 Díaz, *Itinerario de la armada*, págs. 44–45. Díaz del Castillo, *Historia verdadera de la conquista de la Nueva España*, pág. 27.

76 Díaz, *Itinerario de la armada*, pág. 47.

77 Thomas, *La conquista de México*, pág. 160.

78 Díaz, *Itinerario de la armada*, pág. 48.

79 Díaz del Castillo, *Historia verdadera de la conquista de la Nueva España*, pág. 31.

80 *Ibidem*, pág. 32.

81 Díaz, *Itinerario de la armada*, págs. 49–50. Anglería, *Décadas de Orbe Novo*, Vol. 1, pág. 350.

82 Krickeberg, *Las antiguas culturas mexicanas*, págs. 323–344.

83 Díaz, *Itinerario de la armada*, págs. 51–52. Díaz del Castillo afirmó más tarde que Grijalva había querido establecerse definitivamente. El trasfondo es su intento de desacreditar la Crónica de López de Gómara (*Historia verdadera de la conquista de la Nueva España*, págs. 33–34 y 37). Sobre el conflicto entre ambos véase también Anglería, *Décadas de Orbe Novo*, Vol. 1, pág. 351. Cervantes de Salazar, *Crónica*, págs. 165–166.

84 Fernández de Oviedo, *Historia general y natural de las Indias*, pág. 522.

85 Juan Díaz, *Itinerario de la armada*, págs. 56–57. Díaz del Castillo, *Historia verdadera de la conquista de la Nueva España*, págs. 38–41.

86 Díaz del Castillo, *Historia verdadera de la conquista de la Nueva España*, págs. 53–54.

87 Las Casas, *Crónica de las Indias*, pág. 2249.

88 Díaz, *Itinerario de la armada*, pág. 57.

III Comienza la expedición

1 Cervantes de Salazar, *Crónica*, pág. 179.

2 Testimonio prestado por el dicho Don Hernándo Cortés (Temistlan, 1529), en: CDIA, Vol. 27, pág. 346. Las Casas, *Crónica de las Indias*, pág. 2249. Díaz del Castillo, *Historia verdadera de la conquista de la Nueva España*, págs. 47–48.

3   Causa seguida por María de Marcado en contra de Cortés y sus descendientes por gananciales, Declaraciones del Marqués (México, 14.1.1531), en: DC, Vol. 2, págs. 100–101.

4   Las Casas, *Crónica de las Indias*, págs. 2250–2251. Díaz del Castillo, *Historia verdadera de la conquista de la Nueva España*, pág. 42. Antonio de Herrera y Tordesillas, *Historia general de los hechos de los castellanos en las islas y tierra firme del mar océano*, Madrid, 1936, Vol. 4, págs. 263–267.

5   Instrucciones de Diego Velázquez a Hernán Cortés (23.10.1518), en: DC, Vol. 1, págs. 45–57. Véase también Martínez, *Hernán Cortés*, págs. 141–144.

6   Juan Ochoa de Lejalde, Probanza a nombre de Hernán Cortés (Segura de la Frontera, 4.10.1520), en: DC, Vol. 1, págs. 148–155. En particular, la versión de López de Gómara, según la cual Velázquez y Cortés compartían los costos, fue muy controvertida (*La conquista de México*, págs. 46–47). Véase la discusión en Martínez, *Hernán Cortés*, págs. 128–129.

7   Las Casas, *Crónica de las Indias*, pág. 2253.

8   «Amici, sequamur crucem, et si nos fidem habemus vere, in hoc signo vincemus». Igualmente en Tapia, *Relación de méritos*, pág. 67. Cervantes de Salazar, *Crónica*, págs. 182–183. López de Gómara, *La conquista de México*, págs. 45–46.

9   Cervantes de Salazar, *Crónica*, págs. 183–184.

10   Las Casas, *Crónica de las Indias*, págs. 2255–2257. Díaz del Castillo, *Historia verdadera de la conquista de la Nueva España*, pág. 5051. Sobre el asesinato de Suárez véase la crónica escrita por su hijo Suárez de Peralta, *Tratado del descubrimiento de las Indias*, págs. 86–87. Véase también Goñi, *Las conquistas de México y Yucatán*, págs. 64–66.

11   Las Casas, *Crónica de las Indias*, pág. 2258. Véase también la transcripción del juicio de 1529: Interrogatorio presentado por el dicho Don Hernando Cortés (Temistlan, 1529), en: CDIA, Vol. 27, págs. 310–316.

12   Díaz del Castillo, *Historia verdadera de la conquista de la Nueva España*, págs. 52–53. López de Gómara, *La conquista de México*, pág. 49.

13   Díaz del Castillo, *Historia verdadera de la conquista de la Nueva España*, págs. 54–56. Torquemada, *Monarquía indiana*, Vol. 2, págs. 35–39. Herrera, *Historia general*, Vol. 4, págs. 267–272. Las Casas, *Crónica de las Indias*, págs. 2257–2258.

14   Díaz del Castillo, *Historia verdadera de la conquista de la Nueva España*, págs. 57–58.

15   Capitulación que se tomó con Diego Velázquez para la conquista de ciertas islas (13.11.1518), en: CDIA, Vol. 22, págs. 38–46. Véase también Vas Mingo, *Las capitulaciones de Indias en el siglo xvi*, págs. 169–172.

16   Las fuentes se contradicen en la fecha de salida. Bernal Díaz (*Historia verdadera de la conquista de México*, pág. 61) establece, como la mayoría de los autores, el 10 de febrero, mientras que López de Gómara (*La conquista de México*, pág. 52) por el contrario la sitúa el 18 de febrero.

17   López de Gómara, *La conquista de México*, págs. 50–51. El número de soldados varía según las fuentes: entre 400 y 600. Véase Grunberg, *The Origins of the Conquistadores of Mexico City*, pág. 263.

18   Grunberg, *The Origins of the Conquistadores of Mexico City*, págs. 259–273. Véase también los diccionarios biográficos completos: Grunberg, *Dictionnaire des conquistadores*. Thomas, *Who's Who of the Conquistadors*.

19 Información de Diego Dordaz (Santo Domingo, 26.9.1521), en: CDIA, Vol. 40, págs. 74–131. Martínez Martínez, *Veracruz 1519*, pág. 18.

20 Schwaller y Nader, *The First Letter from New Spain*, pág. 2. Goñi, *Las conquistas de México y Yucatán*, págs. 18–19. León Cázares, *Entre el breviario y la espada*, pág. 600.

21 Grunberg, *Hernán Cortés y la guerra de los conquistadores*, págs. 557–576

22 Cardaillac, *Lo morisco peninsular y su proyección en la conquista de América*, pág. 438–440.

23 Taboada, *La sombra del Islam*, pág. 212.

24 *Ibidem*, pág. 192.

25 König, *Die Entdeckung und Eroberung Amerikas*, págs. 96–98. Véase también Straub, *Das Bellum Iustum*.

26 Grunberg, *Hernán Cortés y la guerra de los conquistadores*, pág. 567. Navarrete Linares, *Beheadings and Massacres*, págs. 59–60. Crespo Cuesta, *Continuidades medievales*, pág. 113.

27 Un ejemplo de ello: *Ordenanzas militares mandadas pregonar por H. Cortés* (22.12.1520), en: DC, Vol. 1, pág. 165.

28 Grunberg, *Hernán Cortés y la guerra de los conquistadores*, págs. 557–562.

29 Lafaye, *Los conquistadores*, págs. 13–19. Hinz, *Hispanisierung in Neu Spanien 1519–1568*, Vol. 1, págs. 99–101.

30 Díaz del Castillo, *Historia verdadera de la conquista de la Nueva España*, págs. 61–62. Anglería, *Décadas de Orbe Novo*, Vol. 1, págs. 358–359.

31 Anglería, *Décadas de Orbe Novo*, Vol. 1, pág. 358.

32 *Ibidem*, pág. 365.

33 Díaz del Castillo, *Historia verdadera de la conquista de la Nueva España*, págs. 62–63. Torquemada, *Monarquía indiana*, Vol. 2, págs. 40–46. Cortés lo planteó como si primero tuviera que recuperar la confianza de los isleños aterrorizados por los antecesores comandados por Velázquez (*Cartas de relación*, pág. 13).

34 Chuchiak IV, *La conquista de Yucatán*, págs. 29–33. Clendinnen, *Ambivalent Conquests*, págs. 16–17. Stenzel (*Das kortesische México*, pág. 14) sospecha que los mayas veían a los españoles como un pueblo que buscaba nuevas tierras bajo el liderazgo de su príncipe.

35 Díaz del Castillo, *Historia verdadera de la conquista de la Nueva España*, págs. 64–66. Cortés, *Cartas de relación*, pág. 14.

36 De Landa, *Relación de las cosas de Yucatán*, pág. 11. Vázquez de Tapia, *Relación de méritos*, págs. 70–71. López de Gómara, *La conquista de México*, págs. 55–60. Díaz del Castillo, *Historia verdadera de la conquista de la Nueva España*, págs. 69–71. Cervantes de Salazar, *Crónica*, págs. 186–194. Aguilar, *Relación breve de la conquista de la Nueva España*, pág. 164. Cortés, *Cartas de relación*, págs. 14–16. Vázquez de Tapia, *Relación de méritos*, pág. 134. Alva Ixtlilxóchitl, *Obras históricas*, Vol. 2, págs. 195–196. Las fuentes aportan información diferente sobre la suerte corrida por los dos náufragos. Bargatzky analiza esto en detalle en: *Aguilar y Guerrero*, págs. 161–175. Así como Hinz, *Hispanisierung in Neu Spanien 1519–1568*, Vol. 1, págs. 127–131.

37 López de Gómara, *La conquista de México*, págs. 60–61. Díaz del Castillo, *Historia verdadera de la conquista de la Nueva España*, pág. 67.

38 Cervantes de Salazar, *Crónica*, pág. 196.

39 Vázquez de Tapia, *Relación de méritos*, págs. 135–136. Marqués del Valle fue el título nobiliario otorgado a Cortés tras la conquista de Tenochtitlán. Véase también López de Gómara, *La conquista de México*, págs. 66–68. Cortés, *Cartas de relación*, págs. 17–19.

40 Según el propio relato de Cortés, este incluso esperó unos días antes de atacar.

41 Vázquez de Tapia, *Relación de méritos*, pág. 135. Díaz del Castillo, *Historia verdadera de la conquista de la Nueva España*, págs. 74–77.

42 Cortés, *Cartas de relación*, pág. 20. En cuanto a las exageraciones, véase Straub, *Das Bellum Iustum*, pág. 51.

43 Cortés, *Cartas de relación*, págs. 19–20.

44 Díaz del Castillo, *Historia verdadera de la conquista de la Nueva España*, pág. 82. Véase también Herrera, *Historia general*, Vol. 4, págs. 346–347. Anglería, *Décadas de Orbe Novo*, Vol. 1, págs. 363–364.

45 Díaz del Castillo, *Historia verdadera de la conquista de la Nueva España*, págs. 83–84. Vázquez de Tapia, *Relación de méritos*, págs. 76–77. Torquemada, *Monarquía indiana*, Vol. 2, págs. 50–54. López de Gómara, *La conquista de México,* págs. 72–75.

46 Vázquez de Tapia, *Relación de méritos*, pág. 136. Cervantes de Salazar, *Crónica*, pág. 197. También Andrés de Tapia informó de esta aparición (*Relación*, págs. 75–76). Sepúlveda, *Del Nuevo Mundo*, págs. 89–91. En sentido contrario, Díaz del Castillo, *Historia verdadera de la conquista de la Nueva España*, pág. 84. Para la comparación con los héroes de la Antigüedad, véase Anglería, *Décadas de Orbe Novo*, Vol. 2, pág. 5.

47 Díaz del Castillo, *Historia verdadera de la conquista de la Nueva España*, pág. 85. Torquemada, *Monarquía indiana*, Vol. 2, págs. 54–56. Sepúlveda, *Del Nuevo Mundo*, págs. 92–93.

48 Vázquez de Tapia, *Relación de méritos*, pág. 136. Anglería, *Décadas de Orbe Novo*, Vol. 1, pág. 365. Herrera, *Historia general*, Vol. 4, págs. 351–352. Cervantes de Salazar, *Crónica*, págs. 201–203.

49 Díaz del Castillo, *Historia verdadera de la conquista de la Nueva España*, pág. 89. Véase también López de Gómara, *La conquista de México*, pág. 76.

50 López de Gómara, *La conquista de México*, págs. 78–79. Vázquez de Tapia, *Relación de méritos*, pág. 76. De Landa, *Relación de las cosas de Yucatán*, pág. 16.

51 Glantz, *La Malinche*, pág. 93.

52 Díaz del Castillo, *Historia verdadera de la conquista de la Nueva España*, págs. 92–94. Cervantes de Salazar, *Crónica*, págs. 203–204. Sepúlveda, *Del Nuevo Mundo*, pág. 94. Alva Ixtlilxóchitl, *Obras históricas*, Vol. 2, pág. 198. Véase también Townsend, *Malintzin's Choices*, pág. 37.

53 Townsend, *Malintzin's Choices*, págs. 11–29.

54 Valdeón, *Translation and the Spanish Empire in the Americas*, págs. 49–52.

55 Hinz, *Hispanisierung in Neu Spanien 1519–1568*, Vol. 1, pág. 180.

56 Townsend, *Malintzin's Choices*, págs. 56–59. Navarrete, *La Malinche*, págs. 292–293. Sobre el momento de la muerte, véase Baudot, *Malintzin*, pág. 71.

57 Un ejemplo es Castillo, *Historia de la venida de los mexicanos*, pág. 133. Véase también Brotherston, *La Malintzin de los Códices*, págs. 22–24.

58 Goñi, *Las conquistas*, pág. 66–70. Navarrete, *La Malinche*, pág. 293. Hinz, *Hispanisierung in Neu Spanien 1519–1568*, Vol. 1, pág. 180.

59   Townsend, *Malintzin's Choices*, pág. 56.

60   Gillespie, *The Aztec Kings*, pág. 59. Véase también Barjau Martínez, *La conquista de la Malinche*. Brotherston, *La Malintzin de los Códices*, págs. 19–37.

61   Cortés, *Cartas de relación*, pág. 20. Cervantes de Salazar, *Crónica*, págs. 204–205.

IV El mundo de los aztecas

1   Sanders *et al.*, *The Basin of Mexico*, págs. 33–87. Castañeda de la Paz, *Conflictos y alianzas*, págs. 27–70. Pool, *The Formation of Complex Societies in Mesoamerica*, págs. 169–187. Rojas Rabiela, *Las cuencas lacustres del Altiplano Central*, págs. 20–27.

2   Berdan, *Aztec Archaeology and Ethnohistory*, pág. 35. Millon, *Teotihuacán*, págs. 198–243. Manzanilla, *Teotihuacán*, págs. 114–123.

3   Castañeda de la Paz, *Conflictos y alianzas en tiempos de cambio*, págs. 27–70. Diehl, *Tula and the Tolteca*, págs. 124–129.

4   Navarrete, *Los orígenes de los pueblos indígenas del valle de México*, págs. 103–113. Riese, *Das Reich der Azteken*, págs. 78–82. Köhler, *Vasallen*, págs. 7–8. Sobre el origen de los mexicas véase también Sahagún, *Historia general de las cosas de Nueva España*, Vol. 2, págs. 973–978.

5   Riese, *Das Reich der Azteken*, págs. 83–84. Berdan, *Aztec Archaeology and Ethnohistory*, págs. 37–39.

6   Riese, *Das Reich der Azteken*, págs. 92–94. Santamarina Novillo, *El sistema de dominación azteca*, págs. 348–360. Florescano, *Los orígenes del poder en Mesoamérica*, págs. 407–409. Sobre la última crítica a 1325 como fecha de la fundación, véase Johansson, *La fundación de México-Tenochtitlán*, págs. 70–77.

7   Castañeda de la Paz, *Conflictos y alianzas en tiempos de cambio*, págs. 141–156. Riese, *Das Reich der Azteken*, págs. 97–100. Santamarina Novillo, *El sistema de dominación azteca*, págs. 75–76 y 360–362.

8   Riese, *Das Reich der Azteken*, págs. 149–151. Santamarina Novillo, *El sistema de dominación azteca*, págs. 553–599. Bueno Bravo, *La guerra en el Imperio azteca*, págs. 22–48.

9   Calnek, *The Internal Structure of Tenochtitlán*, págs. 287–302. Respecto a las estimaciones sobre la población, sigo a Rojas, *Tenochtitlán*, págs. 50–53.

10   Gibson, *Los aztecas bajo el dominio español*, pág. 5. Escalante Gonzalbo, *La ciudad, la gente y las costumbres*, pág. 199.

11   Grunberg, *Histoire de la conquête du Mexique*, pág. 90.

12   Smith, *Aztec City-State Capitals*, págs. 27–70.

13   Cortés, *Cartas de relación*, pág. 79.

14   Rojas, *Tenochtitlán*, pág. 56. López Austin y López Luján, *Monte sagrado-Templo Mayor*, págs. 265–468.

15   Cervantes de Salazar, *Crónica*, pág. 349. Gruzinski, *La ciudad de México*, págs. 266–279.

16   López de Gómara, *La conquista de México*, págs. 172–173. Evans, *Aztec Palaces and Gardens*, págs. 229–245.

17   Alcántara Gallegos, *Los barrios de Tenochtitlán*, págs. 167–198. Smith, *Aztec City-State Capitals*, págs. 94–135.

18 Navarrete, *Los orígenes*, págs. 24–28. Berdan, *Aztec Archaeology and Ethnohistory*, págs. 135–140.

19 Morehart, *Aztec Agricultural Strategies*, pág. 263.

20 Berdan, *Aztec Archaeology and Ethnohistory*, págs. 74–81. Rojas Rabiela, *Las siembras de ayer*, págs. 54–74.

21 Smith, *Aztec City-State Capitals*, págs. 190–195. Mohar Betancourt, *El tributo mexica en el siglo xvi*, págs. 21–35.

22 Berdan, *Aztec Archaeology and Ethnohistory*, pág. 70.

23 Arnold, *Eating Landscape*, págs. 219–232. Broda, *The Sacred Landscape of Aztec Calendar Festivals*, págs. 74–120.

24 Hirth, *The Aztec Economic World*, págs. 59–89.

25 *Ibidem*, págs. 102–236. Según el conquistador anónimo (Conquistador Anónimo, *Relación de algunas cosas de la Nueva España*, Cap. XX), el mercado de Tlatelolco era tres veces más grande que el de Salamanca, y allí se juntaban todos los días alrededor de veinticinco mil personas.

26 Berdan, *Aztec Archaeology and Ethnohistory*, págs. 98–104.

27 *Ibidem*, págs. 104–108.

28 McCafferty y McCafferty, *Pregnant in the Dancing Place*, págs. 375–384.

29 Smith y Hicks, *Inequality and Social Class*, pág. 423.

30 Berdan, *Aztec Archaeology and Ethnohistory*, págs. 177–180.

31 Goñi, *Las conquistas de México y Yucatán*, pág. 27. Véase también Soustelle, *So lebten die Azteken am Vorabend der spanischen Eroberung*.

32 Lockhart, *The Nahuas after the Conquest*, págs. 96–102. Smith y Hicks, *Inequality and Social Class*, págs. 425–427.

33 Berdan, *Aztec Archaeology and Ethnohistory*, págs. 180–184.

34 *Ibidem*, págs. 189–191. Smith y Hicks, *Inequality and Social Class*, pág. 430. Riese, *Das Reich der Azteken*, pág. 231.

35 Clendinnen, *Aztecs*, págs. 216–300. Rodríguez-Shadow, *La mujer azteca, passim*.

36 Escalante, *Los otomíes*, págs. 161–185.

37 Berdan, *Aztec Archaeology and Ethnohistory*, págs. 191–197.

38 Riese, *Das Reich der Azteken*, págs. 234–237. Escalante, *La cortesía, los afectos y la sexualidad*, págs. 270–278.

39 Escalante, *La ciudad, la gente y las costumbres*, en: *Ibidem*, págs. 205–222.

40 Berdan, *Aztec Archaeology and Ethnohistory*, pág. 214.

41 *Ibidem*, págs. 215 y 225–229. Gruzinski, *La ciudad de México*, pág. 266. López Austin, *Cuerpo humano e ideología*, Vol. 1, págs. 58–70.

42 Aveni, *The Measure, Meaning, and Transformation of Aztec Time and Calendars*, págs. 110–111.

43 Trimborn, *Zum Weltbild und Geschichtsbewußtsein in den Hochkulturen des Alten Amerika*, pág. 109. Medin, *Mito, pragmatismo e imperialismo*, págs. 95–96. Umberger, *Schrift und Kalender*, págs. 126–131.

44 Riese, *Das Reich der Azteken*, págs. 35–40. Clendinnen, *Aztecs*, págs. 236–265. Gruzinski, *La ciudad de México*, pág. 268.

45 Köhler, *Vasallen des linkshändigen Kriegers im Kolibrigewand*, págs. 7–8.

46 Olivier, *Humans and Gods in the Mexica Universe*, págs. 575–576.

47 Berdan, *Aztec Archaeology and Ethnohistory*, págs. 230–234. Bierhorst, *The Mythology of Mexico and Central America*, págs. 144–146.

48 López Austin y López Luján, *Monte sagrado-Templo Mayor*, pág. 178.

49 Bierhorst, *The Mythology of Mexico and Central America*, pág. 16. Gruzinski, *La Ciudad de México*, pág. 266.

50 Durán, *Crónica de las Indias de Nueva España*, Vol. 1, pág. 355.

51 González Torres, *El sacrificio humano*, págs. 397–406. Román Berrelleza, *El papel de los infantes en las prácticas sacrificiales mexicas*, págs. 345–366. Véase también Graulich, *Le sacrifice humain chez les Aztèques*, *passim*.

52 Gillespie, *The Aztec Kings*, págs. 23–25.

53 Anglería, *Décadas de Orbe Novo*, Vol. 1, págs. 370–371.

54 Trimborn, *Zum Weltbild und Geschichtsbewußtsein in den Hochkulturen des Alten Amerika*, pág. 109. Berdan, *Aztec Archaeology and Ethnohistory*, pág. 36.

55 Bueno Bravo, *La guerra en el Imperio azteca*, págs. 3–8. Díaz de Arce, *Descripción de la guerra con los aztecas*, págs. 7–8.

56 *Ibidem*, págs. 192–197. Berdan, *Aztec Archaeology and Ethnohistory*, págs. 152–156.

57 Hassig, *Aztec Warfare*, págs. 48–62. Riese, *Das Reich der Azteken*, págs. 141–143. Berdan, *Aztec Archaeology and Ethnohistory*, págs. 156–162.

58 Hassig, *Aztec Warfare*, págs. 95–100. Sobre el armamento: Cervera Obregón, *El armamento entre los mexicas*, págs. 117–148.

59 Hassig, *Aztec Warfare*, págs. 17–26. Cervera Obregón, *Guerreros aztecas*, págs. 149–168.

60 Riese, *Das Reich der Azteken*, págs. 139–141. Bueno Bravo, *La guerra en el Imperio azteca*, págs. 158–174.

61 Berdan, *Aztec Archaeology and Ethnohistory*, pág. 159.

62 Clendinnen, *The Cost of Courage in Aztec Society*, págs. 8–25. Cervera Obregón, *Guerreros aztecas*, págs. 61–82. Hassig, *Aztec Warfare*, pág. 100.

63 Hassig, *Aztec Warfare*, pág. 23. Berdan, *Aztec Archaeology and Ethnohistory*, pág. 148.

64 Hassig, *Aztec Warfare*, págs. 17–26. Gabbert, *Kultureller Determinismus und die Eroberung Méxicos*, págs. 282–284. Carrasco, *The Tenochca Empire of Ancient Mexico*.

65 Gibson, *Los aztecas bajo el dominio español*, pág. 22. Carrasco, *The Tenochca Empire of Ancient Mexico*, págs. 29–40.

66 Castañeda de la Paz, *Conflictos y alianzas en tiempos de cambio*, págs. 123–174. Gabbert, *Warum Montezuma weinte*, págs. 38–39. En sus investigaciones, Gibson (*Los aztecas bajo el dominio español*) y Gillespie (*The Aztec Kings*) argumentan que el énfasis excesivo en la Triple Alianza en las fuentes que surgieron bajo el dominio español se debió al deseo de mejorar a posteriori el papel de Texcoco y Tlacopan. Lee (*The Aztec Triple Alliance*, págs. 63-92), por el contrario, argumenta que no debe subestimarse la importancia de Texcoco y Tlacopan.

67 Berdan, *Aztec Archaeology and Ethnohistory*, págs. 142–144.

68 Riese, *Das Reich der Azteken*, pág. 154.

69 *Ibidem*, págs. 251–252. Sobre el nacimiento y descendencia, véase: *Códice Chimalpahin*, Vol. 1, págs. 157–165.

70 Berdan, *Aztec Archaeology and Ethnohistory*, págs. 151–152.

71 Ávila Sandoval, *La vida cotidiana del último tlatoani mexica*, págs. 279–284.

72 Berdan, *Aztec Archaeology and Ethnohistory*, págs. 152–155. Ávila Sandoval, *La vida cotidiana del último tlatoani mexica*, págs. 285–292. Smith, *Aztec City-State Capitals*, pág. 46.

73   Riese, *Das Reich der Azteken*, pág. 253.

74   Alva Ixtlilxóchitl, *Obras históricas*, Vol. 2, págs. 177–179. Bueno Bravo, *La guerra en el Imperio azteca*, págs. 122–124.

75   Bueno Bravo, *La guerra en el Imperio azteca*, págs. 124–125.

V Totonacapan

1   López de Gómara, *La conquista de México*, págs. 81–82. Sobre la traducción de Malinche: Townsend, *Malintzin's Choices*, pág. 41.

2   Cervantes de Salazar, *Crónica*, pág. 205. López de Gómara, *La conquista de México*, pág. 83.

3   López de Gómara, *La conquista de México*, pág. 83.

4   La fuente es la entrada del cabildo de Veracruz al rey el 10 de julio de 1519, que se comenta con más detalle a continuación. Cortés, *Cartas de relación*, pág. 21.

5   López de Gómara, *La conquista de México*, pág. 84. Tendile se muestra más cauteloso también según Díaz del Castillo (*Historia verdadera de la conquista de la Nueva España*, pág. 96) y Cervantes de Salazar (*Crónica*, pág. 213).

6   López de Gómara, *La conquista de México*, pág. 85. En Diego Durán (*Crónica de las Indias*, Vol. 2, págs. 10–13) los dibujantes aparecen con la visita de Grijalva.

7   Del *Libro de los Guardianes y Gobernadores de Quauhtinchan*, fol. 11, citado por Riese, *Das Reich der Azteken*, pág. 265.

8   López de Gómara, *La conquista de México*, pág. 85. Sahagún, *Historia general de las cosas de Nueva España*, Vol. 2, págs. 819–820.

9   Durán, *Crónica de las Indias de Nueva España*, Vol. 2, págs. 1–2. Díaz del Castillo, *Historia verdadera de la conquista de la Nueva España*, págs. 98–101.

10   *Anales de Tlatelolco*, pág. 62. Citados según Riese, *Das Reich der Azteken*, pág. 266. Véase también Tovar (*Origen de los mexicanos*, pág. 93), según el cual, los mensajeros se dirigieron a Cortés con las siguientes palabras: «Ponte, oh Señor, las ropas que solías usar cuando estabas entre nosotros como nuestro Dios y Rey».

11   Véase al respecto el testimonio del testigo presencial Juan Álvarez, Información promovida de Diego Velázquez contra Hernán Cortés (Santiago de Cuba, 28.6.–6.7.1521), en: DC, Vol. 1, pág. 205. Véase también Aguilar, *Relación breve de la conquista de la Nueva España*, pág. 165. Herrera, *Historia general*, Vol. 4, págs. 385–386. Torquemada, *Monarquía indiana*, Vol. 2, págs. 71–74. Desde el punto de vista nahua: *Anales de Tlatelolco*, pág. 62.

12   López de Gómara, *La conquista de México*, pág. 87. Cervantes de Salazar, *Crónica*, págs. 214–215. Véase también Aimi, *La «verdadera» visión de los vencidos*, pág. 172.

13   Sahagún, *Historia general de las cosas de Nueva España*, Vol. 2, págs. 817–819. Muñoz Camargo, *Historia de Tlaxcala*, pág. 173. Motolinía ya había informado sobre las profecías: Benavente, *Historia de los Indios*, Vol. 1, págs. 213–215. Los estudios han cuestionado durante mucho tiempo la historicidad de los malos augurios. Sin duda fue una interpretación retrospectiva. «Riese (*Das Reich der Azteken*, pág. 258) habla de una «racionalización post-factum» de los mexicas para hacer explicables retrospectivamente las experiencias traumáticas. Véase también Magaloni Kerpel, *Albores de la conquista*.

14 Sahagún, *Historia general de las cosas de Nueva España*, Vol. 2, pág. 821. Según Diego Durán (*Crónica de las Indias*, Vol. 1, págs. 490–491), diez años antes de la llegada de los españoles, Moctezuma había visto un cometa nocturno que se consideraba de mal augurio. Como sus propios adivinos no habían visto el cuerpo celeste, le pidió consejo a Nezahualpilli, el príncipe de Texcoco. Esto presagiaba una terrible catástrofe en la que habría muchas muertes, ante lo cual Moctezuma estaba desesperado.

15 Díaz del Castillo, *Historia verdadera de la conquista de la Nueva España*, pág. 98.

16 Durán, *Historia*, Vol. 2, pág. 4. Alvarado Tezozómoc, *Crónica mexicana*, págs. 452–453.

17 Sahagún, *Historia general de las cosas de Nueva España*, Vol. 2, págs. 822–823.

18 Información promovida de Diego Velázquez contra Hernán Cortés (Santiago de Cuba, 28.6.–6.7.1521), en: DC, Vol. 1, pág. 205. Sobre Malinche: Muñoz Camargo, *Historia de Tlaxcala*, pág. 168.

19 *Chimalpahin's Conquest*, pág. 178. Los mexicas conocían la piel clara (albinismo) y se consideraba una imperfección. Las personas de piel clara eran sacrificadas durante un eclipse solar. Stenzel, *Das kortesische Mexico*, pág. 12.

20 Sahagún, *Historia general de las cosas de Nueva España*, Vol. 2, págs. 826–828. Alvarado Tezozómoc, *Crónica Mexicana*, págs. 459–463. Véase también Riese, *Die Welt der Azteken*, págs. 262–263.

21 Wood, *Transcending Conquest*, pág. 72. Aimi, *La «verdadera» visión de los vencidos*, pág. 158. Gillespie, *Blaming Moteuczoma*, págs. 34–38. Pastrana, *Historias de la conquista*, págs. 15–25.

22 Véase, por ejemplo, Mira Caballos, *Hernán Cortés*, pág. 25. Medin, *Mito, pragmatismo e imperialismo*, pág. 176. Todorov, *La conquista de América: el problema del otro*, págs. 80–151.

23 Particularmente enfatizado en Townsend, *Burying the White Gods*, pág. 659. Véase también Hassig, *Time, History, and Belief*, págs. 58–59. Lockhart, *The Nahuas after the Conquest*, pág. 20. Clendinnen, «Fierce and Unnatural Cruelty», págs. 65–100. Wood, *Transcending Conquest*, pág. 72. Carman, *Rhetorical Conquests*, pág. 30.

24 Stenzel, *Quetzalcoatl von Tula*, págs. 7–91. Magaloni-Kerpel, *Painting a New Era*, pág. 149.

25 Wood, *Transcending Conquest*, págs. 137–142.

26 Según Barjau (*Hernán Cortés y Quetzalcóatl*, págs. 186–188) hay incluso una fuente indígena de 1519 de la cual se concluye que no se puede negar la autenticidad del cuento de Quetzalcóatl. Sin embargo, la veracidad de esta fuente ha sido cuestionada en los estudios.

27 Así lo argumenta Köhler, *Vasallen des linkshändigen Kriegers*, págs. 234–238.

28 Valdeón, *Translation and the Spanish Empire*, págs. 114–117. Townsend (*Burying the White Gods*, pág. 672) ha sostenido que el tratamiento «téotl» no era una prueba del mito de los dioses porque estaba mal traducido. Ella tiene razón en eso, pero no en el sentido que pretendía.

29 Bassett, *The Fate of Earthly Things*, págs. 26–44.

30 Anglería, *Décadas de Orbe Novo*, Vol. 1, pág. 368.

31 Báez-Jorge y Vásquez-Zárate, *Cempoala*, págs. 70–86. Krickeberg, *Las antiguas culturas mexicanas*, págs. 323–325. Sobre los hallazgos arqueológicos véase, sobre todo, Brüggemann, *Zempoala*.

32   Melgarejo Vivanco, *Los totonaca y su cultura*, págs. 112–134. González Martínez, *Veracruz*, págs. 30–38.

33   Báez-Jorge y Vásquez-Zárate, *Cempoala*, págs. 104–119.

34   García Márquez, *Los aztecas en el centro de Veracruz*, págs. 125–182.

35   López de Gómara, *La conquista de México*, págs. 88–89. Vázquez de Tapia, *Relación de méritos*, págs. 78–79.

36   Cervantes de Salazar, *Crónica*, págs. 210–211. López de Gómara, *La conquista de México*, pág. 90. Díaz del Castillo, *Historia verdadera de la conquista de la Nueva España*, págs. 101 y 112. Véase también Martínez, *Veracruz 1519*, pág. 79.

37   Díaz del Castillo, *Historia verdadera de la conquista de la Nueva España*, pág. 106.

38   *Ibidem*, págs. 107–109.

39   Cortés, *Cartas de relación*, pág. 22.

40   Las Casas, *Crónica de las Indias*, pág. 2294. Declaración de Martín Vázquez, Presentaciones e xuramentos de los testigos que presentó la parte del Marqués del Valle para prueba de sus descargos, en: CDIA, Vol. 28, pág. 134. Cervantes de Salazar, *Crónica*, págs. 219–220. López de Gómara, *La conquista de México*, pág. 92.

41   Sepúlveda, *Del Nuevo Mundo*, pág. 98. Véase también Martínez, *Veracruz 1519*, pág. 69. Una revisión detallada de las obras sobre este tema en *Ibidem*, págs. 80–83. Glantz, *Ciudad y escritura*, pág. 167.

42   Carta del ejército de Cortés al emperador (10.1520), en: DC, Vol. 1, págs. 156–163. Cervantes de Salazar, *Crónica*, págs. 219–221. Véase también Hinz, *Hispanisierung in Neu Spanien 1519–1568*, Vol. 1, pág. 101.

43   Sepúlveda, *Del Nuevo Mundo*, pág. 99.

44   Declaración de Luis Marín, Presentaciones e xuramentos de los testigos que presentó la parte del Marqués del Valle para prueba de sus descargos, en: CDIA, Vol. 28, pág. 55. Díaz del Castillo, *Historia verdadera de la conquista de la Nueva España*, págs. 109–113. Los acuerdos entre Cortés y las autoridades de la ciudad se redactaron poco después: Escriptura convenida entre Hernando Cortés y el Regimiento de la Villa-Rica en la Vera-Cruz, sobre defensa de sus habitantes y derechos que había de recaudar (Cempoala, 5.8.1519), en: CDIA, Vol. 26, págs. 5–16. Anglería, *Décadas de Orbe Novo*, Vol. 1, págs. 367–368. Véase también Martínez, *Veracruz 1519*, pág. 89.

45   Hassig, *Mexico and the Spanish Conquest*, págs. 66–70.

46   Díaz del Castillo, *Historia verdadera de la conquista de la Nueva España*, págs. 114–115. Cervantes de Salazar, *Crónica*, págs. 223–224. López de Gómara, *La conquista de México*, págs. 95–98.

47   Díaz del Castillo, *Historia verdadera de la conquista de la Nueva España*, pág. 116. Cervantes de Salazar, *Crónica*, pág. 224. López de Gómara, *La conquista de México*, págs. 98–101. Sepúlveda, *Del Nuevo Mundo*, pág. 101. Anglería, *Décadas de Orbe Novo*, Vol. 1, págs. 372–373.

48   Aguilar, *Relación breve de la conquista de la Nueva España*, pág. 165. Cervantes de Salazar, *Crónica*, pág. 226. Cortés, *Cartas de relación*, pág. 38. Alva Ixtlilxóchitl, *Obras históricas*, Vol. 2, págs. 203–204.

49   Anglería, *Décadas de Orbe Novo*, Vol. 2, págs. 4–5. Sepúlveda, *Del Nuevo Mundo*, pág. 102. López de Gómara, *La conquista de México*, pág. 102. Herrera, *Historia general*, Vol. 4, págs. 403–405.

50 Díaz del Castillo, *Historia verdadera de la conquista de la Nueva España*, págs. 117–118. López de Gómara, *La conquista de México*, págs. 102–103.

51 Vázquez de Tapia, *Relación de méritos*, pág. 81. Díaz del Castillo, *Historia verdadera de la conquista de la Nueva España*, págs. 118–122. López de Gómara, *La conquista de México*, págs. 102–103. Cervantes de Salazar, *Crónica*, págs. 226–228.

52 Díaz del Castillo, *Historia verdadera de la conquista de la Nueva España*, págs. 122–123. López de Gómara, *La conquista de México*, págs. 107–108. Sepúlveda, *Del Nuevo Mundo*, pág. 105.

53 López de Gómara, *La conquista de México*, págs. 104–105. Cervantes de Salazar, *Crónica*, págs. 231–232.

54 Sepúlveda, *Del Nuevo Mundo*, págs. 106–107. López de Gómara, *La conquista de México*, págs. 108–109. Díaz del Castillo, *Historia verdadera de la conquista de la Nueva España*, págs. 125–126. Cervantes de Salazar, *Crónica*, págs. 232–233.

55 Díaz del Castillo, *Historia verdadera de la conquista de la Nueva España*, págs. 128–133. Herrera, *Historia general*, Vol. 5, págs. 17–28.

56 Hassig, *Mexico and the Spanish Conquest*, págs. 70–77.

57 Díaz del Castillo, *Historia verdadera de la conquista de la Nueva España*, págs. 136–137. Declaración de Martín Vázquez, Presentaciones e xuramentos de los testigos que presentó la parte del Marqués del Valle para prueba de sus descargos, en: CDIA, Vol. 28, pág. 122.

58 Capitulación que se tomó con Diego Velázquez para la conquista de ciertas Islas (Saragossa, 13.11.1519), en: CDIA, Vol. 22, págs. 38–46.

59 Hassig, *Mexico and the Spanish Conquest*, págs. 66–70.

60 Díaz del Castillo, *Historia verdadera de la conquista de la Nueva España*, pág. 137. López de Gómara, *La conquista de México*, pág. 110. Véase también Goñi, *Las conquistas*, págs. 71–74. Grunberg, *Las relaciones entre Cortés y sus hombres*, pág. 304.

61 Instrucciones de Hernán Cortés a los procuradores Francisco de Montejo y Alonso Hernández Portocarrero enviados a España (Veracruz, julio 1519), en: DC, Vol. 1, págs. 77–85. Escritura convenida entre el ayuntamiento de la Veracruz y Hernán Cortés (Cempoala, 5.8.1519), en: *Ibidem*, págs. 86–91. Véase también Martínez, *Veracruz 1519*. El estudio de Schwaller y Nader (*The First Letter from New Spain*) apareció casi al mismo tiempo y los resultados fueron diferentes.

62 El texto del documento está impreso en facsímil y la transcripción, en Schwaller y Nader, *The First Letter from New Spain*, págs. 64–101.

63 Cortés, *Cartas de relación*, págs. 3–34, cita, pág. 25. También en Madariaga (*Hernán Cortés*, págs. 148–149) Cortés es el que movió los hilos en segundo plano para lograr su objetivo. Algunos estudiosos consideran que la Carta de Relación del 10 de julio de 1519 es la primera de las cartas de Cortés desde México. Así, por ejemplo, Manuel Alcalá, el editor de las cartas utilizadas aquí. Otros, como Martínez (*Veracruz 1519*, págs. 27–28), opinan no obstante que debe de haber habido otro informe, la primera Carta de Relación, escrita por Cortés, que se ha perdido. Véase también Marroquín Arredondo, *Diálogos con Quetzalcóatl*, págs. 83–85. Para Schwaller y Nader (*The First Letter from New Spain*, pág. 1) la petición del 20 de junio es la primera carta supuestamente desaparecida.

64 Wagner, *The Discovery of New Spain*, págs. 120–121. En Anglería, *Décadas de Orbe Novo*, Vol. 1, págs. 374–376, puede encontrarse una descripción de los re-

galos. López de Gómara, *La conquista de México*, págs. 111–113. Cortés, *Cartas de relación*, págs. 31–34.

65 Díaz del Castillo, *Historia verdadera de la conquista de la Nueva España*, págs. 141–142. Las otras crónicas no relatan el engaño de Montejo. No obstante, este está bien documentado en los archivos: Información recibida ante el Gobernador y adelantado Diego Velázquez, sobre una expedición sospechosa emprendida desde La Habana por Alonso Fernandez Portocarrero y Francisco Montejo, con pretesto de que iban a nuevos descubrimientos. (7.10.1519), en: CDIA, Vol. 12, págs. 151–203. Sobre las comunicaciones de Cortés con su familia: Thomas, *La conquista de México*, pág. 308.

66 Diego Velázquez a Juan Rodríguez de Fonseca (Santiago de Cuba, 12.10.1519), en: DC, Vol. 1, págs. 91–93. Información recibida en La Coruña sobre la armada que Diego Velásquez dispuso para el descubrimiento de Nueva España (29–30.4.1520), en: del Paso y Troncoso (Ed.), *Epistolario de Nueva España*, Vol. 1, págs. 44–50. Benito Martín a Su Majestad (Sevilla, octubre/noviembre 1519), en: DC, Vol. 1, págs. 95–97. Memorial presentado al Real Consejo por Don Martín Cortés de Monroy, padre de Hernán Cortés, en nombre de su hijo (marzo 1520), en: *Ibidem*, págs. 102–104. Declaraciones de Francisco de Montejo y Alonso Hernández Portocarrero sobre la armada que hizo el descubrimiento de Nueva España, en: *Ibidem*, págs. 109–113. Díaz del Castillo, *Historia verdadera de la conquista de la Nueva España*, págs. 144–147. Anglería, *Décadas de Orbe Novo*, Vol. 1, págs. 376–377.

67 Díaz del Castillo, *Historia verdadera de la conquista de la Nueva España*, págs. 147–148. López de Gómara, *La conquista de México*, págs. 115–116. Proceso de residencia, Vol. 1, págs. 44, 120. Anglería, *Décadas de Orbe Novo*, Vol. 2, págs. 6–7. Véase también Miralles, *Hernán Cortés*, pág. 119. Cervantes de Salazar, *Crónica*, págs. 236–238. Vázquez de Tapia, *Relación de méritos*, pág. 81. Estos incidentes se mencionaron repetidamente en juicios posteriores. Véase, por ejemplo: Declaraciones de testigos en la pesquisa secreta contra Hernando Cortés (1529), en: CDIA, Vol. 26, pág. 423 y *passim*.

68 Cortés, *Cartas de relación*, págs. 4–5. Díaz del Castillo (*Historia verdadera de la conquista de la Nueva España*, pág. 149) lo relata como si los hombres le hubieran pedido a Cortés que destruyera los barcos, y como si hubiera sucedido a la vista de estos. Según López de Gómara (*La conquista de México*, págs. 116–117) la acción se produjo en secreto. El propio Cortés justificó sus acciones en el informe de la segunda carta: Cortés, *Cartas de relación*, p. 39. Véase también Sepúlveda, *Del Nuevo Mundo*, págs. 109–110.

VI Tlaxcala

1 Sobre la cifra de cien mil hombres: López de Gómara, *La conquista de México*, pág. 106.

2 Díaz del Castillo, *Historia verdadera de la conquista de la Nueva España*, pág. 151.

3 *Ibidem*.

4 López de Gómara, *La conquista de México*, págs. 118–119. Díaz del Castillo, *Historia verdadera de la conquista de la Nueva España*, págs. 152–154. Anglería, *Décadas de Orbe Novo*, Vol. 2, págs. 7–8. Cortés, *Cartas de relación*, págs. 39–41.

5 Díaz del Castillo, *Historia verdadera de la conquista de la Nueva España*, pág. 155. Herrera, *Historia general*, Vol. 5, págs. 37–41. Cervantes de Salazar, *Crónica*, págs. 211–212. Cortés, *Cartas de relación*, págs. 41–42. Para más información sobre la polémica ruta de Cortés, véase también Benítez, *La ruta de Hernán Cortés*. Goñi, *Las conquistas*, págs. 77–80.

6 Grunberg (*Histoire de la conquête*, págs. 64–65) habla de un diez por ciento durante los primeros seis meses.

7 López de Gómara, *La conquista de México*, pág. 121. Véase también Cortés, *Cartas de relación*, págs. 42–43.

8 López de Gómara, *La conquista de México*, pág. 122. Vázquez de Tapia, *Relación de méritos*, pág. 86. Cervantes de Salazar, *Crónica*, págs. 243–245.

9 Sepúlveda, *Del Nuevo Mundo*, pág. 112. Díaz del Castillo, *Historia verdadera de la conquista de la Nueva España*, págs. 158–159.

10 Sepúlveda, *Del Nuevo Mundo*, pág. 113. Cortés, *Cartas de relación*, págs. 43–44. López de Gómara, *La conquista de México*, pág. 123.

11 Muñoz Camargo, *Historia de Tlaxcala*, págs. 31–39. Véase también Portillo Cirio, *Camaxtli*.

12 Fargher *et al.*, *The Independent Republic of Tlaxcallan*, pág. 535. Véase también Gibson, *Tlaxcala en el siglo XVI*.

13 Rendón, *Breve historia de Tlaxcala*, págs. 15–27. García Cook, *Tlaxcala*. Peñafiel, *La ciudad virreinal de Tlaxcala*, págs. 31–46. Toulet Abasolo, *Tlaxcala*, págs. 13–20.

14 Riese, *Das Reich der Azteken*, págs. 140–141. Hassig, *Aztec Warfare*, págs. 10–11.

15 Rendón, *Breve historia de Tlaxcala*, pág. 29.

16 Hassig, *Aztec Warfare*, pág. 23.

17 Fargher *et al.*, *The Independent Republic of Tlaxcallan*, págs. 535–539.

18 *Ibidem*, págs. 539–541. Toulet, *Tlaxcala*, págs. 26–31.

19 Sobre todo, el *Lienzo de Tlaxcala* en Gillespie, *Saints and Warriors*, págs. 46–81. Cervantes de Salazar, *Crónica*, págs. 245–250. Véase también Martínez Baracs, *Un gobierno de indios*, págs. 80–86.

20 Muñoz Camargo, *Historia de Tlaxcala*, págs. 187–188. Durán, *Crónica de las Indias de Nueva España*, Vol. 2, págs. 28–32. Chimalpahin, *Séptima relación*, pág. 197.

21 Díaz del Castillo, *Historia verdadera de la conquista de la Nueva España*, pág. 162.

22 *Ibidem*, pág. 163. Véase también Aguilar, *Relación breve de la conquista de la Nueva España*, pág. 169. Vázquez de Tapia, *Relación de méritos*, pág. 87. Cortés, *Cartas de relación*, pág. 45.

23 Díaz del Castillo, *Historia verdadera de la conquista de la Nueva España*, pág. 164.

24 Anglería, *Décadas de Orbe Novo*, Vol. 2, págs. 10–14. Cortés, *Cartas de relación*, págs. 46–47. Una excepción es el testimonio judicial de un confidente de Cortés, Francisco de Solís, sobre la importancia de los aliados totonacas: «Si no hubiera sido por ellos, no hubiéramos ganado». Citado en Thomas, *La conquista de México*, págs. 349–350.

25 Navarrete, *La Malinche*, pág. 294.

26 Alva Ixtlilxóchitl, *Obras históricas*, Vol. 2, págs. 209–210. López de Gómara, *La conquista de México*, págs. 128–133. Sepúlveda, *Del Nuevo Mundo*, págs. 114–123. Cortés, *Cartas de relación*, págs. 43–48. Sobre el problema del asedio, véase Hassig, *Mexico and the Spanish Conquest*, pág. 85.

27   Díaz del Castillo, *Historia verdadera de la conquista de la Nueva España*, págs. 167–177. Anglería, *Décadas de Orbe Novo*, Vol. 2, págs. 17–18. Cervantes de Salazar, *Crónica*, págs. 253–271. López de Gómara, *La conquista de México*, págs. 135–140. Vázquez de Tapia, *Relación de méritos*, pág. 90. El alcance de las exageraciones de los españoles se desprende del hecho de que Cortés (*Cartas de relación*, pág. 47) estimó el tamaño del ejército enemigo en ciento cuarenta y nueve mil hombres. Sobre el riesgo de un motín, véase Hassig, *Mexico and the Spanish Conquest*, pág. 90.

28   Hassig (*Mexico and the Spanish Conquest*, pág. 91. Rendón (*Breve historia de Tlaxcala*, pág. 31) supone que los tlaxcaltecas consideraban invencibles a los españoles. Véase también Martínez, *Un gobierno de indios*, págs. 37–40.

29   Díaz del Castillo, *Historia verdadera de la conquista de la Nueva España*, págs. 171–177.

30   *Ibidem*, págs. 187–197. Cortés, *Cartas de relación*, págs. 49–50. Alvarado Tezozómoc, *Crónica mexicana*, pág. 465. López de Gómara, *La conquista de México*, págs. 140–142. Vázquez de Tapia, *Relación de méritos*, págs. 91 y 139–140. Sepúlveda, *Del Nuevo Mundo*, págs. 123–124. Anglería, *Décadas de Orbe Novo*, Vol. 2, pág. 18.

31   Díaz del Castillo, *Historia verdadera de la conquista de la Nueva España*, págs. 190–191. Cortés, *Cartas de relación*, pág. 51. Sepúlveda, *Del Nuevo Mundo*, pág. 125. Cervantes de Salazar, *Crónica*, págs. 271–272.

32   Díaz del Castillo, *Historia verdadera de la conquista de la Nueva España*, págs. 197–199. Cortés, *Cartas de relación*, pág. 50. López de Gómara, *La conquista de México*, págs. 143–145. Sepúlveda, *Del Nuevo Mundo*, pág. 124. Anglería, *Décadas de Orbe Novo*, Vol. 2, págs. 18–19. Sobre Maxixcatzin: Muñoz Camargo, *Historia de Tlaxcala*, págs. 192–193. Sobre la comparación con Granada véase también Taboada, *La sombra del Islam*, pág. 192.

33   Díaz del Castillo, *Historia verdadera de la conquista de la Nueva España*, págs. 200–204. López de Gómara, *La conquista de México*, pág. 146.

34   Hassig, *Mexico and the Spanish Conquest*, pág. 93.

35   Muñoz Camargo, *Historia de Tlaxcala*, págs. 187–190. Sobre el lienzo: Gillespie, *Saints and Warriors*, págs. 46–81. Hinz, *Hispanisierung in Neu Spanien 1519–1568*, Vol. 1, pág. 192.

36   Townsend, *Malintzin's Choices*, pág. 63.

37   Gillespie, *Saints and Warriors*, pág. 24 y págs. 120–126. Navarrete, *La Malinche*, págs. 302–303. Sobre la política matrimonial en general, véase también Herrera, *Concubines and Wives*, pág. 130.

38   Hassig, *Aztec Warfare*, pág. 21. Oudijk y Restall, *Mesoamerican Conquistadors*, págs. 44–47.

39   Díaz del Castillo, *Historia verdadera de la conquista de la Nueva España*, pág. 175. Schroeder, *Introduction*, pág. 14. Oudijk y Restall, *Mesoamerican Conquistadors*, págs. 38–42.

40   Díaz del Castillo, *Historia verdadera de la conquista de la Nueva España*, pág. 212. López de Gómara, *La conquista de México*, pág. 148.

41   Vázquez de Tapia, *Relación de méritos*, págs. 140–142.

42   López de Gómara, *La conquista de México*, pág. 149. Cortés, *Cartas de relación*, pág. 53. Véase también Martínez Baracs, *Un gobierno de indios*, págs. 50–54.

43 Vázquez de Tapia, *Relación de méritos*, págs. 95–96. Díaz del Castillo, *Historia verdadera de la conquista de la Nueva España*, págs. 215–217. Según Rojas los Cholultecas eran libres (*Relación de Cholula*, págs. 160–163). Sobre el papel de Cholula como centro espiritual, véase Benavente, *Memoriales*, Vol. 1, págs. 83–86. Véase también Plunket y Uruñela, *Cholula in Aztec Times*, págs. 523–524. Sobre la cuestión de las relaciones con Tenochtitlán, *Ibidem*, pág. 530.

44 Vázquez de Tapia, *Relación de méritos*, págs. 97–99. Aguilar, *Relación breve de la conquista de la Nueva España*, pág. 175. Díaz del Castillo, *Historia verdadera de la conquista de la Nueva España*, págs. 218–230. López de Gómara, *La conquista de México*, págs. 150–152. Cervantes de Salazar, *Crónica*, págs. 287–290. Muñoz Camargo, *Historia de Tlaxcala*, págs. 208–209. Sepúlveda, *Del Nuevo Mundo*, págs. 127–129.

45 Cortés, *Cartas de relación*, págs. 54–55. Véase también Cervantes de Salazar, *Crónica*, págs. 291–292. Torquemada, *Monarquía indiana*, Vol. 2, págs. 137–140. Alva Ixtlilxóchitl, *Obras históricas*, Vol. 2, pág. 216. Sobre los barrios, véase Plunket y Uruñela, *Cholula*, pág. 530. El baño de sangre de Cholula también fue mencionado como un ejemplo de la crueldad española en Las Casas (*Brevísima relación de la destrucción de las Indias*, págs. 41–43).

46 Hassig, *Mexico and the Spanish Conquest*, págs. 94–97. Véase también Clendinnen, «Fierce and Unnatural Cruelty», págs. 70–74. Para una opinión contraria, véase, por ejemplo, Grunberg, *Histoire de la conquête*, págs. 80–82. Véase también Navarrete, *Beheadings and Massacres*, pág. 64. En la *Relación de Cholula* de Rojas (p. 158), redactada en 1581 y basada en parte en informes de testigos presenciales, se dice que los «naturales» seguían negando una conspiración, «que no se puede creer», como señaló Rojas.

47 Sahagún enfatiza los motivos de los tlaxcaltecas, *Historia general de las cosas de Nueva España*, págs. 829–830.

48 Cortés, *Cartas de relación*, págs. 56–57. López de Gómara, *La conquista de México*, pág. 157. Anglería, *Décadas de Orbe Novo*, Vol. 2, págs. 24–25. Sepúlveda, *Del Nuevo Mundo*, págs. 129–130. Con ligeras variaciones, Díaz del Castillo, *Historia verdadera de la conquista de la Nueva España*, págs. 231–234.

49 Aguilar, *Relación breve de la conquista de la Nueva España*, pág. 176.

50 Información de Diego Dordaz (Santo Domingo, 26.9.1521), en: CDIA, Vol. 40, págs. 80–82. Díaz del Castillo, *Historia verdadera de la conquista de la Nueva España*, pág. 235. Cortés, *Cartas de relación*, págs. 57–58. López de Gómara, *La conquista de México*, pág. 158. Sepúlveda, *Del Nuevo Mundo*, pág. 131. Anglería, *Décadas de Orbe Novo*, Vol. 2, págs. 25–26.

51 Díaz del Castillo, *Historia verdadera de la conquista de la Nueva España*, pág. 236. Vázquez de Tapia, *Relación de méritos*, pág. 100.

52 Sahagún, *Historia general de las cosas de la Nueva España*, pág. 257.

53 *Ibidem*, pág. 258.

54 *Ibidem*, pág. 259.

55 *Ibidem*, pág. 260.

56 Cortés, *Cartas de relación*, pág. 60.

57 *Ibidem*, pág. 61. Díaz del Castillo, *Historia verdadera de la conquista de la Nueva España*, págs. 239–244. Cervantes de Salazar, *Crónica*, págs. 298–299. Sahagún, *Historia general de las cosas de la Nueva España*, pág. 261. Durán, *Crónica de*

las Indias de Nueva España, Vol. 2, pág. 34. López de Gómara, *La conquista de México*, págs. 160–162. Sepúlveda, *Del Nuevo Mundo*, págs. 132–133. Vázquez de Tapia, *Relación de méritos*, pág. 100.

VII Tenochtitlán

1 Sahagún, *Historia general de las cosas de Nueva España*, págs. 261–263.

2 Díaz del Castillo, *Historia verdadera de la conquista de la Nueva España*, págs. 244– 245. Aguilar, *Relación breve de la conquista de la Nueva España*, pág. 178. Sobre la descripción del albarradón, Anglería, *Décadas de Orbe Novo*, Vol. 2, págs. 29–31. Chimalpahin, *Códice Chimalpahin*, Vol. 1, págs. 157–159.

3 Díaz del Castillo, *Historia verdadera de la conquista de la Nueva España*, págs. 245–247. Cortés, *Cartas de relación*, págs. 62–63. Vázquez de Tapia, *Relación de méritos*, pág. 102. López de Gómara, *La conquista de México*, págs. 164–165. Sepúlveda, *Del Nuevo Mundo*, pág. 134. Sobre la recepción por los príncipes: *Crónica Mexicayotl*, pág. 297.

4 Díaz del Castillo, *Historia verdadera de la conquista de la Nueva España*, págs. 247–248. Aguilar, *Relación breve de la conquista de la Nueva España*, pág. 180. Anglería, *Décadas de Orbe Novo*, Vol. 2, págs. 33–34. Cervantes de Salazar, *Crónica*, págs. 302–303. Tovar, *Origen de los mexicanos*, pág. 160. Durán, *Crónica de las Indias de Nueva España*, Vol. 2, págs. 34–36. *Anales de Tlatelolco*, pág. 62. Alva Ixtlilxóchitl, *Obras históricas*, Vol. 2, págs. 217–218.

5 Cortés, *Cartas de relación*, págs. 64–65.

6 López de Gómara, *La conquista de México*, págs. 165–166. Sepúlveda, *Del Nuevo Mundo*, págs. 134–135. Cervantes de Salazar, *Crónica*, pág. 308. Díaz del Castillo, *Historia verdadera de la conquista de la Nueva España*, págs. 248–249. Aguilar, *Relación breve de la conquista de la Nueva España*, págs. 179–180. Vázquez de Tapia, *Relación de méritos*, págs. 104–105. Alva Ixtlilxóchitl, *Obras históricas*, Vol. 2, pág. 218. Sahagún, *Historia general de las cosas de Nueva España*, pág. 834. Durán, *Crónica de las Indias de Nueva España*, Vol. 2, pág. 36.

7 Townsend, *Burying the White Gods*, pág. 674. Sobre esto en detalle, Brooks, *Motecuzoma Xocoyotl, Hernán Cortés and Bernal Díaz del Castillo*, págs. 149–183. Sobre la perspectiva narrativa, véase Carman, *Rhetorical Conquests*, págs. 46–52 y 46–167.

8 Bassett, *The Fate of Earthly Things*, pág. 42. Thomas (*La conquista de México*, págs. 390–393) defiende la autenticidad del discurso con argumentos que se relacionan unilateralmente con Cortés. Véase también Martínez, *Hernán Cortés*, pág. 244.

9 Para más información sobre Moctezuma: Alvarado Tezozómoc, *Crónica Mexicana*, pág. 466. Véase también Hassig, *Mexico and the Spanish Conquest*, pág. 77. Así como, *Aztec Warfare*, págs. 242–243. Pastrana, *Historias de la conquista*, págs. 65–118. Townsend, *Burying the White Gods*, pág. 683. Aimi, *La «verdadera» visión de los vencidos*, págs. 193–200.

10 Hassig, *Mexico and the Spanish Conquest*, págs. 100–102.

11 Díaz del Castillo, *Historia verdadera de la conquista de la Nueva España*, págs. 251–252.

12   *Ibidem*, págs. 261–267. Conquistador Anónimo, *Relación de algunas cosas de la Nueva España*, capítulo XVIII–XXII. Cortés, *Cartas de relación*, págs. 77–82. Véase también López de Gómara, *La conquista de México*, págs. 180–190.

13   Díaz del Castillo, *Historia verdadera de la conquista de la Nueva España*, págs. 267–271. Véase también Anglería, *Décadas de Orbe Novo*, Vol. 2, págs. 44–47. Sepúlveda, *Del Nuevo Mundo*, págs. 135–137. López de Gómara, *La conquista de México*, págs. 190–191.

14   Díaz del Castillo, *Historia verdadera de la conquista de la Nueva España*, págs. 273–274, cita: pág. 273. Aguilar, *Relación breve de la conquista de la Nueva España*, págs. 181–182. Alva Ixtlilxóchitl, *Obras históricas*, Vol. 2, pág. 218. López de Gómara, *La conquista de México*, págs. 192–193. Durán, *Crónica de las Indias de Nueva España*, Vol. 2, págs. 37–38.

15   Cortés, *Cartas de relación*, pág. 65. Díaz del Castillo, *Historia verdadera de la conquista de la Nueva España*, págs. 274–278. Aguilar, *Relación breve de la conquista de la Nueva España*, pág. 182. Anglería, *Décadas de Orbe Novo*, Vol. 2, págs. 36–37.

16   Cortés, *Cartas de relación*, págs. 66–67. Vázquez de Tapia, *Relación de méritos*, págs. 102–103. Aguilar, *Relación breve de la conquista de la Nueva España*, pág. 183. Díaz del Castillo, *Historia verdadera de la conquista de la Nueva España*, págs. 278–281. Chimalpahin, *Séptima relación*, pág. 199. López de Gómara, *La conquista de México*, págs. 193–195. Tovar, *Origen de los mexicanos*, pág. 162.

17   Cortés, *Cartas de relación*, pág. 68. López de Gómara, *La conquista de México*, págs. 200–201. Sepúlveda, *Del Nuevo Mundo*, págs. 140–141. Vázquez de Tapia, *Relación de méritos*, págs. 109–110. Díaz del Castillo, *Historia verdadera de la conquista de la Nueva España*, págs. 282–284. Anglería, *Décadas de Orbe Novo*, Vol. 2, págs. 37–38. Cervantes de Salazar, *Crónica*, págs. 340–347. Fernández de Oviedo, *Historia general*, págs. 287–290. Alva Ixtlilxóchitl, *Obras históricas*, Vol. 2, pág. 219.

18   Cortés, *Cartas de relación*, pág. 66. Por tanto, Stenzel (*Das kortesische Mexico*, págs. 38–40) opina que la captura se llevó a cabo en un instante cuando entró en la ciudad. Cortés deliberadamente tergiversó esto para encubrir la ilegalidad de sus acciones. Sobre su conducta, véase Gabbert, *Warum Moctezuma weinte*, págs. 38–39. Véase también Aimi, *La «verdadera» visión de los vencidos*, pág. 193. A partir de las fuentes contradictorias sobre el tema, Townsend (*Malintzin's Choices*, págs. 93–94) concluye que la captura tuvo que producirse mucho más tarde, pero esto no resulta convincente.

19   Cortés, *Cartas de relación*, págs. 68–69. Díaz del Castillo, *Historia verdadera de la conquista de la Nueva España*, págs. 287–290. Alva Ixtlilxóchitl, *Obras históricas*, Vol. 2, pág. 220. Cervantes de Salazar, *Crónica*, págs. 347–353.

20   Díaz del Castillo, *Historia verdadera de la conquista de la Nueva España*, págs. 284–287 y 291–295. Sobre Grado y Sandoval: Declaraciones de testigos en la pesquisa secreta contra Hernando Cortés (1529), en: CDIA, Vol. 26, págs. 394–395.

21   Cortés, *Cartas de relación*, pág. 69. Díaz del Castillo, *Historia verdadera de la conquista de la Nueva España*, págs. 304–309. López de Gómara, *La conquista de México*, págs. 203–205. Cervantes de Salazar, *Crónica*, págs. 367–371. Sobre los mixtecas: Spores, *The Mixtecs*, págs. 10–63.

22 Díaz del Castillo, *Historia verdadera de la conquista de la Nueva España*, págs. 310–313. Cortés, *Cartas de relación*, págs. 75–76. Anglería, *Décadas de Orbe Novo*, Vol. 2, págs. 43–44.

23 Sahagún, *Historia general de las cosas de Nueva España*, págs. 266–267. Véase también Durán, *Crónica de las Indias de Nueva España*, Vol. 2, pág. 38.

24 Díaz del Castillo, *Historia verdadera de la conquista de la Nueva España*, págs. 313–318.

25 Cervantes de Salazar, *Crónica*, págs. 371–376. Alva Ixtlilxóchitl, *Obras históricas*, Vol. 2, págs. 222–224. Sobre la lucha por el trono de Texcoco: Hinz, *Hispanisierung in Neu Spanien 1519–1568*, Vol. 1, pág. 198. Douglas, *In the Palace of Nezahualcoyotl*, págs. 8–9.

26 Díaz del Castillo, *Historia verdadera de la conquista de la Nueva España*, págs. 296–302. Cortés, *Cartas de relación*, págs. 72–73. Tovar, *Origen de los mexicanos*, pág. 164. Véase también Clendinnen, «Fierce and Unnatural Cruelty», págs. 74–75.

27 López de Gómara, *La conquista de México*, pág. 207.

28 *Ibidem*, págs. 207–209. Díaz del Castillo, *Historia verdadera de la conquista de la Nueva España*, págs. 302–304. Cortés, *Cartas de relación*, págs. 74–75. Alva Ixtlilxóchitl, Obras históricas, Vol. 2, págs. 225–226. Sepúlveda, *Del Nuevo Mundo*, págs. 143–144. Véase también Thomas (*La conquista de México*, págs. 442–443), quien cita testimonios de juicios posteriores que confirman esta versión. Véase también Goñi, *Las conquistas de México y Yucatán*, págs. 92–98.

29 Díaz del Castillo, *Historia verdadera de la conquista de la Nueva España*, págs. 318–320. Vázquez de Tapia, *Relación de méritos*, págs. 110–112. Cervantes de Salazar, *Crónica*, págs. 353–363. Anglería, *Décadas de Orbe Novo*, Vol. 2, págs. 53–55.

30 Cervantes de Salazar, *Crónica*, pág. 357. Cortés, *Cartas de relación*, pág. 80.

31 Díaz del Castillo, *Historia verdadera de la conquista de la Nueva España*, págs. 320–323. Cervantes de Salazar, *Crónica*, págs. 381–385. López de Gómara, *La conquista de México*, págs. 211–212.

32 Díaz del Castillo, *Historia verdadera de la conquista de la Nueva España*, pág. 143.

33 Diego Velázquez a Juan Rodríguez de Fonseca (Santiago de Cuba, 12.10.1519), en: DC, Vol. 1, págs. 91–93. Testymonio de una ynformación fecha en Sancto Domingo a ystancias del fiscal de aquelle Audiencia, sobre aber formado una armada Diego Velázquez (Isla Fernandina [Cuba], 17.11.1519), en: CDIA, Vol. 35, págs. 5–18.

34 Díaz del Castillo, *Historia verdadera de la conquista de la Nueva España*, págs. 323–324. Cortés (*Cartas de relación*, pág. 87) solo cifra en alrededor de 800 los soldados por parte de Narváez. Véase también López de Gómara, *La conquista de México*, págs. 216–217. Sepúlveda, *Del Nuevo Mundo*, págs. 144–145. Cervantes de Salazar, *Crónica*, págs. 386–388.

35 Lucas Vázquez de Ayllón a Su Majestad (Santo Domingo, 8.1.1520), en: CDIA, Vol. 35, págs. 241–244. Así como a Su Majestad (San Juan de Ulúa, 23.4.1520), en: DC, Vol. 1, págs. 105–108. Miguel de Pasamonte a Su Majestad (Santo Domingo, 15.1.1520), en: *Ibidem*, págs. 244–247. Interrogatorio presentado por el dicho Don Hernán Cortés al exámen de los testigos que presentáre, para su descargo en la pesquisa secreta, en: *Ibidem*, Vol. 27, págs. 348–350. Díaz del Castillo, *Historia verdadera de la conquista de la Nueva España*, págs. 325–328.

36   Díaz del Castillo, *Historia verdadera de la conquista de la Nueva España*, págs. 328–331. Ynformación fecha en la Ysla de Cuba a petycion del Adelantado Diego Velázquez (28.6.1521), en: CDIA, Vol. 35, págs. 284–286. Proceso de residencia, Vol. 2, págs. 389–390. Cervantes de Salazar, *Crónica*, págs. 390–391.

37   Cortés, *Cartas de relación*, pág. 86. Vázquez de Tapia, *Relación de méritos*, pág. 113. Cargos que resultan contra Hernando Cortés (Tenochtitlán, 8.5.1529), en: CDIA, Vol. 27, págs. 9–10. Presentaciones e xuramentos de los testigos que presentó la parte del Marqués del Valle para en prueba de sus descargos [declaración de Luis Martínez] (1534), en: CDIA, Vol. 28, págs. 36–37. Díaz del Castillo, *Historia verdadera de la conquista de la Nueva España*, págs. 327–328. Sepúlveda, *Del Nuevo Mundo*, págs. 147–148. Sobre el papel de Olmedo, véase también Cázares, *Entre el Breviario y la Espada*, pág. 607.

38   Díaz del Castillo, *Historia verdadera de la conquista de la Nueva España*, pág. 331. Véase también Cervantes de Salazar, *Crónica*, págs. 391–394. Cortés, *Cartas de relación*, págs. 86–87.

39   Vázquez de Tapia, *Relación de méritos*, págs. 113–114. Díaz del Castillo, *Historia verdadera de la conquista de la Nueva España*, págs. 332–333. Cortés, *Cartas de relación*, págs. 86–87. López de Gómara, *La conquista de México*, págs. 217–220. Alva Ixtlilxóchitl, *Obras históricas*, Vol. 2, pág. 226. Cervantes de Salazar, *Crónica*, págs. 394–396. Anglería, *Décadas de Orbe Novo*, Vol. 2, pág. 61.

40   Díaz del Castillo, *Historia verdadera de la conquista de la Nueva España*, pág. 328. Sepúlveda, *Del Nuevo Mundo*, pág. 149. Cervantes de Salazar, *Crónica*, págs. 400–406.

41   Díaz del Castillo, *Historia verdadera de la conquista de la Nueva España*, págs. 336–340. Sepúlveda, *Del Nuevo Mundo*, págs. 149–150. Vázquez de Tapia, *Relación de méritos*, pág. 144. Aguilar, *Relación breve de la conquista de la Nueva España*, pág. 183. López de Gómara, *La conquista de México*, págs. 220–222. Ynformación fecha en la Ysla de Cuba a petycion del Adelantado Diego Velázquez (28.6.1521), en: CDIA, Vol. 35, págs. 294 y 354. Cervantes de Salazar, *Crónica*, págs. 407–410.

42   Díaz del Castillo, *Historia verdadera de la conquista de la Nueva España*, págs. 341–358. Cortés, *Cartas de relación*, págs. 87–94. Sepúlveda, *Del Nuevo Mundo*, págs. 150–151. Cervantes de Salazar, *Crónica*, págs. 410–411. López de Gómara, *La conquista de México*, págs. 223–224. Proceso de residencia, Vol. 1, págs. 248–249. Durán, *Crónica de las Indias de Nueva España*, Vol. 2, págs. 39–40.

43   Vázquez de Tapia, *Relación de méritos*, págs. 116–119. Díaz del Castillo, *Historia verdadera de la conquista de la Nueva España*, págs. 358–365. Cortés, *Cartas de relación*, pág. 94. Sobre los sobornos de Cortés: Ynformación fecha en la Ysla de Cuba a petycion del Adelantado Diego Velázquez (28.6.1521), en: CDIA, Vol. 35, págs. 291, 340–343, 348.

44   Díaz del Castillo, *Historia verdadera de la conquista de la Nueva España*, págs. 365–376. Aguilar, *Relación breve de la conquista de la Nueva España*, págs. 184–185. Cortés, *Cartas de relación*, pág. 95. Proceso de residencia, Vol. 1, págs. 181–182, Vol. 2, págs. 12, 436, 444. Ynformación fecha en la Ysla de Cuba a petycion del Adelantado Diego Velázquez (28.6.1521), en: CDIA, Vol. 35, págs. 264–266, 288–294, 346–353. López de Gómara, *La conquista de México*,

págs. 225–226. Sepúlveda, *Del Nuevo Mundo*, págs. 151–152. Cervantes de Salazar, *Crónica*, Vol. 2, págs. 18–24. Durán, *Crónica de las Indias de Nueva España*, Vol. 2, pág. 40. Anglería, *Décadas de Orbe Novo*, Vol. 2, págs. 62–64.

45   Cortés, *Cartas de relación*, pág. 96. Díaz del Castillo, *Historia verdadera de la conquista de la Nueva España*, págs. 376–377.

46   Proceso de residencia contra Pedro de Alvarado.

47   Sahagún, *Historia general de las cosas de Nueva España*, Vol. 1, Libro 2. Tovar, *Origen de los mexicanos*, págs. 119–125. Pomar, *Relación de Texcoco*, pág. 21. Wilkosz, *Power, Performance and Propaganda*. Véase también Gutiérrez Escudero, *Pedro de Alvarado*, pág. 39.

48   Alva Ixtlilxóchitl, *Obras históricas*, Vol. 2, págs. 228–229.

49   Testimonio de Bernardino Vázquez de Tapia (México, 15.4.1537), en: Proceso de residencia contra Pedro de Alvarado, págs. 36–37. Declaración de Alvarado (México, 4.6.1537), en *Ibidem*, págs. 66–68.

50   Sahagún, *Historia general de las cosas de Nueva España*, Vol. 2, págs. 836–837. Durán, *Crónica de las Indias de Nueva España*, Vol. 2, págs. 39–42. Véase también López de Gómara, *La conquista de México*, pág. 229.

51   Durán, *Crónica de las Indias de Nueva España*, Vol. 2, pág. 42.

52   Testimonio de Bernardino Vázquez de Tapia: Declaraciones de testigos en la pesquisa secreta contra Hernando Cortés (1529), en: CDIA, Vol. 26, pág. 397. Igualmente López de Gómara, *La conquista de México*, págs. 230–231.

53   Cortés, *Cartas de relación*, pág. 97. Díaz del Castillo, *Historia verdadera de la conquista de la Nueva España*, pág. 377. López de Gómara, *La conquista de México*, págs. 231–232.

54   Díaz del Castillo, *Historia verdadera de la conquista de la Nueva España*, págs. 378–380. López de Gómara, *La conquista de México*, pág. 232. Aguilar, *Relación breve de la conquista de la Nueva España*, págs. 185–186. Vázquez de Tapia, *Relación de méritos*, págs. 141–142. Las Casas, *Brevísima relación de la destrucción de las Indias*, págs. 44–46. Cervantes de Salazar, *Crónica*, Vol. 2, págs. 33–38. Véase también García Loaeza, *Telling Violence*, pág. 119.

55   Durán, *Crónica de las Indias de Nueva España*, Vol. 2, págs. 42–43. Sahagún, *Historia general de la conquista de Nueva España*, Vol. 2, págs. 837–838. Sobre el *Códice Ramírez*: Tovar, *Origen de los mexicanos*, pág. 166. El *Códice Aubin* (Lehmann, *Geschichte der Azteken*, págs. 28–30), *Anales de Tlatelolco* (págs. 62–63) y Alva Ixtlilxóchitl (*Obras históricas*, Vol. 2, págs. 228–229), por el contrario, consideran que la culpa recae en Alvarado. Sobre la tesis de la orden de Cortés, véase Hassig, *Mexico and the Spanish Conquest*, pág. 109.

56   *Anales de Tlatelolco*, pág. 64. Sahagún, *Historia general de las cosas de Nueva España*, Vol. 2, pág. 839.

57   Cortés, *Cartas de relación*, pág. 98. Díaz del Castillo, *Historia verdadera de la conquista de la Nueva España*, págs. 380–388. López de Gómara, *La conquista de México*, pág. 234. Aguilar, *Relación breve de la conquista de la Nueva España*, pág. 187. Cervantes de Salazar, *Crónica*, Vol. 2, págs. 38–46.

58   *Anales de Tlatelolco*, pág. 64.

59   Díaz del Castillo, *Historia verdadera de la conquista de la Nueva España*, pág. 383. Alva Ixtlilxóchitl, *Obras históricas*, Vol. 2, pág. 229. Tovar, *Origen de los mexicanos*, págs. 165–166. Sahagún, *Historia general de las cosas de Nueva España*,

Vol. 2, págs. 838–839. Durán, *Crónica de las Indias* de *Nueva España*, Vol. 2, págs. 44–45. Anglería, *Décadas de Orbe Novo*, Vol. 2, págs. 64–68.

60 Díaz del Castillo, *Historia verdadera de la conquista de la Nueva España*, págs. 380–381. Cervantes de Salazar, *Crónica*, Vol. 2, pág. 38.

61 Según Díaz del Castillo (*Historia verdadera de la conquista de la Nueva España*, págs. 388–389) Moctezuma había perdido las ganas de vivir y murió sumido en una gran desesperación. Los testigos Aguilar (*Relación breve de la conquista de la Nueva España*, págs. 189 y 191) y Vázquez de Tapia (*Relación de méritos*, pág. 145) afirmaron que el tlatoani ni siquiera acudió a su discurso, pero fue alcanzado por un proyectil perdido y murió a la mañana siguiente (Aguilar) o a los tres días (Vázquez). Según Cortés (*Cartas de relación*, pág. 99) Cervantes de Salazar (*Crónica*, Vol. 2, págs. 47–48) y Pedro Mártir de Anglería (*Décadas de Orbe Novo*, Vol. 2, pág. 68) fue el propio tlatoani el que tuvo la idea de llamar a la paz desde el tejado, algo que no parece muy creíble. Véase también López de Gómara, *La conquista de México*, pág. 235. También los interlocutores indígenas de Durán (*Crónica de las Indias* de *Nueva España*, Vol. 2, pág. 45) así como Alva Ixtlilxóchitl (*Obras históricas*, Vol. 2, pág. 229), Suárez de Peralta (*Tratado del descubrimiento*, pág. 122) y Muñoz Camargo (*Historia de Tlaxcala*, pág. 217) asumieron que Moctezuma cayó muerto por los proyectiles lanzados por los mexicas.

62 Esta es la tesis del testigo ocular Vázquez de Tapia, *Relación de méritos*, pág. 146. Sobre las fuentes indígenas: Tovar, *Origen de los mexicanos*, pág. 166. Sahagún, *Historia general de las cosas de Nueva España*, Vol. 2, pág. 840. Castillo, *Historia de la venida de los mexicanos*, pág. 139. Chimalpahin, *Séptima relación*, pág. 201.

63 Alva Ixtlilxóchitl (*Obras históricas*, Vol. 2, pág. 230) afirma que los mexicas no se hundieron en la tristeza, y siguieron luchando sin más. De forma similar, Tovar, *Origen de los mexicanos*, pág. 166. En el *Códice Aubin* (Lehmann, *Geschichte der Azteken*, págs. 31–32) se afirma que el enterrador fue rechazado varias veces y tuvo problemas para encontrar un lugar donde poder incinerar el cadáver.

64 *Crónica Mexicayotl*, pág. 298. Chimalpahin, *Códice Chimalpahin*, Vol. 1, pág. 165. Díaz del Castillo, *Historia verdadera de la conquista de Nueva España*, págs. 389–391. López de Gómara, *La conquista de México*, págs. 235–236. Cervantes de Salazar, *Crónica*, Vol. 2, págs. 51–54. Anglería, *Décadas de Orbe Novo*, Vol. 2, págs. 69–70.

65 Aguilar, *Relación breve de la conquista de la Nueva España*, pág. 191. Traducción basada en Thomas, *La conquista de México*, pág. 549. Cervantes de Salazar, *Crónica*, Vol. 2, pág. 54.

66 Cortés, *Cartas de relación*, págs. 102–103. Díaz del Castillo, *Historia verdadera de la conquista de la Nueva España*, págs. 389–391. Cervantes de Salazar, *Crónica*, Vol. 2, págs. 54–56. López de Gómara, *La conquista de México*, págs. 236–240. Muñoz Camargo, *Historia de Tlaxcala*, pág. 218. Vázquez de Tapia, *Relación de méritos*, pág. 146. Sobre el reparto del oro: Ynformación fecha en la Ysla de Cuba a petycion del Adelantado Diego Velázquez (28.6.1521), en: CDIA, Vol. 35, págs. 297–298. Proceso de residencia contra Pedro de Alvarado, págs. 94–95.

67 Díaz del Castillo, *Historia verdadera de la conquista de la Nueva España*, págs. 394–398. Sahagún, *Historia general de las cosas de Nueva España*, Vol. 2,

pág. 841. *Crónica Mexicayotl*, pág. 301. Muñoz Camargo, *Historia de Tlaxcala*, pág. 218. Suárez de Peralta, *Tratado del descubrimiento*, pág. 123. Durán, *Crónica de las Indias de Nueva España*, Vol. 2, págs. 47–48. Cervantes de Salazar, *Crónica*, Vol. 2, págs. 56–58.

68   Cortés, *Cartas de relación*, pág. 104. Aguilar, *Relación breve de la conquista de la Nueva España*, págs. 191–193. Vázquez de Tapia, *Relación de méritos*, pág. 146. Anglería, *Décadas de Orbe Novo*, Vol. 2, pág. 73. López de Gómara, *La conquista de México*, págs. 242–243. Sepúlveda, *Del Nuevo Mundo*, pág. 159. Alva Ixtlilxóchitl, *Obras históricas*, Vol. 2, págs. 230–231. *Anales de Tlatelolco*, pág. 64.

VIII Guerra y destrucción

1   Alva Ixtlilxóchitl, *Obras históricas*, Vol. 2, pág. 233. Sahagún, *Historia general de las cosas de Nueva España*, págs. 841–842. Díaz del Castillo, *Historia verdadera de la conquista de la Nueva España*, págs. 398–399. Tovar, *Origen de los mexicanos*, pág. 167. Durán, *Crónica de las Indias de Nueva España*, Vol. 2, pág. 49. Vázquez de Tapia, *Relación de méritos*, págs. 146–147. Aguilar, *Relación breve de la conquista de la Nueva España*, págs. 192–193. Cervantes de Salazar, *Crónica*, Vol. 2, págs. 58–60.

2   *Anales de Tlatelolco*, pág. 64. Sahagún, *Historia general de las cosas de Nueva España*, págs. 843–844. Díaz del Castillo, *Historia verdadera de la conquista de Nueva España*, pág. 400. Cervantes de Salazar, *Crónica*, Vol. 2, págs. 60–63. Anglería, *Décadas de Orbe Novo*, Vol. 2, págs. 73–75. Cortés, *Cartas de relación*, págs. 105–106.

3   Durán, *Crónica de las Indias de Nueva España*, Vol. 2, págs. 50–51. Muñoz Camargo, *Historia de Tlaxcala*, págs. 225–226. Díaz del Castillo, *Historia verdadera de la conquista de la Nueva España*, págs. 400–404. Cortés, *Cartas de relación*, pág. 107. Cervantes de Salazar, *Crónica*, Vol. 2, págs. 63–65. López de Gómara, *La conquista de México*, págs. 243–246.

4   Cortés, *Cartas de relación*, págs. 107–109. Muñoz Camargo, *Historia de Tlaxcala*, págs. 228–229. Díaz del Castillo, *Historia verdadera de la conquista de Nueva España*, págs. 404–406. *Anales de Tlatelolco*, pág. 64. López de Gómara, *La conquista de México*, págs. 247–248. Anglería, *Décadas de Orbe Novo*, Vol. 2, págs. 75–76. Cervantes de Salazar, *Crónica*, Vol. 2, págs. 65–68. Alva Ixtlilxóchitl, *Obras históricas*, Vol. 2, págs. 233–234. Durán, *Crónica de las Indias de Nueva España*, Vol. 2, págs. 51–53. Sobre la importancia de los tlaxcaltecas véase la declaración de Alonso de Villanueva en un proceso posterior: Presentaciones e xuramientos de los testigos que presentó la parte del Marqués del Valle para en prueba de sus descargos (21.4.1534), en: CDIA, Vol. 27, pág. 503.

5   Alva Ixtlilxóchitl, *Obras históricas*, Vol. 2, págs. 236–238. Muñoz Camargo, *Historia de Tlaxcala*, págs. 232–236. Cervantes de Salazar, *Crónica*, Vol. 2, págs. 78–81. Sobre la oposición de Xicoténcatl véase Martínez Baracs, *Un gobierno de indios*, págs. 56–59.

6   López de Gómara, *La conquista de México*, pág. 249.

7   Díaz del Castillo, *Historia verdadera de la conquista de la Nueva España*, págs. 406–409. Cervantes de Salazar, *Crónica*, Vol. 2, págs. 69 y 76–78.

8   Cortés, *Cartas de relación*, pág. 110. Díaz del Castillo, *Historia verdadera de la conquista de la Nueva España*, págs. 414–417. Cervantes de Salazar, *Crónica*, Vol. 2, págs. 81–88. Alva Ixtlilxóchitl, *Obras históricas*, Vol. 2, pág. 238. López de Gómara, *La conquista de México*, págs. 251–253. Sepúlveda, *Del Nuevo Mundo*, págs. 164–165. Anglería, *Décadas de Orbe Novo*, Vol. 2, pág. 77.

9   Proceso de residencia, Vol. 2, pág. 165. Díaz del Castillo, *Historia verdadera de la conquista de la Nueva España*, págs. 418–420 y 424–426. Cortés, *Cartas de relación*, pág. 111. Declaración de Diego Dávila: Ynformación fecha en la Ysla de Cuba a petycion del Adelantado Diego Velázquez (28.6.1521), en: CDIA, Vol. 35, págs. 354, 403 y 465.

10   Cortés, *Cartas de relación,* págs. 118–119. Proceso de residencia, Vol. 1, pág. 259. Díaz del Castillo, *Historia verdadera de la conquista de la Nueva España*, págs. 434–440. Declaración de Diego Dávila: Ynformación fecha en la Ysla de Cuba a petycion del Adelantado Diego Velázquez (28.6.1521), en: CDIA, Vol. 35, págs. 373 y 475. Cervantes de Salazar, *Crónica*, Vol. 2, pág. 99. Vázquez de Tapia, *Relación de méritos*, págs. 148–149.

11   *Relación de las ceremonias y ritos y población y gobierno de los Indios de Michoacán*, págs. 237–240. Sahagún, *Historia general de las cosas de Nueva España*, págs. 845–846. Sobre Cuitláhuac: Castañeda de la Paz, *Conflictos y alianzas*, págs. 177–178. *Anales de Tlatelolco*, pág. 65.

12   Díaz del Castillo, *Historia verdadera de la conquista de la Nueva España*, págs. 420–423 y 427–431. Según Díaz del Castillo Olid dirigió a las tropas hacia la batalla. Otras crónicas relatan que el propio Cortés dirigió las campañas. Cortés, *Cartas de relación*, págs. 112–118. López de Gómara, *La conquista de México*, págs. 253–257. Cervantes de Salazar, *Crónica*, Vol. 2, págs. 93–95. Alva Ixtlilxóchitl, *Obras históricas*, Vol. 2, pág. 238. Anglería, *Décadas de Orbe Novo*, Vol. 2, págs. 78–79. Sepúlveda, *Del Nuevo Mundo*, págs. 165–167.

13   Díaz del Castillo, *Historia verdadera de la conquista de la Nueva España*, págs. 431–434.

14   Zapata y Mendoza, *Historia cronológica de la Noble Ciudad de Tlaxcala*, pág. 142. Díaz del Castillo, *Historia verdadera de la conquista de la Nueva España*, págs. 437–438. López de Gómara, *La conquista de México*, pág. 258. Cervantes de Salazar, *Crónica*, Vol. 2, págs. 100–104. Alva Ixtlilxóchitl, *Obras históricas*, Vol. 2, págs. 238–239. Cortés, *Cartas de relación*, págs. 130–131.

15   Torquemada, *Monarquía indiana*, Vol. 2, págs. 244–246. Cervantes de Salazar, *Crónica*, Vol. 2, págs. 107–110. Ordenanzas militares mandadas pregonar por Hernando Cortés (Tlaxcala, 22.12.1520), en: DC, Vol. 1, págs. 164–169. Cortés, *Cartas de relación*, pág. 132. Sepúlveda, *Del Nuevo Mundo*, pág. 167. Alva Ixtlilxóchitl, *Obras históricas*, Vol. 2, pág. 240.

16   Chimalpahin, *Códice Chimalpahin*, Vol. 1, pág. 165. *Crónica Mexicayotl*, pág. 317. *Códice Aubin*, pág. 33. Díaz del Castillo, *Historia verdadera de la conquista de la Nueva España*, pág. 427. López de Gómara, *La conquista de México*, págs. 226–227. Tovar, *Origen de los mexicanos*, pág. 168. Cervantes de Salazar, *Crónica*, Vol. 2, págs. 98–99. *Anales de Tlatelolco*, pág. 64. Sobre la evolución de la enfermedad véase Hassig, *Mexico and the Spanish Conquest*, págs. 123–124. Según el *Códice Aubin* (Lehmann, *Geschichte der Azteken*, pág. 32) Cuitláhuac murió durante la festividad de Huitzilopochtli, Panquetzalitzli. Brooks (*Revising*

the Conquest of Mexico, pág. 29) afirma que la epidemia de viruela no tuvo las proporciones descritas en las fuentes, sino que formó parte del «mito franciscano». McCaa (*Spanish and Nahuatl Views*, pág. 399) sostiene, por el contrario, que en algunas provincias murió hasta el cincuenta por ciento de la población, en otras un poco menos.

17 Sahagún, *Historia general de las cosas de Nueva España*, pág. 846.

18 Chimalpahin, *Códice Chimalpahin*, Vol. 1, pág. 167. *Crónica Mexicayotl*, pág. 321. Tovar, *Origen de los mexicanos*, pág. 169. Díaz del Castillo, *Historia verdadera de la conquista de la Nueva España*, págs. 560–561. Durán, *Crónica de las Indias de Nueva España*, Vol. 2, pág. 53. Sobre los aspectos estratégicos véase Hassig (*Mexico and the Spanish Conquest*, págs. 121–133). Anglería, *Décadas de Orbe Novo*, Vol. 2, pág. 80.

19 Cortés, *Cartas de relación*, pág. 120. Véase también López de Gómara, *La conquista de México*, págs. 260–263.

20 Cortés, *Cartas de relación*, pág. 119. Díaz del Castillo, *Historia verdadera de la conquista de la Nueva España*, pág. 437. Vázquez de Tapia, *Relación de méritos*, pág. 149. López de Gómara, *La conquista de México*, págs. 258–259. Cervantes de Salazar, *Crónica*, Vol. 2, pág. 58. Sepúlveda, *Del Nuevo Mundo*, pág. 167. Muñoz Camargo, *Historia de Tlaxcala*, págs. 237–239.

21 Cortés, *Cartas de relación*, págs. 134–136. Díaz del Castillo, *Historia verdadera de la conquista de la Nueva España*, págs. 441–442. López de Gómara, *La conquista de México*, págs. 263–264. Sobre las luchas por la sucesión véase Hassig, *Mexico and the Spanish Conquest*, págs. 135–138.

22 Alva Ixtlilxóchitl, *Obras históricas*, Vol. 2, pág. 241. Durán, *Crónica de las Indias de Nueva España*, Vol. 2, pág. 55. El papel de este príncipe, hermano de Coanácoch, quien también afirmó su derecho al trono y gobernó partes del territorio nacional, no está claro en este contexto. Lo cierto, sin embargo, es que se incorporó a las fuerzas de Cortés y fue apadrinado por este. Véase también Torquemada, *Monarquía indiana*, Vol. 2, págs. 252–254.

23 Alva Ixtlilxóchitl, *Obras históricas*, Vol. 2, pág. 242. Véase también Pomar, *Relación de Texcoco*, pág. 2.

24 Díaz del Castillo, *Historia verdadera de la conquista de la Nueva España*, págs. 443–447. Cortés, *Cartas de relación*, págs. 137–138. Alva Ixtlilxóchitl, *Obras históricas*, Vol. 2, págs. 242–244. López de Gómara, *La conquista de México*, págs. 265–266. Cervantes de Salazar, *Crónica*, Vol. 2, págs. 125–127.

25 Díaz del Castillo, *Historia verdadera de la conquista de la Nueva España*, págs. 448–449. Cortés, *Cartas de relación*, págs. 139–140. López de Gómara, *La conquista de México*, págs. 266–267. Sepúlveda, *Del Nuevo Mundo*, págs. 169–170. Cervantes de Salazar, *Crónica*, Vol. 2, págs. 120–121.

26 Díaz del Castillo, *Historia verdadera de la conquista de la Nueva España*, págs. 450–451. Cortés, *Cartas de relación*, págs. 141–144. López de Gómara, *La conquista de México*, pág. 268. Cervantes de Salazar, *Crónica*, Vol. 2, pág. 122. Alva Ixtlilxóchitl, *Obras históricas*, Vol. 2, págs. 242–243.

27 Díaz del Castillo, *Historia verdadera de la conquista de la Nueva España*, págs. 457–461. Cortés, *Cartas de relación*, págs. 146–148. López de Gómara, *La conquista de México*, págs. 269–271. Durán, *Crónica de las Indias de Nueva España*, Vol. 2, pág. 56. Alva Ixtlilxóchitl, *Obras históricas*, Vol. 2, pág. 243. Torquema-

da, *Monarquía indiana*, Vol. 2, págs. 256–258. Sepúlveda, *Del Nuevo Mundo*, págs. 170–171. Cervantes de Salazar, *Crónica*, Vol. 2, págs. 122–124.

28 Díaz del Castillo, *Historia verdadera de la conquista de la Nueva España*, págs. 461–465. Cortés, *Cartas de relación*, pág. 148. López de Gómara, *La conquista de México*, pág. 272. Sepúlveda, *Del Nuevo Mundo*, pág. 172. Cervantes de Salazar, *Crónica*, Vol. 2, págs. 138–139.

29 Díaz del Castillo, *Historia verdadera de la conquista de la Nueva España*, págs. 466–467. El hecho de que Cortés (*Cartas de relación*, págs. 149–150) no entre en estas peleas sugiere que no fueron muy exitosas para él. Véase también Cervantes de Salazar (*Crónica*, Vol. 2, págs. 139–141), el cual habla de «escaramuzas». Sepúlveda, *Del Nuevo Mundo*, págs. 172–173.

30 Proceso de residencia, Vol. 1, págs. 64, 175, 243. Sobre el veredicto contra Díaz: Probanza sobre la fuga que intentaba Pánfilo Narváez (Villa Rica de la Vera Cruz, 16.2.1521), en: CDIA, Vol. 26, págs. 287–297. Cortés, *Cartas de relación*, pág. 215. Cervantes de Salazar, *Crónica*, Vol. 2, págs. 118–120. Véase también Miralles Ostos, *Hernán Cortés*, pág. 299. Díaz del Castillo, *Historia verdadera de la conquista de la Nueva España*, págs. 504–506.

31 Díaz del Castillo, *Historia verdadera de la conquista de la Nueva España*, págs. 479–481. Cervantes de Salazar, *Crónica*, Vol. 2, págs. 135–136.

32 Díaz del Castillo, *Historia verdadera de la conquista de la Nueva España*, págs. 434–436. Información promovida por Diego Velázquez contra Hernán Cortés (Santiago de Cuba, 28.6.–6.7.1521), en: DC, Vol. 1, pág. 192.

33 Cortés, *Cartas de relación*, pág. 145. Díaz del Castillo, *Historia verdadera de la conquista de la Nueva España*, págs. 471–478. Cervantes de Salazar, *Crónica*, Vol. 2, págs. 144–147. López de Gómara, *La conquista de México*, págs. 274–275. Alva Ixtlilxóchitl, *Obras históricas*, Vol. 2, págs. 247–248.

34 Cortés, *Cartas de relación*, págs. 153–158. Díaz del Castillo, *Historia verdadera de la conquista de la Nueva España*, págs. 481–491. Alva Ixtlilxóchitl, *Obras históricas*, Vol. 2, págs. 250–252. Sepúlveda, *Del Nuevo Mundo*, págs. 174–176. Cervantes de Salazar, *Crónica*, Vol. 2, págs. 147–153. López de Gómara, *La conquista de México*, págs. 275–278. Torquemada, *Monarquía indiana*, Vol. 2, págs. 263–265. Sobre las violaciones véase también Wood, *Transcending Conquest*, págs. 68–69.

35 Cortés, *Cartas de relación*, págs. 158–161. Díaz del Castillo, *Historia verdadera de la conquista de la Nueva España*, págs. 491–500. López de Gómara, *La conquista de México*, págs. 278–281. Alva Ixtlilxóchitl, *Obras históricas*, Vol. 2, págs. 252–254. Sepúlveda, *Del Nuevo Mundo*, págs. 176–179. Cervantes de Salazar, *Crónica*, Vol. 2, pág. 153–159. Torquemada, *Monarquía indiana*, Vol. 2, págs. 265–268. *Anales de Tlatelolco*, págs. 64–65.

36 Cortés, *Cartas de relación*, págs. 161–162. Díaz del Castillo, *Historia verdadera de la conquista de la Nueva España*, págs. 500–504. Durán, *Crónica de las Indias de Nueva España*, Vol. 2, págs. 57–58.

37 Cervantes de Salazar, *Crónica*, Vol. 2, pág. 136. Véase también Cortés, *Cartas de relación*, págs. 163–164. Torquemada, *Monarquía indiana*, Vol. 2, págs. 259–260. López de Gómara, *La conquista de México*, págs. 281–282. Durán, *Crónica de las Indias de Nueva España*, Vol. 2, pág. 56. Muñoz Camargo, *Historia de Tlaxcala*, pág. 237.

38 Díaz del Castillo, *Historia verdadera de la conquista de la Nueva España*, pág. 507.

39 *Ibidem*, págs. 508–510. Sepúlveda, *Del Nuevo Mundo*, págs. 180–181. Alva Ixtlilxóchitl, *Obras históricas*, Vol. 2, pág. 255.

40 Cervantes de Salazar, *Crónica*, Vol. 2, pág. 167. Véase también págs. 162–164.

41 Cortés, *Cartas de relación*, págs. 164–166. Aguilar, *Relación breve de la conquista de la Nueva España*, pág. 197. Díaz del Castillo, *Historia verdadera de la conquista de la Nueva España*, págs. 510–514. Durán, *Crónica de las Indias de Nueva España*, Vol. 2, pág. 61. Sahagún, *Historia general de las cosas de Nueva España*, pág. 846. López de Gómara, *La conquista de México*, págs. 283–284. Sobre las decisiones estratégicas de Cortés véase también Grunberg, *Histoire de la conquête du Mexique*, pág. 185.

42 Cervantes de Salazar, *Crónica*, Vol. 2, pág. 162.

43 Díaz del Castillo, *Historia verdadera de la conquista de la Nueva España*, pág. 512.

44 Alva Ixtlilxóchitl, *Obras históricas*, Vol. 2, págs. 256–257. Para una valoración de la situación militar véase también Hassig, *Mexico and the Spanish Conquest*, págs. 146–148.

45 Díaz del Castillo, *Historia verdadera de la conquista de la Nueva España*, págs. 514–515. Cervantes de Salazar, *Crónica*, Vol. 2, pág. 174. Según Muñoz Camargo (*Historia de Tlaxcala*, pág. 84), Xicoténcatl dejó a su ejército para visitar a su amada en Tlaxcala.

46 Durán, *Crónica de las Indias de Nueva España*, Vol. 2, pág. 54.

47 *Ibidem*, pág. 56. Véase también Cervantes de Salazar, *Crónica*, Vol. 2, págs. 171–173.

48 Durán, *Crónica de las Indias de Nueva España*, Vol. 2, págs. 56–57. Hassig, *Mexico and the Spanish Conquest*, págs. 151–154.

49 Cortés, *Cartas de relación*, págs. 165–166. Díaz del Castillo, *Historia verdadera de la conquista de la Nueva España*, págs. 516–517. Cervantes de Salazar, *Crónica*, Vol. 2, págs. 169–170. Torquemada, *Monarquía indiana*, Vol. 2, págs. 268–270.

50 Cortés, *Cartas de relación*, págs. 166–167. Díaz del Castillo, *Historia verdadera de la conquista de la Nueva España*, págs. 517–519. Cervantes de Salazar, *Crónica*, Vol. 2, págs. 170–171. Anglería, *Décadas de Orbe Novo*, Vol. 2, pág. 103. Sepúlveda, *Del Nuevo Mundo*, pág. 182. Alva Ixtlilxóchitl, *Obras históricas*, Vol. 2, págs. 257–258. López de Gómara, *La conquista de México*, págs. 284–285.

51 Cortés, *Cartas de relación*, pág. 168.

52 Díaz del Castillo, *Historia verdadera de la conquista de la Nueva España*, págs. 519–521. Cervantes de Salazar, *Crónica*, Vol. 2, págs. 175–176. López de Gómara, *La conquista de México*, págs. 285–286.

53 Cervantes de Salazar, *Crónica*, Vol. 2, pág. 177.

54 Cortés, *Cartas de relación*, págs. 168–170. Sepúlveda, *Del Nuevo Mundo*, págs. 183–184. Sahagún, *Historia general de las cosas de Nueva España*, págs. 847–848.

55 Durán, *Crónica de las Indias de Nueva España*, Vol. 2, págs. 58–59.

56 Cervantes de Salazar, *Crónica*, Vol. 2, pág. 179. Véase también Cortés, *Cartas de relación*, págs. 170–171. Díaz del Castillo, *Historia verdadera de la conquista*

NOTAS

de la Nueva España, págs. 521–522. López de Gómara, *La conquista de México*, págs. 288–289. Alva Ixtlilxóchitl, *Obras históricas*, Vol. 2, pág. 261.

57 Cortés, *Cartas de relación*, págs. 171–172. Sepúlveda, *Del Nuevo Mundo*, págs. 184–186.

58 Díaz del Castillo, *Historia verdadera de la conquista de la Nueva España*, págs. 522–524.

59 *Ibidem*, págs. 522–524.

60 *Ibidem*, págs. 524–525. Cervantes de Salazar, *Crónica*, Vol. 2, págs. 181–182.

61 Díaz del Castillo, *Historia verdadera de la conquista de la Nueva España*, pág. 538. Sobre la importancia militar de los tejados: Tovar, *Origen de los mexicanos*, pág. 169.

62 Cervantes de Salazar, *Crónica*, Vol. 2, pág. 180.

63 *Ibidem*, págs. 179–183. Cortés, *Cartas de relación*, págs. 172–174. Sahagún, *Historia general de las cosas de Nueva España*, págs. 848. López de Gómara, *La conquista de México*, págs. 289–290. Alva Ixtlilxóchitl, *Obras históricas*, Vol. 2, págs. 262–263. Sepúlveda, *Del Nuevo Mundo*, págs. 186–188.

64 Tovar, *Origen de los mexicanos*, pág. 170. Díaz del Castillo, *Historia verdadera de la conquista de la Nueva España*, págs. 525–538. Cortés, *Cartas de relación*, págs. 175–182. Sahagún, *Historia general de las cosas de Nueva España*, págs. 851–855. López de Gómara, *La conquista de México*, págs. 294–298. Sepúlveda, *Del Nuevo Mundo*, págs. 187–191. Sobre los fracasos de Alvarado: Proceso de residencia contra Pedro de Alvarado, págs. 70–71 y 87.

65 Cortés, *Cartas de relación*, pág. 176.

66 *Ibidem*.

67 Díaz del Castillo, *Historia verdadera de la conquista de la Nueva España*, pág. 539.

68 Cortés, *Cartas de relación*, pág. 182. López de Gómara (*La conquista de México*, págs. 299–300) y Cervantes de Salazar (*Crónica*, Vol. 2, págs. 193–194) coinciden con Cortés.

69 *Anales de Tlatelolco*, págs. 66–70.

70 Díaz del Castillo, *Historia verdadera de la conquista de la Nueva España*, pág. 540.

71 *Ibidem*, págs. 540–542. Cortés, *Cartas de relación*, págs. 183–185. Cervantes de Salazar, *Crónica*, Vol. 2, págs. 194–198. Sobre el punto de vista de los tlatelolcas: McAfee y Barlow, *Anales de la conquista de Tlatelolco*, págs. 335–336.

72 Díaz del Castillo, *Historia verdadera de la conquista de la Nueva España*, págs. 542–547. Cortés, *Cartas de relación*, págs. 185–186. Cervantes de Salazar, *Crónica*, Vol. 2, págs. 198–199. Sepúlveda, *Del Nuevo Mundo*, págs. 191–195. López de Gómara, *La conquista de México*, págs. 299–301. De Solís, *Historia de la conquista*, Vol. 2, págs. 339–343.

73 Díaz del Castillo, *Historia verdadera de la conquista de la Nueva España*, págs. 548–549.

74 *Ibidem*, págs. 547–548. Torquemada, *Monarquía indiana*, Vol. 2, págs. 286–289. Anglería, *Décadas de Orbe Novo*, Vol. 2, pág. 104. Aguilar, *Relación breve de la conquista de la Nueva España*, pág. 198. De Solís, *Historia de la conquista*, Vol. 2, págs. 343–346.

75 Sahagún, *Historia general de las cosas de Nueva España*, pág. 852. En los *Anales de Tlatelolco* (pág. 70) se reclama esta victoria para Tlatelolco. Allí se dice tam-

bién que el propio Cuauhtémoc hizo los sacrificios (pág. 71). Fernando de Alva Ixtlilxóchitl, *Décima tercia relación de la venida de los españoles y principio de la ley evangélica*, México, 1938, págs. 38–39. Véase también la descripción que hace Durán (*Crónica de las Indias de Nueva España*, Vol. 2, pág. 59), quien, sin embargo, confunde la cronología.

76   Díaz del Castillo, *Historia verdadera de la conquista de la Nueva España*, págs. 549–555. Cervantes de Salazar, *Crónica*, Vol. 2, págs. 199–200. Sepúlveda, *Del Nuevo Mundo*, págs. 195–196.

77   Cortés, *Cartas de relación*, págs. 187–191. Díaz del Castillo, *Historia verdadera de la conquista de la Nueva España*, págs. 563–565. Cervantes de Salazar, *Crónica*, Vol. 2, págs. 200–206. Alva Ixtlilxóchitl, *Décima tercia relación*, pág. 40. Sepúlveda, *Del Nuevo Mundo*, págs. 196–197. López de Gómara, *La conquista de México*, págs. 302–303. Torquemada, *Monarquía indiana*, Vol. 2, págs. 290–292.

78   Durán, *Crónica de las Indias de Nueva España*, Vol. 2, pág. 57.

79   *Anales de Tlatelolco*, pág. 71.

80   Sahagún, *Historia general de las cosas de Nueva España*, pág. 852. También Díaz del Castillo (*Historia verdadera de la conquista de la Nueva España*, pág. 557) supo informar de los éxitos del asedio.

81   Díaz del Castillo, *Historia verdadera de la conquista de la Nueva España*, págs. 557–559. Cortés, *Cartas de relación*, pág. 191.

82   Cortés, *Cartas de relación*, pág. 191.

83   *Ibidem*, pág. 192.

84   López de Gómara, *La conquista de México*, pág. 303. Torquemada, *Monarquía indiana*, Vol. 2, págs. 295–297. Cervantes de Salazar, *Crónica*, Vol. 2, págs. 210–214. Sepúlveda, *Del Nuevo Mundo*, pág. 200. Sahagún, *Historia general de las cosas de Nueva España*, pág. 853.

85   Alva Ixtlilxóchitl, *Décima tercia relación*, pág. 42.

86   Cortés, *Cartas de relación*, pág. 199. Véase también *Ibidem*, págs. 192–199. Como todavía había escasez de pólvora, los españoles intentaron incluso construir una catapulta, que finalmente no funcionó. Díaz del Castillo, *Historia verdadera de la conquista de la Nueva España*, págs. 566–567. Cervantes de Salazar, *Crónica*, Vol. 2, págs. 218–227. López de Gómara, *La conquista de México*, págs. 303–308. De Solís, *Historia de la conquista*, Vol. 2, págs. 346–350. Sahagún, *Historia general de las cosas de Nueva España*, págs. 854–855.

87   Díaz del Castillo, *Historia verdadera de la conquista de la Nueva España*, págs. 560–563. *Anales de Tlatelolco*, págs. 71–73.

88   Cortés, *Cartas de relación*, págs. 199–202. Díaz del Castillo, *Historia verdadera de la conquista de la Nueva España*, págs. 568–571. Cervantes de Salazar, *Crónica*, Vol. 2, págs. 227–235. Torquemada, *Monarquía indiana*, Vol. 2, págs. 303–307. Sepúlveda, *Del Nuevo Mundo*, págs. 201–208. Según Sahagún (*Historia general de las cosas de Nueva España*, pág. 857) los españoles no mataron ni a mujeres ni a niños. Al menos, es probable que los perdonaran porque buscaban esclavos. En otros casos, como la masacre de Cholula, no habían rehuido la matanza de civiles, pero lo que les importaba era el factor terror, que ya no era un problema en Tlatelolco. Sin embargo, Alva Ixtlilxóchitl (*Décima tercia relación*, pág. 43) informa al menos de una noche en la que los españoles emboscaron

a algunos mexicas hambrientos y desarmados que buscaban desesperadamente comida fuera de su posición, y mataron a la mayoría de ellos.

89   Sahagún, *Historia general de las cosas de Nueva España*, pág. 857.

90   *Ibidem*, pág. 858.

91   Alva Ixtlilxóchitl, *Décima tercia relación*, pág. 47.

92   Sahagún, *Historia general de las cosas de Nueva España,* pág. 859.

93   Díaz del Castillo, *Historia verdadera de la conquista de la Nueva España*, pág. 573.

94   *Ibidem*, págs. 571–574. Cortés, *Cartas de relación*, págs. 202–205. Aguilar, *Relación breve de la conquista de la Nueva España*, págs. 199–200. *Códice Aubin*, pág. 33. *Anales de Tlatelolco*, pág. 74. Sahagún, *Historia general de las cosas de Nueva España*, pág. 860. Durán, *Crónica de las Indias* de Nueva España, Vol. 2, pág. 62. Cervantes de Salazar, *Crónica*, Vol. 2, págs. 227–236. Torquemada, *Monarquía indiana*, Vol. 2, págs. 303–307. Alva Ixtlilxóchitl, *Décima tercia relación*, págs. 47–49. López de Gómara, *La conquista de México*, págs. 308–311. Sepúlveda, *Del Nuevo Mundo*, págs. 209–210. Anglería, *Décadas de Orbe Novo*, Vol. 2, págs. 104–105.

95   Díaz del Castillo, *Historia verdadera de la conquista de la Nueva España*, págs. 574–577. Sahagún, *Historia general de las cosas de Nueva España*, pág. 860. López de Gómara, *La conquista de México*, págs. 311–312.

96   Sahagún, *Historia general de las cosas de Nueva España*, pág. 861.

97   *Ibidem*, págs. 860–862. *Anales de Tlatelolco*, págs. 74–75. Alva Ixtlilxóchitl, *Décima tercia relación*, pág. 49. López de Gómara, *La conquista de México*, pág. 313. Torquemada, *Monarquía indiana*, Vol. 2, págs. 310–314.

98   Díaz del Castillo, *Historia verdadera de la conquista de la Nueva España*, págs. 578–579.

99   Las estimaciones de bajas en ambos bandos varían ampliamente. Véase al respecto Hassig, *Mexico and the Spanish Conquest*, pág. 156. Thomas, *La conquista de México*, págs. 703–704.

IX Conquista sin fin

1   Cortés, *Cartas de relación*, pág. 205.

2   *Ibidem*. Díaz del Castillo, *Historia verdadera de la conquista de la Nueva España*, págs. 582–583. Cervantes de Salazar, *Crónica*, Vol. 2, pág. 254.

3   Díaz del Castillo, *Historia verdadera de la conquista de la Nueva España*, pág. 583.

4   *Ibidem*, págs. 583–584. López de Gómara, *La conquista de México*, págs. 314–315. Cervantes de Salazar, *Crónica*, Vol. 2, págs. 244–245.

5   Durán, *Crónica de las Indias* de Nueva España, Vol. 2, pág. 64. Véase también Alva Ixtlilxóchitl, *Décima tercia relación*, págs. 50–51.

6   Cortés, *Cartas de relación*, pág. 206. Proceso de residencia, Vol. 1, pág. 259. Díaz del Castillo, *Historia verdadera de la conquista de la Nueva España*, págs. 584–586. López de Gómara, *La conquista de México*, págs. 315–316.

7   Díaz del Castillo, *Historia verdadera de la conquista de la Nueva España*, págs. 588–589.

8   Alva Ixtlilxóchitl, *Décima tercia relación*, pág. 50. Sobre la importancia de los conquistadores indígenas véase Oudijk y Restall, *Mesoamerican Conquistadors in the Sixteenth Century*, págs. 49–50.

9   Cortés, *Cartas de relación*, págs. 250–251. García Mendoza, *La provincia de la plata en el siglo xvi*, págs. 38–48.

10   Díaz del Castillo, *Historia verdadera de la conquista de la Nueva España*, págs. 608–614. López de Gómara, *La conquista de México*, págs. 318–319.

11   Díaz del Castillo, *Historia verdadera de la conquista de la Nueva España*, págs. 618–620. Testimonio jurado de Hernán Cortés en su pleito con Pedro de Alvarado (Toledo, 10.3.1529), en: DC, Vol. 3, págs. 35–36.

12   Díaz del Castillo, *Historia verdadera de la conquista de la Nueva España*, págs. 589–590. López de Gómara, *La conquista de México*, págs. 318–321. Alva Ixtlilxóchitl, *Décima tercia relación*, pág. 52.

13   Alcalá, *La relación de Michoacán*, págs. 303–326. Cortés, *Cartas de relación*, pág. 206. López de Gómara, *La conquista de México*, págs. 316–318. Sobre la legación de Montaño véase también Cervantes de Salazar (*Crónica,* Vol. 2, págs. 255–261), quien probablemente exagera el papel de su amigo, ya que solo se menciona de pasada en la Relación. Sobre los motivos de fondo: Warren, *The Conquest of Michoacán*, págs. 42–72.

14   Cortés, *Cartas de relación*, pág. 206. Véase también *Ibidem*, págs. 214–215. López de Gómara, *La conquista de México*, págs. 320–321. Romero Solano, *Expedición*, págs. 14–16.

15   Cortés, *Cartas de relación*, pág. 210. Díaz del Castillo, *Historia verdadera de la conquista de la Nueva España*, págs. 590–600. López de Gómara, *La conquista de México*, págs. 323–325. Sobre el papel de Malinche en esta fase véase Townsend, *Malintzin's Choices*, págs. 127–129.

16   Chamberlain, *Conquista y colonización de Yucatán*, págs. 19–104. Chuchiak IV, *Forgotten Allies*, págs. 175–226. Goñi, *Las conquistas de México y Yucatán*, págs. 50–53, 131–132, 235–314. Restall, *Maya Conquistador, passim*. Altman, *Conquest, Coercion, and Collaboration*, págs. 145–174. Murià y Peregrina, *Historia general de Jalisco*, Vol. 1, págs. 289–318.

17   Espinosa, *The Empire of the Cities*, págs. 46–81. Maravall, *Las comunidades de Castilla*, págs. 36–75.

18   De Solís, *Historia de la conquista*, Vol. 2, págs. 291–294. Sobre la batalla de Villalar: Puiggrós, *La España que conquistó el Nuevo Mundo*, págs. 137–145.

19   Cristóbal de Tapia presenta sus provisiones reales para que Cortés le entregue la gobernación… (Cempoala, 24–30.12.1521), DC, Vol. 1, págs. 210–213.

20   Cargos que resultan contra Hernando Cortés (Temistlan, 8.5.1529), en: CDIA, Vol. 27, págs. 17–19. Descargos dados por García de Llerena en nombre de Hernando Cortés a los cargos hechos a éste (Temistlan, 12.10.1529), en: *Ibidem*, págs. 227–228.

21   Cortés, *Cartas de relació*n, págs. 210–212.

22   Cristóbal de Tapia presenta sus provisiones reales para que Cortés le entregue la gobernación… (Cempoala, 24–30.12.1521), DC, Vol. 1, págs. 213–218. Díaz del Castillo, *Historia verdadera de la conquista de la Nueva España*, págs. 590–592. Cortés, *Cartas de relación*, págs. 212–213.

23   Díaz del Castillo, *Historia verdadera de la conquista de la Nueva España*, págs. 616–617. Cortés, *Cartas de relación*, págs. 225–227.

24 Díaz del Castillo, *Historia verdadera de la conquista de la Nueva España*, pág. 601.

25 Hernán Cortés a Carlos V (Coyoacán, 15.5.1522), en CDIA, Vol. 1, pág. 230.

26 Sobre el poder notarial para Martín Cortés véase: Poder otorgado por Hernán Cortés en Favor de su padre Martín Cortés... (Coyoacán, 8.5.1522), DC, Vol. 1, págs. 225–229. Díaz del Castillo (*Historia verdadera de la conquista de la Nueva España*, págs. 602–604) resume las cartas de los conquistadores. Relación del oro, plata, joyas y otras cosas que los procuradores de Nueva España llevan a Su Majestad (Coyoacán, 19.3.1522), en: DC, Vol. 1, págs. 233–238. Memoria de los plumajes y joyas que enviaba Hernán Cortés a iglesias, monasterios y personas de España (Coyoacán, 19.5.1522), en: *Ibidem*, págs. 242–249. Para analizar a los destinatarios véase Thomas, *La conquista de México*, págs. 750–754.

27 Díaz del Castillo, *Historia verdadera de la conquista de la Nueva España*, págs. 604–608. Cortés, *Cartas de relación*, pág. 255. Vázquez de Tapia, *Relación de méritos*, pág. 150. López de Gómara, *La conquista de México*, págs. 315–316. Cervantes de Salazar, *Crónica*, Vol. 2, págs. 246–247. Anglería, *Décadas de Orbe Novo*, Vol. 2, págs. 106–107.

28 Díaz del Castillo, *Historia verdadera de la conquista de la Nueva España*, págs. 676–689. López de Gómara, *La conquista de México*, págs. 343–346. Véase también Martínez, *Hernán Cortés*, págs. 371–378. Thomas, *La conquista de México*, págs. 758–761. Grunberg, *Histoire de la conquête du Mexique*, págs. 57–58.

29 Real cédula de nombramiento de Hernán Cortés como gobernador y capitán general de Nueva España (Valladolid, 15.10.1522), en: DC, Vol. 1, págs. 251–253. Carlos V a Hernán Cortés (Valladolid, 15.10.1522), en: *Ibidem*, págs. 254–256.

30 Real cédula en que se asignan a Hernán Cortés los sueldos y otras concesiones, (Valladolid, 15.10.1522), en: DC, Vol. 1, págs. 257–261. Instrucciones de Carlos V a Hernán Cortés sobre tratamiento de los indios... (Valladolid, 26.6.1523), en: *Ibidem*, págs. 265–271.

31 Anglería, *Décadas de Orbe Novo*, Vol. 2, págs. 120–138.

32 Durero, *Diario de Durero en los Países Bajos*, pág. 83.

33 Anglería, *Décadas de Orbe Novo*, Vol. 1, págs. 370–372. Anders, *Die Schätze des Montezuma*, págs. 3–4.

34 Anglería, *Décadas de Orbe Novo*, Vol. 1, págs. 368. Véase también Boruchoff, *Indians, Cannibals, and Barbarians*, págs. 26–27.

35 Aracil Varón, *Yo, Don Hernando Cortés*, pág. 20. Carman, *Rhetorical Conquests*, págs. 11 y 64. Sobre el editor véase Barrau, *Framing the Literary*, pág. 16. Sobre la edición de Núremberg véase Mundy, *Mapping the Aztec Capital*, pág. 13. Padrón, *The Spacious Word*, pág. 94.

36 Anglería, *Décadas de Orbe Novo*, Vol. 2, págs. 281–282.

37 Real cédula de nombramiento de Hernán Cortés como gobernador y capitán general de la Nueva España (15.10.1522), en: DC, Vol. 1, pág. 251.

38 Real Provisión a Francisco de Garay (Valladolid, 24.4.1523), en: CDIA, Vol. 26, págs. 71–76. Provisión del Adelantado Francisco de Garay y consecuencias de la misma en la gobernación de Hernando Cortés (Chiachacata, 4.10.1523), en: *Ibidem*, págs. 77–135.

39 Cortés, *Cartas de relación*, pág. 241.

40 *Ibidem*, págs. 231–243. Díaz del Castillo, *Historia verdadera de la conquista de la Nueva España*, págs. 621–638. López de Gómara, *La conquista de México*, págs. 325–331. Anglería, *Décadas de Orbe Novo*, Vol. 2, págs. 203–204.

41 Oudijk y Restall, *Mesoamerican Conquistadors*, págs. 54–56. Gillespie, *Saints and Warriors*, págs. 107–110. Asselbergs, *The Conquest in Images*, págs. 82–84.

42 Cortés, *Cartas de relación*, págs. 245. Lovell *et al.*, «Strange Lands», págs. 3–17.

43 Díaz del Castillo, *Historia verdadera de la conquista de la Nueva España*, págs. 641–643. Alva Ixtlilxóchitl, *Décima tercia relación*, págs. 65–66. Matthew, *Whose Conquest?*, págs. 104–105. Oudijk y Restall, *Mesoamerican Conquistadors*, pág. 29.

44 Díaz del Castillo, *Historia verdadera de la conquista de la Nueva España*, págs. 643–648. López de Gómara, *La conquista de México*, págs. 332–337. Lovell *et al.*, «Strange Lands», págs. 3–17. Sobre la epidemia véase Akkeren, *La visión indígena*, pág. 41. Matthew, *Whose Conquest?*, págs. 104–105. Véase también Gutiérrez Escudero, *Pedro de Alvarado*, págs. 56–67.

45 Díaz del Castillo, *Historia verdadera de la conquista de la Nueva España*, pág. 648.

46 *Ibidem*, págs. 649–652. Cortés, *Cartas de relación*, pág. 245. López de Gómara, *La conquista de México*, págs. 338–339. Relación de gastos que hizo Hernán Cortés en la armada que envió al cabo de Honduras al mando de Cristóbal de Olid (ca. 1524), en: DC, Vol. 1, págs. 319–323.

47 Testimonio de una información (oct. 1524), en: CDIA, Vol. 12, págs. 268–277. Cortés, *Cartas de relación*, pág. 256. Díaz del Castillo, *Historia verdadera de la conquista de la Nueva España*, págs. 712–717. López de Gómara, *La conquista de México*, págs. 350–354. Anglería, *Décadas de Orbe Novo*, Vol. 2, págs. 320–328.

48 Alva Ixtlilxóchitl, *Décima tercia relación*, págs. 72–73. Díaz del Castillo, *Historia verdadera de la conquista de la Nueva España*, págs. 717–722. Sobre la boda de Malinche, Townsend (*Malintzin's Choices*, pág. 154) afirma que la amante de Cortés debió de recibir una pareja muy buena.

49 Díaz del Castillo, *Historia verdadera de la conquista de la Nueva España*, pág. 728. Véase también *Ibidem*, págs. 723–729. Cortés, *Cartas de relación*, págs. 281–297. López de Gómara, *La conquista de México*, págs. 360–369.

50 *Anales de Tlatelolco*, págs. 9–10. Cortés, *Cartas de relación*, págs. 297–298. Alva Ixtlilxóchitl, *Décima tercia relación*, págs. 74–75. Díaz del Castillo, *Historia verdadera de la conquista de la Nueva España*, págs. 734–738. López de Gómara, *La conquista de México*, págs. 369–371. Véase también Riese, *Das Reich der Azteken*, págs. 293–295.

51 Cortés, *Cartas de relación*, págs. 298–357. Díaz del Castillo, *Historia verdadera de la conquista de la Nueva España*, págs. 738–792. López de Gómara, *La conquista de México*, págs. 371–389. Alva Ixtlilxóchitl, *Décima tercia relación*, págs. 76–104. Véase también Castañeda de la Paz, *Conflictos y alianzas en tiempos de cambio*, págs. 175–183. Oudijk y Restall, *Mesoamerican Conquistadors*, pág. 54.

52 Cortés, *Cartas de relación*, pág. 274.

53 *Ibidem*, págs. 271–274 y 277. Relación de los gastos que hizo H.C. en el apresto de una armada que envió al Cabo de Honduras… (1529), en: CDIA, Vol. 12, págs. 386–403.

54 Cortés, *Cartas de relación*, págs. 278–279. H.C. en Audiencia de Santo Domingo (La Habana, 13.5.1526), DC, Vol. 1, págs. 362–367. Memoria de lo acaecido en la ciudad de México... (Temixtitán, 1526), en: *Ibidem*, págs. 423–431. Alva Ixtlilxóchitl, *Décima tercia relación*, págs. 72–73. Cartas de Diego de Ocaña contra Hernán Cortés (México, 31.8. y 9.9.1526), en *Ibidem*, págs. 391–401. Según Díaz del Castillo (*Historia verdadera de la conquista de la Nueva España*, págs. 719–720) estaba claro desde el principio que Salazar y Chirinos solo debían llegar hasta Coatzacoalcos. Véase también *Ibidem*, págs. 769–777.

55 Cortés, *Cartas de relación*, págs. 362–366. Díaz del Castillo, *Historia verdadera de la conquista de la Nueva España*, págs. 781–784 y 792–800. H.C. al emperador (Tenochtitlán, 3. septiembre 1526), en: CDIA, Vol. 12, págs. 480–490. H.C. a García de Loaisa, presidente del Consejo de Indias (Cuernavaca, 12.1.1527), en: DC, Vol. 1, págs. 432–434. Anglería, *Décadas de Orbe Novo*, Vol. 2, págs. 321–332. López de Gómara, *La conquista de México*, págs. 395–396.

56 H.C. a Martín Cortés (Tenuxtitan, 26.9.1526), en: DC, Vol. 1, pág. 417.

57 Requerimiento y mandamiento que Marcos de Aguilar intimó a Hernán Cortés a fin de hacerle renunciar el cargo de capitán general de la Nueva España y de la repartición de los indios. Respuesta y renuncia de Cortés (Tenustitan, 5.9.1526), en: DC, Vol. 1, págs. 387–390. Cortés, *Cartas de relación*, págs. 369–371. Díaz del Castillo, *Historia verdadera de la conquista de la Nueva España*, págs. 810–819. López de Gómara, *La conquista de México*, págs. 396–399.

58 Cortés, *Cartas de relación*, pág. 248. Véase también Hernán Cortés a Carlos V. (Coyoacán, 15.5.1522), en CDIA, Vol. 1, pág. 231. Ruiz Islas, *Hernán Cortés y la Isla California*, pág. 41.

59 Carlos V a H.C. (Granada, 20.6.1526), en: DC, Vol. 1, págs. 373–376. Sobre las instrucciones véase: H.C. a Saavedra Cerón (Temixtitan, 27 y 28.5.1527), en: DC, Vol. 1, págs. 439–449, 452–453 y 459–460. H.C. a Sebastián Caboto (Temixtitan, 28.5. 1527), en: *Ibidem*, págs. 454–458. Sobre el desarrollo del viaje véase: Relación de todo lo que descubrió y anduvo el capitán Álvaro de Saavedra (o. D.), en: CDIA, Vol. 5, págs. 68–96. Relación de Vicente de Nápoles (1534), en: *Ibidem*, págs. 142–175. Díaz del Castillo, *Historia verdadera de la conquista de la Nueva España*, págs. 848–855. López de Gómara, *La conquista de México*, págs. 399–401. Sobre los costes en los que incurrió Cortés en esta empresa, véase: H.C., Relación y cuenta (ca. 1528), en: DC, Vol. 1, págs. 491–503.

60 Carlos V. a H.C. (Madrid, 5.4.1528), en: DC, Vol. 3, págs. 11–13. López de Gómara, *La conquista de México*, págs. 402–403. Díaz del Castillo, *Historia verdadera de la conquista de la Nueva España*, págs. 819–821. Nancy E. van Deusen (*Coming to Castile with Cortés*, págs. 285–308) recientemente investigó los problemas de los indígenas «libres» que llegaron a España con Cortés y de repente fueron considerados esclavos.

61 Díaz del Castillo, *Historia verdadera de la conquista de la Nueva España*, págs. 821–825.

62 *Ibidem*, pág. 826. Carlos V a H.C. (Zaragoza, 1.4.1529), en: DC, Vol. 3, pág. 37. Carlos V., Cédulas (Barcelona, 6.7.1529), en: *Ibidem*, págs. 49–61. López de Gómara, *La conquista de México*, págs. 403–404.

63 Clemente VII., Bula para H.C. (Roma, 16.4.1529), en: DC, Vol. 3, págs. 40–42. Díaz del Castillo, *Historia verdadera de la conquista de la Nueva España*,

págs. 828–830. Sobre la boda con Doña Juana: López de Gómara, *La conquista de México*, págs. 404–405. Sobre la muerte de Catalina Suárez: Díaz del Castillo, *Historia verdadera de la conquista de la Nueva España*, págs. 614–615. Sobre el contexto véase Vélez, *El mito de Cortés*, págs. 269–275. Uno de los asuntos pendientes del juez Ponce de León era resolver la muerte de Catalina Suárez. Manzo-Robledo, I, *Hernan Cortés*, pág. 19. Mira Caballos, *Hernán Cortés*, págs. 156–161.

64   H.C., Memorial de peticiones a Carlos V (Madrid, 25.7.1528), en: DC, Vol. 3, págs. 21–25. Martínez, *Hernán Cortés*, págs. 510–512.

65   Carlos V. a H.C. (Madrid, 5.4.1528), en: DC, Vol. 3, págs. 11–13. Díaz del Castillo, *Historia verdadera de la conquista de la Nueva España*, págs. 830–839. López de Gómara, *La conquista de México*, págs. 405–407. Sobre las obligaciones tributarias véase *Códice Huexotzinco*, 1531, Biblioteca del Congreso, Washington DC, https://www.wdl.org/en/item/2657/view/1/1/ (consultado el 28.3.2016). Los huexotzincas lograron hacer cumplir sus demandas.

66   Cargos que resultan contra Hernando Cortés (Temistlan, 8.5.1529), en: DC, Vol. 2, págs. 102–131. Manzo-Robledo, I, (*Hernan Cortés*, *passim*) proporciona el análisis más completo del proceso de residencia.

67   Mayordomo Francisco de Terrazas a H.C. (Tenustitan, 30.7.1529), en: DC, Vol. 3, págs. 63–75. Traslado de una real cédula prohibiendo a Hernando Cortés…, y a su mujer, entrar en México (22.3.1530), en: CDIA, Vol. 12, págs. 403–405. Díaz del Castillo, *Historia verdadera de la conquista de la Nueva España*, págs. 839–840. Sobre la amistad inicial entre Cortés y el virrey véase Suárez de Peralta, *Tratado del descubrimiento*, págs. 138–140.

68   Cortés, *Cartas de relación*, pág. 248.

69   Carlos V provisión a H.C. (Madrid, 5.11.1529), en: DC, Vol. 2, págs. 86–89. López de Gómara, *La conquista de México*, págs. 409–415. Díaz del Castillo, *Historia verdadera de la conquista de la Nueva España*, págs. 848–855 y 864–865. Sobre la limitación de poderes a Cortés: Carlos V., Cédula (Barcelona, 17.4.1535), en: DC, Vol. 4, pág. 145. Véase también León Portilla, *Hernán Cortés y la Mar del Sur*. Pinzón Ríos, *Descubriendo el Mar del Sur*, págs. 749–773.

70   Díaz del Castillo, *Historia verdadera de la conquista de la Nueva España*, págs. 873–882. Cortés resumió las demandas contra Mendoza en un memorando de 1540: H.C., Memorial (Madrid, 25.6.1540), en: DC, Vol. 4, págs. 210–215. Véase también Martínez Martínez, *Hernán Cortés en España*, págs. 577–598.

71   H.C., Testamento (Sevilla, 11-12.10.1547), en: DC, Vol. 4, págs. 313–341. Martínez, *Hernán Cortés*, págs. 778–796. Fernández Domingo, *Estudio del Testamento de Don Hernando Cortés*, págs. 16–18. Sobre la odisea de los restos mortales de Cortés, véase Vélez, *El mito de Cortés*, págs. 58–84.

X El legado de la conquista

1   Cortés, *Cartas de relación*, pág. 248.

2   Gibson, *Los aztecas bajo el dominio español*, pág. 370. Gruzinski, *La ciudad de México*, pág. 307.

3   Benavente, *Memoriales*, Vol. 1, págs. 27–28. Zorita (*Edición crítica de la relación de la nueva España*, pág. 267) también adoptó esta metáfora. Véase también Glantz, *Ciudad y escritura*, págs. 165–174. Sobre la importancia de Coyoacán: Horn, *Post-Conquest Coyacan*, págs. 3–12. Sobre los primeros hospitales: Rodríguez-Sala, *Los cirujanos de hospitales de la Nueva España*, págs. 46–56.

4   Mundy, *The Death of Aztec Tenochtitlán*, pág. 9. Connell, *After Moctezuma*, págs. 5–7.

5   Díaz del Castillo, *Historia verdadera de la conquista de la Nueva España*, págs. 418–419.

6   Cortés, *Cartas de relación*, págs. 259–260. H.C. al emperador (México, o. D.), en: CDIA, Vol. 4, págs. 566–567. H.C. al emperador (México, 15.10.1524), en: CDIA, Vol. 5, págs. 556–561.

7   Ramos Cárdenas y Yannakakis, *Introduction*, pág. 7. Townsend, *Malintzin's Choices*, pág. 170. Connell, *After Moctezuma*, pág. 18.

8   H.C., Ordenanzas de buen gobierno dadas por Hernán Cortés para los vecinos y moradores de la Nueva España (20.3.1524), en: CDIA, Vol. 26, págs. 134–145.

9   Hassig, *Mexico and the Spanish Conquest*, págs. 179–181.

10 Villella, *Indigenous Elites*, págs. 29–72. Lockhart, *The Nahuas after the Conquest*, págs. 110–112. Douglas, *In the Palace of Nezahualcoyotl*, págs. 4–6.

11 Gibson, *Los aztecas bajo el dominio español*, págs. 166–173. Lockhart, *The Nahuas after the Conquest*, pág. 5. Borah, *The Spanish and the Indian Law*, pág. 272.

12 Baudot, *Utopía e historia en México*, págs. 73–74. Chipman, *Moctezuma's Children*, págs. 123–124.

13 Villella, *Indigenous Elites*, págs. 42–43. Hinz, *Hispanisierung in Neu Spanien 1519–1568*, Vol. 2, págs. 463–464. Connell, *After Moctezuma*, págs. 11–16.

14 Castañeda de la Paz, *Conflictos y alianzas en tiempos de cambio*, págs. 215–226 y 335–337. Pérez Rocha y Tena, *La nobleza indígena*, págs. 99–102. Villella, *Indigenous Elites*, pág. 30. Gruzinski, *La colonisation de l'imaginaire*, págs. 139–188.

15 Cortés, *Cartas de relación*, pág. 271. Martínez Baracs, *Un gobierno de indios*, págs. 71–108. Gillespie, *Saints and Warriors*, pág. 45. Hinz, *Hispanisierung in Neu Spanien 1519–1568*, págs. 488–520.

16 Pérez Rocha y Tena, *La nobleza indígena*, págs. 16–17. Véase al respecto también los documentos de la Colección de documentos de Coyoacán.

17 Lázaro Ávila, *Las fronteras de América*, págs. 51–66. Matthew, *Whose Conquest?*, pág. 114. Katz, *Rural Uprisings*, pág. 78.

18 Owensby, *Empire of Law*, págs. 1–2. Katz, *Rural Uprisings*, págs. 79–80. Coatsworth, *Patterns of Rural Rebellion in Latin America*, págs. 49–54.

19 Cortés, *Cartas de relación*, pág. 37. Véase también Frankl, *Die Begriffe des mexikanischen Kaisertums*, págs. 5–6.

20 Straub, *Das Bellum Iustum*, pág. 5.

21 Citado de König, *Plus Ultra*, pág. 74. Fernández de Oviedo justificó la reivindicación imperial afirmando que los territorios mesoamericanos ya habían pertenecido a España en la historia antigua y que no eran más que las míticas islas de las Hespérides, que se habían sumido en el lejano oeste desde la antigüedad, y que a su vez recibieron el nombre de un mítico rey originario de España: Hespero. Véase Frankl, *Die Begriffe des mexikanischen Kaisertums*, págs. 15–16.

22 Kohler, *Carlos V*, pág. 97. El emperador tampoco cambió su título, de manera que las «islas indias y tierra firme» siempre se enumeraran después de los imperios europeos. *Ibidem*, págs. 227–228.

23 Vélez, *El mito de Cortés*, pág. 308. Lupher, *Romans in a New World*, págs. 11–12.

24 Gibson, *Los aztecas bajo el dominio español*, págs. 58–59.

25 *Ibidem*, págs. 26–27 y 34–54. Lockhart, *The Nahuas after the Conquest*, pág. 28.

26 Carlos V a Cortés (Valladolid, 26.6.1523), en: DC, Vol. 1, págs. 265–271.

27 Cortés a Carlos V (Tenustitan, 15.10.1524), en: DC, Vol.1, pág. 287.

28 *Ibidem*, págs. 287–288.

29 *Ibidem*, págs. 288–295. Véase también Memorial de peticiones de H. Cortés a Carlos V (25.07.1528), en: DC, Vol. 3, pág. 23.

30 Schwaller y Nader, *The First Letter from New Spain*, págs. 139–141. Gibson, *The Aztecs under Spanish Rule*, págs. 58–61. Martínez, *Hernán Cortés*, págs. 78–82.

31 Ordenanzas de buen gobierno dadas por Hernán Cortés para los vecinos y moradores de la Nueva España (20.3.1524), en: DC, Vol. 1, pág. 281.

32 Declaración de los tributos que los indios de Cuernavaca hacían al marqués del Valle (México, 24.1.1533), en: DC, Vol. 4, págs. 11–14.

33 Gibson, *Los aztecas bajo el dominio español*, págs. 58–59.

34 *Ibidem*. Martínez, *Hernán Cortés*, págs. 81–82. Hinz, *Hispanisierung in Neu Spanien 1519–1568*, Vol. 2, págs. 420–421. Liss, *Orígenes de la nacionalidad mexicana*, págs. 83–92.

35 Gibson, *Los aztecas bajo el dominio español*, págs. 61–63. Hinz, *Hispanisierung in Neu Spanien 1519–1568*, Vol. 2, págs. 420–421.

36 Liss, *Orígenes de la nacionalidad mexicana*, págs. 106–110.

37 Ordenanzas de buen gobierno dadas por Hernán Cortés para los vecinos y moradores de la Nueva España (20.03.1524), en: DC, Vol. 1, págs. 279–280. Hassig, *Mexico and the Spanish Conquest*, págs. 183–185. Gruzinski, *La colonisation de l'imaginaire*, pág. 226. Gillespie, *The Aztec Kings*, pág. 29.

38 Ordenanzas de buen gobierno dadas por Hernán Cortés para los vecinos y moradores de la Nueva España (20.3.1524), en: DC, Vol. 1, págs. 279–280.

39 Benavente, *Historia de los indios de la Nueva España*, pág. 24.

40 H.C. al emperador (México, 15.10.1524), en: CDIA, Vol. 5, págs. 556–561. Torquemada, *Monarquía Indiana*, Vol. 5, págs. 17–20. Véase también Klaus, *Uprooted Christianity*, págs. 20–47.

41 Cortés, *Cartas de relación*, pág. 257.

42 Mendieta, *Historia eclesiástica indiana*, Vol. 1, págs. 318–321. Sobre la recepción de los doce por Cortés, véase *Ibidem*, págs. 352–356. Muñoz Camargo, *Historia de Tlaxcala*, págs. 241–242. Thomas, *The Golden Age*, pág. 42.

43 Mendieta, *Historia eclesiástica indiana*, Vol. 1, págs. 359–533. Sobre la construcción del convento, véase Mundy, *The Death of Aztec Tenochtitlán*, pág. 116. Sobre el poder de Felipe II, véase Torquemada, *Monarquía indiana*, Vol. 5, págs. 384–386. Sobre la misión en Tlaxcala: Martínez Baracs, *Un gobierno de indios*, págs. 109–134. Sobre la utopía, véase Baudot, *Utopía e historia en México*, págs. 94–95.

44 Morales, *The Native Encounter with Christianity*, págs. 137–159. Sobre el «cambio de forma de los dioses», véase Nebel, *Altmexikanische Religion und christliche Heilsbotschaft*, Parte II. Sobre la disputa con los sacer-

dotes aztecas, véase León-Portilla, *Coloquios y doctrina cristiana*. Sobre el endurecimiento de las prohibiciones a partir de 1525, véase Gruzinski, *La ciudad de México*, págs. 309–310. Hassig, *Time, History, and Belief*, págs. 137–152.

45 Kobayashi, *La educación como conquista*, págs. 171–180. Morales, *The Native Encounter with Christianity*, págs. 146–149. Ramos Cárdenas y Yannakakis, *Introduction*, págs. 8–11. Ríos Castaño, *Translation as conquest*, págs. 66–82. Lockhart, *The Nahuas after the Conquest*, págs. 330–331. Gruzinski, *La colonisation de l'imaginaire*, pág. 70.

46 Martínez, *Hernán Cortés*, págs. 93–94. Gibson, *Los aztecas bajo el dominio español*, págs. 98–103.

47 Gibson, *Los aztecas bajo el dominio español*, págs. 102–120.

48 Martínez, *Hernán Cortés*, pág. 93. Ruiz y Torres, *A puerta cerrada*, págs. 78–83. Don, *Franciscans*, págs. 3–5. Greenleaf, *Zumárraga*, págs. 121–125. Hassig, *Mexico and the Spanish Conquest*, págs. 183–185. Sobre el proceso contra Don Carlos véase Lienhard, *Disidentes, rebeldes, insurgentes*, págs. 29–50.

49 Carlos V a Cortés (Valladolid, 26.6.1523), en: DC, Vol. 1, págs. 265–271. Véase también Baudot, *Utopía e historia en México*, págs. 42–46. Don, *Franciscans*, págs. 52–82. Sobre cómo los españoles lidiaron con el canibalismo ritual, que consideraban una enfermedad contagiosa, véase Watson, *Insatiable Appetites*, págs. 92-94.

50 Baudot, *Utopía e historia en México*, págs. 102–105.

51 *Ibidem*, págs. 47–56 y 495–496. Douglas, *In the Palace of Nezahualcoyotl*, págs. 4–6.

52 Hinz, *Hispanisierung in Neu Spanien 1519–1568*, Vol. 2, págs. 293–295. Gruzinski, *La colonisation de l'imaginaire*, pág. 226. Don, *Franciscans*, págs. 5–7.

53 Lockhart, *The Nahuas after the Conquest*, págs. 205–206. Es fundamental Burkhart, *The Slippery Earth*. Sobre la cristianización de los mayas véase también Hanks, *Converting Words*.

54 Hassig, *Mexico and the Spanish Conquest*, pág. 186. Cook, *Born to Die*, págs. 60–133.

55 Gibson, *Los aztecas bajo el dominio español*, págs. 308–309 y 353. Earle, *The Body of the Conquistador*, págs. 118–130.

56 Vargas y Casillas, *El encuentro de dos cocinas*, págs. 155–168.

57 Melville, *A Plague of Sheep*, págs. 1–3. Véase también Serrera Contreras, *La América de los Habsburgo*, págs. 109–119.

58 Melville, *A Plague of Sheep*, págs. 12–13. Hassig, *Mexico and the Spanish Conquest*, págs. 186–193. Gerhard, *A Guide*, pág. 3.

59 Zorita, *Edición crítica*, pág. 262.

60 Martínez, *Hernán Cortés*, pág. 88. Rojas, *A cada uno lo suyo*, págs. 77–86. Gibson, *Los aztecas bajo el dominio español*, págs. 217–282.

61 Stenzel, *Das kortesische México*, págs. 95–96. Gibson, *Los aztecas bajo el dominio español*, págs. 150–152. Hinz, *Hispanisierung in Neu Spanien 1519–1568*, Vol. 2, págs. 525–533. Vargas y Casillas, *El encuentro de dos cocinas*, págs. 160–162. Sobre la resistencia pasiva, véase Serrera Contreras, *La América de los Habsburgo*, págs. 89–108. Berdan, *Trauma and Transition*, pág. 171.

62 Kellog, *Law and the Transformation of Aztec Culture*, págs. 19-20. Schroeder, *Introduction*, pág. 2. Wood, *Transcending Conquest*, pág. 141. Gibson, *Los azte-*

cas bajo el dominio español, págs. 357–358. Gonzalbo Aizpuru, *Vestir al desnudo*, págs. 333–335.

63   Horn, *Indigenous Identities*, pág. 32.

XI Consideraciones finales

1   Grunberg (*L'univers des conquistadores*, pág. 106) ha demostrado que los españoles sufrieron grandes pérdidas en general. El 56,7% (1189) de los 2100 conquistadores que estudió cayeron en operaciones de combate, otro 4,8% (100) murieron de enfermedad y poco menos del 38,6% (810) murieron por causas naturales. Sin embargo, si se tiene en cuenta el número de batallas que tuvieron que librar las tropas a partir de 1519 y el gran número de los que cayeron y los que murieron por las epidemias entre los aliados indígenas, las pérdidas se ponen en perspectiva.

2   Díaz del Castillo, *Historia verdadera de la conquista de la Nueva España*, pág. 476.

3   Carta de don Pedro de Santiago y de los principales de Xochimilco al rey Felipe II (México, 20.5.1563), en: Pérez-Rocha y Tena, *La nobleza indígena*, pág. 281.

4   Benavente, *Memoriales*, Vol. 1, pág. 21.

Fuentes y referencias

Fuentes

Aguilar, Francisco de, *Relación breve de la conquista de la Nueva España* [1892], en: Germán Vázquez (Ed.), *La conquista de Tenochtitlán*, Madrid, 1988, págs. 155–206.

Alcalá, Jerónimo de, *La relación de Michoacán*, Ed. Francisco Miranda, México, 1988.

Alva Ixtlilxóchitl, Fernando de, *Décima tercia relación de la venida de los españoles y principio de la ley evangélica*, México, 1938.

– *Obras históricas*: incluyen el texto completo de las llamadas *Relaciones e historia de la nación chichimeca* en una nueva versión establecida con el cotejo de los manuscritos más antiguos que se conocen, Ed. Edmundo O'Gorman y Miguel León-Portilla, 2 vol., Toluca ³1997.

Alvarado Tezozómoc, Fernando, *Crónica mexicana*, Ed. Gonzalo Díaz Migoyo y Germán Vázquez Chamorro, Madrid, 1997.

Anales de Tlatelolco: unos anales históricos de la nación mexicana y *Códice de Tlatelolco*, Ed. Heinrich Berlin y Robert H. Barlow, México, 1948.

Anglería, Pedro Mártir de, *Décadas de Orbe Novo*, Ed. Hans Klingelhöfer, 2 vol., Darmstadt, 1973.

Benavente, Toribio de [Motolinía], *Memoriales o libro de las cosas de la Nueva España y de los naturales de ella*, Ed. Edmundo O'Gorman, 2 vol., México, 1971.

– *Historia de los indios de la Nueva España*, Ed. Daniel Sánchez García, Barcelona, 1914.

Bonilla, Heraclio (Ed.), *Los conquistados: 1492 y la población indígena de las Américas*, Bogotá, 1992.

Buenaventura Zapata y Mendoza, Juan, *Historia cronológica de la Noble Ciudad de Tlaxcala* [Extracto], en: Rocío Cortés y Margarita Zamora (Eds.), *Narradores indígenas y mestizos de la época colonial (siglos XVI-XVII): zonas andina y mesoamericana*, Lima, 2016, págs. 139–151.

Castillo, Cristóbal del, *Historia de la venida de los mexicanos y otros pueblos e historia de la conquista*, Ed. Federico Navarrete Linares, México, 1991.

CDIA = Colección de documentos inéditos relativos al descubrimiento, conquista y organización de las antiguas posesiones españoles en América y Oceanía, sacados de los archivos del reino y muy especialmente del de Indias, Ed. J. F. Pacheco, F. Cárdenas y L. Torres de Mendoza, 42 vol., Madrid, 1864–1884.

CDIU = Colección de documentos inéditos relativos al descubrimiento, conquista y organización de las antiguas posesiones españoles de Ultramar, 25 vol., Madrid, 1884–1932.

CDM = Colección de documentos para la historia de México (versión actualizada), Ed. Joaquín García Icazbalceta, 2 vol., México, 1858–1866. http://www.cervantesvirtual.com/servlet/SirveObras/06922752100647273089079/index.htm

Cecil, Leslie G., y Timothy W. Pugh (Eds.), *Maya Worldviews at Conquest*, Boulder, 2009.

Cervantes de Salazar, Francisco, *Crónica de la Nueva España*, Ed. Manuel Magallón, 2 vol., Madrid, 1971.

Chimalpahin Quauhtlehuanitzin, Domingo Francisco de San Antón Muñón, *Relaciones originales de Chalco Amaquemacan*, Ed. Silvia Rendón, México, 1965.

– *Códice Chimalpahin, Vol. 1, Society and Politics in Mexico Tenochtitlán, Tlatelolco, Texcoco, Culhuacan, and other Nahua altépetl in Central Mexico*, Ed. Arthur J. O. Anderson y Susan Schroeder, Norman, 1997.

– *Séptima relación de las différentes histoires originales*, Ed. Josefina García Quintana, México, 2003.

– *Chimalpahin's Conquest: A Nahua Historian's Rewriting of Francisco Lopez de Gomara's La conquista de Mexico*, Ed. Susan Schroeder, Anne J. Cruz, Cristian Roade-la-Carrera y David E. Tavares, Stanford, 2010.

Códice Aubin – véase Lehmann, *Geschichte der Azteken*.

Códice Chimalpahin – véase Chimalpahin Quauhtlehuanitzin, Domingo Francisco de San Antón Muñón, *Códice Chimalpahin*.

Códice Osuna – Pintura del gobernador, alcaldes y regidores de México. Códice en jeroglíficos mexicanos y en lenguas castellana y azteca, existente en la biblioteca del Excmo. Señor Duque de Osuna, Madrid, 1878.

Códice Tovar – véase Tovar, Juan de, *Historia de la venida de los Indios*. Colección de documentos de Coyoacán, Ed. Pedro Carrasco y Jesús Monjarás Ruiz, 2 vol., México 1976–1978.

Colón, Fernando, *Historia del almirante Don Cristóbal Colón en la cual se da particular y verdadera relación de su vida y de sus hechos, y del descubrimiento de las Indias Occidentales, llamadas nuevo-mundo*, 2 vol., Madrid, 1892 [1571].

Conquistador Anónimo, *Relación de algunas cosas de la Nueva España, y de la gran ciudad de Temestitán México*; escrita por un compañero de Hernán Cortés, en: CDM, Vol. 1.

Cortés, Hernán, *Cartas de relación*, Ed. Manuel Alcalá, México, 2005.

– *Praeclara Ferdinandi Cortesii De nova maris Oceani Hyspania Narratio…*, Núremberg, 1524.

Cristóbal de Tapia (Coyoacán, 20.4.1522), en: Boletín del Archivo General de la Nación, 9 (2/1938), págs. 181–235.

Crónica Mexicáyotl, Ed. V. Berthold Riese, Sankt Augustin, 2004.

DC = José Luis Martínez (Ed.), *Documentos cortesianos. 1518–1548*. 4 vol., México, 1991–1993.

Díaz, Juan, *Itinerario de la armada del rey católico a la isla de Yucatán* [1520], en: Germán Vázquez (Ed.), *La conquista de Tenochtitlán*, Madrid, 1988, págs. 29–57.

Díaz del Castillo, Bernal, *Historia verdadera de la conquista de la Nueva España*, Ed. Juan Gil y Carmelo Sáenz de Santa María, Madrid, 2012 [1632].

Durero, Alberto, *Diario del viaje a los Países Bajos*, Ed. Friedrich Leitschuh, Leipzig, 1884.

Durán, Diego, *Crónica de las Indias de Nueva España y islas de Tierra Firme*, Manuscrito 1579. Biblioteca Digital Hispánica.

– *Crónica de las Indias de Nueva España y islas de Tierra Firme*, Ed. José F. Ramírez, 2 vol., México, 1867–1880 [1579].

Fernández de Oviedo, Gonzalo, *Historia general y natural de las Indias, islas y tierra firme del mar océano*, Madrid, 1851–1853 [1532].

Fernández Domingo, Jesús Ignacio (Ed.), *Estudio del Testamento de Don Hernando Cortés Marqués del Valle de Oaxaca*, Badajoz, 1999.

Herrera y Tordesillas, Antonio de, *Historia general de los hechos de los castellanos en las islas y tierra firme del mar océano*, 17 vol., Madrid, 1934–1957 [1601–1615].

Landa, Diego de, *Relación de las cosas de Yucatán*, Ed. Carlos Rincón, Leipzig, ²1993 [1864].

Las Casas, Bartolomé de, *Brevísima relación de la destrucción de las Indias*, Ed. Hans Magnus Enzensberger, Fráncfort, 1981 [1790].

– Obras completas, Vol. 5, *Crónica de las Indias*, parte 3, Madrid, 1994.

Lehmann, Walter *et al.* (Ed.), *Geschichte der Azteken: Der Códice Aubin und verwandte Dokumente*, Berlín, 1981.

León-Portilla, Miguel (Ed.), *El reverso de la Conquista*, Ed. Planeta, Barcelona, 2007.

– *Coloquios y doctrina cristiana*, México, 1986.

Lockhart, James (Ed.), *We people here: Nahuatl accounts of the conquest of Mexico*, Berkeley, 1993.

López de Gómara, Francisco, *Historia general de las Indias y vida de Hernán Cortés*, Ed. Jorge Gurria Lacroix, Caracas, 1991 [1552].

– *La conquista de México*, Ed. José Luis de Rojas, Madrid, 1987.

Marineo Sículo, Lucio, *Hernán Cortes: su primera y olvidada biografía en la obra de Lucio Marineo Sículo*, 1530, Ed. Miguel León Portilla, México, 1985.

McAfee, Byron y R. H. Barlow, *Anales de la Conquista de Tlatelolco en 1473 y en 1521*, en: Memorias de la Academia Mexicana de la Historia, 4 (3/1945), págs. 326–339.

Mendieta, Gerónimo de, *Historia eclesiástica indiana*, Ed. Joaquín García Icazbalceta y Antonio Rubial García, 2 vol., México, 1997 [1870].

Motolinía, s. Benavente, Toribio de Muñoz Camargo, Diego, *Historia de Tlaxcala*, Ed. Alfredo Chavero, México, 1892 [1591].

Nebrija, Antonio de, *Gramática de la lengua castellana*, Ed. Antonio Quilis, Madrid, 1981.

Paso y Troncoso, Francisco del (Ed.), *Epistolario de Nueva España 1505–1818*, Vol. 1, 1505–1529, México, 1939.

Pomar, Juan Bautista, *Relación de Texcoco*, Ed. Joaquín García Icazbalceta, México, 1975.

Probanza sobre las causas que se dieron a la suplicación de las provisiones del veedor

Proceso de residencia contra Pedro de Alvarado, Ed. José Fernando Ramírez e Ignacio F. Rayón, México, 1847.

Relación de las ceremonias y ritos y población y gobierno de los Indios de Michoacán: 1541, Ed. José Tudela, Morelia, 1977.

Residencia: Documentos para la historia de México: archivo mexicano, 2 vol., Sumario de la residencia tomada a D. Fernando Cortés, México, 1852–53.

Rojas, Gabriel de, Relación de Cholula, Ed. v. Fernando Gómez de Orozco, en: *Revista Mexicana de Estudios Históricos*, 1 (sept.-oct. 1927), págs. 154–169.

Romero Solano, Luis, *Expedición cortesiana a las Molucas*, 1527, México, 1950.

Sahagún, Bernardino de, *Historia general de las cosas de Nueva España*, Ed. Alfredo López Austin y Josefina García Quintana, 2 vol., Madrid, 1988.

Sepúlveda, Juan Ginés de, *Obras completas, Vol. 11, Del Nuevo Mundo*, Ed. Luis Rivero García, Pozoblanco, 2005.

Solís, Antonio de, *Historia de La conquista de México, población y progresos de la América Septentrional, conocida por el nombre de Nueva España*, Ed. Edmundo O'Gorman, México, 1978 [1684].

Suárez de Peralta, Juan, *Tratado del descubrimiento de las Indias: noticias históricas de la Nueva España*, Ed. Teresa Silva Tena, México, 1990.

Tapia, Andrés de, *Relación de algunas cosas de las que acaecieron al muy ilustre Señor Don Hernando Cortés* [1866], en: Germán Vázquez (Ed.), *La conquista de Tenochtitlán*, Madrid, 1988, págs. 59–123.

Torquemada, Juan de, *Monarquía indiana*, Ed. Miguel León Portilla, 7 vol., México, ⁵1975.

Tovar, Juan de, *Historia de la venida de los Yndios. Ms. 1585*, John Carter Brown Library. https://dl.wdl.org/6759/service/6759.pdf (Abgerufen am 12.2.2018).

– *Códice Ramírez*: manuscrito del siglo XVI intitulado: *Relación del origen de los indios que habitan esta Nueva España, según sus historias*, México, 1979.

– *Origen de los mexicanos*, Barcelona, 2011.

Vázquez, Germán (Ed.), *La conquista de Tenochtitlán*, Madrid, 1988.

Vázquez de Tapia, Bernardino, *Relación de méritos y servicios* [1939], en: Germán Vázquez (Ed.), *La conquista de Tenochtitlán*, Madrid, 1988, págs. 125–154.

Zorita, Alonso de, *Edición crítica de la relación de la nueva España y de la breve y sumaria relación escritas por Alonso de Zorita*, Ed. Wiebke Ahrndt, Bonn, 2001.

Bibliografía

Abulafia, David, *El descubrimiento de la humanidad: Encuentros atlánticos en la era de Colón*, New Haven, 2008.

Adorno, Rolena, *Discourses on Colonialism: Bernal Díaz, las Casas, and the Twentieth Century Reader*, en: *Modern Language Notes*, 103 (1988), págs. 239–258.

Aimi, Antonio, *La «verdadera» visión de los vencidos: la conquista de México en las fuentes aztecas*, San Vicente del Raspeig, 2009.

Akkeren, Ruud van, *La visión indígena de la conquista*, Guatemala, 2007.

Alcántara Gallegos, Alejandro, *Los barrios de Tenochtitlán: topografía, organización interna y tipología de sus predios*, en: Pablo Escalante Gonzalbo (Ed.), *Historia de la vida cotidiana en México, Vol. 1, Mesoamérica y los ámbitos indígenas de la Nueva España*, México, 2004, págs. 167–198.

Altman, Ida, *Emigrants and Society: Extremadura and Spanish America in the Sixteenth Century*, Berkeley, 1989.

– *Conquest, Coercion, and Collaboration: Indian Allies and the Campaigns in Nueva Galicia*, en: Laura E. Matthew y Michel R. Oudijk (Ed.), *Indian Conquistadors: Indigenous Allies in the Conquest of Mesoamerica*, Norman, 2007, págs. 145–174.

Anders, Ferdinand, *Die Schätze des Montezuma: Utopie und Wirklichkeit*, Viena, 1996.

Andrews, Anthony P., «The Political Geography of the Sixteenth Century Yucatan Maya: Comments and Revisions», en: *Journal of Anthropological Research*, 40 (1984), págs. 589–596.

Aracil Varón, Beatriz, *Hernán Cortés y sus cronistas: La última conquista del héroe*, en: *Atenea*, 499 (2009), págs. 61–77.

– *Yo, Don Hernando Cortés: reflexiones en torno a la escritura cortesiana*, Madrid. 2016.

Arnold, Philip P., *Eating Landscape: Human Sacrifice and Sustenance in Aztec Mexico*, en: David Carrasco (Ed.), *Aztec Ceremonial Landscapes*, Niwot, 1991, págs. 219–232.

Arranz Márquez, Luis, *Don Diego Colón, almirante, virrey y gobernador de las Indias*, Madrid, 1982.

Asselbergs, Florine, *The Conquest in Images: Stories of Tlaxcalteca and Quauhquecholteca Conquistadors*, en: Laura E. Matthew y Michel R. Oudijk (Eds.), *Indian Conquistadors: Indigenous Allies in the Conquest of Mesoamerica*, Norman, 2007, págs. 65–101.

Aveni, Anthony F., *The Measure, Meaning, and Transformation of Aztec Time and Calendars*, en: Deborah L. Nichols y Enrique Rodríguez Alegría (Eds.), *The Oxford Handbook of the Aztecs*, Oxford, 2017, págs. 107–116.

Ávila Sandoval, Santiago, *La vida cotidiana del último tlatoani mexica*, en: Pablo Escalante Gonzalbo (Ed.), *Historia de la vida cotidiana en México, Vol. 1, Mesoamérica y los ámbitos indígenas de la Nueva España*, México, 2004, págs. 279–300.

Báez-Jorge, Félix y Sergio R. Vásquez-Zárate, *Cempoala*, México, 2011.

Bargatzky, Thomas, *Aguilar und Guerrero: zwei versprengte Spanier in Yukatan im Zeitalter der Conquista*, en: *Zs. für Ethnologie*, 106 (1981), págs. 161–175.

Barjau Martínez, Luis, *La conquista de la Malinche*, México, 2009.

– *Hernán Cortés y Quetzalcóatl*, México, ²2011.

– *Voluntad e Infortunio en la conquista de México*, México, 2015.

Barrau, Oscar, *Framing the Literary: Jacob Cromberger of Seville and the Incipient Spanish American Narrative*, en: *Colonial Latin American Review*, 17 (2008), págs. 5–28.

Bassett, Molly H., *The Fate of Earthly Things: Aztec Gods and God-Bodies*, Austin, 2015.

Baudot, Georges, *Utopía e historia en México: Los primeros cronistas de la civilización mexicana, 1520–1569*, Madrid, 1983.

– *Malintzin, imagen y discurso de mujer en el primer México virreinal*, en: Margo Glantz (Ed.), *La Malinche, sus padres y sus hijos*, México, 2001, págs. 55–90.

Benítez, Fernando, *La ruta de Hernán Cortés*, México, ²1992.

Bennassar, Bartolomé, *Cortez der Konquistador: die Eroberung des Aztekenreiches*, Düsseldorf, 2002.

Benton, Bradley, *The Outsider: Alva Ixtlilxóchitl's Tenuous Ties to the City of Tetzcoco*, *Colonial Latin American Review*, 23 (2014), págs. 37–52.

Berdan, Francis F., *Trauma and Transition in Sixteenth-Century Central Mexico*, en: Warwick Bray (Ed.), *The Meeting of Two Worlds: Europe and America, 1492–1650*, Oxford, 1993, págs. 163–195.

– *Aztec Archaeology and Ethnohistory*, Cambridge, 2014.

Bernhard, Roland, *Geschichtsmythen über Hispanoamerika: Entdeckung, Eroberung und Kolonisierung in deutschen und österreichischen Schulbüchern des 21. Jahrhunderts*, Gotinga, 2013.

Bierhorst, John (Ed.), *Cantares Mexicanos. Songs of the Aztecs*, Stanford 1985.

– *The Mythology of Mexico and Central America*, Oxford ²2002.

Bleichmar, Daniela, *The Imperial Visual Archive: Images, Evidence, and Knowledge in the Early Modern Hispanic World*, en: Colonial Latin American Review, 24 (2015), págs. 236–266.

Bödecker, Hans-Heinrich (Ed.), *Biographie schreiben*, Gotinga, 2003.
– *Biographie*, en: *Ibidem*, págs. 9–64.
Boone, Elizabeth H. y Walter D. Mignolo (Ed.), *Writing without Words: Alternative Literacies in Mesoamerica and the Andes*, Durham, 1994.
Borah, Woodrow, *The Spanish and the Indian Law: New Spain*, en: George A. Collier *et al.* (Ed.), *The Inca and Aztec States: Anthropology and History, 1400–1800*, Nueva York, 1982, págs. 265–288.
Boruchoff, David A., *Indians, Cannibals, and Barbarians: Hernán Cortés and Early Modern Cultural Relativism*, en: *Ethnohistory*, 62 (2015), págs. 17–38.
Brading, David, *The First America: The Spanish Monarchy, Creole Patriots, and the Liberal State, 1492–1867*, Cambridge, 1991.
Bray, Warwick (Ed.), *The Meeting of Two Worlds: Europe and America, 1492–1650*, Oxford, 1993.
Brienen, Rebecca P. y Margaret A. Jackson (Ed.), *Invasion and Transformation: Interdisciplinary Perspectives on the Conquest of Mexico*, Boulder, 2008.
Broda, Johanna, *The Sacred Landscape of Aztec Calendar Festivals: Myth, Nature and Society*, en: David Carrasco (Ed.), *Aztec Ceremonial Landscapes*, Niwot, 1991, págs. 74–120.
Brooks, Francis J., «Revising the Conquest of Mexico: Smallpox, Sources, and Populations», en: *Journal of Interdisciplinary History*, 34 (1993), págs. 1–29.
– «Motecuzoma Xocoyotl, Hernán Cortés, and Bernal Díaz del Castillo: The Construction of an Arrest», en: *HAHR*, 75 (1995), págs. 149–183.
Brotherston, Gordon, *La Malintzin de los Códices*, en: Margo Glantz (Ed.), *La Malinche, sus padres y sus hijos*, México, 2001, págs. 19–37.
Brüggemann, Jürgen Kurt, *Zempoala: el estudio de una ciudad prehispánica*, México, 1991.
Bueno Bravo, Isabel, *La guerra en el Imperio azteca: expansión, ideología y arte*, Madrid, 2007.
Burkhart, Louise, *The Slippery Earth: Nahua-Christian Moral Dialogue in Sixteenth- Century Mexico*, Tucson, 1989.
Calnek, Edward E., *The Internal Structure of Tenochtitlán*, en: Eric R. Wolf (Ed.), *The Valley of Mexico*, Albuquerque, 1976, págs. 287–302.
Cardaillac, Louis, *Lo morisco peninsular y su proyección en la conquista de América*, en: Martín Ríos Saloma (Ed.), *El mundo de los conquistadores*, México, 2015, págs. 437–456.
Carman, Glen, *Rhetorical Conquests: Cortés, Gómara, and Renaissance Imperialism*. West Lafayette, 2006.
Carrasco, David (Ed.), *Aztec Ceremonial Landscapes*, Niwot, 1991.
Carrasco, Pedro, *The Tenochca Empire of Ancient Mexico: The Triple Alliance of Tenochtitlán, Texcoco and Tlacopan*, Norman, 1999.

Castañeda de la Paz, María, *Conflictos y alianzas en tiempos de cambio: Azcapotzalco, Tlacopan, Tenochtitlán y Tlatelolco (siglos XII-XVI)*, México 2013.

Cervera Obregón, Marco Antonio, *El armamento entre los mexicas*, Madrid, 2007.

– *Guerreros aztecas*, Madrid, 2011.

Chamberlain, Robert S., *Conquista y colonización de Yucatán, 1517–1550*, México, 1982.

Chipman, Donald E., *Moctezuma's Children: Aztec Royalty Under Spanish Rule, 1520–1700*, Austin, 2005.

Chuchiak IV, John F., *Forgotten Allies: The Origins and Roles of Native Mesoamerican Auxiliaries and Indios Conquistadores in the Conquest of Yucatán, 1526–1550*, en: Laura E. Matthew y Michel R. Oudijk (Ed.), *Indian Conquistadors: Indigenous Allies in the Conquest of Mesoamerica*, Norman, 2007, págs. 175–226.

– *La conquista de Yucatán*, en: Sergio Quezada *et al.* (Ed.), *Historia general de Yucatán. Vol. 2, Yucatán en el orden colonial, 1517–1811*, Mérida, 2014, págs. 29–58.

Clendinnen, Inga, *Ambivalent Conquests: Maya and Spaniard in Yucatan, 1517–1570*, Cambridge, 1987.

– «Fierce and Unnatural Cruelty: Cortés and the Conquest of Mexico», en: *Representations*, 33 (invierno 1991), págs. 65–100.

– *Aztecs: An Interpretation*, Cambridge, 1993.

– *The cost of courage in Aztec society: Essays on Mesoamerican society and culture*, Nueva York, 2010.

Coatsworth, John H., *Patterns of Rural Rebellion in Latin America: Mexico in Comparative Perspective*, en: Friedrich Katz (Ed.), *Riot, Rebellion, and Revolution: Rural Social Conflict in Mexico*, Princeton, 1988, págs. 21–62.

Collier, George A. *et al.* (Ed.), *The Inca and Aztec States: Anthropology and History, 1400–1800*, Nueva York, 1982.

Connell, William F., *After Moctezuma: Indigenous Politics and Self-Government in Mexico City, 1524–1730*, Norman, 2011.

Cook, Noble David, *Born to Die: Disease and New World Conquest, 1492–1650*, Cambridge, 1999.

– «Sickness, Starvation, and Death in Early Hispaniola», en: *Journal of Interdisciplinary History*, 32 (2002), págs. 349–386.

Cortés, Rocío y Margarita Zamora (Ed.), *Narradores indígenas y mestizos de la época colonial (siglos XVI–XVII): zonas andina y mesoamericana*, Lima, 2016.

Crespo Cuesta, Eduardo Daniel, *Continuidades medievales en la conquista de América*, Pamplona, 2010.

Cuesta Domingo, Mariano, «Los Cronistas oficiales de Indias: de López de Velasco a Céspedes del Castillo», en: *Revista Complutense de Historia de América*, 33 (2007), págs. 115–150.

Deive, Carlos Esteban, *La Española y la esclavitud del indio*, Santo Domingo, 1995.

Díaz, Mónica (Ed.), *To be Indio in Colonial Spanish America*, Albuquerque, 2017.

Díaz Balsera, Viviana, *The Hero as Rhetor: Hernán Cortés's Second and Third Letters to Charles V*, en: Rebecca P. Brienen y Margaret A. Jackson (Eds.), *Invasion and Transformation: Interdisciplinary Perspectives on the Conquest of Mexico*, Boulder, 2008, págs. 57–74.

Díaz de Arce, Norbert, «Bezeichnungen für den Krieg bei den Azteken – Die Metapher "Teoatl Tlachinolli"», en: *Indiana*, 16 (2000), págs. 7–28.

Diego Fernández, Rafael (Ed.), *Herencia española en la cultura material de las regiones de México: casa, vestido, sustento*, Zamora, 1993.

Diehl, Richard A., *Tula and the Tolteca*, en: Felipe Solis (Ed.), *The Aztec Empire*, México, 2004, págs. 124–129.

Diel, Lori Boornazian, «The Codex Mexicanus Genealogy: Binding the Mexica Past and the Colonial Present», en: *Colonial Latin American Review*, 24 (2015), págs. 120–146.

Dirlik, Arif, «Performing the World: Reality and Representations in the Making of World Histor(ies)», en: *Journal of World History*, 16 (2005), págs. 391–401.

Don, Patricia Lopes, *Bonfires of Culture: Franciscans, Indigenous Leaders, and the Inquisition in Early Mexico, 1524–1540*, Norman, 2010.

Douglas, Eduardo de J., *In the Palace of Nezahualcóyotl: Painting Manuscripts, Writing the Pre-Hispanic Past in Early Colonial Tetzcoco, Mexico*, Austin, 2010.

Duverger, Christian, *Cortés*, París, 2001.

– *Crónica de la eternidad: ¿quién escribió la «Historia verdadera de la conquista de la Nueva España»?*, México, 2012.

– *Cortés et son double: enquête sur une mystification*, París, 2013.

Earle, Rebecca, *The Body of the Conquistador: Food, Race and the Colonial Experience in Spanish America, 1492–1700*, Cambridge, 2012.

Eggebrecht, Arne (Ed.), *Die Azteken und ihre Vorläufer: Glanz und Untergang des Alten México*, Mainz, 1986.

Elliott, John H., *Die Neue in der Alten Welt: Folgen einer Eroberung, 1492–1650*, Berlín, 1992.

– *Imperial Spain, 1469–1716*, Londres, ²2002.

– et al., *Hernán Cortés y México*, Sevilla, 2000.

Escalante Gonzalbo, Pablo, *Los otomies*, en: *Historia general del Estado de México*, Toluca, 1998, Vol. 2, págs. 161–185.

– (Ed.), *Historia de la vida cotidiana en México. Vol. 1, Mesoamérica y los ámbitos indígenas de la Nueva España*, México, 2004.

– *La ciudad, la gente y las costumbres*, en: *Ibidem*, págs. 199–230.

– *La cortesía, los afectos y la sexualidad*, en: *Ibidem*, págs. 261–278.

Espinosa, Aurelio, *The Empire of the Cities: Emperor Charles V, the «Comunero» Revolt, and the Transformation of the Spanish System*, Leiden, 2009.

Esteve Barba, Francisco, *Historiografía Indiana*, Madrid, ²1992.

Etzemüller, Thomas, *Biographien*, Fráncfort, 2012.

Evans, Susan Toby, *Aztec Palaces and Gardens: Intertwined Evolution* en: Deborah L. Nichols y Enrique Rodríguez Alegría (Eds.), *The Oxford Handbook of the Aztecs*, Oxford, 2017, págs. 229–245.

Fargher, Lane F. *et al.*, *The Independent Republic of Tlaxcallan*, en: *Ibidem*, págs. 535–542.

Fernández Domingo, Jesús Ignacio, *Estudio del Testamento de Don Hernando Cortés Marqués del Valle de Oaxaca*, Badajoz, 1999.

Florescano, Enrique, *Los orígenes del poder en Mesoamérica*, México, 2009.

Frankl, Victor, «Die Begriffe des mexikanischen Kaisertums und der Weltmonarchie in den "Cartas de relación" des Hernán Cortés», en: *Saeculum*, 13 (1962), págs. 1–34.

Gabbert, Wolfgang, «Kultureller Determinismus und die Eroberung Mexikos: Zur Kritik eines dichotomischen Geschichtsverständnisses», en: *Saeculum*, 46 (2/1995), págs. 274–292.

– *Warum Montezuma weinte: Anmerkungen zur Frühphase der europäischen Expansion in den atlantischen Raum*, en: Ulrike Schmieder y Hans-Heinrich Nolte (Ed.), Atlantik: *Sozial- und Kulturgeschichte in der Neuzeit*, Viena, 2010, págs. 29–47.

García Cook, Angel, *Tlaxcala a la llegada de los españoles según las evidencias arqueológicas*, México, 2014.

García Loaeza, Pablo, «Telling violence: the Toxcatl massacre at the Templo Mayor in sixteenth-century sources», en: *Journal of Iberian and Latin American Studies*, 22 (2016), págs. 109–123.

García Márquez, Agustín, *Los aztecas en el centro de Veracruz*, México, 2005.

García Mendoza, Jaime, *La provincia de la plata en el siglo xvi: Historia de los reales de minas de Temazcaltepec, Zultepec, Zacualpan y Taxco*, México, 2011.

Gerhard, Peter, *A Guide to the Historical Geography of New Spain*, Norman, ²1993.

Gibson, Charles, *Los aztecas bajo el dominio español: A History of the Indians of the Valley of Mexico, 1519–1810*, Stanford, 1964.

– *Tlaxcala en el siglo xvi*, New Haven, 1952.

Gillespie, Jeanne, *Saints and Warriors: Tlaxcalan Perspective on the Conquest of Tenochtitlán*, Nueva Orleans, 2004.

Gillespie, Susan D., *The Aztec Kings: The Construction of Rulership in Mexica History*, Tucson, 1989.

– *Blaming Moteuczoma: Anthropomorphizing the Aztec Conquest*, en: Rebecca P. Brienen y Margaret A. Jackson (Ed.), *Invasion and Transformation: Interdisciplinary Perspectives on the Conquest of Mexico*, Boulder, 2008, págs. 25–56.

Glantz, Margo, «Ciudad y escritura: la ciudad de México en las Cartas de Relación», en: *Hispamérica*, 19 (56–57/1990), págs. 165–174.

– (Ed.), *La Malinche, sus padres y sus hijos*, México, 2001.

– *La Malinche: La lengua en la mano*, en: *Ibidem*, págs. 91–114.

Gonzalbo Aizpuru, Pilar, *Vestir al desnudo: un acercamiento a la ética y la estética del vestido en el siglo XVI novohispano*, en: Rafael Diego Fernández (Ed.), *Herencia española en la cultura material de las regiones de México: casa, vestido, sustento*, Zamora, 1993, págs. 329–349.

González Martínez, Joaquín Roberto, *Veracruz, perfiles regionales, económicos y poblacionales*, en: Martín Aguilar Sánchez Juan Ortiz Escamilla (Ed.), *Historia general de Veracruz*, Veracruz, 2011, págs. 19–64.

González Torres, Yolotl, *El sacrificio humano: poder y sumisión*, en: Leonardo López Luján (Ed.), *El sacrificio humano en la tradición religiosa mesoamericana*, México, 2009, págs. 397–406.

Goñi, Guillermo, *Las conquistas de México y Yucatán*, México, 2008.

Goodman, Nelson, *Weisen der Welterzeugung*, Fráncfort, 1984.

Graulich, Michel, «"La mera verdad resiste a mi rudeza": Forgeries et mensonges dans la Historia verdadera de la conquista de Nueva España», en: *Journal de la Société des Américanistes*, 82 (1996), págs. 63–95.

– *Le sacrifice humain chez les Aztèques*, París, 2005.

Greenleaf, Richard E., *Zumárraga y la inquisición mexicana, 1536–1543*, México, 1988.

Grube, Nikolai (Ed.), *Die Maya: Gottkönige im Regenwald*, Colonia, 2000.

– y Simon Martin, *Die dynastische Geschichte der Maya*, en: Nikolai Grube (Ed.), *Die Maya: Gottkönige im Regenwald*, Colonia, 2000, págs. 148–171.

Grunberg, Bernard, «Las relaciones entre Cortés y sus hombres y el problema de la unidad en la conquista de México (febrero 1519–agosto 1521)», en: *Revista de Indias*, 43 (1983), págs. 301–314.

– *L'univers des conquistadores: Les hommes et leur conquête dans le Mexique du XVIe siècle*, París, 1993.

– «The Origins of the Conquistadores of Mexico City», en: *HAHR*, 74 (1994), págs. 259–283.

– *Histoire de la conquête du Mexique*, París, 1995.

– *Dictionnaire des conquistadores de Mexico*, París, 2001.

– *Hernán Cortés y la guerra de los conquistadores*, en: Martín Ríos Saloma (Ed.), *El mundo de los conquistadores*, México, 2015, págs. 557–576.

Gruzinski, Serge, *La colonisation de l'imaginaire: sociétés indigènes et occidentalisation dans le Mexique espagnol 16–18 siècle*, París, 1988.

– *La ciudad de México: una historia*, México, 2004.

Gunsenheimer, Antje, *Geschichtstradierung in den yukatekischen Chilam Balam-Büchern: Eine Analyse der Herkunft und Entwicklung ausgewählter historischer Berichte*, Diss. Phil., Bonn, 2002.

Gutiérrez Escudero, Antonio, *Pedro de Alvarado: el conquistador del país de los quetzales*, Madrid, 1988.

Hamann, Byron Ellsworth, «Object, Image, Cleverness: The Lienzo de Tlax-cala», en: *Art History*, 36 (2013), págs. 518–545.

Hanks, William F., *Converting Words: Maya in the Age of the Cross*, Berkeley, 2010.

Hartnagel, Angelina, *Bernal Díaz del Castillo, Doña Marina und die hohe Kunst der Historiographie: eine Umfeldanalyse der ·Historia Verdadera de la Conquista de la Nueva España·*, Fráncfort, 2013.

Hassig, Ross, *Aztec Warfare: Imperial Expansion and Political Control*, Norman, 1988.

– *Time, History, and Belief in Aztec and Colonial Mexico*, Austin, 2001.

– *Mexico and the Spanish Conquest*, Norman, ²2006.

Hausberger, Bernd, *Die Verknüpfung der Welt: Geschichte der frühen Globalisierung vom 16. bis zum 18. Jahrhundert*, Viena, 2015.

Herrera, Robinson A., *Concubines and Wives: Reinterpreting Native-Spanish Intimate Unions in Sixteenth-Century Guatemala*, en: Laura E. Matthew y Michel R. Oudijk (Eds.), *Indian Conquistadors: Indigenous Allies in the Conquest of Mesoamerica*, Norman, 2007, págs. 127–144.

Hinz, Felix, *Hispanisierung in Neu Spanien 1519–1568: Transformation kollektiver Identitäten von Mexica, Tlaxkalteken und Spaniern*. 3 vol., Hamburgo, 2005.

Hirth, Kenneth G., *The Aztec Economic World: Merchants and Markets in Ancient Mesoamerica*, Nueva York, 2016.

Historia general del Estado de México, Toluca, 1998.

Horn, Rebecca, *Post-Conquest Coyacan: Nahua-Spanish Relations in Central Mexico, 1519–1650*, Stanford, 1997.

– *Indigenous Identities in Mesoamerica after the Spanish Conquest*, en: Gregory D. Smithers y Brooke N. Newman (Eds.), *Native Diasporas: Indigenous Identities and Settler Colonialism in the Americas*, Lincoln, 2014, págs. 31–78.

Jiménez, Nora Edith, *Francisco López de Gómara: escribir historias en tiempos de Carlos V*, Zamora, 2001.

Johansson, Patrick, «La fundación de México-Tenochtitlán: consideraciones "crono-lógicas"», en: *Arqueología mexicana*, 23 (135/2015), págs. 70–77.

Katz, Friedrich (Ed.), *Riot, Rebellion, and Revolution: Rural Social Conflict in Mexico*, Princeton, 1988.

– *Rural Uprisings in Preconquest and Colonial Mexico*, en: *Ibidem*, págs. 65–94.

Keegan, William F., *The People Who Discovered Columbus: The Prehistory of the Bahamas*, Gainesville, 1992.

Keen, Benjamin, «Recent Writing on the Spanish Conquest», en: *Latin American Research Review*, 20 (2/1985), págs. 161–171.

Kellog, Susan, *Law and the Transformation of Aztec Culture, 1500–1700*, Norman, 1995.

Klaus, Susanne, *Uprooted Christianity: The Preaching of the Christian doctrine in Mexico based on Franciscan sermons of the 16th century written in Nahuatl*, Markt Schwaben, 1999.

Klauth, Carlo, *Geschichtskonstruktion bei der Eroberung Méxicos: am Beispiel der Chronisten Bernal Díaz del Castillo, Bartolomé de las Casas und Gonzales Fernández de Oviedo*, Hildesheim, 2012.

Kobayashi, José María, *La educación como conquista, empresa franciscana en México*, México, 1974.

Kohler, Alfred, *Carlos V: Eine Biographie*, Múnich, 1999.

Köhler, Ulrich, *Vasallen des linkshändigen Kriegers im Kolibrigewand: über Weltbild, Religion und Staat der Azteken*, Münster, 2009.

Kohut, Carlos, «Literatura y cultura coloniales: cuestiones teóricas y Nueva España», en: *Iberoamericana*, 4 (14/2004), págs. 189–210.

König, Hans-Joachim, *Die Entdeckung und Eroberung Amerikas, 1492–1550*, Friburgo, 1992.

– *Von Kolumbus bis Castro: Aufsätze zur Geschichte Lateinamerikas*, Stuttgart, 2006.

– *Plus Ultra – Ein Weltreichs- und Eroberungsprogramm? Amerika und Europa in politischen Vorstellungen im Spanien Carloss V*, en: *Ibidem*, págs. 73–100.

Krickeberg, Walter, *Las antiguas culturas mexicanas*, México, 1977.

Ladero Quesada, Miguel Ángel, *La España de los Reyes Católicos*, Madrid, ⁴2014.

Lafaye, Jacques, *Los conquistadores: figuras y escrituras*, México, ²1999.

Lázaro Ávila, Carlos, *Las Fronteras de América y los «Flandes Indianos»*, Madrid, 1997.

Lee, Jongsoo y Galen Brokaw (Eds.), *Texcoco: Prehispanic and colonial perspectives*, Boulder, 2014.

– *Texcocan Studies Past and Present*, en: *Ibidem*, págs. 1–24.

– *The Aztec Triple Alliance: A Colonial Transformation of the Prehispanic Political and Tributary System*, en: *Ibidem*, págs. 63–92.

– «The Europeanization of Prehispanic tradition: Bernardino de Sahagún's transformation of Aztec priests (tlamacazque) into classical wise men (tlamatinime)», en: *Colonial Latin American Review*, 26 (2017), págs. 291–312.

León Cázares, María del Carmen, *Entre el breviario y la espada: los mercedarios como capellanes en las huestes conquistadoras*, en: Martín Ríos Saloma (Ed.), *El mundo de los conquistadores*, México, 2015, págs. 599–617.

León Portilla, Miguel, *Hernán Cortés y la Mar del Sur*, Madrid, 1985.

– *Bernardino de Sahagún: pionero de la antropología*, México, 1999.

– y Carmen Aguilera, *Mapa de México-Tenochtitlán y sus contornos hacia 1550*, México, 2016.

Levin Rojo, Danna Alexandra y Federico Navarrete (Ed.), *Indios, mestizos, y españoles: interculturalidad e historiografía en la Nueva España*, Azcapotzalco, 2007.

Lienhard, Martin, *Disidentes, rebeldes, insurgentes: resistencia indígena y negra en América Latina, ensayos de historia testimonial*, Madrid, 2008.

Liss, Peggy K., *Orígenes de la nacionalidad mexicana 1521–1556: la formación de una nueva sociedad*, México, 1996.

Lockhart, James, *Los nahuas después de la conquista*, Fondo de Cultura Económica, 2002.

Long, Janet (Ed.), *Conquista y comida: consecuencias del encuentro de dos mundos*, México, 1996.

López Austin, Alfredo, *Cuerpo humano e ideología: las concepciones de los antiguos nahuas*, 2 vol., México, 1980.

– y Leonardo López Luján, *Monte sagrado-Templo Mayor*, México, 2009.

López Luján, Leonardo (Ed.), *El sacrificio humano en la tradición religiosa mesoamericana*, México, 2009.

Lovell, W. George *et al.*, *«Strange Lands and Different Peoples»: Spaniards and Indians in Colonial Guatemala*, Norman, 2013.

Lupher, David A., *Romans in a New World: Classical Models in Sixteenth-Century Spanish America*, Ann Arbor, 2003.

Madariaga, Salvador de, *Hernán Cortés: der Eroberer Méxicos*, Zúrich, 1997 [1941].

Maestre, María Dolores, *Frey Don Nicolás de Ovando, primer gobernador real de Las Indias y tierra firme de la mar océana*, Sevilla, 2011.

Magaloni Kerpel, Diana, *Painting a New Era: Conquest, Prophecy, and the World to Come*, en: Rebecca P. Brienen y Margaret A. Jackson (Eds.), *Invasion and Transformation: Interdisciplinary Perspectives on the Conquest of Mexico*, Boulder, 2008, págs. 125–149.

– *Albores de la conquista: la historia pintada del Códice Florentino*, México, 2016.

Manzanilla, Linda, *Teotihuacán*, en: Felipe Solís (Ed.), *The Aztec Empire*, México, 2004, págs. 114–123.

Manzo-Robledo, Francisco, I, *Hernan Cortés: The (Second) Trial of Residency*, Nueva York, 2013.

Maravall, José Antonio, *Las comunidades de Castilla: una primera revolución moderna*, Madrid, ²1979.

Marroquín Arredondo, Jaime, *Diálogos con Quetzalcóatl: humanismo, etnografía y Ciencia (1492–1577)*, Madrid, 2014.

Martínez, José Luis, *Hernán Cortés*, México, 1992.

Martínez Baracs, Andrea, *Un gobierno de indios: Tlaxcala 1519–1750*, México, 2008.

Martínez Hoyos, Francisco, *Breve historia de Hernan Cortés*, Madrid, 2014.

Martínez Martínez, María del Carmen, *Veracruz 1519: Los hombres de Cortés*, León, 2013.

– *Hernán Cortés en España (1540–1547): negocios, pleitos y familia*, en: Martín Ríos Saloma (Ed.), *El mundo de los conquistadores*, México, 2015, págs. 577–598.

Matthew, Laura E. y Michel R. Oudijk (Eds.), *Indian Conquistadors: Indigenous Allies in the Conquest of Mesoamerica*, Norman, 2007.

– *Conclusion*, en: *Ibidem*, págs. 317–323.

– *Whose Conquest?, Nahua, Zapoteca, and Mixteca Allies in the Conquest of Central America*, en: *Ibidem*, págs. 102–126.

Máynez, Pilar y José Rubén Romero Galván (Eds.), *El universo de Sahagún: pasado y presente*, 2011, México, 2014.

McCaa, Robert, «Spanish and Nahuatl Views on Smallpox and Demographic Catastrophe in Mexico», en: *Journal of Interdisciplinary History*, 25 (1995), págs. 397–431.

McCafferty, Geoffrey y Sharisse McCafferty, *Pregnant in the Dancing Place: Myths and Methods of Textile Production and Use*, en: Deborah L. Nichols y Enrique Rodríguez Alegría (Eds.), *The Oxford Handbook of the Aztecs*, Oxford, 2017, págs. 375–384.

Medin, Tzvi, *Mito, pragmatismo e imperialismo: la conciencia social en la conquista del imperio Azteca*, Fráncfort, 2009.

Melgarejo Vivanco, José Luis, *Los Totonaca y su cultura*, Xalapa, 1985.

Melville, Elinor G. K., *A Plague of Sheep: Environmental Consequences of the Conquest of Mexico*, Cambridge, 1994.

Millon, René, *Teotihuacán: City, State and Civilization*, en: Jeremy Sabloff (Ed.), *Supplement to the Handbook of Middle American Indians, Vol. 1., Archaeology*, Austin, 1981, págs. 198–243.

Mira Caballos, Esteban, *Hernán Cortés: el fin de una leyenda*, Trujillo, 2010.

Miralles Ostos, Juan, *Hernán Cortés. Inventor de México*, Barcelona, 2001.

– *Y Bernal mintió…: el lado oscuro de su Historia verdadera de la conquista de la Nueva España*, México, 2008.

Mohar Betancourt, Luz María, *El tributo mexica en el siglo XVI: análisis de dos fuentes pictográficas*, México, 1987.

Morales, Francisco, «The Native Encounter with Christianity: Franciscans and Nahuas in Sixteenth Century Mexico», en: *The Americas*, 65 (2008), págs. 137–159.

Morehart, Christopher T., *Aztec Agricultural Strategies: Intensification, Landesque Capital, and the Sociopolitics of Production*, en: Deborah L. Nichols y Enrique Rodríguez Alegría (Eds.), *The Oxford Handbook of the Aztecs*, Oxford, 2017, págs. 263–279.

Mundy, Barbara E., «Mapping the Aztec Capital: The 1524 Nuremberg Map of Tenochtitlán, its Sources and Meanings», en: *Imago Mundi*, 50 (1998), págs. 11–33.

– *The Death of Aztec Tenochtitlán, the Life of Mexico City*, Austin, 2015.

Murià, José M. y Angélica Peregrina (Eds.), *Historia general de Jalisco, Vol. 1., Desde los orígenes hasta mediados del siglo XVI*, Zapopan, 2015.

Myers, Kathleen Ann, *Fernández de Oviedo's Chronicle of America: A New History for a New World*, Austin, 2007.

Navarrete, Federico, «La Malinche, la Virgen y la montaña: el juego de la identidad en los códices tlaxcaltecas», en: *História* (São Paulo), 26 (2/2007), págs. 288–310.

– «Beheadings and Massacres: Andean and Mesoamerican Representations of the Spanish Conquest», en: *Res: Aesthetics and Anthropology*, 53/54 (2008), págs. 59–78.

– *Los orígenes de los pueblos indígenas del valle de México: Los altépetl y sus historias*, México, 2011.

Nebel, Richard, *Altmexikanische Religion und christliche Heilsbotschaft: México zwischen Quetzalcóatl und Christus*, Immensee, 1983.

Nichols, Deborah L. y Christopher A. Pool (Ed.), *The Oxford Handbook of Mesoamerican Archaeology*, Oxford, 2012.

– y Enrique Rodríguez Alegría (Eds.), *The Oxford Handbook of the Aztecs*, Oxford, 2017.

Oliver, José R., *Caciques y Cemí Idols: The Web Spun by Taíno Rulers between Hispaniola and Puerto Rico*, Tuscaloosa, 2009.

Olivier, Guilhem, *Humans and Gods in the Mexica Universe*, en: Deborah L. Nichols y Enrique Rodríguez Alegría (Eds.), *The Oxford Handbook of the Aztecs*, Oxford, 2017, págs. 572–583.

Oudijk, Michel R. y Matthew Restall, *Mesoamerican Conquistadors in the Sixteenth Century*, en: Laura E. Matthew y Michel R. Oudijk (Eds.), *Indian Conquistadors: Indigenous Allies in the Conquest of Mesoamerica*, Norman, 2007, págs. 28–64.

Owensby, Brian P., *Empire of Law and Indian Justice in Colonial Mexico*, Stanford, 2008.

Padrón, Ricardo, *The Spacious Word: Cartography, Literature, and Empire in Early Modern Spain*, Chicago, 2004.

Pastrana, Miguel, *Historias de la conquista: aspectos de la historiografía de tradición náhuatl*, México, 2004.

Paz, Octavio, *Hernán Cortés: exorcismo y liberación*, en: *El peregrino en su patria*, México, 1988, págs. 100–112.

Pennock, Caroline Dodds, *Gender and Aztec Life Cycles*, en: Deborah L. Nichols y Enrique Rodríguez Alegría (Eds.), *The Oxford Handbook of the Aztecs*, Oxford, 2017, págs. 387–398.

Peñafiel, Antonio, *La ciudad virreinal de Tlaxcala*, México, 1978.

Pérez Rocha, Emma y Rafael Tena, *La nobleza indígena del centro de México después de la conquista*, México, 2000.

Pinzón Ríos, Guadalupe, *Descubriendo el Mar del Sur de los puertos novohispanos en las exploraciones del Pacífico (1522–1565)*, en: Martín Ríos Saloma (Ed.), *El mundo de los conquistadores*, México, 2015, págs. 749–773.

Plunket, Patricia y Gabriela Uruñela, *Cholula in Aztec Times*, en: Deborah L. Nichols y Enrique Rodríguez Alegría (Eds.), *The Oxford Handbook of the Aztecs*, Oxford, 2017, págs. 523–533.

Pomeranz, Kenneth, *The Great Divergence: China, Europe, and the Making of the Modern World Economy*, Princeton, 2000.

Pool, Christopher A., *The Formation of Complex Societies in Mesoamerica*, en: Deborah L. Nichols and Christopher A. Pool (Eds.), *The Oxford Handbook of Mesoamerican Archaeology*, Oxford, 2012, págs. 169–187.

Portillo Cirio, Cándido, *Camaxtli: dios tutelar de los tlaxcaltecas*, Tlaxcala, 2009.

Prem, Hanns J., *Die Azteken*, Múnich, ²1999.

Prescott, William, *History of the conquest of Mexico*, Nueva York, 2001 [1841].

Puiggrós, Rodolfo, *La España que conquistó el Nuevo Mundo*, Bogotá, ⁵1989.

Quezada, Sergio *et al.* (Eds.), *Historia General de Yucatán. Vol. 2: Yucatán en el orden colonial, 1517–1811*, Mérida, 2014.

Rabasa, José, *Inventing America: Spanish Historiography and the Formation of Eurocentrism*, Norman, 1993.

Ramos, Demetrios, *Hernán Cortés. Mentalidad y propósito*, Madrid, 1992.

Ramos Cárdenas, Gabriela y Yanna Yannakakis (Eds.), *Indigenous intellectuals: knowledge, power, and colonial culture in Mexico and the Andes*, Durham, 2014.

– *Introduction*, en: *Ibidem*, págs. 1–20.

Rendón, Ricardo, *Breve historia de Tlaxcala*, México, 1996.

Restall, Matthew, *Maya Conquistador*, Boston, 1998.

– *Spanish Creation of the Conquest of Mexico*, en: Rebecca P. Brienen y Margaret A. Jackson (Eds.), *Invasion and Transformation: Interdisciplinary Perspectives on the Conquest of Mexico*, Boulder, 2008, págs. 93–102.

– «The New Conquest History», en: *History Compass*, 10 (2012), págs. 51–60.

Rice, Prudence M., *Time, History, and Worldview*, en: Leslie G. Cecil y Timothy W. Pugh (Eds.), *Maya Worldviews at Conquest*, Boulder, 2009, págs. 17–38.

Riese, Berthold, *Die Maya*, Múnich, 42002.

– *Das Reich der Azteken: Geschichte und Kultur*, Múnich, 2011.

Rinke, Stefan, *Kolumbus und der Tag von Guanahani 1492: Ein Wendepunkt der Geschichte*, Stuttgart, 2013.

– *Lateinamerika*, Stuttgart, 2015.

Ríos Castaño, Victoria, *Translation as conquest: Sahagún and Universal History of the Things of New Spain*, Madrid, 2014.

Ríos Saloma, Martín (Ed.), *El mundo de los conquistadores*, México, 2015.

Rivera Pagán, Luis N., *Freedom and Servitude: Indigenous Slavery and the Spanish Conquest of the Caribbean*, en: Jalil Sued-Badillo: *General History of the Caribbean. Vol. 1: Autochthonous Societies*, Londres, 2003, págs. 316–362.

Roa de la Carrera, Cristián Andrés, *Histories of Infamy: Francisco López de Gómara and the Ethics of Spanish Imperialism*, Boulder, 2005.

Rodríguez, Verónica y Mónica Styles, *Domingo Francisco de San Antón Muñón Chimalpahin Cuatlehuanitzin (1579–1660)*, en: Rocío Cortés y Margarita Zamora (Eds.), *Narradores indígenas y mestizos de la épo-*

ca colonial (siglos XVI-XVII): zonas andina y mesoamericana, Lima, 2016, págs. 111–117.

Rodríguez-Sala, María Luisa, *Los cirujanos de hospitales de la Nueva España (siglos XVI y XVII): ¿miembros de un estamento profesional o de una comunidad científica?*, México, 2005.

Rodríguez-Shadow, María J., *La mujer azteca*, Toluca, 1991.

Rojas, José Luis de, *México, Tenochtitlán: Economía y sociedad en el siglo XVI*, México, 1986.

– *A cada uno lo suyo: el tributo indígena en la Nueva España en el siglo XVI*, Zamora, 1993.

– *Tenochtitlán: Capital of the Aztec Empire*, Gainesville, 2012.

Rojas Rabiela, Teresa, *Las siembras de ayer: la agricultura indígena del siglo XVI*, México, 1988.

– «Las cuencas lacustres del Altiplano Central», en: *Arqueología Mexicana*, 12 (68/2004), págs. 20–27.

Román Berrelleza, Juan Alberto, *El papel de los infantes en las prácticas sacrificiales mexicas*, en: Leonardo López Luján (Ed.), *El sacrificio humano en la tradición religiosa mesoamericana*, México, 2009, págs. 345–366.

Romero Galván, José Rubén, *El universo de Sahagún: pasado y presente*, México, 2007.

Rouse, Irving, *The Tainos: Rise and Decline of the People who Greeted Columbus*, New Haven, 1992.

Ruiz Islas, Alfredo, «Hernán Cortés y la Isla California», en: *Iberoamericana*, 7 (27/2007), págs. 39–58.

Ruiz y Torres, Edith, *A puerta cerrada: lectura e Inquisición en el siglo XVI novohispano*, México, 2014.

Sabloff, Jeremy (Ed.), *Supplement to the Handbook of Middle American Indians, Vol. 1. Archaeology*, Austin, 1981.

Sanders *et al.*, William T., *The Basin of Mexico: Ecological Processes in the Evolution of a Civilization*, Nueva York, 1979.

Santamarina Novillo, Carlos, *El sistema de dominación azteca: el Imperio Tepaneca*, Diss. Phil., Madrid, 2005.

Schmieder, Ulrike y Hans-Heinrich Nolte (Eds.), *Atlantik: Sozial- und Kulturgeschichte in der Neuzeit*, Viena, 2010.

Schreffler, Michael J., *The Art of Allegiance: Visual Culture and Imperial Power in Baroque New Spain*, University Park, 2007.

Schroeder, Susan (Ed.), *The Conquest All Over Again: Nahuas and Zapotecs Thinking, Writing, and Painting Spanish Colonialism*, Brighton, 2010.

– *Introduction*, en: *Ibidem*, págs. 1–14.

– *Writing the Nahuatl Canon: Ethnicity, Identity, and Posterity According to Chimalpahin*, en: Mónica Díaz (Ed.), *To be Indio in Colonial Spanish America*, Albuquerque, 2017, págs. 219–242.

Schwaller, John F. y Helen Nader, *The First Letter from New Spaen: The Lost Petition of Cortés and his Company, 20 junio, 1519*, Austin, 2014.

Serrera Contreras, Ramón María, *La América de los Habsburgo, 1517–1700*, Sevilla, 2011.

Shafer, Robert J., *The Ancient Maya*, Stanford, 1994.

Simson, Ingrid, *Amerika in der spanischen Literatur des Siglo de Oro*, Fráncfort, 2003.

Smith, Michael E., *Aztec City-State Capitals*, Gainesville, 2008.

– y Frederic Hicks, *Inequality and Social Class in Aztec Society*, en: Deborah L. Nichols y Enrique Rodríguez Alegría (Eds.), *The Oxford Handbook of the Aztecs*, Oxford, 2017, págs. 423–436.

Smithers, Gregory D. y Brooke N. Newman (Eds.), *Native Diasporas: Indigenous Identities and Settler Colonialism in the Americas*, Lincoln, 2014.

Solís, Felipe (Ed.), *The Aztec Empire*, México, 2004.

Solodkow, David M., *Etnógrafos coloniales: alteridad y escritura en la conquista de América (siglo XVI)*, Fráncfort, 2014.

Soustelle, Jacques, *So lebten die Azteken am Vorabend der spanischen Eroberung*, Stuttgart, 1956.

Spores, Ronald, *The Mixtecs in Ancient and Colonial Times*, Norman, 1984.

Stenzel, Werner, «Quetzalcoatl von Tula: Die Mythogenese einer postkortesianischen Legende», en: *Zeitschrift für Lateinamerika*, 18 (1980), págs. 7–91.

– *Das kortesische México: La conquista de México und der darauf folgende Kulturwandel*, Fráncfort, 2006.

Stevens-Arroyo, Antonio M., *Cave of the Jagua: The Mythological World of the Taínos*, Scranton, ²2006.

Straub, Eberhard, *Das Bellum Iustum des Hernán Cortés in México*, Colonia, 1976.

Sued-Badillo, Jalil, *General History of the Caribbean. Vol. 1, Autochthonous Societies*, Londres, 2003.

Szöllösi-Janze, Margit, Lebens-Geschichte – Wissenschafts-Geschichte, en: *Berichte zur Wissenschaftsgeschichte*, 23 (2000), págs. 17–35.

Taboada, Hernán, *La sombra del Islam en la Conquista de América*, México, 2004.

Tavárez, David E., *Reclaiming the Conquest, en: Chimalpahin's conquest: A Nahua historian's rewriting of Francisco López de Gómara's La conquista de México*, Stanford, 2010, págs. 17–34.

Thomas, Hugh, *La conquista de México: Montezuma, Cortés y la caída de un imperio*, Planeta (Ed.), 2000. 1993.

– *Who's Who of the Conquistadors*, Londres, 2000.

– *The Golden Age: The Spanish Empire of Charles V*, Londres, 2010.

Todorov, Tzvetan, *La conquista de América: el problema del otro*, Siglo XXI de España (Ed.), 2010.

Toulet Abasolo, Lucina M., *Tlaxcala en la conquista de México: el mito de la traición*, Tlaxcala, 1996.

Townsend, Camilla, «Burying the White Gods: New Perspectives on the Conquest of Mexico», en: *AHR*, 108 (2003), págs. 659–687.

– *Malintzin's Choices: An Indian Woman in the Conquest of Mexico*, Albuquerque, 2006.

– *Don Juan Buenaventura Zapata y Mendoza*, en: Rocío Cortés y Margarita Zamora (Eds.), *Narradores indígenas y mestizos de la época colonial (siglos XVI-XVII): zonas andina y mesoamericana*, Lima, 2016, págs. 136–138.

Trimborn, Hermann, *Zum Weltbild und Geschichtsbewußtsein in den Hochkulturen des alten Amerika*, en: Hermann Müller-Karpe (Ed.), *Archäologie und Geschichtsbewußtsein*, Múnich, 1982, págs. 105–110.

Turner, Guillermo, *Los soldados de la conquista: herencias culturales*, México, 2013.

Umberger, Emily, *Schrift y Kalender*, en: Arne Eggebrecht (Ed.), *Die Azteken und ihre Vorläufer: Glanz und Untergang des Alten México*, Mainz, 1986, págs. 126–131.

Vaca de Osma, José Antonio, *Hernán Cortés*, Madrid, 2000.

Vail, Gabrielle, *Cosmology and Creation in Late Postclassic Maya Literature and Art*, en: Leslie G. Cecil y Timothy W. Pugh (Eds.), *Maya Worldviews at Conquest*, Boulder, 2009, págs. 83–110.

Valdeón, Roberto A., *Translation and the Spanish Empire in the Americas*, Ámsterdam, 2014.

Valle, Rafael Heliodoro, *Bibliografía de Hernán Cortés*, México, 1953.

Van Deusen, Nancy E., «Coming to Castile with Cortés: Indigeneous ‹Servitude› in the Sixteenth Century», en: *Ethnohistory*, 62 (2015), págs. 285–308.

Vargas, Luis Alberto y Leticia E. Casillas, *El encuentro de dos cocinas: México en el siglo XVI*, en: Janet Long (Ed.), *Conquista y comida: consecuencias del encuentro de dos mundos*, México, 1996, págs. 155–168.

Vas Mingo, Marta Milagros del, *Las capitulaciones de Indias en el siglo XVI*, Madrid, 1986.

Vasconcelos, José, *Hernán Cortés: creador de la nacionalidad*, México, 1941.

Vélez, Iván, *El mito de Cortés: de héroe universal a icono de la leyenda negra*, Madrid, 2016.

Villella, Peter B., *Indigenous Elites in Colonial Mexico, 1500–1800*, Cambridge, 2016.

Wagner, Henry, *The Discovery of New Spain*, Berkeley, 1942.

Warren, J. Benedict, *The Conquest of Michoacán: The Spanish Domination of the Tarascan Kingdom in Western Mexico, 1521–1530*, Norman, 1985.

Watson, Kelly L., *Insatiable Appetites: Imperial Encounters with Cannibals in the North Atlantic World*, Nueva York, 2015.

Wehrheim, Monika, «De enemigos a antecesores: Cortés, Clavijero y Pesado y la construcción de los aztecas», en: *Romanische Forschungen*, 116 (3/2004), págs.346–360.

Wilkosz, Izabela, *Power, Performance and Propaganda – Sociopolitical Aspects of the Aztec Feast of Toxcatl*, Berlín, Phil. Diss., 2012.

Wolf, Eric R. (Ed.), *The Valley of Mexico*, Albuquerque, 1976.

Wood, Stephanie, *Transcending Conquest: Nahua Views of Spanish Colonial Mexico*, Norman, 2003.

Wright, Elizabeth, «New World News, Ancient Echoes: A Cortés Letter and a Vernacular Livy for a New King and His Wary Subjects (1520–23)», en: *Renaissance Quarterly*, 61 (2008), págs. 711–749.

GLOSARIO

Adelantado - Plenipotenciario de la Corona para los territorios conquistados en las Indias.
Altépetl - Entidad política basada en una etnia común (ciudad-estado).
Audiencia - Tribunal superior de apelación.
Cabecera - Centro administrativo colonial.
Cabildo - Consejo de la ciudad.
Calmecac - Escuela aristocrática.
Calpulli (pl. Calpultin) - Unidad social formada por familias con ascendencia común.
Capitulación - Acuerdo entre el empresario conquistador y la Corona.
Casa de la Contratación - Autoridad de comercio de la Indias.
Chinampa - Jardín flotante.
Cihuacóatl - Alto funcionario.
Códice - Manuscrito/libro con hieroglifos.
Corregidor - Oficial administrativo y judicial local.
Encomienda (Encomendero) - Régimen laboral de «encomendar» trabajadores indígenas a un terrateniente español.
Entrada - Invasión.
Hueste - Empresa militar.
Indias - Nombre de las posesiones en América.
Lienzo - Mapa o crónica pintada sobre un lienzo.
Macehualli (pl. Macehualtin) - Clase social que estaba jerárquicamente por encima de los esclavos y por debajo de los nobles.
Pilli (pl. Pipiltin) - Noble de clase alta.
Pochteca - Comerciantes viajeros.
Regidor - Concejal.
República de Indios - Distrito administrativo de población indígena en tiempos coloniales.
Residencia - Proceso de revisión de un funcionario al final de su cargo o mandato.
Tecpan - Palacio del gobernante.
Tecuhtli (pl. Tetecuhtin) - Noble que podía ejercer funciones como las del juez o supervisor de tributos.
Telpochcalli - Escuela para personas libres.
Tlacateccatl - Militar de alta graduación del ejército azteca.
Tlamemeh - Trabajador indio.
Tlatoani (pl. Tlatoque) - Gobernante (literalmente: orador).
Tlaxcalli - Tortilla de maíz.
Tzompantli - Estructura para rituales elaborada con cráneos.

Créditos de las imágenes

Imagen 1:	Germanisches Nationalmuseum Nürnberg, Hs. 22474. Bl. 77 https://upload.wikimedia.org/wikipedia/commons/1/1a/Weiditz_Trachtenbuch_077-078.jpg
Imagen 2:	Heritage Images/Index/akg-images
Imagen 3:	https://en.wikipedia.org/wiki/Codex_Mendoza#/mediaFile:CodexMendoza01.jpg. Dominio público
Imagen 4:	akg-images/Library of Congress/Science Photo Library
Imágenes 5, 16, 17, 26:	akg-images/Album/Oronoz
Imagen 6:	Interfoto/Granger, NYC
Imágenes 7, 12, 15, 20, 22:	akg-images
Imagen 8:	Colección privada/Archivos Charmet/Bridgeman images
Imágenes 9, 13, 18:	Historia general de las cosas de Nueva España, de fray Bernardino de Sahagún, Fráncfort am Main 1989, pág. 258, 265, 276 y sig.
Imagen 10:	akg-images/Biblioteca de imágenes De Agostini
Imagen 11:	Biblioteca Medicea Laurenziana, Florenz Ms. Med. Palat. 220, cc. 429r, 429v, con permiso del MiBAC (cualquier uso o reproducción sin licencia de esta imagen está prohibida por el titular de los derechos de autor).
Imagen 14:	https://upload.wikimedia.org/wikipedia/commons/thumb/3/31/Lienzo_de_tlaxcala_full_SD.jpg/2048px-Lienzo_de_tlaxcala_full_SD.jpg
Imagen 19:	https://encirculos.blogspot.com/2015/01/un-repertorio-de-excusas.html
Imagen 21:	Granger/Bridgeman images
Imagen 23:	Biblioteca Nacional de Francia, Ms. 374
Imagen 24:	https://upload.wikimedia.org/wikipedia/commons/c/c3/Map_of_Tenochtitlán%2C_1 524.jpg
Imagen 25:	Restauración digital de la Universidad Francisco Marroquín Guatemala, patrocinada por Banco G y T Continental Guatemala; con permiso.
Imagen 27:	© Biblioteca Nacional de España, Madrid, Sign. Vitr/26/8, Biblioteca Digital Hispánica, http://bdh-rd.bne.es/viewer.vm?pid=d-1756306

Mapas: © Peter Palm, Berlín

Viñetas al comienzo de los capítulos: glifos aztecas
https://commons.wikimedia.org/wiki/Aztec_glyphs und
https://commons.wikimedia.org/wiki/Category:Aztec_glyphs?uselang=de

Listado de mapas